KB012044

지도 만드는 사람

지도 만드는 사람

The Map Maker

설혜심 지음

국토·역사·정체성을 만든 근대국가의 기획자들

Humanist

일러두기

- 이 책은 2007년 출간된 《지도 만드는 사람》(도서출판 길)의 개정판이다.
- 외래어는 국립국어원 외래어 표기법을 따랐다.

나는 '함흥'이라는 말을 들으면 곧바로 냉면을 떠올린다. 함흥냉면이라는 간판을 수없이 보아왔고, 실제로 냉면을 좋아하는 나에게 함흥이라는 장소는 냉면이라는 사물과 연결되어 있는 셈이다. 만약 누군가가 함흥의 외형적 이미지가 어떨 것 같은지를 내게 묻는다면 나는 그곳이 잿빛이고, 공장지대를 관통해서 기차역이 있을 것 같다고 말할 것이다. 나는 함흥에 가본 적이 없으며, 함흥의 모습을 담은 사진이나 그림을 본 적도 없다. 그런데도 내가 그곳에 대한 특정한 시각적 이미지를 가지고 있는 이유는 '신고산타령'이라는 노래 때문일 것이다. 어릴 적 들었던 '신고산이 우르르 화물차 가는 소리에, 고무공장 큰애기 단봇짐만 싸누나'라는 가사로부터 그곳에 대한 막연한 이미지를 갖게 된 것 같다.

이처럼 어떤 장소가 무언가를 떠올리게 하는 과정은 경험적 매개물을 통해서이다. 그런데 이런 매개물은 개인적인 체험으로 얻는 것일 수도 있지만 어떤 경우에는 집단적인 정보로서 의도적으로 만들어지고 사람들에게 주입된 것이다. 집단적으로 장소를 개념화하는 데 자주 동원되는 것이 역사다. 도로변에 설치된 시市·도道 경계를 알리는 커다란 안내판에는 종종 '고구려의 기상, 대한민국의 구리시'라든가, '찬란한 백제 얼이 살아 숨 쉬는 하남시,' '다산의 얼이 깃든 실학의 고장 남양주시'와 같은 문구가 적혀 있다. 이것들은 역사를 통해 장소의 특성을 주지시키는 대표적인 예들이라고 볼 수 있을 것이다.

이런 문구들을 볼 때마다 나는 어떤 과정을 통해 그런 문구가 만들어졌을까를 상상해 보곤 했다. 가장 먼저 지방자치단체의 회의실에 공무원들과 지방사학자들이 모여서 회의를 하는 모습이 떠올랐다. 우리 고장을 가장 잘 나타내는 것이 무엇일까를 두고 열띤 토론이 벌어졌을 것이다. 무언가 새로운 것을 창출해 낼 수도 있지만, 예전부터 잘 알려진 것들을 전면에 내세우는 것이 더 효과적이라고 주장하는 사람도 많을 것이다. 즉, '영광 굴비' 같은 전통적인 특산품이나 '오수의 개'와 같은 전설 등을 동원하면서 말이다. 그런데, 이렇게 한 고장과 특정한 산물이나 전설을 연결하는 사례들은 언제부터 생겨났을까? 나아가 어떤 기록에 남아 있으며 누군가는 그것을 왜 기록했던 것일까?

이 책의 출발점은 바로 잘 드러나지 않는 이런 과정에 대한 궁금증이었다. 특정한 공간에 대한 개념 혹은 이미지가 언제, 누구에 의해, 무엇을 근거로 만들어졌는가 하는 궁금증 말이다. 이 궁금증을 푸는 일은 분명히 역사학 분야의 과제일 터였다. 그런데 왜 '금산 인삼'이나 '남원 광한루'와 같이 특산물이나 전설 혹은 문학으로 유명해진 장소들은 역사교과서에서 다루지 않을까? 이런 현상은 비단 우리나라에 국한된 것이 아니라 서양의 경우도 마찬가지다. 영국의 글래스턴베리Glastonbury는 수백 년 동안 아서왕의 무덤이 있는 곳으로 알려져 많은 사람의 발길을 끌어왔지만 교과서에서는 그런 이야기를 다루지 않는다. 해마다 화려한 모자 패션으로 매스컴을 장식하는 애스컷Ascot의 경마장이 언제, 왜 생겨났는가를 알려주는 역사책도 거의 없다. 하지만 이런 궁금증들은 오랫동안 아주 막연한 상태로만 머물러 있었고, 구체적인 해답을 찾을 실마리가 없었다.

2002년부터 영국 르네상스 시대의 답사기들을 읽으면서 희미하게나마 나의 궁금증에 대한 답이 보이기 시작했다. 동양의 기전체紀傳體 역사서술이 본기本紀, 지志, 열전列傳 등으로 이루어져 있듯이, 서양의 고대 역사서술 역시 박물지博物誌, 본기, 열전 등의 다양한 형식을 취하고 있었다. 하지만 중세부터 시간적 흐름에 따른 역사 쓰기가 강조되면서 편년체 역사서술인 연대기chronicle와 국왕이나 기독교 성인들의 삶을 다룬 열전이 발달해 간 반면, 지志의 분야는 일종의 배경지식으로 폄하되었다. 르네상스 시기에 들어서 과거 지의 큰 부분을 이루던 지지地誌를 중심으로 역사지지서historical topographical writing가 부흥했지만, 곧 새로운 '과학적 역사'에 의해 역사학의 영역에서 밀려나게 된다. 역사지지의 근간을 이루던 내용들은 19세기에 근대학문이 성립되면서 역사학이 아닌 지리학의 영역으로 포섭되었다.

그런데 나는 근대 지리학에서 과거 역사기술의 한 부분이었던 지지가 해온 역할과 유산이 상당 부분 실종되어 찾아볼 수 없게 되었다는 느낌을 받곤 했다. 나는 역사학에서 배제되고 지리학에서 소외된 역사지지 분야를 복원해 보고 싶어졌다. 그래서 내 전공인 영국사를 중심으로 언제부터 사람들이 자신들이 살고 있는 공간을 '공통의 역사적 공간'으로 인식하기 시작했는가를 살펴보기 시작했다. 흥미롭게도 그 시작점은 유럽 최초로 영국에서 국민국가가 탄생한 시점과 일치했다. 영국은 유럽대륙의 휴머니즘을 적극 받아들이면서 자국의 역사를 새로이 써갔고, 그 과정에서 국토에 대한 구체적인 개념을 만들어간 것이다. 여기서 나는 역사지지서의 정수인 윌리엄 캠든의《브리타니아》(1586)와 국가의 모습을 처음으로 총체적으로 그려낸 크리스토퍼 색스턴의 지도를 연결할 수 있었다.

사실 나는 색스턴의 〈영국 전도〉(1579)의 복사본을 꽤 오랫동안 가지고 있었다. 1994년 어느 봄날 영국도서관 앞에 있는 지도상에서 싼값에 구매한 것이었다. 그 지도를 산 이유는 상점 문밖에 쌓아놓고 파격적인 할인을 하고 있었던 데다가 알록달록한 색깔이 예뻐서였는데, 나중에는 기숙사 벽의 더러운 얼룩을 가리는 데 사용했다. 매일같이 바라보았으면서도 그 지도가 가진 역사적 중요성을 전혀 모르고 있다가 십여 년이 흐른 후 이 작업을 하면서야 내 방에 걸려 있던 지도가 바로 그 유명한 지도임을 깨닫게 된 것이다.

오랫동안 나에게 지도는 벽을 장식하는 멋진 장식물이거나 길을 찾을 때 필요한 수단일 뿐이었다. 그리고 나는 지도가 지표면을 축소해서 그려낸 객관적인 기호라고 생각했다. 하지만 나는 이제 지도를 실제 공간의 반영물이기보다 사람들의 머릿속에 공간을 그려내기 위해 만든 창작품으로 이해한다. 지도는 상상력을 통해 그려지는 일종의 언어이자, 보는 사람들 역시 나름의 상상력을 동원해 해석하게 되는 소통의 매개체인 셈이다. 그리고 소통을 위한 지도를 만드는 과정은 곧 한 시대의 역사적 이해관계 속에서 만들어지는 것으로, 지도는 철저히 사회적 산물이라는 것을 알게 되었다. 이렇게 새로운 것을 깨

달아가는 과정은 늘 즐겁다. 그리고 그 즐거움이 이 책을 통해 내가 진정으로 독자들과 공유하고 싶은 것이 아닐까 한다.

이 책은 나의 네 번째 책이다. 16~17세기 영국에서 갑자기 온천장이 나타난 원인을 살펴본 첫 책 이후로, 오랜만에 같은 시기를 다루는 모노그라프를 내게 되어 고향 집에 돌아온 느낌이다. 두 번째 책인 《서양의 관상학, 그 긴 그림자》는 관상이라는 주제로 통사를 한번 써보고 싶은 욕심에서 나온 것이었고, 영문학자인 박형지와 함께 쓴 《제국주의와 남성성: 19세기 영국의 젠더 형성》은 탈식민주의와 여성사적 방법론을 제국주의 연구와 접목해 본 간학문적인 시도였다. 새로운 것을 알아가는 기쁨은 그 작업들에서도 마찬가지였지만, 솔직히 남의 집에 잠깐 세 들어 사는 것 같은 느낌이 없지 않음을 고백한다.

하지만 고향 집에 돌아온 것 같은 느낌은 반드시 포근하고 편안하기만 한 것은 아니다. 낡은 고향 집은 내가 나이 들어가고 있는 현실을 가장 실감 나게 해주는 곳이다. 고향 집에 머물면서 서랍에 들어 있는 오래된 편지를 다시 읽어볼 때면 세월이 흐르고 경험이 쌓이면서 과거에 이해하지 못했던 것을 새삼 깨닫게 되곤 한다. 그리고 그 과정은 과거에 왜 더 잘하지 못했었나 하는 후회와 놓쳐버린 인연들에 대한 아쉬움을 동반한다. 나의 족적이 고스란히 살아 숨 쉬는 곳이니만치, 고향 집은 나의 부족함 역시 가장 선명하게 보여주는 공간인 셈이다. 나에게 영국의 16~17세기는 그런 의미에서의 고향 집이기도 하다. 이 책을 쓰면서 《온천의 문화사》에서 미처 보지 못했던 것들을 많이 볼 수 있었다. 시간이 더 흐르면 이 책에서 볼 수 없었던 것들, 혹은 달리 보았어야 했을 것들을 더 구체적으로 깨닫게 될 것이다. 물론 지금도 부족한 점이 너무 많은 책이다. 그럼에도 지난 몇 년간 붙잡고 있던 이 주제를 빨리 털어버리고 싶은 조급증이 생기는 이유는 다음 작업에 대한 기대감 때문이다.

이 책의 맺음말에서 언급하고 있듯이 근대 초 영국인들은 열정적으로 자국의 국토를 답사하는 한편 더 큰 공간을 직접 체험하러 떠나기 시작했다. 18세기에 그 유행이 최고조에 달했던, 유럽을 순회하는 '그랜드 투어'가 그것이다. 이 책이 영국 사람들이 국토라는 공간에 역사를 접목하며 정체성을 만들어간 과정을 살펴본 것이라면, 다음 작업에서는 그들이 다른 나라를 여행하면서 거꾸로 자국에 대해 어떤 이미지를 갖게 되었는가를 살펴보고 싶다. 막연히 낯선 공간을 상정하는 것과 실제로 어딘가를 가본 후의 감정은 다를 것이다. 자신이 경험한 공간은 자기와의 인연으로 인해 또 다른 의미를 갖게 되고, 설사 그것이 적국이라고 할지라도 그 감정은 양가적이고 복합적일 수 있다. 다음 작업은 이 책을 발판으로 삼아 역사와 공간 인식, 그리고 정체성이라는 화두를 시기적·공간적·다면적으로 확장해 보려는 시도가 될 것이다.

2007년 7월

설혜심

차례

이 책을 위한 연표

고대 브리튼 왕국	?	
율리우스 카이사르의 브리튼 원정	기원전 55~54	
	2세기	프톨레마이오스 《지리학》
아서왕의 브리튼 지배(전설)	520~542	
	6세기	길다스 《브리튼의 멸망과 정복》
노르만의 잉글랜드 정복, 노르만 왕조 성립	1066	
	1138	몬머스의 제프리 《브리튼 왕 열전》
	1295	프톨레마이오스 《지리학》의 재발견
	1453	플라비오 비온도 《찬란한 이탈리아》 저술(1474 출간)
헨리 7세 즉위, 튜더 왕조 개창	1485	
	1499	에라스뮈스, 영국 첫 방문
헨리 8세 즉위	1509	
헨리 8세의 이혼 문제 시작	1527	
	1533	존 릴런드, 답사 시작
수장령 발포, 영국의 종교개혁 시작	1534	폴리도어 버질 《영국사》 아서왕 논쟁 시작
수도원 해산 시작. 웨일스 합병	1536	
헨리 8세 사망. 에드워드 6세 즉위	1547	존 릴런드, 실성
메리 1세 즉위	1553	
엘리자베스 1세 즉위	1558	
	1564	옥스퍼드-케임브리지 논쟁 시작
	1569	메르카토르 도법 전파

	1570	아브라함 오르텔리우스 《세계의 무대》
	1577	윌리엄 해리슨 《영국 묘사》
	1579	크리스토퍼 색스턴 《대 아틀라스》
아일랜드 측량 시작	1586	윌리엄 캠든 《브리타니아》 옛것 연구회 출범
	1598	존 스토 《런던 개관》
제임스 1세 즉위, 스튜어트 왕조 개창	1603	
버지니아 정착	1607	
	1611	존 스피드 《대 브리튼 제국의 무대》
	1614	제임스 1세, 옛것 연구회 폐쇄
찰스 1세 즉위	1625	
내란 발발	1642	
찰스 1세 처형, 공화국 선포	1649	
올리버 크롬웰의 호국경 정치 시작	1653	
	1659	존 에블린 《영국의 특성》
왕정복고, 찰스 2세 즉위	1660	
	1663	사무엘 소르비에르, 영국 방문
	1664	사무엘 소르비에르 《영국 여행》
	1665	토머스 스프랫 《'영국 여행'에 대한 고찰》
	1675	존 오길비 《브리타니아》
연합법 발포, 잉글랜드와 스코틀랜드 합병	1707	
	1710~1712	존 릴런드의 유고 《답사기》 출간

들어가며[1]

국민국가nation state[2]는 근대라는 특정 시기에 유럽이라는 특정 지역에서 나타난 독특한 형성물로, 개인을 탄생시킴과 더불어 그 개인을 국가라는 단위에 귀속시킨 강력한 상상의 공동체였다. 이런 공동체를 형성하는 데 가장 중심적인 요소 가운데 하나인 국민주의nationalism는 다양한 문화적 배경의 집단들을 하나로 아우르기 위해 기억을 선별하고 전통을 창출하였으며, 그를 위한 상징체계를 도입하면서 생겨난 것이다.

그런데 국민국가와 국민주의가 언제 생겨났는가 하는 문제는 학자들의 주장이 크게 엇갈린다. 에릭 홉스봄Eric Hobsbawm을 위시한 근대론자들은 18세기 후반에야 국민주의가 생겨났다고 주장한다. 반면, 에이드리언 헤이스팅스Adrian Hastings나 리아 그린펠드Liah Greenfeld 같은 수정주의자들은 국민과 국민주의를 제대로 이해하기 위해서는 '근대'라는 개념이 주는 속박에서 벗어나야만 한다고 역설한다. 영국을 주 연구 대상으로 삼은 헤이스팅스와 그린펠드는 영국 역사에서 국민주의가 나타난 시점을 훨씬 전으로 끌어올린다.[3]

헤이스팅스는 영국 국민주의의 시작을 7세기 전후로 파악한다. 섬나라라는 지형 때문에 일찌감치 분명한 영토 개념이 생길 수 있었고, 기독교라는 종교적 통합성이 정치적 통합성을 강화했으며, 왕의 관료들이 효율적인 행정을 펼침으로써 국민국가의 형성이 빠를 수밖에 없었다는 설명이다.[4] 한편, 그린펠드는 1520년대에 영국에서 국민주의가 탄생했다고 보고 있다. 튜더 시대 귀족들의 기획으로 말미암아 '네이션nation'이라는 말이 계층을 초월한, 왕국 내 전 주민을 아우르는 의미상의 혁명을 겪게 되었고, 그 결과 개인주의에 바탕을 둔 국민이라는 개념이 1530년대에 이르면 분명하게 생겨났다는 설명이다.[5]

사실 지난 100년 동안 많은 영국 역사가가 '튜더 시대의 국민주의Tudor nationalism'라는 용어를 별다른 거부감 없이 사용해 왔다. 이 용어는 종종 '튜더 시대의 애국주의Tudor patriotism'[6]와 같은 의미로 사용되어 왔으며, 에스파냐의 무적함대를 무찌른 전공戰功과 영국 르네상스의 만개, 경제적 번영과 계층을 초월한 사람들의 국가를 향한 열정과 자부심을 강조한다. 이런 시각은 특히 1580년대를 전후한 엘리자베스 시대를 국민주의가 발현한 시기로 규정하는데, 여기서 애국주의는 군주에 대한 충성이 아닌 국가에 대한 충성이라는 의미가 강하며, 자발적으로 생겨난 의식과 행위라는 함의를 지닌다.

나는 기본적으로 그린펠드의 견해에 동조하며 1530년대에 영국에서 국민주의가 형성되기 시작했다고 본다. 하지만 국민주의의 본질을 '개인의 정체성의 근원이 "국민people"인 것'이라고 파악했던 그린펠드의 논지에는 동의하지 않는다. 내가 보기에 그린펠드는 국민을 국민주권을 가진 주체로 규정하는 근대론자들의 주장에 편승하려 한 나머지 16세기 초반의 영국인을 지나치게 근대적인 사람들로 오해하고 있다. 따라서 그린펠드의 "그 어느 공고한 공동체보다 크고, 항상 동질적이며, 신분, 계급, 지역성이나 어떤 경우 민족성과 같은 구분들은 단지 피상적인 것들일 뿐인"[7] 국민이라는 개념은 이 시기에 적용될 수 없다고 본다.

오히려 이 시기의 국민은 많은 차이를 가지고 있는 사람들이 그 차이를 인정하면서도 공통으로 귀속되는 공동체이자, 군주라는 동일한 정치적 구심점을 갖는 집단으로 규정해야 할 것이다. 내가 보기에 영국의 휘그주의적Whiggish 전통은 시민혁명의 가치를 강조한 나머지 영국의 군주권을 지나치게 폄훼해 왔다. 하지만 최소한 튜더-스튜어트 시대에 국왕의 존재는 절대적인 것이었고, 17세기 영국 내란 시기에 찰스 1세를 처형한 일은 결코 대다수 국민의 의지에 의한 것이 아님을 상기할 필요가 있다. 이런 맥락 속에서 영국 국민의 형성은 자발적이기보다는 인위적으로 조형된 것으로, 국가가 형성되는 과정에서 위로부터 주입된 개념이며 최소한의 저항을 통해 이루어졌음을 주목할 필요가 있다.[8]

그런데 16세기 영국에서 국민이라는 정체성은 영국적인 특성을 지닌 '영국민으로서의 정체성Englishness'과 반드시 일치하지는 않는다. '영국민으로서의 정체성'은 타자를 상정하여 만들어진, 배타적인 독특성을 말한다.[9] 18세기 영국적 정체성의 형성 과정을 고찰한 린다 콜리Linda Colley나 제럴드 뉴먼Gerald Newman 같은 학자들은 프랑스라는 타자를 영국 내부의 통합적 정체성을 형성케 한 주요 요소로 파악했지만,[10] 1530년대 유럽에서 아직 변방의 소국이나 마찬가지였던 영국에 같은 논지를 적용하기는 힘들어 보인다. 따라서 16~17세기 영국에서 국민적 정체성이란 외부와의 비교를 통해 도출되는 것이 아닌, 영토적 경계 안에서 권력의 중심과의 관계를 상정하며 만들어지며, 어떤 종류의 내부적인 동질성을 강제받는 정체성이다. 특히, 절대주의 국가의 출현 단계에서 국민적 정체성은 국가라는 새로운 형태의 정체政體에 귀속한 사람으로서의 정체성을 일컬으며, 나와 타자라는 횡적인 비교보다는 오히려 과거와 현재에서 귀속의 중심이 달라지는 간극을 강조하는 측면이 있다.

1530년대 영국은 로마와의 단절, 국교회 창립, 수도원 해산과 같은 전례 없는 변화 속에 놓여 있었다. 이런 변화는 국가의 정체성을 새로이 확립해야 할 절실한 필요성을 불러일으켰다. 로마와의 단절은 기독교 공동체의 일원이었던 사람들이 귀속감을 느낄 수 있는 새로운 대상을 요구했으며, 이를 위해 국왕을 비롯한 정치 엘리트 집단은 사람들을 통합할 수 있는 새로운 공동체로서 '국민'이라는 개념을 조형하는 작업에 착수했다.

국민통합을 다룬 한 연구는 국민을 문화적으로 통합하는 전제와 요소로 다양한 국민적 상징, 국가, 국기, 역曆, 캘린더, 국어, 역사 편찬 등과 더불어 지리지 편찬을 꼽고 있다.[11] 즉, 국민을 만드는 과정에서는 시간, 습속, 신체, 언어와 사고의 국민화에 선행하는 공간의 국민화가 나타난다는 것이다. 국가는 국경선으로 구별된 영토, 즉 정치적·경제적·문화적 공간으로 사람을 회수함으로써 과거의 백성을 새로운 국민으로 만든다. 이 맥락에서 지리지는 국토라는 공간에 사람을 연결시켜 국민으로 거듭나게 만드는 작업을 맡는다.

근대국가에 대해 수많은 연구가 진행되어 왔지만 그동안 학자들은 근대국가의 가장 기본적 요소 가운데 하나인 영토라는 공간에 대해서는 상대적으로 큰 관심을 기울이지 않았던 경향이 있다. 마이클 빅스Michael Biggs가 지적했듯이, 그동안 서양의 근대국가 형성이라는 주제는 전쟁과 세금이라는 요소에 지나치게 집중되어 왔다.[12] 근대국가의 공간에 관심을 기울인 학자들도 있었지만 그들의 연구는 주로 19세기와 20세기만을 주목하는 것으로, 영토보다는 국립묘지 같은 신성한 장소의 출현, 수도를 중심으로 하는 도시계획, 기타 역사성이 부여된 상징적 장소나 건축물 같은 '기억의 터'에 집중되었던 것이 사실이다.

한편, 1990년 이후 몇몇 학자들이 특정한 장소에서 벗어난, 국토라는 보다 넓은 공간에 대한 고찰을 시도한 바 있다.[13] 특히 장 이브 기오마르Jean-Yves Guiomar는 19세기 말 프랑스의 국토 공간의 정체성을 탐색한 비달 드 라 블라슈Vidal de La Blache, 1845~1918의 지리학적 성과물들을 주목했는데,[14] 특정한 장소가 아닌 '지리서'에 반영된 공간에 대한 시각 자체를 고찰했다는 측면에서 특기할 만하다. 하지만 이 연구들 역시 19세기에 집중되어 있어 그 이전 시기의 국토에 대한 개념을 알 수 없어 안타깝다.

최근 포스트모더니즘의 수혜를 입은 일부 학자들은 국민국가의 영토적 경계[15]에 대해 주목하기 시작했다. 이들은 정치적 경계선으로서의 국경이 그 안팎으로 상이한 인문지리적 현상을 낳는다는 사실뿐만 아니라, 그 경계가 내러티브를 통해 사람들에게 공통의 경험과 역사적 기억에 관한 의식을 제공함으로써 사회적 관행과 담론 속에서도 구축된다는 것을 주목하기 시작했다. 크리스 윌리엄스Chris Williams는 근대 국민주의의 성장이 구체적인 영토, 문화와 국가의 상응성을 강조하며 국경을 형성해 갔다고 주장한다.[16] 여기서 국경선 부근 혹은 변경에 사는 사람들은 수도에 사는 국민만큼이나 중요한 사람들이 되며, 국민국가 시대의 국경은 그 이전보다 훨씬 더 민감한 것이 되었다.[17] 하지만 이런 연구들 역시 18세기 이후만을 집중 조명함으로써, 근대국가의 시발인 절대주의 시대의 영토에 대한 고찰을 미개척지로 남겨두고 있는 실정이다.

이런 상황에서 이 책은 근대국가의 특징적 요소 가운데 하나인 '영토'에 대한 개념이 근대 초 영국에서 어떻게 형성되었는가 하는 문제를 다룬다. 이를 위해 선택한 주제어는 다름 아닌 '지도地圖'이다. 지도는 "지구 표면의 상태를 일정한 비율로 줄여, 이를 약속된 기호로 평면에 나타낸 그림"이라고 정의된다.[18] 아서 H. 로빈슨Arthur H. Robinson과 바바라 B. 페추닉Barbara B. Petchenik 같은 지도학자는 지도 만들기를 "환경에 관한 인간의 지식을 특별한 쓰임에 제공하기 위해 기호로서 전달하는 상징화의 형식"이라고 말한 바 있다.[19] 여기서 지도라는 것은 인간 사회가 공간에 관한 정보를 그림 형식으로 표현한 것으로, 일종의 보편성을 담지하고 있는 말이다.

하지만 지도는 결코 환경을 그대로 보여주지 않는다. 지도는 현실에 대한 선택적 표현이며, 지도가 그려내는 주제는 지도제작자의 선택을 반영한다. 지도는 만들기 시작하는 순간부터 공간에 대한 가정, 주제의 선택, 표기할 것과 표기하지 않을 것에 대한 선별을 동반한다. 나아가 일정한 기호로 표시하는 순간부터 실제 공간의 규모나 본질이 왜곡되는 것이다. 지도는 같은 공간에 대해서도 표현하는 사람에 따라 전혀 다른 방식으로 그려지며, 읽는 사람 역시 자신이 가진 세계관을 통해서 지도의 기호를 해독하게 된다. 이런 맥락에서 지도는 세계 그 자체가 아니라 인간에 의해 포착된 세계의 개념이며 상image일 뿐이다.[20] 따라서 객관적인 지도나 지도학이 존재한다는 것은 그야말로 희망사항에 불과하다.

지도가 지녔을 것이라고 생각되어 온 객관성에 가장 큰 타격을 가한 이론은 1980년대 말에 나타났다. 존 브라이언 할리John Brian Harley가 지도를 역사적 상황의 산물로 해석해야 한다는 주장을 내놓은 것이다.[21] 15세기 이후 큰 발전을 보여 왔던 지도는 세계의 모습을 있는 그대로 반영하는 것이 아니라 '유럽의 영토적 통제를 구성해 온' 권력의 도구였다는 시각이다.[22] 즉, 지도를 제작하는 과정이란 '고안, 선별, 누락, 단순화, 분류, 계서화와 같은 수사적인 방법'들을 동원하여 권력 관계를 구축하는 것으로, 담론의 형성 및 배분 과정과 동일하다는 주장이다.[23] 할리가 제안한 '지도의 레토릭'은 1990년대 포스트모더니즘의 수혜를 받은 문학 연구자들에게 영향을 끼쳤고, 이후 문학적 지리학을 둘러싼 많은 성과물이 나오게 되었다.[24]

지도는 현실을 그대로 반영하는 것이 아니라 단지 모방할 뿐이다. 그런데 그렇게 만들어진 지도에 의해 거꾸로 현실이 지도를 모방하는 일이 생기기도 한다. 한 예를 들자면 지도에 표기된 국경선에 의해 사람들이 하나의 영토가 생겼다고 여기는 관행을 꼽을 수 있겠다. 지도 자체가 영토를 낳고 현실이 지도를 따라가는 상황이 벌어지는 것이다. 국가는 지도를 통해 구체적인 영토를 만들어내며, 이런 이유로 지도와 불가분의 관계에 있는 지리학이 근대학문의 총아로 떠오르게 되었다.[25] 이런 맥락에서 지도를 제작하는 사업은 국가나 국민의 정체성 형성에 엄청나게 기여하게 되며, 지리교육은 동시에 이데올로기 학습의 성격을 지니게 된다.

> 통치의 대상이자 주체이기도 한 '국민'이 차지하는 영역이 토지공간상의 범역으로 가시화되고, 그것이 학교 교육이나 매스 커뮤니케이션 등을 통해 국민적 도상national icon으로서 공유되며 그러한 도상의 공유를 통해 국민적인 의식이 양성되기도 한다.[26]

명확한 영토 개념을 전제로 성립한 근대국가에서 국토의 지도를 제작하는 것은 통치를 위한 중요한 과제로, 국토에 대한 인식과 국가 경영, 나아가 국력의 향상과도 밀접한 관계가 있었다. 르네상스기 몇몇 이탈리아 도시국가는 지도가 통치의 중요한 기제임을 인식하기 시작했고, 절대주의 시대 유럽의 여러 나라는 지도를 통해 국민에게 국토를 인식시키는 작업에 착수했다. 이 과정에서 가장 먼저 국가 전도를 만들고, 인쇄를 통해 국민에게 지도를 보급한 나라는 영국이다. 이 책의 제목으로 삼은 '지도 만드는 사람'은 국경 안의 사람들을 동질적인 문화권으로 편입하려는 근대국가의 기획에 앞장선 사람들을 일컫는다.

이 책은 3부로 구성되어 있으며, 각각 역사, 국토, 정체성이라는 책의 부제에 부합한다. 하지만 나는 각 부의 제목을 '읽는 지도', '보는 지도', '듣는 지도'라고 붙였다. 여기서 지도는 이 책의 중심축을 이루는 연구 대상이자 은유이다. 보는 지도라는 표현은 익숙하겠지만 읽는 지도나 듣는 지도라는 표현은 생소할 것이다. 지도는 반드시 그림으로만 그려진 것이 아니고, 문자의 형식을 통해 나타난 경우도 많았다. 특히 중세 유럽에서 지도는 현실을 묘사하기보다 상징성에 치중하며 그려졌다. 그런 상황에서 길을 찾기 위한 실제적 목적을 지닌 지도는 그림의 형태가 아닌 산문의 형식으로 나타나곤 했다. 읽는 지도라는 제목은 그런 전통을 반영한 은유이다. 같은 맥락에서 듣는 지도는 과거 여러 사람 앞에서 책을 읽어주던 전통을 염두에 두고 외국의 지리에 대한 이야기를 듣는 상황을 빗대어 표현한 것이다.

1부 〈읽는 지도〉에서는 근대 초 영국에서 국가라는 공간을 사람들에게 인식시킨 가장 기초적인 작업으로 역사지지서를 주목한다. 역사지지 장르의 뛰어난 저작들을 훑어가면서 동시에 그 업적들의 탄생을 가능하게 만들었던 사회적 맥락을 살펴보는 것이다. 가장 먼저 헨리 8세의 명을 받고 전국을 답사하며 상세한 기록을 남긴 존 릴런드 John Leland의 작업을 통해 그가 국토에 어떻게 역사를 접목시켰는가를 살펴본다. 릴런드가 일으킨 아서Arthur왕 논쟁은 로마와의 단절 이후 새로운 정체성을 만들어나가야 했던 영국인들이 역사를 통해 자국의 독립성을 정당화하려는 몸부림이었다. 영국의 지식인들은 대륙의 휴머니즘을 적극 받아들였고, 자국사 강화를 위해 그 내용을 전유했다. 릴런드의 작업을 바탕으로 삼아 윌리엄 해리슨William Harrison, 존 스토 John Stow, 윌리엄 캠든William Camden과 같은 사람들이 역사지지 분야의 르네상스를 만들어갔다. 그들은 지도 제작을 염두에 두었거나, 지도와 함께 출판하기 위해 역사지지서를 기술했다.

2부 〈보는 지도〉에서 중심축을 이루는 것은 크리스토퍼 색스턴Christopher Saxton이 그린 〈영국 전도〉이다. 여기서 나는 이 지도의 등장을 영국만의 독특한 현상으로 보기보다는 범유럽적 차원에서 새로운 지도 제작법이 나타났던 움직임의 연장선에서 파악한다. 그런데 지도를 국가기밀로 취급했던 다른 나라들과 달리 영국에서는 지도가 출판시장의 메커니즘 속에서 발달했다. 휘그주의자들은 출판을 통해 국민에게 보급되는 지도가 나타났다는 사실과 영지도와 같은 사적 차원의 지도 제작이 활성화되었음을 들어 당시 국가의 주체가 국민이었다고 주장한다. 하지만 나는 지도의 보급이 국왕의 정치적 자신감을 반영하며 지도를 통해 오히려 국왕권이 강력하게 가시화될 수 있었다고 본다. 같은 맥락에서 국왕의 후원을 받아 제작된 다양한 지도들을 통해 지도가 어떻게 바람직한 국민의 상을 만들었으며 바깥세상에 대해 어떤 개념을 설파했는가를 분석해 보기로 한다. 지도 제작과 전파 과정을 추적함으로써 이 시기에 이루어진 국가정체성의 시각적 가시화 작업을 재구성해 보려는 것이다.

3부 〈듣는 지도〉에서는 영국의 국가정체성 문제를 다룬다. 영국인이 타자를 상정하고 대타對他적으로 자신들의 정체성을 만들어냈다고 주장한 기존의 연구들과는 달리, 나는 외국인들이 영국을 어떻게 보았는가 하는 문제를 주목한다. 먼저 영국을 방문했던 외국인들이 남긴 여행기를 통해 영국 바깥에서 형성된 영국정체성의 양상을 살펴본다. 그런데 외국인들이 남긴 영국 인상의 상당 부분은 영국인들이 펴낸 역사지지서에 기대어 기술된 것이다. 이렇게 본다면 타자와 주체 사이의 구분은 희미해지고 만다. 여기서 나는 영국인이 만들어낸 자국의 정체성과 실제로 영국을 방문한 사람들이 받은 인상 사이의 대화적 관계를 밝혀내고, 둘의 역학관계와 담론의 진화를 추적한다. 나아가 역사지지서와 여행기 등 당대의 문헌과 현대 학자들이 주목하는 주제를 비교함으로써 영국이라는 공간을 기억하는 방식에서 역사학이 가진 한계를 짚어본다.

16~17세기 영국을 고찰의 대상으로 삼고 있지만, 좀 더 넓은 의미에서 이 연구는 공간이라는 주제를 좀 더 적극적으로 역사학의 대상으로 끌어오고 싶은 의지를 담고 있다. 공간은 절대적인 어떤 것이 아니다. 앙리 르페브르Henri Lefebvre가 지적했듯이, 공간은 사회적인 생산물이고, 사고·행동·지배·통제 등의 도구로서 권력의 지배를 실행하는 장이다.[27] 인간은 이 공간을 지각함에 있어 문화라고 하는 필터를 거치는 존재이다. 물론 같은 문화집단 내에서도 개개인의 심상지도Mental Map나 공간지각이 다를 수 있다. 하지만 동일한 문화집단은 광범위한 공통성이 있어서 다른 문화집단이 공간을 지각하는 것과는 구별되는데, 이것은 집단 내부의 학습으로 공통된 공간지각을 획득하기 때문이다.[28]

그런 의미에서 이 책은 동일한 문화집단으로서 국민에게 자신들과 국토라는 공간 사이의 관계를 학습시켜간 작업들이 어떤 것이었는가를 다룬 하나의 사례연구가 될 것이다. 국민이나 국토에 대한 논의가 19세기 이후에 집중된 사실에 비추어본다면, 이 연구는 서양에서 근대국가의 원형을 만들어낸 16세기 영국의 사례를 살펴본다는 점에서 나름의 의미가 있을 것이다. 로이 멜러Roy E. H. Mellor는 국민을 "동일한 역사적 경험, 고도의 차원에서 공통의 문화와 언어를 지니고, 스스로 정당한 조국homeland이라 생각하는 특정 공간에서 생활하고 있는 일군의 사람들"이라고 정의한 바 있다.[29] 이 책을 통해 나는 이런 일군의 사람들이 어떻게 동질적인 문화집단으로 조형되어 갔는가 하는 과정 자체를 국토라는 공간을 초점으로 삼아 보여주고자 한다.

1부

읽는 지도

01

릴런드가 세운 초석

존 릴런드의 실성

1547년, 영국에서 절대주의의 기틀을 확립한 헨리 8세Henry VIII, 재위 1509~1547가 세상을 떠났다. 그리고 평생 헨리 왕의 보살핌을 받았던 충실한 신하 존 릴런드John Leland, 1506?~1552는 갑자기 광기에 사로잡혔다. 그의 친구들이 "지성에게 닥친 최악의 안타까운 상황"[1]이라고 기록한 정신이상 증상으로부터 그는 끝내 회복하지 못했다. 무엇이 그를 미치게 했을까? 자기 삶의 기둥이자 지극한 충성의 대상이었던 왕의 죽음이 엄청난 충격으로 다가왔던 것은 아닐까?

릴런드는 1506년 전후에 런던에서 태어났다. 그의 출신 배경은 잘 알려져 있지 않으나 어릴 적에 고아가 된 것으로 보인다. 하지만 런던의 포목상 토머스 모일즈Thomas Moyles에게 입양되어 성장하면서 좋은 교육을 받을 수 있었다. 그의 교육 과정은 곧 영국에서 휴머

존 릴런드 흉상

1772년 영국의 조각가 찰스 그리니온(Charles Grignion the Elder)이 옥스퍼드 대학에 있던 존 릴런드의 흉상을 보고 세밀한 선으로 조각한 판화이다.

니즘이 전파되는 과정을 보여주는 것이었다. 그가 다녔던 런던의 세인트 폴 학교St. Paul's School는 영국 휴머니스트의 대부 격인 존 콜릿John Colet, 1467~1519이 1509년에 세운 곳으로, 에라스뮈스Desiderius Erasmus, 1466?~1536가 커리큘럼을 제공했다. 그곳에서 릴런드는 당대의 가장 훌륭한 휴머니스트 가운데 한 사람인 윌리엄 릴리William Lily, 1468~1522로부터 새로운 학문의 기운을 전달받았다.

그 후 케임브리지 대학을 졸업한 릴런드는 노퍽 공작 토머스 하워드Thomas Howard, 2nd Duke of Norfolk, 1443~1524의 후원을 받게 되었다. 1524년 공작이 사망할 때까지 릴런드는 향후 정치에 깊이 관여하게 될 공작의 아들 토머스3nd Duke of Norfolk의 개인 교사로 일하다 옥스퍼드 대학에서 수학했다. 한편 그는 라틴어로 시를 써서 궁정에서 명성을 얻기 시작했다. 1526년부터 1529년 사이 그는 파리 대학에서 공부했는데, 영국 왕실의 후원으로 유학했을 것으로 파악된다.[2] 파리에서 릴런드는 많은 외국 학자와 교류하면서 당시 유럽의 지적 사조였던 휴머니즘에 깊이 젖어들었다. 라틴어로 쓴 그의 시들은 그가 얼마나 휴머니즘에 경도되었는가를 잘 보여준다.

> 최고의 명성을 누리는 케임브리지 대학은 내게 7학예學藝[3]를 가르쳤네.
> 그 학교의 유명한 이름은 이시스Isis 여신에게서 따온 것이라네.
> 하지만 내게 뮤즈에 대한 숭배를 가르친 곳은 다름 아닌 파리라네.
> 그리고 그 후로 나는 다른 식으로 노래를 부르게 되었네.[4]

1529년 파리에서 돌아온 후 릴런드는 사제로 임명되어 칼레Calais에 있는 한 교구를 맡게 되었다. 하지만 주로 런던에서 생활하면서 영국의 여러 교구에서 성직록을 받는 권리를 누렸다. 라틴어뿐만 아니라 프랑스어, 에스파냐어, 그리스어를 구사할 수 있었던 그는 헨리 8세의 궁정이 환영하던 평범한 가문 출신의, 탁월한 재능을 가진 젊은이의 전형이었다. 하지만 그가 지속적으로 왕실의 후원을 받으며 자신의 관심사인 학문을 계속할 수 있었던 배경에는 당시 영국이 겪고 있던 종교개혁이라는 커다란 변화가 놓여 있었다.

헨리 7세의 장남이었던 왕세자 아서가 어린 나이에 병으로 죽어, 차남 헨리 8세가 1509년 18세의 나이에 왕위에 올랐다. 당시 기준에서 볼 때 뛰어난 미남이었던 헨리 8세는 학문과 스포츠 모두 능한 전형적인 '르네상스 맨'이었다. 그에게는 아버지 헨리 7세가 오랜 장미전쟁을 끝낸 후 기틀을 잡았던 통일된 영국을 안정적으로 꾸려가야 할 과업이 놓여 있었다. 그는 정치적 안정을 위해 형수였던 아라곤의 캐서린Catherine of Aragon을 왕비로 맞아들였다. 헨리 8세에게 든든한 후계자를 생산하는 것은 매우 중요한 일이었는데, 딸 메리를 제외한 다른 자식들이 유산되거나 유아기에 사망하자 곤란한 상황이 되었다.

왕자를 간절하게 바라던 헨리 8세는 1527년 42세가 된 왕비 캐서린과 이혼하고 궁녀 앤 불린Anne Boleyn과 결혼하겠다고 결심했다. 앤은 이미 왕의 아이를 임신한 상태였다. 하지만 교황청은 이 이혼을 승인하지 않았다. 당시 유럽에서 가장 강력한 세력을 자랑하던 신성로마제국의 황제이자 에스파냐의 왕 카를 5세Karl V, 1500~1558가 캐서린의 조카였고, 캐서린의 재혼이 교황 율리우스 2세Julius II, 1443~1513의 인가를 통해 이루어졌기 때문이었다. 루터의 종교개혁 이후 영국에서도 반反교황주의 움직임이 일어나고 있었고, 의회와 측근들의 지지에 힘입은 헨리 8세는 로마와 갈라서기로 결심했다.

흔히 영국의 종교개혁이라고 불리는 이 과정은 1529년부터 1541년에 이르기까지 여러 단계에 걸쳐 이루어졌다. 그 시작은 성직자의 권리를 축소하는 법령의 제정이었고, 전국의 수도원을 해체하여 재산과 토지를 몰수하고 성직자들을 쫓아내거나 국왕에게 복종하게 함으로써 마무리가 되었다. 이러한 일련의 과정의 핵심은 수장령Act of Supremacy, 1534이었는데, 이것은 영국에서 왕이 정치적 영역뿐만 아니라 종교에서도 최고의 권위를 갖고 있음을 천명하는 것이었다. 개혁을 시작한 왕과 그 측근들은 아마도 이것이 가져올 엄청난 파급효과를 예측하지 못했을지도 모른다. 하지만 로마와의 단절은 결과적으로 이후 영국이 유럽의 다른 나라들로부터 독립적인, 국왕을 중심으로 하는 단단한 공동체로 거듭나는 토대가 되었다.

이런 상황에서 국왕에게는 로마로부터의 독립을 지지하고 정당화해줄 많은 인재가 필요했다. 당시 유럽의 국제어였던 라틴어를 자유롭게 구사할 수 있는 학자들은 헨리 8세의 든든한 후원을 받으며 '국가 만들기' 기획에 동원되었다. 릴런드는 1533년 니콜라스 유들Nicholas Udall, 1505?~1556과 함께 앤 불린의 대관식 의례를 기획했으며 라틴어와 영어로 앤 왕비를 찬미하는 시를 쓰기도 했다.[5] 또한 로마로부터의 독립을 선언한 헨리 8세의 결정을 옹호하는 내용을 담은 책과 아서왕에 관한 책을 출판하기도 했다.[6]

궁정에서 릴런드의 공식적 역할은 왕실 도서담당관이었다. 1530년

헨리 8세의 초상

소 한스 홀바인(Hans Holbein the Younger), 16세기.

헨리 8세가 그를 새로운 도서관의 책임자로 임명한 것이다. 릴런드는 파리에 머물면서 교류한 외국의 휴머니스트들로부터 도서관의 중요성을 배웠던 것으로 추측되는데, 그때 얻은 지식을 토대로 여러 왕궁의 도서관을 증보하려고 노력했다. 그런데 1533년 헨리 8세가 릴런드에게 전국의 수도원 도서관에 있는 귀중한 고대 문헌들을 수집할 것을 명했다. 이것은 1536년 공식적으로 시작될 수도원 해체를 위한 기초 작업인 셈이었다. 릴런드는 '왕의 고대 유물 조사관the King's Antiquary'이라는 직함을 가지고 수도원, 교회, 대학과 기타 고대 유산에 관한 기록이 있을 만한 수많은 곳을 방문했다. 그는 여러 차례 전국을 여행하면서 책과 유물 들을 수집하고 기록했다. 그가 남긴 기록은 중세 영국 수도원의 도서관이 어떤 모습을 하고 있었는가를 엿보게 해준다. 지금은 흔적도 없이 사라진 글래스턴베리 수도원 도서관을 방문했던 릴런드는 도서목록을 만들면서 책들이 어떤 방식으로 분류되고 꽂혀 있었는가를 기록했다.[7] 그리고 그의 기록은 이후 수도원이 해체될 때 어떤 책들이 살아남을 것인가를 결정하는 일종의 살생부 역할을 했다.

학문을 사랑하고 옛 문헌에 대한 경외심을 갖고 있던 그에게 이 작업은 엄청난 심리적인 압박감을 주었을 것이다. 실제로 그는 "두려움과 모종의 황홀감"을 가지고 책들 앞에 섰으며, 자신의 기록이 불완전할지 모른다는 불안감 때문에 "잠시 발걸음을 멈추고 서 있었다"라고 썼다고 한다.[8] 실제로 글래스턴베리 수도원에 있었다는 수천 권의 책 가운데 40권만이 살아남았다. 종교개혁이 형이상학적 차원에서의 명분과 신념, 신앙의 선택이라는 함의를 지닌 과업이었다면, 수도원 해체는 물질적이고 실제적인 작업이었다. 여기서 그가 개인적으로 겪었을 갈등을 짐작할 수 있을 것이다. 왕의 뜻을 받들고 국가적 사업에 동참해야 한다는 신하로서의 의무감 뒤에는 책과 학문을 사랑했던 한 사람으로서 귀중한 유산들을 파괴하는 일에 앞장서야 하는 데 따른 괴로움이 있었을 것이다.

튜더 시대의 많은 기록은 수도원 해체 과정에서 일어난 도서관 파괴가 얼마나 처참한 양상을 띠고 있었는가를 말해준다. 옥스퍼드 대학의 뉴 칼리지New College에서는 마치 비가 오는 것처럼 책장들이 공중에 흩날렸다고 한다. 훗날 맘스버리Malmesbury[9]를 방문한 사람들은 찢겨나간 필사본 낱장들이 거리에 쓸려 다니다가 결국 변기 마개로 사용되고 있다며 개탄을 금치 못했다.[10] 릴런드의 유고를 펴낸 친구 존 베일John Bale, 1495~1563은 릴런드가 이런 가차 없는 파괴에 대해 엄청난 울분을 느꼈다고 기록한 바 있다. 도서관 파괴는 결국 영국에 영구적인 손실을 입힐 것이라면서 귀한 책들이 "화장지로 전락하거나 촛대를 닦는 데 사용될 뿐만 아니라 배 가득히 실려 해외로 보내지는 것"을 보았을 때 그 심정이 어떠했겠느냐는 것이다.[11]

하지만 종교개혁은 전통의 파괴이자 새로운 전통의 창출 과정이기도 했다. 수도원 해체는 비단 책의 유실뿐만 아니라 수도원을 통한 전통적인 지식인 집단의 재생산을 중단시키는 결과를 가져왔다. 이는 손실이 될 수도 있었지만 영국에서 전혀 다른 종류의 학풍이 확립되고, 과거 전통을 버리고 새로운 전통을 창출할 수 있는 계기가 된 긍정적인 측면도 있었다. 이 새로운 전통을 창출하는 데 초석을 세운 사람이 바로 릴런드이다.

눈앞에서 소중한 문화유산들이 파괴되는 것을 바라봐야 했던 릴런드는 자신이 할 수 있는 일은 그것들에 대한 상세한 기록을 남기는 일이라고 생각했던 것 같다. 그는 광적이리만치 영국 곳곳에 소장된 문헌의 목록을 만드는 데 집착했고, 자신이 본 모든 것을 기록했다. 한 사람의 작업이라고는 믿기 힘들 만큼의 방대한 기록에 나타난 그의 다양한 관심 때문에 후대 사람들은 그의 본업이 스파이가 아니었을까 추측하곤 했다. 하지만 중요한 것은 릴런드의 임무가 무엇이었는가가 아니라, 그가 남긴 기록이 어떤 가치를 갖고 있는가일 것이다. 그의 기록은 대륙의 휴머니즘이 가져온 새로운 영향들을 반영하고 있으며, 동시에 그는 그것을 영국의 국가적 목적을 위해 사용하고자 했다. 릴런드는 로마 교황으로부터 자유로웠던 오래전 영국의 역사에 집착하며 아서왕 유적을 찾기 위해 미친 듯이 헤매기도 했다. 그의 기록은 단순히 과거 사실을 기록한 것이 아니라 열렬한 프로테스탄트이자 영국 국민으로서의 시각을 반영하고 있고, 이는 종교개혁 이래 새로운 영국의 학풍을 세우는 글쓰기의 시작점이었다.

릴런드는 1546년 헨리 8세에게 바친 〈새해 선물〉[12]이라는 글을 통해 그가 그동안 왕의 명을 수행한 성과를 보고하면서, 10년 넘게 전국을 여행하며 알아낸 사실들을 토대로 《고대 브리태니커Antiquate Britannica》라고 명명할 책들을 펴낼 기획을 하고 있음을 밝힌 바 있다. 그 기획의 내용은 다음과 같다.

- 잉글랜드와 웨일스 각 지방의 역사(약 50권)
- 본토 이외의 주요 섬들의 역사(6권)

- 고대로부터 내려오는 귀족 가문에 관한 기록(3권: 브리튼Britons · 색슨Saxons · 데인Danes, 중세와 근대Medieval and Modern로 시대를 구분)
- 역사상 중요한 의미를 지닌 영국 작가들에 관한 전기적 사전(4권)
- 지도를 포함한 영국 전역(잉글랜드와 웨일스)의 풍광을 조망할 수 있는 책[13]

이제 40세에 접어든 릴런드는 런던에 머물면서 자신의 노트를 정리하며 책을 쓰려고 했다. 하지만 당시 그의 건강이 그리 좋지 않았고, 이 계획은 한 사람이 해내기에 지나치게 방대했다. 사실 몇몇 학자는 《고대 브리태니커》를 내겠다는 계획 자체가 "허영심이 강하고 거만한 사람"이었던 릴런드의 "허풍"에 불과한 것이었다고 비판하기도 한다.[14] 그는 헨리 8세의 죽음 후 갑작스런 정신이상 증세를 보이기 시작했다. 1550년 추밀원은 후한 연금을 내리며 그의 형으로 하여금 그를 보살피게 했지만 결국 회복하지 못하고 1552년 사망했다.

릴런드가 왜 실성했는지는 아무도 정확하게 알지 못한다. 절친한 친구로서 릴런드에게 한없는 존경심을 품고 있었던 베일은 그의 '지나친 자만심'이 그를 미치게 했다는 다소 모호한 말을 남긴 바 있다.[15] 한 세기가 지난 후 토머스 풀러Thomas Fuller, 1608~1661는 "과중한 업무와 더 나은 보수에 대한 기대"가 이런 결과를 가져왔다고 분석했다.[16] 릴런드의 적들은 그가 가톨릭을 포기하고 휴머니즘과 신교에 경도되었던 사실에 대해 죄의식을 느꼈고 결국 그로 인해 정신분열을 겪게 된 것이라고 주장했다.[17] 20세기 역사가 켄드릭T. D. Kendrick은 그가 "두 얼굴을 가진 사람"이었다고 평가했다. 한편으로는 실제적 조사와 같은 새로운 방법론을 사용하는 새 시대를 희망적으로 바라보면서도, 다른 한편으로는 전통과 과거의 유산에 대해 한없는 애정과 집착을 가진 사람이었다는 것이다.[18]

보고, 듣고, 읽은 것들을 기록하는 것과 그것을 책으로 엮어내는 것은 차원이 다른 일이기에, 막상 책을 쓰려니 힘에 부쳤던 것일까. 혹은 자신이 펴낼 책의 가치에 대해 엄청난 중압감을 느끼고 있었던 것은 아닐까. 그렇다면 이 중압감은 종교개혁이라는 엄청난 변화가 가져온 급격한 변화의 산물이 아니었을까. 켄드릭의 주장처럼 곧 파괴될 모든 것들에 대해 상세한 기록을 남겨 후대에 물려주어야 하면서도, 새로운 방식의 글쓰기를 시도해야 한다는 이중의 부담 말이다. 여기서 그가 새로운 시대를 맞아 과거 사람들과는 다른 글쓰기 방식을 적용해야 한다는 부담감을 느꼈을 것이라는 추측은 매우 설득력이 있다. 왜냐하면 그의 기록은 과거의 역사적 사실에 대한 기록임과 동시에 헨리 8세 시대 영국의 풍광, 사람, 물자에 대한 기록, 즉 상세한 지지topography이기 때문이다. 그리고 그가 남긴 기록은 영국에서 새로운 역사서술 방법, 즉 역사지지학을 발달시킨 초석이 되었다.

《고대 브리태니커》로 탄생할 예정이었던 저작의 밑그림인 릴런드의 노트는 이후 '답사기Itinerary'라는 이름으로 알려지게 되었다. 이 《답사기》는 그가 죽은 후 옥스퍼드의 보들리언 도서관Bodleian Library과 윌리엄 세실William Cecil, 1520~1598을 비롯한 여러 사람의 수중에 분산되어 보존되어 오던 문헌들을 모은 것이다.[19] 《답사기》는 릴런드에게 '영국 지지학의 아버지the father of English topography'[20]라는 호칭을 부여한 선구적 업적이었다. 그런데 이 문헌은 영국 역사학에서 끊임없이 회자되는 중요한 사료임에도 불구하고 이상하리만치 내용에 대한 분석이 제대로 이루어진 적이 없다. 그 이유는 아마도 이 사료가 방대할 뿐만 아니라 미완성 상태로 남겨져 있기 때문일 것이다. 하지만 완성된 원고가 아닌 노트만으로도 이 사료는 영국 지지학의 출발점을 살펴볼 수 있는 매우 중요한 성과물이다. 다음에서는《답사기》의 내용을 구체적으로 분석하면서 격변에 놓여 있던 16세기 영국의 모습을 릴런드가 어떻게 그려냈는지 살펴보기로 한다.

하나의 공간: 릴런드가 그린 영국

1546년 릴런드는 훌륭한 영국 고대 작가들의 작품을 통해 자국 역사를 알게 되면서 "이 광대하고도 풍요로운 땅의 구석구석을 보고 싶은 열망에 완전히 사로잡혔다"라고 말한 바 있다.[21] 여기서 그는 결국 자신이 본 것이 무엇이었는가를 추측하게 하는 단초를 남겼다.

> 나는 지난 6년 동안 폐하의 영토를 해안선을 따라, 그리고 중심부를 관통하며 노력과 비용을 아끼지 않고 여행했습니다. 곶, 만, 항구, 후미, 부두, 강과 강이 합류하는 곳, 협곡, 도랑, 호수, 못, 소택지沼澤地, 산, 계곡, 황무지, 황야, 삼림, 숲, 도시, 마을, 성, 중요한 영주관, 수도원과 대학 어느 하나 보지 않은 곳이 없습니다.[22]

릴런드의 저작은 기본적으로 고대 역사서의 일부를 이루던 지방

지적 전통의 연장선에서 파악할 수 있다. 중세 영국의 역사서들 일부는 고대의 지방지적 전통을 계승하는 내용을 담고 있었다.[23] 6세기경 길다스Gildas, c.494/516~c.570가 《브리튼의 멸망과 정복De Excidio et Conquestu Britanniae》에서 영국의 풍광을 묘사한 것을 시작으로, 이후 비드Venerable Bede, 673~735의 《영국민의 교회사Historia ecclesiastica gentis Anglorum》, 헌팅던의 헨리Henry of Huntingdon, c.1080~1160가 쓴 《영국인의 역사Historia Anglorum》, 맘스버리의 윌리엄William of Malmesbury, 1080/1095?~1143?이 쓴 《영국 왕들의 업적Gesta Ponificum Anglorum》 등이 영국 일부 지역의 도시와 시골의 풍광을 다루었다. 12세기에 웨일스의 제럴드Gerald of Wales, 1146?~1223?는 두 권의 책을 통해 웨일스의 지지를 다룬 바 있다.[24] 그런데 릴런드의 답사는 잉글랜드 39개 주州, county와 웨일스 13개 주, 곧 전국을 포괄하는 것이었다. 따라서 릴런드의 《답사기》는 무엇보다도 영국 전역을 다룬 최초의 지리서라는 점에서, 더구나 한 사람에 의해 조망된 최초의 사례라는 점에서 중요성을 지닌다.

릴런드의 기록은 주별로 작성되어 있지만 주를 단위로 하는 지역성을 도출해 내지는 않는다. 전체의 기록은 일관된 구도를 유지하고 있는데, 《답사기》에서 다루는 내용은 크게 다음과 같이 분류할 수 있다.

1. 자연환경: 하천(강, 샛강, 시내, 강이 갈라지거나 합류하는 곳), 호수(못, 대호), 샘, 만, 곶, 후미, 소택지, 늪지, 모래밭, 갯벌, 목초지, 숲(덤불숲, 나무숲, 삼림, 공원,[25] 사냥터), 야생동물(붉은사슴, 담황색 사슴, 멧돼지, 황소, 말, 매, 신기한 조류들) 및 물고기(송어, 장어, 도미, 대구, 연어, 창꼬치, 청어, 농어), 토양,

특이한 지형, 지형의 변화, 기후

2. 건축물과 유적 및 유물: 다리〔자재, 아치의 개수, 크기〕, 도로〔왕의 도로, 일반 도로, 로마 시대의 길〕, 제방, 성〔본체, 망루, 성벽, 부속 건물, 아성牙城, 감옥, 성 안의 광장, 과수원. 해자, 배수구, 성의 개축 여부, 현재 보존 상태〕, 영주관, 시골 저택, 수도원〔대수도원, 소수도원, 수녀원〕, 교회〔교구 교회, 수도원 교회, 대성당, 예배당, 공양당供養堂, 성자의 은신처〕, 학교〔신학교, 문법학교, 대학교〕, 묘지〔교회 묘지, 수도원 묘지〕, 병원, 구빈원, 나병 환자 수용소, 항구의 시설〔등대, 잔교, 부두〕, 문장紋章, 주택, 우물, 광장, 군軍 야영지, 거석과 같은 역사 유적, 동전 및 기타 고대 유물

3. 거주민과 거주형태 및 역사: 도시 및 마을과 그 크기, 그 지방의 유력자〔가문의 유래, 혼맥, 토지 보유 상태, 전쟁 참가 여부〕, 부재지주, 땅과 건물의 소유권과 소유권의 이전에 관한 기록, 그 고장이 배출한 유명 인사, 시장市長의 유무, 거주민들의 평판, 건물이나 구조물〔탑, 십자가 등〕의 기부자 및 후원자, 전설, 일화

4. 경제활동: 농업〔밀, 호밀, 보리, 귀리, 콩, 포도, 견과류〕, 목축〔양, 염소, 소, 사슴, 종마 생산〕, 광산업〔돌, 주석, 석탄, 납, 철〕, 어업, 염업, 직물업, 수공업, 화전업, 여관업, 인클로저 상태, 정기시定期市, fair의 유무, 시장의 유무와 시장이 서는 요일.

릴런드의《답사기》는 궁극적으로 지도 제작을 염두에 두고 작성되었다는 것이 일반적인 평가이다. 거리를 측정할 때 일관성 있게 마일mile 체계를 사용했고, 한 장소에서 다음 장소까지 이동의 족적을 구체적으로 묘사했기 때문이다. 한 예를 들어보자.

> 브래클리Brakeley에서 버킹엄Bukkingham까지 5마일
> 브래클리에서 노샘프턴Northampton까지 14마일, 튀체스터Touecestar까지 7마일, 노샘프턴까지 7마일, 브래클리까지 7마일 그리고 브래일스Brayles까지 7마일, 캠든Camden까지 7마일, 헤일스Hayles까지 7마일.
> 캠든은 글로스터셔의 시장 도시이다. 브래클리에서 치핑노턴Chiping-norton까지 긴 14마일이고, 대딩턴Dadington까지 6마일, 그리고 치핑노턴까지 8마일.[26]

사실 이런 측면에서 보면,《답사기》는 중세지도의 대표적인 두 형태, 즉 세상을 그린 지도mappa mundi와 산문형식으로 작성된 지도prose map 가운데 후자의 전통에 포함시킬 수 있다. 그런데 여행자를 위한 길 안내를 주목적으로 하는 중세의 산문지도가 도로에 대한 자세한 정보를 우선시했던 데 반해, 릴런드의 도로망에 관한 정보는 오히려 퇴보한 느낌을 준다.[27] 노르만 정복 전에 이미 왕권으로 보호받는 주요 도로들이 존재했고, 1360년경에 제작된 〈고프 지도Gough Map〉가 보여주듯이,[28] 중세 말에 런던을 구심점으로 방사형의 잘 정비된 도로망이 존재했다. 하지만《답사기》는 각 지역 간의 거리는 끊임없이 기록하는

고프 지도

제작자를 포함해 지도 제작의 배경 정보는 알려진 것이 없으며, 1360년경 제작된 것으로 추정된다. 18세기의 유명한 골동품 수집가 리처드 고프(Richard Gough, 1735~1809)의 이름을 딴 이 지도는 런던과 요크 등 주요 도시와 마을이 자세히 표시되어 있으며, 각 도시를 연결하는 붉은 선이 곳곳에 그어져 있다(159쪽 참조).

반면, 도로망과 도로의 이름, 나아가 방향에 대해서는 거의 주의를 기울이지 않는다. 릴런드에게 영국이라는 공간을 연결하는 중심축은 도로망이 아니라 하천이었다.

릴런드에게 하천은 영국의 지형을 만드는 가장 중요한 요소이자 국토 전체를 연결하는 커뮤니케이션 네트워크였다. 릴런드는 하천의 목록을 제시하고, 강물의 발원지를 추적하고 그 흐름을 기록하며 때때로 강물의 특성까지 언급한다. 하천뿐만 아니라 샘과 물에 대한 관심도 컸다. 물이 부족해서 쇠퇴한 곳들, 물을 끌어다 쓰는 방식, 수도관, '물 부족이 없는 곳'을 언급하는 등 세세한 기술을 남겼다.[29] 이렇게 그는 영국이라는 공간에서 물을 매우 중요한 것으로 파악했고, 영국의 경관을 하천의 흐름을 따라가면서 묘사한다. 여기서 하천은 방향을 가늠하는 척도이자 지역성을 만들어내는 가장 중요한 요소이다.

> 바다로 흘러드는 머지Mersey강은 체셔Chestreshire와 랭커셔Lancastreshire를 나누는 경계이다. 이 강에서 맨체스터Manchestre 쪽으로 3마일쯤 가면 먼저 알렉산더 래드클리프 경의 집과 공원이 오른쪽에(어웰Irwel강에서는 왼쪽) 있다. 거기서 콘Corne강을 건너 맨체스터에서 1마일쯤 되는 곳에 트레이포드 씨의 저택과 공원이 있다. 어웰강의 왼편으로는 프레스트윅 씨의 집이 있고 …… 메들록Medlok강을 건너면 1마일 못 미쳐 맨체스터다.[30]

하천은 한 지역과 다른 지역을 분리하는 경계이기도 하지만, 좌우안이 하나의 통일된 공간성을 만들어내는 중심축이 되기도 한다. 하천을 더욱 유기적으로 연결하는 것은 다리이다. 릴런드의 답사기에는 다른 어떤 지형지물에 대한 묘사보다 다리에 대한 묘사가 많다. 다리는 반드시 있어야 하는 것이고, 다리가 없는 곳은 나룻배가 그 역할을 대신한다. 심지어 다리가 있어야 할 만한 곳인데 없거나 그로 인해 발생하는 문제점들을 안타까운 심정으로 기술한다.[31]

따라서《답사기》의 내러티브는 마치 몸속 구석구석을 흐르는 혈관과 같이 영국이라는 공간이 하천으로 연결되어 있는 것처럼 느끼게 한다. 이는 인간과 인간이 속한 공간을 살아 있는 생명체와 같이 취급하며 도시나 기타 중요한 공간들을 인간의 신체 혹은 장기와 비슷하게 비유한 고대적 전통이 반영된 것으로 볼 수도 있다. 인간의 몸을 소우주로 생각하는 고대적 세계관은 중세까지도 도시와 같이 인간이 거주하는 공간 역시 우주의 축소판으로 파악하고, 나아가 인간의 몸과 병치하곤 했다.[32] 그런데 여기서 주목할 점은 그 소우주의 단위가 도시가 아닌 영국이라는 비교적 넓은, 하나의 공간이라는 점이다.

릴런드의 시선은 지역 마다의 특이성을 찾기보다는 영국 전체를 하나로 묶어 공통성을 도출해 낸다. 특히 웨일스에 대한 기술에서 이런 그의 의도가 잘 드러난다. 왜냐하면 웨일스가 '변경'이었음에도 불구하고 그곳의 특이성에 주목하거나 잉글랜드와의 차이점을 도출하기보다는 잉글랜드와 동일한 선상에서 비슷한 곳으로 묘사하기 때문이다. 이것은 릴런드가 국왕의 입장을 의도적으로 헤아려 기술한 것으로 볼 수 있다. 1536년에 완전하게 합병된 웨일스를 잉글랜드와 동질적으로 다루어야 할 정치적 필요성이 있었을 것이다.

여전히 식민지에 가까운 변방으로 남아 있으면서 잉글랜드에 필요한 물품(특히 광물)들을 보급하는 병참과도 같은 처지였지만, 릴런드는 웨일스를 잉글랜드식의 행정구역으로 분류하고, 영국 왕실과 긴밀한 연관이 있는 곳으로 그려냈다. 칼레코이스Calecoyth성에 대해서는 "혹자는 그곳에서 헨리 7세가 잉태되었다고 한다"라고 전하는가 하면, 블랙 클레어Black Clare에서는 아서왕이 죽인 거인이 묻힌 곳을 보았다고 기록했다.[33] 또한 웨일스에서 발견되는 로마 시대의 많은 유물은 영국의 오랜 역사를 증명하고자 했던 릴런드에게 분명히 어필하는 요소였을 것이다.

《답사기》는 이렇게 웨일스를 포괄해서 잉글랜드 전체를 단일한 문화적 공간으로 환원한다. 이 공간은 전체가 하나의 단위로서 그 안에서 '최고'를 도출해 내는 비교의 준거틀이 되기도 한다. 켄트Kent는 릴런드가 "내 책의 첫 번째 장으로 할 것"이라고 써두었으리만치 영국의 지리가 갖추어야 할 모든 것을 다 갖춘 풍요로운 고장이다. 하지만 릴런드는 켄트와 다른 지역을 비교하지 않는다. 지역 간의 비교보다는 영국 전체를 아울러 최고를 찾아낼 뿐이다. 영국에서 가장 멋진 거리, 가장 예쁜 창문, 최고의 수도관, 최고의 성과 같이 주목할 만한 것들의 비교 대상은 영국 전체이다.[34]

따라서 《답사기》가 각 지역을 묘사하고 특성을 만들어낸다 할지라도, 지역이나 지역성, 결절지역nodal region 같은 것들은 '영국'이라는 커다란, 이미 동질성을 가정한 등질지역homogeneous region이라는 틀 내에서 창출되는 것이다. 이는 16세기 이전 답사기나 지방사 관련 기록들이 특정한 지역이나 특정한 시기 혹은 사건과 관계된 곳들을 주로 다루어 왔음에 비추어 볼 때 분명히 큰 변화이다. 따라서 릴런드의 《답사기》는 영국에서 12세기부터 추진되어 온 중앙집권화 전략이 가장 가시적으로 드러난 예로, 헨리 8세의 단일한 단위로서의 국가에 대한 관념을 보여주는 한 사례일 것이다.

영국의 물질적 토대

《답사기》는 자연경관 못지않게 사람에 관한 이야기를 많이 다루고 있어 인문지리적 특성이 강한 기록이다. 인문지리는 '인간집단을 경관과 지역의 형성자로 보아 경관이나 지역을 내부에서 고찰하는 것'을 말한다. 그런데 여기서 가장 주목할 만한 점은 릴런드가 소유권에 대해 놀라울 정도로 관심을 보인다는 사실이다. 릴런드는《답사기》에서 토지나 건물을 소유한 자들의 목록을 작성하고, 그들의 수입과 전체 재산의 정도, 타지역에 소유한 재산 상태를 나열했을 뿐만 아니라 소유권의 변동 과정까지 세세하게 추적했다. 나아가 상속에서 누락된 사람들의 행보, 국왕이 몰수한 토지가 평민들에게 분배되는 과정, 반대로 평민이 획득한 토지를 귀족이 가로챈 예에 이르기까지 재산권과 관련된 나타날 수 있는 거의 모든 사례를 수집해 놓았다. 심지어 공동체가 공유하는 건물이나 토지에 대해서도 건립·매입·기증한 사람을 기록하는가 하면, 유지를 위한 비용은 어떻게 충당하는지에 대해서도 상세히 적어두었다. 나아가 그 고장 성직자 급여의 원천과 액수는 물론 국왕에게 내는 세금이 얼마인지를 직접 마을 사람들에게 물어 기록했다.[35]

한 고장의 유력자와 각 개인의 재산 정보에 관한 기록은 노르만의 영국 정복과정에서 작성된 《둠즈데이 북Doomsday Book》(1086)에서도 나타난다. 1530년대 영국은 종교개혁, 특히 수도원 해산으로 인해 사유재산을 둘러싸고 엄청난 변화가 일어나고 있었고, 국왕으로서는 그것을 일목요연하게 파악할 필요가 있었을 것이다. 이런 맥락에서 볼 때 릴런드에게 주어진 임무는 수도원 도서관의 도서 수집이라기보다 수도원과 유력자들의 재산 정보를 수집하는 스파이 역할이 아니었을까 추측하게 한다. 게다가 그가 지속적으로 왕으로부터 엄청난 후원을 받았다는 사실과 서적 수집 성과는 별로 만족할 만한 것이 아니었다는 일부 학자들의 비난도 이런 추측을 뒷받침한다.[36] 따라서 《답사기》에 나타난 소유권을 둘러싼 기록들은 본질적으로 통치자를 위한 기록으로 보는 게 옳을 것이다. 특히 단순한 현재 재산 상태만을 기록한 것이 아니라 축재의 원천을 명기하고 세월의 흐름에 따른 가문과 재산의 변동, 혼인으로 인한 재산권의 변동 및 소유자의 개인적 성향과 약점까지 기록한 것은 통치 자료로서 《답사기》의 활용 가치를 높여주는 것이기도 하다.

그러나 결과는 반드시 의도한 바에만 머무르지 않는다. 소유권에 대한 상세한 기록이 왕의 통치를 위한 정보 제공을 일차적 목적으로 삼았다 할지라도, 《답사기》는 궁극적으로 영국을 재산권의 변동이 매우 활발한 곳으로 그려낸 셈이 되었다. 나아가 한 고장의 유력자들에 대한 기록은 천편일률적인 정보의 나열을 넘어서 사람이라는 매체를 통해 '누가 사는 곳'이라는 그 지방 고유의 특성을 부여하게 된다. 《답사기》가 주별로 작성되었고 각 고장의 지명이 등장하지만, 궁극적으로 지역성을 나타내는 것은 종종 그 지역을 대표할 만한 가문과 그들이 소유한 성이나 저택이다. 이런 현상은 재산권의 변동이 극심한 상황에서도 토지소유주를 전통적인 가부장적 존재로 파악했던 중세적 전통의 연장선에 있기 때문으로 볼 수 있다. 즉, 토지소유주를 소유권만 가진 존재로 보기보다는 아직은 도덕적 동기와 상호 책임감이 있는 고장의 지도자로 인식하는 것이다.

1523년 영어로 발간된 최초의 토지조사 매뉴얼을 쓴 존 피츠허버트John Fitzherbert는 토지조사자란 영어로 '관리자overseer'에 가깝다고 표현했다.[37] 이것은 영국에서 소유권을 위한 토지를 측량하는 주체가 측량과 소유권의 물리적 경계에 민감한 사람이기보다는 영지의 경영을 총괄하는 사람이었음을 나타낸다. 물론 수도원 해산 이후 많은 땅이 시장에 매물로 나오면서 결과적으로 16세기 중반부터는 사적 소유를 둘러싼 개념이 엄청나게 변해갔다.[38] 하지만 릴런드의 《답사기》는 1530년대 영국에서 여전히 영주를 가부장적인 존재로 인식하는 경향이 일반적이었음을 시사한다. 이런 맥락에서 그는 한 고장의 전통적인 중심인물들에 대해 부정적인 입장을 취하기보다는 오히려 그들 가문의 오랜 계보를 존중하고 그 영향력을 긍정하는 태도를 취한다. 또한 새로이 토지를 매입한 중산층에 관한 기술에서도 전통적인 대귀족과 마찬가지로 그들의 입지를 존중하며 그들에 대한 인상이나 평판을 세심하게 기록했다.

《답사기》에서 한 지역을 대표할 만한 중심축으로 나타나는 것은 수도원과 교회, 성과 시골의 저택이다. 종교기구에 대한 릴런드의 묘사는 수도원 해산과 관련한 변화상을 기록한 보고서의 성격이 짙다.

따라서 특별히 사람들의 신앙심이나 정신적이고도 문화적인 구심점으로서의 교회나 수도원의 역할을 기술하기보다는 오히려 재산의 정도와 소유권, 후원자나 기부자, 그리고 그곳 묘지에 묻힌 사람 등 수도원과 관계 있는 인물들을 파악하여 옛 종교기구를 둘러싼 인적·경제적 네트워크를 파악하는 데 주력한 경향이 있다.

하지만 성城에 대한 묘사는 약간 다르다. 릴런드는 영국 전역의 많은 성이 쇠퇴하고 심지어 폐허가 되었다는 사실에 안타까움을 드러낸다. 성이 방치된 까닭은 15세기 후반부터 화약의 중요성이 커지면서 요새로서의 기능이 현저히 약화되었기 때문이기도 하다. 또한 1520년까지 헨리 8세가 접수한 웨일스와 잉글랜드 남부의 주요 성 대부분은 유지의 어려움 때문에 쇠퇴일로에 있었다. 안팎으로 많은 어려움을 헤쳐가야 했던 튜더 정부에 성을 접수하는 일과 유지하는 일은 별개의 문제였던 것이다.[39]

그럼에도 릴런드에게 성은 여전히 매우 중요한 한 고장의 상징물이었다. 1536년 이후 수도원 해체로 발생한 많은 잔해가 성을 보수하는 자재로 동원되기도 했는데, 그는 이런 자재의 이동과 성의 보수 상태에 각별한 관심을 보였다. 한편, 성의 쇠퇴와 상대적으로 두드러지게 부상하는 것은 시골 저택이다. 시골 저택은 헨리 8세 시기에 건설되기 시작했다. 윌리엄 호스킨스William G. Hoskins는 강력한 중앙정부의 등장으로 정치적 안정기에 들어서자 과거 성이나 요새 같은 곳에서 살았던 대영주들이 방어보다는 좀 더 안락한 생활환경을 중시하게 되어 성이 아닌 저택을 짓기 시작했다고 지적한 바 있다.[40]

《답사기》는 영국의 풍광을 묘사하는 데 철저히 인간의 효용, 특히 경제적 효용에 대한 관심을 매우 강하게 드러낸다. 그 공간은 농업, 상업과 기타 산업을 위한 주요한 토대이다. 여기서 릴런드는 생활의 터전으로서 영국을 무척이나 생동감 있는 장소로 그리려 했다. 모든 것은 변하고, 그 변화는 서로서로 관계를 맺고 있다. 수녀원 건물에 쓰였던 목재가 농장을 만드는 데 쓰이게 되었다거나, 나병 환자를 수용하려고 만든 건물이 병원과 구빈원으로 쓰이다가 결국 교회로 바뀌게 된 용도의 변경 사례를 기록하기도 했다. 수도원 해산 이후 과거 종교적인 건물들이 세속적 용도로 쓰이게 되는 과정들에 대한 기록은 영국의 지속적인 생명력을 암시하면서도, 동시에 새로운 시대가 열렸음을 함축적으로 표현하는 예들이다. 또한, 지형의 변화에 따라 생업이 달라진 곳, 비옥한 토양이 황무지로 변하는 이유에 대한 여러 가지 추측, 삼림 훼손에 대한 우려와 같은 내용[41]에서는 영국이라는 공간을 후손들이 살아나가는 데 필요한 자원 그 자체로 보는 릴런드의 장기적인 시각이 드러나기도 한다.

흥미롭게도 당시 영국이 농업 위주의 국가였음에도《답사기》는 농업에 관해서는 밀, 호밀, 보리, 귀리, 콩과 같이 몇몇 대표적인 농산물의 경작만을 간단히 언급할 뿐이다. 릴런드는 오히려 목초지나 땅의 인클로저 상태에 상당한 관심을 드러낸다. 그는 스코틀랜드 접경에서 남쪽으로 내려오면서 트렌트Trent강을 건너자마자 풍광이 갑자기 달라지는 것을 보았다. 잉글랜드는 분명히 스코틀랜드보다 인클로저가 많이 진행되었지만, 그 진행 정도는 지역별로 달랐다. 켄트나 에식스Essex 같은 남동부, 서퍽Suffolk이나 서리Surrey 같은 동부는 거의 다 이루어졌고, 콘월Cornwall, 데번Devon, 서머싯Somerset 같은 남서부 역시 인클로저가 빨리 이루어지고 있었다. 호스킨스는 목초지가 부족한 곳일수록 인클로저가 더디게 진행된다고 지적한 바 있다. 공동 목초지에 대한 권리의 충돌이 인클로저를 더디게 하거나 불가능하게 만들었기 때문이다.[42] 그런데 릴런드는 인클로저를 당연한 현상으로 파악한 듯이 보인다. 돈을 내지 않고 가축을 방목하는 이들 때문에 목초지가 황폐화하는 점을 우려하며 인클로저가 이루어지지 않은 것이 예외적인 일이라고 말했다.[43]

경제활동과 관련된 거주형태에서 릴런드는 농촌보다는 어촌을, 무엇보다 도시를 주목했다. 릴런드는 크고 작은 여러 도시의 외형을 묘사할 때 성벽이나 성문의 유무를 중요하게 생각했다. 그는 교외suburb에 대한 분명한 개념을 가지고 있었으며, 도시가 팽창하는 것을 주목했다. 16세기 초 도시는 영국 전체 풍광에서 그렇게 중요한 위치를 차지하고 있지 않았다는 게 많은 학자의 주장이다. 영국 대부분의 지역은 농촌이었으며, 도시의 경우 점차 성벽 밖으로 교외가 생겨나는 추세였지만 그 규모는 그리 크지 않았다. 그럼에도 릴런드가 변화의 속도가 느린 농촌보다 도시를 더 많이 그려낸 것은 영국을 생동감 있는 공간으로 파악하고 싶어 했기 때문이 아니었을까.

도시에 대한 기록에서 가장 많은 부분을 차지하는 것은 과거 번성하던 도시들이 쇠퇴했다는 내용이다. 이에 대한 릴런드의 기술은 중세 말 도시의 쇠퇴라는 화두, 즉 크게 14세기부터 16세기까지 도시들이 급속히 쇠퇴해 갔다는 주장을 둘러싸고 벌어진 도시사가들의 오랜 논쟁을 환기시킨다.[44] 그런데 도시사가들이 직물업의 쇠퇴와 역병을 이 시기 도시 쇠퇴의 원인으로 파악했던 사실과 비교해볼 때, 릴런드가 그려내는 도시의 쇠퇴 이유는 매우 다양하다. 물론 역병으로 인해 도시가 몰락한 사례도 언급하고 있고, 요크셔Yorkshire와 글로스터셔Gloucestershire의 도시들은 게으름 때문에 직물업이 쇠퇴했다고 비판했다. 물 부족이나 잦은 화재, 홍수 같은 자연재해와 데인족이나 에스파냐인의 침입과 같은 외적 요소들 역시 도시를 몰락시킨 큰 원인으로 부각되기도 한다. 데인족의 침입은 비단 도시뿐만 아니라 농촌에서도 인간들의 삶의 지형이 바뀌게 된 중요한 계기로 자주 언급되는데, 특히 데인족의 파괴행위가 로마 시대나 색슨 시대에 번성했었다는 옛 도시들이 사라진 이유라고 지적했다.[45]

릴런드는 도시의 중심부가 이동했거나 기능을 상실해 쇠퇴한 도시 대신 새로운 도시가 생겨난 사례들을 주목했다. 이런 변화의 이유는 다양하다. 별 볼 일 없던 도시가 왕에게 새로운 특권을 부여받아 농산물 집산지로 번성하거나, 적의 침입이나 해일로 인해 시가지가 파괴되자 근처에 새 도시를 세운 예들도 있다. 링컨셔Lincolnshire에서는 수산업이 발달하면서 내륙 쪽에 있던 도시의 중심부가 강가로 옮겨간 사례들이 나타난다. 헤리퍼드셔Herefordshire의 레온민스터Leonminster는 원래 모직물 산업으로 융성했던 곳인데, 주변 도시들의 질투로 특권을 빼앗기면서 쇠락하고 대신 이웃 도시가 융성하게 되었다.[46] 웨일스의 캐스웰리Cathgweli의 흥망을 보면서 릴런드는 "옛 도시가 거의 파괴되자 그 자리에 세 배나 큰 신도시가 생겨났다"[47]라고 했다. 이런 묘사들은 도시를 발생-쇠퇴-재발생이라는 사이클이 목도되는 생명체와도 같은 존재로 보는 것이다. 이런 릴런드의 기록을 볼 때, 중세 말 도시의 쇠퇴를 둘러싼 논쟁은 재고할 필요가 있어 보인다.

역사, 국토, 사람

《답사기》는 16세기 초의 영국을 있는 그대로 그리는 데 그치지 않고 그 이전의 과거, 즉 중첩되는 시간들과 함께 엮어낸다. 이것은 영국이라는 공간을 역사라는 시간의 흐름과 접목하는 시도이다. 즉, 새로이 부상하는 절대주의 국가는 지배 공간에 대해 시공을 초월한 권력을 부여하고자 했고, 릴런드는 이를 충실하게 실천하고 있다. 여기서 영국이라는 공간은 그 자체가 완전한 모습을 갖춘 절대 공간이 아니라 끊임없이 만들어지는 어떤 것이다. 나아가, 그곳은 무시간적인 정지된 시간에 위치한 것이 아니라 영국의 수많은 역사가 중첩된, 모든 시간을 아우르는 공간이 된다. 릴런드는 영국의 방방곡곡을 역사를 통해 새로이 조형해 낸다. 그가 느끼던 튜더 시대 영국의 새로움과 영화는 곧 찬란한 과거와 연결되는 것이었다. 이는 18세기 이후 근대국가의 형성 과정에서 나타났다는 이른바 '전통의 창출'이 16세기 초반 지리서를 통해 이미 이루어지고 있음을 보여주는 사례다.

이 시도에서 릴런드의 탁월성은 영국이라는 역사적 공간을 사람 냄새 가득한 생활의 공간으로 전환시켰다는 점일 것이다. 이것은 중세 전통적인 역사학의 두 조류인 연대기적 역사와 정치사 위주의 내러티브[48]에서 벗어난 새로운 시각이었다. 그는 국가라는 공간을 차가운 법률이나 사법권이 미치는 영역만이 아닌, 오욕칠정을 가진 사람들이 사는 공간으로 조형해 냈다. 각 지방의 전설과 설화, 일화와 소문을 엮어내면서 가장 원초적인 감정들과 이해관계에 호소해 그 공간을 둘러싼 과거를 만들어내고 특성을 부여하며, 나아가 후손들에게 기억될 만한

'아는 것'의 영역 속으로 편입시켰다.

릴런드가 시도한 새로운 역사 쓰기는 당대의 영국을 과거의 영화와 연결하려는 강한 목적성을 지닌 것이었다. 여기서 과거란 로마-가톨릭의 영향으로부터 자유로웠던 시대를 이상향으로 삼는 것으로, 자국의 기원은 더 먼 옛날일수록 좋은 것이었다. 릴런드는 고대 브리튼족의 유물이나 로마 시대의 동전이나 기타 유물의 발굴에 지대한 관심을 보였다. 비드 시대부터 있었던 것들이라는 특별한 언급을 하기도 하는데, 이것은 영국의 역사를 노르만의 정복 이전과 이후로 나누고자 하는 의도 때문이다.[49]

한편 가까운 과거의 모습은 종교개혁을 겪은 후인 현재와의 단절을 통해 강조되었다. 여기서 가장 중요한 분기점으로 나타나는 것은 수도원 해체다. 수도원이 소유했던 재산이 재분배되는 과정에 주목하는 것이다. 또한 릴런드는 지명이나 가문 이름의 기원을 추적하고 그 변천 과정에 관심을 기울인다.[50] 이 과정은 이른바 언어의 계보학을 통한 '영국화' 과정으로 볼 수 있다. 사실 수도원 해체는 영국의 지명이 근대적 형태를 갖추는 데 큰 영향을 미쳤다. 수도원들이 소유하던 엄청난 면적의 땅이 사적 소유의 영역으로 넘어가는 과정에서 수도원에서 쓰던 전통적인 표기 방식fixed scribal practice이 종말을 맞게 된 것이다. 새로운 세속의 주인들은 성직자들 고유의 표기 방식에 혼란을 느꼈고 이것을 조정해줄 새로운 토지청estate office이 만들어지면서 좀 더 영국인들의 발음에 가까운 새로운 표기들이 자리 잡게 되었다.[51]

《답사기》는 영국이라는 공간을 설명하는 중요한 요소 가운데 하나로 그곳에 살고 있는 사람들을 등장시킨다. 《답사기》에서 이들은 터전에 굳건히 발을 디딘, 주체성을 가진 존재들로 나타난다. 이들은 자연재해나 외부의 침입으로 마을이 파괴되었을 때 왕에게 청원하여 살 곳을 얻거나, 힘을 합쳐 새로운 도시를 세우고 새로운 성벽을 쌓으며 다리를 건설한 사람들이었다.[52] 또한 이 사람들은 마을의 백정이 교회의 성수반을 망가뜨린 것과 같은 아주 사소한 일로 폭동을 일으키기도 한다. 릴런드의 기록은 영국인이 정의감에 불타고 소신을 곧 행동으로 옮기는 사람들이라는 인상을 준다. 그들은 교리상의 갈등이 생기자 곧바로 다른 새 교회를 짓는가 하면, 자신의 소유물은 아닐지라도 자기 고장의 성을 요새로 개조하는 데 반대하며 폭정을 일삼는 영주를 몰아낸다.[53]

이 공간은 혼란 속에도 질서가 있으며, 활발한 사회적 이동성을 보이면서도 그 모든 움직임을 영국이라는 국가로 '회수'하는 공간이다. 릴런드는 영국이라는 공간을 외국에서 벌어진 전투에 참여하여 부를 축적한 사람들도 결국은 돌아와 정착하는 종착지로 그려냈다.[54] 심지어 노르만 정복 때 들어온 외국인들조차 자국 땅보다 선호하여 토박이처럼 동화되는 공간이다.[55] 특히 먼 타지에 살면서도 자신의 고향에 다리나 건물을 기부하거나, 유지에 필요한 토지를 구매해서 기증하는 부자 상인에 대한 많은 사례[56]는 사회적 이동성을 나타내면서도 그들을 '고향'이라는 공간으로 끊임없이 귀속시키는 것이다.

《답사기》에는 여성들에 대한 언급도 많다. 왕실이나 귀족 가문의 여성들은 혼인, 지참금, 재산권 변동의 주인공으로 당당하게 나타난다. 그뿐 아니라 이들은 수도원과 교회, 다리나 병원 같은 공공건물의 기부자이기도 하다. 평범한 여성들도 많이 등장하는데, 릴런드는 글로

스터셔의 한 교회 유리창에 그려진 중산층 여성 네 명의 신원을 추적하기도 한다. 신학교를 세운 여성이나 지체 높은 남편을 만난 후에도 천출인 자신의 과거를 잊지 않고 구빈원을 지은 여성에 대해 릴런드는 따뜻한 시선을 보낸다. 무심코 문을 닫아버린 탓에 격렬한 전투 중에 피신하려 한 공작을 죽게 만든 평민 여성[57]이 있는가 하면, 프랑스군의 침입을 물리친 용감한 여성, 데인족의 침입으로 파괴된 지역을 재건한 공주 등 계층을 초월한 많은 여성을 역사 인물로 등장시키고 있다.[58]

이렇게 《답사기》는 영국에 살고 있던 사람들을 주체적이고도 생동감 있게 묘사하면서 영국이라는 공간으로 그 이야기들을 끌어들인다. 그런데 이런 효과는 《답사기》가 구술사Oral History적 요소를 강하게 담고 있다는 점과도 관계가 깊다. 엄청나게 많은 문헌을 섭렵한 학자임에도 릴런드는 직접 만나서 대화를 나눈 사람들의 이야기에도 문헌만큼의 가치를 둔다. 이런 특성은 그가 서재에 앉아 문헌에만 의존해 지방지를 쓰던 학자들과 분명히 달랐음을 보여준다. 그는 공간에 이야기들을 접목해나가면서 이야기를 전해준 사람에 대한 묘사도 덧붙이고, 그 이야기의 신빙성에 관한 자신의 견해를 밝히기도 한다. 그런 이야기는 때때로 신기한 것들이며, 인간의 본능에 가까운 호기심을 자극하는 것들이다.

릴런드가 의견을 구한 사람들이 대부분 '보통 사람들'이었다는 점에서, 릴런드는 영국에 살고 있던 많은 일반인을 국가의 지지서 작성에 적극 동참시킨 셈이다. 전해 들은 이야기 속 주인공들 중에도 지극히 평범한 사람이 많았기 때문에 계층을 초월하여 한 공간의 사람들이라는 개념을 만들어내는 데 매우 효과적일 수 있었다. 소금 광산에서 일하는 노동자들의 안색이 이상하다든가, 마을 사람 모두가 힘을 합쳐 성벽을 개축했는데 도축업자가 맡은 부분이 가장 튼튼했다든가, 빼어난 외모 덕에 귀천상혼이 이루어졌다든가 하는 이야기들은 시공을 초월하여 '사람들의 삶'을 그려내는 것이고, 그만큼 큰 호소력과 긴 생명력을 지닌다.[59] 다음에 소개하는 기사 이야기는 릴런드가 웨일스에서 들은 것으로, 결코 '영웅담'은 아니지만 인간 본성의 단면을 건드리고 있다.

> 기사 로버트 몬더링Robert Moundering 경은 용감하고 훌륭한 성품을 지닌 사람이었다. …… 마상시합에서 웨일스의 시어도어Theodore와 맞붙었는데, 그가 몬더링의 한쪽 귀를 베어버렸다. 이후 시어도어는 잉글랜드 왕의 궁성에 가게 되었는데, 그의 잘생긴 용모와 강인함 외에는 전적이 알려지지 않은 상태였다. …… [하지만] 결국 몬더링 경의 귀를 벤 자라는 사실이 알려지게 되고, 사람들이 몬더링 경에게 복수할 기회를 주었다. 하지만 시어도어를 본 몬더링 경은 남은 한쪽 귀라도 보존하고 싶다고 말했다.[60]

이 장르의 저술들이 전통적으로 과거에 쓰인 연대기 등을 수합하여 서재에서 만들어졌던 데 반해, 릴런드의《답사기》는 온전히 스스로 '두 발로 뛰어다니며' 본 사물과 유적, 만난 사람과 들은 이야기를 통해 역사와 공간을 그려내고자 한 새로운 시도였다.[61] 사실 기존의 전통이 강조했던 요소들을 걸러내고, 그동안 간과되었던 영국의 뿌리 깊은 역사를 재현해 내려는 노력은 온전히 문헌에만 의존할 수 없는 종류의 것이기도 하다.

헨리 8세의 명을 받고 이루어진 릴런드의 답사는 새로운 형태의 국가를 건설하고자 하는 국왕의 의지에 다름이 없다. 그 결과물인《답사기》는 전통적인 지방지적 기술이나 역사서와 달리 한 국가 전체의 풍광을 보여주고 그 공간과 역사를 접목하며 정치에서 일상생활까지 포괄적으로 다룬다는 점에서 기존 저술들과 매우 다르다. 더욱이《답사기》는 국가의 공간인 영토 그 자체를 주목하는 새로운 장르를 탄생시켰다는 점에서 큰 변화를 가져온 선구적 작업이었다. 또한 이 작업은 사건을 이해하기 위해 지지를 동원하는 것이 아닌, 지지를 통해 역사적 사건을 심거나 되살리는 시각의 전환을 보여주고 있다. 따라서 릴런드의《답사기》는 로마와의 단절 이후 새로운 정체성을 만들어나가야 했던 튜더 왕조의 '국가'와 '국민' 만들기 기획의 두드러진 예가 될 수 있다.

02

아서왕 논쟁과 영국의 역사서술

아서왕 논쟁

역사서에 등장한 아서왕

존 릴런드가 전국을 돌며 영국의 과거와 현재를 기록하고 있던 바로 그 무렵, 이 시대 역사 분야에서 가장 큰 사건으로 기억될 만한 논쟁이 벌어졌다. 바로 아서왕 전설을 둘러싼 학자들의 논쟁이다. 이 논쟁은 1530년대에 촉발되어 16세기 내내 학계를 뜨겁게 달구었으며, 심지어 18세기까지 지속되었다. 이 논쟁을 시작한 사람은 다름 아닌 릴런드였다.

논쟁의 근원이 된 아서왕 전설의 뼈대는 그리스-로마 신화까지 거슬러 올라간다. 트로이가 멸망할 때 그곳을 빠져나와 로마의 시조가 된 아이네이아스Aeneas의 증손자 브루투스Brutus, Brut는 우연히 죄를 짓고 로마를 떠나 브리튼섬에 도착했다. 당시 이 섬은 앨비언Albion이라

불렸으며 거인이 살고 있었다. 브루투스는 그 거인들을 내쫓고 국가를 건설했으며, 이 섬은 브루투스의 이름을 따 '브리튼'이라 불리게 되었다. 브루투스 이후 왕들 가운데 아서왕은 위대한 정복자로, 로마를 거의 정복한 인물이었다는 것이다.[1]

이 전설과 관련해 후대 역사가들에게 논쟁거리가 된 것은 두 가지이다. 첫째는 영국의 트로이 기원설이고, 둘째는 아서왕의 실존 여부이다. 먼저 영국을 세운 사람이 트로이 왕족이었는가 하는 문제를 살펴보자. 사실 유럽에서 한 나라의 시조를 트로이의 후손과 연결하는 것은 비단 영국만의 현상이 아니었다. 가장 먼저 이 전통을 만든 사람들은 로마인들로, 그리스 역사에 대항해 자국의 오랜 기원을 주장하기 위해서였다. 이후 유럽 역사에서 새로이 나타난 민족들은 자신들의 역사가 로마 역사만큼이나 오래되고 영광스러워야 한다고 생각했고, 자신들의 선조를 그리스-로마의 역사적 맥락에 위치시키고자 했다. 이런 맥락 속에서 6세기부터 12세기까지 유럽 곳곳에서 민족의 기원에 대해 저술한 작가들은 통상 자기 민족을 트로이 영웅의 직계 후손으로 만들었던 것이다.[2]

영국의 기원설 가운데 아서왕의 존재도 역사적 맥락의 산물이다. 현재 남아 있는 기록 가운데 최초로 아서를 언급한 문헌은 약 831년경에 나타난《브리튼인들의 역사Historia Britonum》필사본이다. 웨일스어로 쓰인 이 기록은 정치적인 의도가 강한 역사서였다. 신원이 밝혀지지 않은 저자는 웨일스 정복 전쟁을 치르던 머시아Mercia에 반대하는 입장에서 트로이의 몰락을 브리튼족이 브리튼섬의 지배권을 잃은 사실에 유비하는 전략을 사용한다. 여기서 브리튼족은 신의 사람이자 전형적

인 도덕적 모델로 묘사되고 있으며 아서는 왕이 아닌 지도자 혹은 지휘관으로 나타나고 있다.[3]

사실 아서라는 이름이 어디에서 비롯했는가에 대해서는 명확한 해석이 존재하지 않는다. 일부 학자는 이 이름을 유럽 고대 전설에 숭배의 대상으로 자주 등장하는 곰과 연결하기도 하고, 또 다른 학자들은 험준한 자연 지형에서 그 이름을 따왔다고 주장하며 실제로 스코틀랜드와 웨일스, 콘월 지방에 아서라는 이름을 가진 지명들을 증거로 제시하기도 한다.[4] 최근 가장 설득력을 얻고 있는 이론은 이 이름이 로마인의 이름인 아토리우스Artorius에서 기원했고, 9세기경까지 브리튼섬의 민속설화들 속에서 발전되어 오다가 정치적이고 역사적인 텍스트 속에 실리게 되었다는 견해이다. 원래는 로마인의 이름이었지만 정치적 의도 속에서 브리튼족 전사의 원형으로 변질된 셈이다.[5]

954년경에 쓰인 《웨일스 연대기The Annales Cambriae》를 비롯해 10세기 말까지 여러 문헌에서 아서 이름이 가끔 등장하기는 하지만, 중요한 캐릭터는 아니었고 그 활동 범위도 브리튼섬 서쪽에 국한된 것으로 그려졌다. 하지만 11세기가 되면 아서라는 인물에 좀 더 강한 역사성이 가미되면서 아서 전설은 서서히 유럽 전체 문화에 퍼져가기 시작했다. 흔히 아서왕 전설의 모체는 몬머스의 제프리Geoffrey of Monmouth가 쓴 《브리튼 왕 열전Historia Regum Britanniae》(1138)이라고 알려져 있지만, 사실 12세기가 시작될 무렵 이미 웨일스의 토속문학에서부터 성인전聖人傳에 이르기까지 아서에 대한 언급이 다수 나타났고, 제프리는 이런 분위기에 편승해 과거 미약한 존재였던 아서를 역사의 주인공으로 내세울 수 있었던 것이다.[6]

1066년에 노르만인들이 영국을 정복하자, 이제 역사서술을 맡았던 사람들은 새로운 지배집단을 위해 영국의 역사를 써야 하는 상황에 놓였다. 그 당시 역사는 보통 비드의 《영국민의 교회사》와 같이 권위를 인정받은 몇 개의 문헌에 근거해 서술되곤 했다. 하지만 비드의 책이나 《앵글로 색슨 연대기Anglo-Saxon Chronicle》[7]와 같이 앵글로 색슨 시대를 조망한 책들은 그 내용상 침략자인 노르만인들을 영국의 기존 역사에 자연스럽게 위치시키기가 어려웠다. 노르만 왕들은 자신들이 영국을 정복하기 전부터 영국 왕가의 후손이라고 주장하고자 했고, 이제 대안적인 영국의 역사가 만들어져야 했다.

웨일스-노르만이라는 태생적 배경을 갖고 있었던 제프리는 웨일스 지방에 전해오던 아서 전설을 이용하기로 마음먹었다. 노르만인들이 트로이의 후손이라는 이야기는 예전부터 있었기 때문에 아서를 노르만 계보에 집어넣기만 하면 되었다. 제프리는 헨리 1세Henry I, 재위 1100~1135의 아들 로버트Robert, 1st Earl of Gloucester, 1090?~1147를 아서의 모델로 삼았는데, 사생아였던 아서와 마찬가지로 로버트도 왕의 정부가 낳은 사생아였기 때문이었다. 제프리는 이 작품을 헨리 1세와 그의 아들 로버트, 그리고 헨리 1세 사후 왕위를 계승한 스티븐왕Stephen, 재위 1135~1154에게 반복적으로 헌정했다. 노르만 왕들에게 맞춤형으로 만들어진 《브리튼 왕 열전》은 이들을 만족시켰고, 제프리는 후한 후원을 얻어낼 수 있었다.

아서왕은 계속해서 노르만 지배자들의 이익을 위해 이용되었다. 헨리 2세Henry II, 1154~1189는 웨이스Wace, 1115?~1183?라는 성직자에게 제프리의 연대기를 소설로 바꾼 《브루투스 이야기Roman de Brut》를 쓰게 했다. 이제 아서는 브리튼을 색슨의 공격으로부터 구해낸 전사왕戰士王으로, 대륙으로 건너가 로마 제국과 전쟁을 치른 영웅으로 널리 알려지게 되었다. 이후 아서왕 전설은 프랑스에도 전해져 궁정 로맨스의 중요한 주제가 되었고, 유럽 전역으로 빠르게 전파되었다. 그리고 그 과정에서 아서왕과 기독교가 결합하여 아서왕과 원탁의 기사는 기독교를 수호하는 영웅들로 채색되었다.

버질 대 릴런드, 외국인 대 내국인

이렇게 영국 역사에서 아서왕은 정치적 목적에 따라 그 성격과 계보가 수정되었다. 튜더 왕조 역시 지배의 정당성을 주장하기 위해 아서왕 전설을 적극적으로 이용했다. 그런데 1530년대에 이 오랜 전통을 뒤흔드는 역사서가 나타났다. 이탈리아 출신 역사학자 폴리도어 버질Polydore Vergil, 1470~1555[8]이 라틴어로 쓴 《영국사Anglica Historia》가 그것이다. 이 책은 버질이 헨리 7세Henry VII, 재위 1485~1509의 명을 받아 1506년부터 쓰기 시작한 것으로, 영국의 대외용 공식 역사서로서의 성격을 지녔다.[9]

버질은 1470년 이탈리아 우르비노Urbino에서 태어났다. 파도바 대학과 볼로냐 대학에서 공부했으며, 1490년대 후반에 이르러 여러 권의 저서를 통해 학자로서 명성을 떨치기 시작했다. 그는 1502년 헨리 7세의 궁정에서 호의를 얻었던 아드리아노 카스텔레시Adriano Castellesi, 1460?~1521?를 수행하여 영국에 건너온 후 1553년 이탈리아로 돌아갈 때까지 생의 대부분 시간을 영국에 머물렀다. 그의 재능을 높이 평가한 헨리 8세의 든든한 후원 아래 많은 저작을 남겼지만, 토머스 울지

Thomas Wolsey, 1475?~1530 같은 왕의 측근들로부터 스파이로 의심받아 구금되는 등 여러 차례 핍박을 당하기도 했다. 그는 이탈리아로 돌아간 뒤 얼마 후인 1555년 고향에서 죽었다.

《영국사》는 이탈리아 르네상스의 역사학적 방법론을 도입해 기술한 당시 영국에서는 다소 생경한, 이른바 '객관적'인 영국 통사였다. 영국의 역사를 세심한 지리적 접근에서부터 시작한 버질은 브리튼섬에 살았던 최초의 사람들이 원주민인지 이주자들인지 확실하게 알 수 없다고 말한다.[10] 이는 이른바 '공식적'인 영국의 시조로 알려진 브루투스를 전면으로 부정하는 것이었다. 그 근거로 로마의 역사가 리비우스Titus Livius Patavinus를 비롯한 권위 있는 작가들 그 누구도 브루투스에 대해 쓰지 않았다는 사실을 들었다.[11]

버질은 이 방대한 저작에서 영국의 트로이 기원설을 완전히 부정하고, 아서에 대해서는 재위에 관한 짧은 한 문단만을 기술했다. 아서는 우서Uther 다음에 통치했고 아마도 그가 좀 더 오래 살았더라면 브리튼을 통일했을지도 모른다는 내용이었다.[12] 버질은 그 이상의 내용은 기껏해야 추측일 뿐이라고 단언하면서 아서 전설의 허구성이 드러나는 예로 아서가 글래스턴베리 수도원에 묻혔다는 전설을 꼽았다. 그 수도원은 아서가 죽은 후에 건립되었기 때문에 이 명백한 시대착오는 아서왕 전설이 거짓임을 드러내는 증거라고 주장했다.[13] 그는 분명치 않은 가설들에 대해서는 불분명하다고 쓰는 것이 옳다고 믿었다. 그는 "역사는 일어난 일에 대한 완전한 이야기이자 공언이지 추측이나 미신이 아니다"라는 확신을 가지고 있었다.[14]

버질의 책이 출판되자 당시 영국의 휴머니스트 대부분은 그를 향해 테러에 가까운 비난을 퍼부었다. 릴런드가 그 비판의 선봉에 서 있었다. 릴런드는 버질을 '엉터리 시인Codrus'이라고 부르며 아서 전설을 자기 나름의 역사학적 근거를 들어 옹호하는 글을 펴냈다.[15] 이후 수십 년 동안 많은 사람이 앞을 다투며 버질을 공격하는 글을 펴냈다.[16] 스스로 자랑스러운 웨일스 사람이라고 천명한 아서 켈튼Arthur Kelton은 버질을 비롯하여 과거와 당시의 모든 로마인을 싸잡아 비난하는 시를 썼는가 하면, 옛것 연구가인 데이비드 파웰David Powel은 버질이 아서왕을 무시하는 것은 '고의적인 무지이자 개 같은 질투' 때문이라고 비난했다.[17]

당대의 진지한 법률가이자 옛것 연구가였던 존 프라이스 경Sir. John Price, 1502~1555은 《영국사 변호Historiae Britannicae defensio》를 통해 차분하게 버질의 주장에 반박했다. 그는 일개 로마 역사가가 브리튼의 트로이 왕들을 무시하는 것에 크게 신경 쓸 필요가 없다고 했다. 리비우스 같은 로마 작가들이 굳이 브루투스에 대해 쓸 필요가 없었다면서, 그들의 관심사는 라틴 왕들이었지 영국 왕 브루투스는 아니었을 것이라고 했다. 프라이스는 영국인의 선조를 추적하려면 외국 고전에 의거하기보다 영국 구전 역사의 전통을 살펴보고 당시까지 남아 있던 영국의 이름이나 지명에서 그리스적 전통을 찾아보는 것이 더 합리적인 접근이라고 주장했다.[18]

흥미롭게도 논쟁이 진행되면서 브루투스를 출발점으로 보는 영국 기원설 자체가 흔들리거나 다양한 대안적 기원설이 나타나기도 했다. 릴런드의 친구이자 당대의 뛰어난 학자였던 존 베일은 버질과 싸우느니 차라리 영국의 기원을 성서적 배경에 넣는 것이 낫다는 판단을 내리기도 했다. 즉, 대홍수 후에 인류의 거주지가 확장되는 과정에서 영국의 출발점을 찾자는 것이었다. 이런 시도는 노아의 계보로부터 브리튼의 기원을 추적하는 노력으로 이어졌다.[19] 한편, 존 트와인John Twyne, 1501~1581같은 휴머니스트는 트로이 이전 브리튼섬에 사람이 살지 않았을 리 없다는 관점을 피력하면서, 고대 세계에 대한 일종의 진화론적 이론을 내세웠다. 또 그는 항해가 여의치 않았던 먼 고대 세계에 브리튼섬으로 사람들이 들어올 수 있었던 것은 브리튼섬이 대륙과 붙어 있었기 때문이라는 지질학적 가설을 내세우기도 했다.[20]

이렇게 브리튼인의 기원을 트로이 이전으로 끌어올리는 것은 사실 로마와의 완전한 단절을 원하던 영국 프로테스탄트들의 정치적·종교적 목적과 부합하는 것이었다. 영국의 기원에 대한 논쟁이 가열되어 가는 분위기 속에서 옥스퍼드와 케임브리지 대학은 각각 더 오랜 기원을 주장하며 길고 지루한 논쟁을 벌여 수백 명의 학자가 그에 가세하는 양상이 벌어지기도 했다. 이 과정에서 학자들은 케임브리지 대학이 세상이 창조되고 4,321년이 지난 기원전 4004년에 설립되었다고까지 주장하기에 이르렀다. 이 논쟁의 과정에서 버질에 대한 비판도 계속되었음은 물론이다.

16세기 영국의 역사서술: 역사학의 혁명?

브루투스와 아서왕의 실존문제를 둘러싸고 촉발된 이 논쟁은 비단 아서의 실존 여부만을 둘러싼 논쟁이 아니었다. 영국 역사학계는 이 논쟁을 이른바 '객관적'인 휴머니즘적 역사학과 후진적이고 배타적인 영국 역사학 사이의 갈등이 빚어낸 산물로 보곤 했다. 이 맥락에서 본다면 릴런드와 같이 아서왕 전설을 옹호한 영국 학자들은 후진적인 역사관에 갇혀 있던 사람들일 것이다. 아서왕 논쟁은 실제로 16세기 영국 역사학의 후진성이 빚어낸 산물일까? 그렇다면 왜 현대 영국 역사가들은 자신들의 선조인 16세기 영국 역사가들을 그토록 폄하했을까?

1962년 스미스 퍼스너F. Smith Fussner는 1580년에서 1660년 사이 영국에서 '역사학의 혁명historical revolution'이 일어났다고 주장했다.[21] 그는 이렇게 단언했다.

> 역사서술의 목적, 내용, 방법, 스타일 등에서 전체적으로 복잡한 변화가 1580년에서 1660년 사이에 일어났다. …… 1660년 이후 10년 사이에 영국 학자들은 유럽에서 최고의 명성을 누리게 되었다.[22]

퍼스너가 주장하는 '역사학의 혁명'의 내용은 다음과 같다. 역사학의 목적이 도덕적 교훈을 주는 것에서 실용성으로 바뀌었으며, 이 과정에서 역사에서 신의 섭리의 중요성이 줄어들었다. 원사료의 중요성이 강조됨에 따라 성서의 중요성이 감소했고 타당성에 대한 의식이 높아졌다. 스타일 면에서도 바로크식 장대함보다는 단순하고 간명한 합리성이 중요해졌고, 연대기순 서술 방식이 주제나 시기를 강조하는 식으로 바뀌었다. 마지막으로 인간의 사고가 발전함에 따라 역사학의 다양성이 증가했다는 것이다.[23] 퍼스너는 이런 변화를 보여주는 대표적인 인물로 프랜시스 베이컨Francis Bacon, 1561~1626을 주목하며, 그의 저술이야말로 세속사와 교회사라는 전통적인 구분을 자연의 역사와 인간의 역사로 대치한 장본인이라고 역설했다.

사실 '역사학의 혁명'이라는 개념은 퍼스너만의 독창적인 이론이 아니다. '변화'를 중시하는 현대 역사가들 상당수가 특정 국가나 세기를 강조하며 제각각 역사학의 혁명을 주장해 왔기 때문이다.[24] 하지만 영국 학계에서 퍼스너의 주장은 열렬한 환영을 받았다. 그와 동시에 비판에도 직면했는데, 역사학의 발전을 좀 더 장기적인 맥락에서 보고자 하는 학자들이 그의 주장이 지나치게 단절적이고 급격한 변화를 상정한다고 했던 것이다.[25] 내가 보기에 퍼스너의 시각은 근대 역사학의 출발을 17세기 영국으로 끌어올리려는 객관성을 잃은 주장이다. 근대적인 모든 것의 출발지를 영국으로 삼으면서 배타적인 예외주의를 발현시킨 대표적 사례 가운데 하나다. 나는 퍼스너가 자신의 관점을 관철하고자 의도적으로 르네상스 휴머니즘과 같은 이른바 '외래적'인 요소의 영향을 폄하했다고 생각한다.

퍼스너는 영국에서 역사학의 혁명을 불러일으킨 요인으로 르네상스와 종교개혁, 과학혁명과 입헌주의를 둘러싼 갈등, 내란 등을 들었다. 이런 움직임들이 역사적 탐구를 부추겼고 역사의 목적과 방법에 대한 사고의 방향을 제시했다는 것이다. 그러면서도 그는 이탈리아 르네상스가 끼친 영향을 최소치로 평가했다. 휴머니즘은 "1453년에서 1517년 사이에 존재한 것"으로, 북부 유럽에는 16세기가 되어서야 그 영향이 미쳤다는 것이다.[26] 그런데 그 영향마저도 이른바 '기독교적 휴머니즘'이었기 때문에 역사학에서 "휴머니즘은 기독교와 성스러운 연대를 맺는 데 주력했으며, 휴머니스트 역사가 대부분은 기독교적 전통에 대해 회의를 품지 않았다"라고 했다.[27]

퍼스너의 시각으로 볼 때 1530년대 이후가 되면 영국 역사학에서 휴머니즘의 자취는 찾아볼 수조차 없다. 종교개혁 이전까지 영국의 휴머니즘은 대륙의 휴머니즘과 다를 바 없었지만, 1530년대 이후 영국은 대륙의 휴머니즘과 단절하고 학자들과 정치가들이 교회와 국가 간의 관계를 정당화할 방법을 찾기 위해 역사를 동원하는 독특한 현상을 보였다고 주장하기 때문이다.[28] 영국 역사학의 발달은 순수하게 영국의 역사적 맥락의 산물로, 근대적인 역사학의 발달은 그야말로 '내재적 발전'의 산물이라는 셈이다.

사실 퍼스너 이전에도 많은 학자가 1530년대에 영국의 역사서술이 큰 변화를 맞았다고 주장한 바 있다. 이미 1950년 윌리엄 롤리 트림블William Raleigh Trimble은 1530년대와 1540년대에 새롭고도 확연하게 다른 종류의 역사가 영국에서 등장했다면서 "이 모든 것의 변화는 대륙의 르네상스 역사가들의 영향 때문이 아니라 정치적 변화, 종교적·군사적 사건들, 강한 지도력과 왕조에 대한 고양된 개념이 결합해 나타난 국가주의 때문이었다"라고 말한 바 있다.[29] 이런 시각은 최근까지도 이어져 에드윈 존스Edwin Jones는 영국의 종교개혁이야말로 공식 버전의 새로운 역사 쓰기가 시작된 전기로, 이제 중세를 로마 교황의 노예 상태였던 시기로 규정하고, 로마와의 단절을 일종의 해방이자 새로운 역사의 출발점으로 보게 되었다고 말하기도 했다.[30]

1530년대 이후 영국 역사학에서 새로운 흐름이 나타난 것을 인정한다고 할지라도, 이 변화를 온전히 국가주의의 발생과만 연결하며 르네상스 휴머니즘의 영향을 배제하는 것은 지나치게 자국 중심적일 뿐만 아니라 불완전한 접근이다. 이런 주장들이 나오는 이유는 오히려 영국 학자들이 대륙의 휴머니즘을 지나치게 이상적으로 이해한 탓이다. 16세기 영국의 역사서술을 '애국주의적 열정에 경도되어 지나치게 목적성을 띠었던, 객관성을 잃은 역사서술'로 폄하하는 동시에, 이탈리아 중심의 르네상스 역사서술에 대해서는 비판적 역사학으로서의 객관성을 완전하게 담지하고 있다고 과대평가하고 있는 셈이다.

정치적 정당성을 찾기 위해 역사를 동원하는 것은 새로운 현상이 아니다. 역사서술은 대부분 의뢰한 사람이나 집단의 목적에 따라 그 성격이 달라지곤 했다. 심지어 중세 수도원의 성직자조차도 세속 정부를 위해 연대기를 작성할 때는 다른 방식과 성격으로 서술하곤 했다.[31] 르네상스 휴머니즘적 역사학 역시 세속의 지배계층이라는 후원자의 이익을 위해 봉사하는 것이 목적이었음을 부인할 수 없다. 따라서 르네상스 휴머니즘의 역사학 자체가 완전히 객관적이지 않았고, 정치적 집단의 이익을 위한 목적성이 역사기술에서 매우 중요한 동기였음을 감안한다면 국가주의에 경도되었다는 16세기 영국 역사학의 특성이 굳이 강조될 필요가 없을 것이다. 이 시기 이탈리아 역사학과 영국 역사학의 근본적인 차이는 오히려 역사가가 봉사했던 지배집단이 도시국가 엘리트였는지 혹은 영국 정부나 왕실이었는지, 나아가 일부 학자가 주장했듯이 영국 '국민'이었는지의 차이일 것이다.

그렇다면 이 당시 영국의 역사서술이 정확히 어떤 양상을 띠고 있었는가를 살펴볼 필요가 있겠다. 16세기 영국에서 역사서술의 기본 형식은 아직도 중세의 연대기적 성격을 벗어나지 못했다는 것이 일반적인 인식이다.[32] 연대기는 창세기부터 글이 쓰인 시점까지의 기록으로, 성서적 내러티브와 허구적 사실들이 포함되어 있었다. 연대기는 특성상 종교적인 성격이 강하고, 역사적 관점이 들어 있더라도 아주 짧거나 그 근거가 미약했다. 연대기에 비평적 관점이 별로 나타나지 않는 이유는 수 세기 동안 기존의 연대기가 권위를 가진 것으로 여겨져 왔고, 그 내용의 진위를 파악하려는 시도가 없었기 때문이다. 따라서 기존 연대기들의 토대 위에서 시기만 늘려 덧붙이는 식의 중세적 연대기 기술 방식에서는 획기적인 변화가 나타나기 어려웠다. 16세기 초 영국의 연대기들은 브리튼의 역사를 그리스도 탄생 전후의 맥락 속에서 자세히 추적했으며 브리튼이라는 이름이나 거주민의 기원에 대한 이야기들, 특히 브루투스에 대한 이야기 등을 포함하고 있었다.[33]

16세기 영국에서 연대기가 역사서술의 지배적 장르였다는 말은 다른 나라에 비해 역사서술의 발달이 더디게 진행되고 있었다는 의미이기도 하다. 서양에서 인쇄술이 출현하기 50여 년 전부터 이미 이탈리아나 프랑스, 독일과 같은 곳에서는 휴머니즘적 역사학이 발달한 반면, 영국에서는 1570년대가 되어서야 연대기가 쇠퇴하기 시작했다. 연대기의 쇠퇴는 연대기를 대치할 시, 희곡, 옛것 연구, 휴머니스트의 '정치적 역사학', 종교사적 기록이나 평범한 사람들의 전기 같은 파생적 장르들의 탄생과 맞물린 현상이었다.[34]

그런데 16세기 영국에서 역사서술의 주류를 이루었던 것이 연대기였다고 인정한다 할지라도, 연대기 자체가 변화하고 있었음을 주목할 필요가 있다. 다른 나라와 마찬가지로 세속적이고 더 넓은 독자층을 대상으로 한 연대기가 나타났다. 무엇보다 인쇄술의 발달로 연대기의 파급력이 엄청나게 확장되었다. 영국 출판의 선구자 윌리엄 캑스턴William Caxton, 1415/1422?~1492?은 이미 1470년대부터 라틴어로 쓰인 기존의 연대기들을 영어로 번역해 출판하기 시작했다.[35] 이후 중세 연대기를 최신판으로 개정하거나 그 내용을 발췌, 요약해서 일종의 '보급판'으로 만드는 노력이 계속되었다. 또한, 과거에 익명으로 펴내던 것과 달리 이제 저자의 이름을 앞세운 연대기가 나오기 시작했다. 이렇게 시장을 상대로 하는 연대기는 사회의 하층까지 침투할 수 있었으나 그만큼 내용이 가볍고 단명하는 측면도 있었다.[36]

연대기의 서술 양식에도 다양한 변화가 나타났다. 지방색을 드러내는 지방 연대기나 도시 연대기가 나타나는가 하면, 통사가 아닌 좀 더 세부적인 주제를 역사서술의 대상으로 삼은 저술들도 나타났다. 윌리엄 패튼William Patten, 1510?~1598의 《스코틀랜드 원정The expedicion into Scotla[n]de》(1548)은 서머셋 공Duke of Somerset, Edward Seymour의 원정에 동행한 저자의 노트에 기초하여 일기 형식을 취한 독특한 저술이었다. 원정에 함께했던 윌리엄 세실은 자신의 기록을 패튼에게 넘겼을 뿐만 아니라 집필에도 적극 참여했다. 세실 같은 정부 핵심 인사가 이 작업에 참여한 이유는 스코틀랜드 원정에 대한 대중의 관심을 환기하기 위해서였다.[37]

16세기 중반 영국에서 가장 뛰어난 영국사가로 칭송받았던 에드워드 홀Edward Hall, 1498?~1547의 연대기[38]는 이 시대 역사서술의 변화를 가장 잘 보여주는 예일 것이다. 그의 연대기는 헨리 4세에서 헨리 8세에 이르는 약 150년간의 비교적 짧은 기간을 다루고 있는데, 역사를

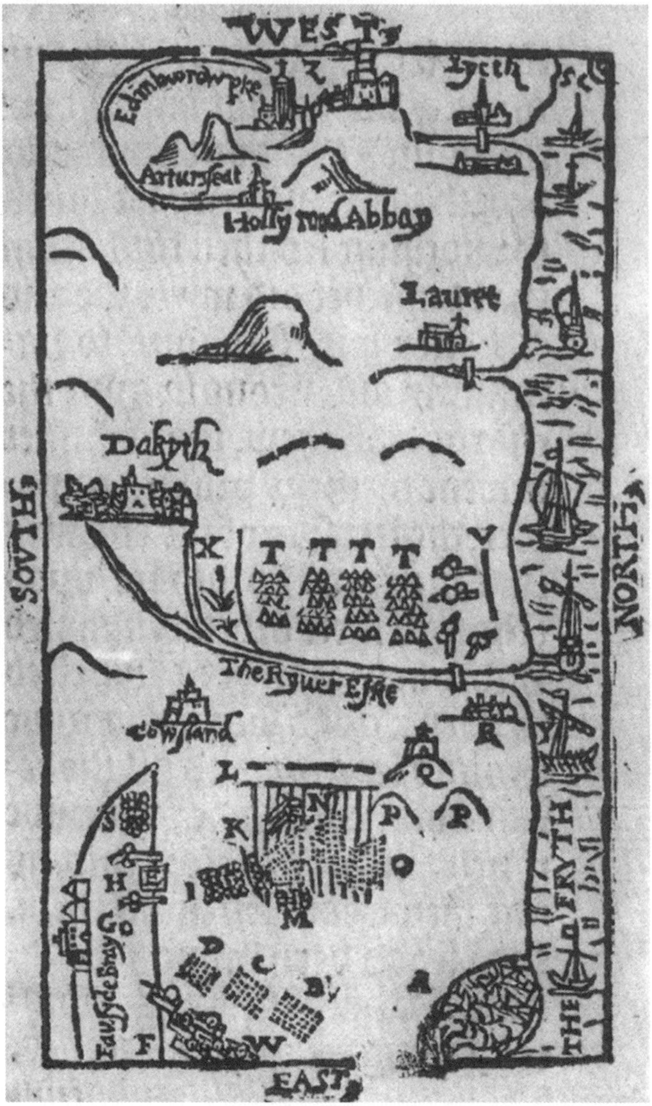

윌리엄 패튼의 《스코틀랜드 원정》에 수록된 지도

1547년 9월 스코틀랜드 에스크강 유역에서 스코틀랜드와 잉글랜드 사이에 벌어진 핑키 전투(Battle of Pinkie)를 묘사한 지도이다. 양 진영의 위치가 표시되어 있다.

왕조적·정치적인 차원에서 보는 것이었다. 성서적 사안이 아닌 세속적 사안을 다뤘다는 것뿐만 아니라 짧은 기간을 다루면서 강한 메시지를 전달한다는 것도 독특했다. 이 책의 요점은 중세 말 장미전쟁으로 피폐함이 정점에 달했던 영국에서 튜더 왕조 등장은 그 상황을 타개할 유일한 해결책이었다는 것이다. 이 연대기는 작가 자신이 살던 헨리 8세 시기를 제외하고는 잘못된 자료들을 마구 동원해 오류가 많기도 하지만, 다양한 자료를 통해 당시 사회상을 풍부하게 그려내고 있어 그 가치가 크다. 또 작가 자신이 원하는 방식으로 자료를 다루고 자신의 관점을 투영하며 역사를 그려냈다는 점에서 무조건적으로 과거의 권위를 수용하던 기존의 연대기 작가들과 매우 다르다고 평가할 수 있다.

학자들은 종종 1570년대에 연대기가 쇠퇴했다고 단정하면서 그로 인해 1580년대에 역사학의 혁명이 시작될 수 있었던 것처럼 도식화하곤 한다. 마치 연대기가 완전히 사라진 후에 새로운 역사서술이 나타날 수 있었던 것처럼 말이다. 그런데 연대기라는 장르는 주류에서 밀려날 수는 있어도 완전히 사라질 그런 장르가 아니다. 왜냐하면 특정한 연대를 앞세워 사건을 나열하는 연대기의 구조는 세월이 가도 변하지 않는 매우 끈질긴 지속성을 가진 것이기 때문이다.[39] 따라서 이 시대 역사서술의 변화를 살펴보려면 장르 자체가 대체되었는가 하는 차원이 아니라 내용에 어떤 변화가 있었는가를 분석하는 것이 올바른 접근이다. 사실 이 시대 역사서술에서 일어난 가장 중요한 변화는 저자들이 실제 사건과 전설이나 허구와 같은 것들을 구별하기 시작했다는 점이다. 이런 경향은 르네상스 휴머니즘의 비판적 역사학이 보여준 가장 큰 특성이기도 하다.

유럽 대륙에서 휴머니즘적 역사서술은 인간의 역사와 신화나 전설에 나타나는 허구의 경계를 분명히 하고자 했고, 그 구분은 고전의 권위를 통해 강화되었다.[40] 아리스토텔레스는 역사와 시를 분명하게 구분한 바 있고, 키케로는 역사란 먼 과거에 일어난 일에 대한 진실한 기록이라는 정의를 남겼다.[41] 역사에 대한 이런 정의는 16세기 중반 이후 영국에서 출판된 역사 관련 서적에서도 끊임없이 등장하는 명언이 되었다.[42] 고전에서 의미를 불러오는 휴머니즘은 시와 역사의 분리를 통해 창조적인 것과 사실을 구별하고자 했을 뿐만 아니라 두 가지 장르가 각각 다른 미덕을 갖춘 새로운 장르로 탄생하는 데 일조했다.[43] 이런 움직임 속에서 영국 최초의 르네상스적 역사이론서가 나타나기도 했는데, 토머스 블런드빌Thomas Blundeville, 1522?~1606?이 펴낸 《역사기술과 해석의 진정한 순서와 방법The true order and methode of wryting and reading hystories》(1574)이 그것이다.[44]

1530년대 이전에도 영국의 몇몇 연대기는 르네상스의 비판적 역사학의 단면을 드러낸 적이 있다. 로버트 페이비언Robert Fabyan, ?~1513?의 《영국과 프랑스의 새 연대기The New Chronicles of England and France》(1516)는 작가 자신이 살던 시대에 대해 과거의 연대기 작가들보다 좀 더 객관적인 태도를 취했다는 점에서 주목할 만하다. 페이비언은 이 연대기의 프랑스사 부분을 집필하는 과정에서 집중적으로 참조한 로베르 가갱Robert Gaguin, 1433?~1501의 저서[45]가 편향성을 띠고 있다고 비판하는가 하면, 초자연적인 현상에 대한 미신적 태도에 대해 회의를 드러내기도 한다.[46] 존 러스텔John Rastell, 1475?~1536의 《여러 왕국의 연대기들The pastyme of people or The cronycles of dyuers realmys》(1529)은 비판적 역사학의 성격을 더욱 분명하게 드러낸다. 그는 영국이나 다른 나라에서 쓰인 역사서 어디에서도 앨비언, 브루투스, 아서왕 같은 이야기가 사실이라는 증거를 찾을 수 없다며 이런 허구를 역사로서 다룬다면 다른 나라 사람들에게 오히려 웃음거리가 될 것이라고 주장했다.[47] 16세기 영국의 역사서술은 분명히 변화하고 있었으며, 그 변화는 많은 영국 학자가 인정하고 싶지 않았던 바로 그 휴머니즘의 영향에 힘입은 것이었다.

르네상스 시대에 고전은 역사서로 분류되기도 하는데, 영국에서도 외국의 고전에 대한 관심은 뜨거웠고 번역 출판도 계속되었다.[48] 1530년대 이후 고전 번역의 한 가지 특징은 매우 국가주의적인 목적에 의해 덧칠된 소개말을 동반하는 경향을 보인다는 점이다. 그런데 국가주의적인 포장을 덮고 있다는 이유로 이것이 휴머니즘과는 전혀 상관없는, 영국만의 색채를 보인다고 주장하는 것은 이 시기의 역사학에 대한 올바른 접근법이 아니다. 왜냐하면 국가주의와 같은 강한 목적성 자체가 르네상스 휴머니즘이 지녔던 뚜렷한 특징 가운데 하나였기 때문이다. 다음 장에서는 이런 휴머니즘의 태생적 한계를 영국의 맥락을 통해 살펴보기로 한다.

휴머니즘과 새로운 역사학

영국의 휴머니스트들

아서왕 논쟁을 자세히 들여다보면 여러 차원에서 매우 흥미로운 사실들을 발견할 수 있다. 무엇보다도 버질과 릴런드를 비롯해 논쟁에 참여한 대부분이 휴머니스트였다는 사실을 꼽을 수 있다. 따라서 이 논쟁은, 아직도 16세기 영국 학계에 주류를 형성하고 있었다고 여겨지는 스콜라주의자들과 그들에 반대하며 일어선 휴머니스트들 사이의 논쟁이 아닌, 어찌 보면 같은 학문적 지향성을 지닌 사람들 사이의 논쟁이었던 셈이다. 그런 맥락에서 본다면 이런 대규모 논쟁이 일어났다는 사실은 그만큼 영국에 휴머니즘이 널리 전파되어 있었음을 반영하기도 한다.

당시 영국의 많은 학자가 이탈리아의 휴머니즘적 조류에 민감했고 큰 영향을 받았는데, 그 사실은 아서왕 논쟁에 가담했던 저술들에서 분명하게 나타난다. 그들은 이탈리아 휴머니스트들과 마찬가지로 고전의 권위에 의존했고 플라톤, 플리니우스Gaius Plinius Secundus, 키케로, 에우리피데스 같은 고대 학자들부터 니콜로 마키아벨리Niccolò Machiavelli, 1469~1527, 에라스뮈스 같은 당대 학자들을 적극적으로 인용했다. 차이점이 있다면 영국의 휴머니스트들이 고대나 외국뿐만 아니라 자국 출신 학자와 그들의 업적도 많이 인용했다는 점일 것이다. 또한 앞서 살펴보았듯이 영국의 연대기에서도 대륙에서와 마찬가지로 비판적 역사서술의 움직임이 일어나고 있었다.

더욱 흥미로운 사실은 영국 학자들 가운데서도 브루투스나 아서왕 전설에 대해 회의적인 시각을 피력한 예가 많았고, 이런 의심은 버질의 《영국사》가 나타나기 이전에도 학계에 상당히 퍼져 있었다는 점이다. 영국 휴머니스트 최초 세대의 요람 역할을 한 글로스터 공 험프리Humphrey, Duke of Gloucester, 1390~1447 그룹은 영국 왕가의 시조가 트로이

계 후손이라는 것을 믿을 수 없다는 입장을 취했던 바 있다. 그리고 이런 시각은 포지오 브라치올리니Poggio Bracciolini, 1380~1459 등 영국을 방문한 이탈리아 휴머니스트들에 의해 뒷받침되었다.[49] 앞에서 언급했듯이 러스텔은 영국의 트로이 기원설과 아서 전설 모두에 문제를 제기하면서 이런 식으로 역사를 보는 것은 외국인들에게서 비웃음을 살 것이라고 말하기도 했다.

릴런드와 동시대인이었던 일부 휴머니스트들 역시 회의적인 시각을 드러냈다. 릴런드의 스승이었던 윌리엄 릴리의 아들 조지 릴리George Lily는 브루투스의 존재는 말도 안 되는 이야기이므로 역사서에서 삭제해야 한다고 주장했다.[50] 당시 상당히 인기가 있었던 토머스 랜케Thomas Lanquet, 1521~1545가 쓴 연대기에도 브리튼의 역사를 아예 무시할 수는 없지만 그것은 오류로 가득 차 있고, 누구도 믿을 만한 역사를 쓴 적이 없다는 비판이 실려 있다.[51] 랜케의 연대기를 이어서 쓴 토머스 쿠퍼Thomas Cooper, 1517?~1594 역시 랜케의 비판에 공감했다. 심지어 엘리자베스 1세의 대자였던 존 해링턴John Harington, 1561~1612조차 아서왕의 실존 여부는 누구나 의심하는 사항이라고 말한 바 있다.[52]

이런 사실들을 보면 영국학계 전체가 아서왕 전설을 믿었던 것이 아니고, 그들 사이에도 이른바 '발전적인 회의'가 분명히 존재했음을 알 수 있다. 하지만 이 휴머니스트들이 저서나 연대기 들을 통해 공공연하게 영국의 고대 기원설과 아서 전설을 의심하거나 부정했음에도 불구하고, 그 어느 것도 버질의 경우처럼 격렬한 논쟁을 불러일으키지 않았고 저자가 매국노 취급받는 일도 일어나지 않았음을 주목해야 한다. 따라서 아서왕 논쟁을 온전하게 영국의 국수주의적인 후진적 역사학과 대륙의 휴머니즘의 선진적 역사학 사이의 충돌로 볼 수는 없을 것이다. 16세기 영국 역사학이 후진성을 보였다는 주장이야말로 대륙의 휴머니즘에 대한 왜곡된 환상이 낳은 결과이다. 그런 환상은 영국 역사가들 사이에 휴머니즘에 대한 정교하고 치밀한 고찰이 이루어지지 않아서 생겨난 것이다.

사실 르네상스 휴머니즘의 정의에 대해서는 다양한 시각이 존재한다. 그 가운데 크게 휴머니즘을 정치, 신학, 철학, 도덕 등 사회 전반에 걸친 광의의 문화적 움직임으로 보고자 하는 견해와 고전 교양 교육의 부활에 초점을 맞추는 협의의 정의가 대립해 왔다. 최근에는 휴머니즘을 사회의 지배계급을 위한 교육적 이상이자 이데올로기로 보는 시각이 지배적이다.[53] 그런데 신기하리만치 영국 학계에서는 휴머니즘의 정의를 둘러싼 진지한 고찰이 나타나지 않았다. 이런 현상에 대해 레빈Joseph M. Levine은 "영국 사학자들 상당수가 휴머니즘에 무관심하거나 심지어 적대적이기까지 했다"라고 말했다. 휴머니즘을 순수하고 토속적인 영국 문화에 접목시킨 외래의 것으로 보는 시각이 지배적이었다는 지적이다.[54]

르네상스 휴머니즘이라는 화두를 놓고 보았을 때 영국은 중층적 의미에서 변방이었다. 무엇보다도 휴머니즘을 둘러싼 많은 연구와 논쟁이 주로 이탈리아를 중심으로 이루어졌고, 그 과정에서 영국은 거론조차 되지 않았던 탓이 크다. 또 다른 차원에서, 영국 학자들은 영국의 휴머니즘에 절대적으로 영향을 미친 인물로 에라스뮈스를 꼽으며 이탈리아의 휴머니즘과는 다른 성격을 가진 북구의 휴머니즘이라는 틀 속에 위치시키곤 했다. 북구의 휴머니즘은 흔히 기독교 휴머니즘으로 불리기도 한다. 기독교 휴머니즘은 기독교적 생활 속에서 인간의 존엄성을 찾고자 하는 입장으로, 신앙과 이성을 교육 등을 통해 조화시키려는 움직임으로 볼 수 있다.[55] 그런데 최근 일부 학자들은 기독교 휴머니즘이라는 용어의 모호함을 지적하며 르네상스 시대 영국의 휴머니즘 전반에 대해 재평가해야 한다는 주장을 제기하고 있다.[56]

이런 현상이 일어난 이유는 영국에서 기존의 휴머니즘 연구가 그 일반적 성격을 규명하는 데 실패했기 때문이다. 사실 지난 반세기 동안 영국사에서 휴머니즘과 관련된 연구는 휴머니스트라고 불린 사람들의 개인적 행적이나 활동을 파편적으로 고찰하는 데 집중되어 왔다.[57] 영국의 휴머니스트들은 흔히 에라스뮈스를 포함하는 최초 세대, 헨리 8세의 국가 건설에 적극적으로 참여한 과도기 휴머니스트, 그리고 프로테스탄트 성격이 강한 급진적 휴머니스트의 세 군으로 분류되어 왔다.[58]

최초 세대는 당시 최고의 유학지로 손꼽혔던 이탈리아에서 공부한 윌리엄 그로신William Grocyn, 1446?~1519, 토머스 리네커Thomas Linacre, 1460?~1524, 존 콜릿 같은 옥스퍼드 개혁가들과 케임브리지 개혁가로 볼 수 있는 존 피셔John Fisher, 1469?~1535를 들 수 있다. 또한, 이 세대로 분류되는 토머스 모어Thomas More, 1478~1535는 세계주의를 표방하는 가톨릭적 이상주의와 국가 중심의 현실적인 정치적 관심사 사이의 갈등을 잘 드러낸 대표적 인물로 평가된다. 영국 학자들은 이 최초 세대를 언급할 때 에라스뮈스를 포함하는데, 그 이유는 "에라스뮈스 스스로가 영국인이라고 착각했기 때문"이라고 한다.[59]

그 다음 세대로는 헨리 8세가 주도하는 튜더 국가주의의 영향

아래 있던 토머스 엘리엇Thomas Elyot, 1490?~1546, 리처드 모리슨Richard Morison, 1510?~1556, 토머스 럽셋Thomas Lupset, 1495?~1530, 토머스 스타키Thomas Starkey, 1495?~1538 등을 꼽을 수 있다. 이들은 원래 가톨릭교도였으나 정치적으로 헨리의 국가주의 대세에 편승해 튜더 왕조의 국가 건설에 적극적으로 참여한 과도기 휴머니스트들로 평가된다. 존 릴런드 역시 이 세대에 속한다고 볼 수 있다. 마지막 세대는 프로테스탄트 성격이 강한, 이른바 급진적인 휴머니스트로 분류되는 사람들인데, 그랜드 투어로 유명한 필립 시드니Philip Sidney, 1554~1586와 에드먼드 스펜서Edmund Spenser, 1552?~1599 등을 꼽을 수 있다.

영국에는 적지 않은 수의 외국인 휴머니스트들도 있었다. 그들은 영국 왕에게 후원을 구하러 방문하거나 영국에 정착하기도 했다. 하지만 학자들은 에라스뮈스를 제외한 나머지 사람들에 대해 상대적으로 관심이 적었고,[60] 그 결과 영국 휴머니즘의 성격 규명이 불충분해졌다고 볼 수 있다. 외국인 휴머니스트들의 활동은 15세기 후반에서 16세기 초반에 집중되어 있는데, 그 이유는 아직 영국 휴머니스트들의 공급이 충분하지 않은 상황에서 휴머니즘 자체에 대한 수요는 컸기 때문으로 볼 수 있다.

영국에서는 대학과 궁정 두 곳에서 휴머니즘의 수요가 나타났다. 먼저 대학의 경우, 전통적인 스콜라주의에 반발한 영국의 교육개혁가들이 15세기 후반부터 그리스어 강좌 개설 등을 통해 휴머니즘 도입을 추진했고, 에라스뮈스를 비롯한 외국인 휴머니스트들의 방문이 이어졌다. 1535년 이래 국왕은 옥스퍼드와 케임브리지 대학 등을 왕권에 귀속시키는 작업을 했는데, 그 과정에서 고전 교육을 비롯한 휴머

니즘적 커리큘럼이 강화되기도 했다.[61]

하지만 영국을 방문한 외국인 휴머니스트들의 일차적 목표는 궁정이었다. 영국 궁정에서 그들의 족적은 1485년부터 활발하게 나타나는데,[62] 이는 궁정에서 그들에 대한 수요가 급증하고 있었다는 사실을 반영한다. 절대주의국가를 향한 첫걸음을 떼었던 헨리 7세 시기에 휴머니스트의 수가 급증한다는 것은 매우 시사적이다. 여기서 서유럽의 절대왕정과 휴머니스트의 관계를 보다 정치적 차원에서 접근했던 켄틴 스키너Quentin Skinner의 고찰이 유용하게 적용될 수 있다. 스키너는 휴머니스트들이 군주와 궁정인을 위한 조언과 교육을 위해 고용되었다고 주장하면서 16세기에 광범위하게 유행한 군주를 위한 많은 지침서가 휴머니스트들의 정치적 열망을 표출하는 역할을 했다고 보았다.[63]

영국 휴머니즘의 성격을 이해하는 데는 이런 도입 과정을 고려하는 것이 필수적이다. 영국의 휴머니즘은 외국인 휴머니스트들이 영국의 군주나 기타 유력자들에게 후원을 구하는 과정에서 수입되었고, 이때 굳어진 휴머니즘의 역할이나 성격이 이후 영국의 '토종' 휴머니즘의 몫으로 고스란히 넘겨졌기 때문이다. 휴머니스트들에게 후원은 곧 생존의 문제였다. 후원을 얻기 위한 휴머니스트들의 노력은 치열했고, 때로는 후원자에게 바친 글을 더 많은 독자를 향해 유통함으로써 자신의 명성을 높이고자 했다. 헨리 8세 시기에 이르면 휴머니스트들의 활동은 더욱 활발해지고, 그들 사이에 일종의 그룹이 형성되는가 하면 경쟁도 치열해졌다.

이런 상황에서 휴머니스트들의 업적에는 강한 목적성, 특히 후원자를 위한 정치적 의도가 나타나게 된다. 영국을 방문한 외국인 휴머니스트 가운데 가장 성공한 사람으로 꼽히는 피에트로 카르멜리아노 Pietro Carmeliano, 1451?~1527의 족적은 영국에 휴머니즘이 도입되는 과정을 단적으로 보여주는 예이다. 카르멜리아노는 1480년대 초 비서직 같은 일자리를 찾아 영국으로 건너왔다. 왕의 후원을 얻기 위해 에드워드 4세Edward IV, 재위 1461~1470, 1471~1483에게 키케로의 《웅변에 관하여De Oratore》를 구해 바치는가 하면, 왕의 장남 에드워드 왕자에게는 부활절 선물로 봄을 찬미하는 시를 지어 바치기도 했다.

그런데 1483년 에드워드 4세가 죽자 그는 매우 불안한 상황에 놓이게 되었다. 새로 즉위할 왕에게 카르멜리아노는 반대파의 종복이었기 때문이다. 이런 상황에서 궁정을 출입하던 많은 휴머니스트가 옥스퍼드와 케임브리지 등지로 떠났다. 카르멜리아노 역시 옥스퍼드로 가 인쇄소에서 편집 일을 했다. 이때 쌓은 경력으로 훗날 영국 출판업의 대부 윌리엄 캑스턴 밑에서 일하기도 했다.[64]

1485년 헨리 7세가 왕위에 오르자 그에게 다시 기회가 찾아왔다. 1486년 9월 왕자 아서가 태어났는데, 이미 왕자의 탄생이 예고되어 있던 터라 카르멜리아노는 미리 준비를 할 수 있었다. 그는 왕자의 탄생을 축하하는 시 한 편을 지어 헨리 7세에게 헌사했고, 그 단 한 편의 시로 두둑한 보상을 받았을 뿐만 아니라 죽을 때까지 왕의 후원을 받을 수 있었다. 〈환희의 송가Suasoria Laeticiae〉라는 그 시는 헨리 6세 시대부터 정치적 정황을 따라가는 형식을 취하고 있다. 헨리 7세가 브르타뉴와 프랑스에 망명했다가 귀환한 뒤 보스워스 평원에서 혁혁한 전공을 세우고 왕이 되는 과정과 아서 왕자의 탄생을 그려냈다. 왕의 행적을 찬양하는 방식은 전왕 리처드 3세 같은 '폭군'과 대비하는 대목에서 가장 단적으로 드러난다.

> 그[리처드 3세]가 자행한 약탈, 강도 행각, 방탕, 간음, 살인, 횡령, 이단행위와 차마 입에 담을 수 없는 다른 많은 범죄행위보다 더 혐오스러운 죄악을 저지른 자가 있을까? 아니, 분명코 없다.[65]

이 축시는 그림을 곁들이고 호화로운 장정裝幀까지 갖췄다. 그림은 한 쌍의 천사가 영국 왕실의 문장을 받들고 있고, 각각 랭커스터가와 요크가를 상징하는 붉은 장미와 흰 장미, 그리고 흰 그레이하운드와 붉은 용이 그려져 있었다. 흰 그레이하운드는 랭커스터 가문의 배지이고, 붉은 용은 헨리 7세의 할아버지인 오언 튜더Owen Tudor가 사용한 것으로, 옛 브리튼의 마지막 왕 캐드월러더Cadwalader의 배지에서 차용한 것이다. 이는 그가 아서왕의 후손임을 보여주는 표지였다.[66] 카르멜리아노는 헨리 7세가 왕위계승을 정당화하기 위해 동원한 많은 표상을 헌시에 적극적으로 포함함으로써 왕을 만족시킬 수 있었다.

휴머니스트들은 후원자에게 교사이자 비서, 수사학자이자 외교관, 프로파간다 책임자로서 서비스를 제공했다. 프로파간다 영역에서 휴머니스트들은 특정한 사안에 대해 후원자의 관점을 조형하는 한편, 후원자의 자질을 광고하기도 했다. 국왕에게 휴머니스트에 대한 지원은 절대군주의 권위를 자랑하는 일종의 과시적 소비의 성격도 띠고 있었다. 특히 영국처럼 중세에서 절대국가로의 이행을 겪는 나라에서 휴머니스트들의 임무는 급격한 변화 속에서 발생하는 불평등이나 외

교와 같은 당면 과제들에 대한 고객의 집단적 이익을 관리하는 것이었다.[67]

그런 가운데 역사교육과 역사기술이 휴머니스트들에게 매우 중요한 과제로 등장하게 된다. 마키아벨리를 비롯한 많은 이탈리아 휴머니스트가 현실정치를 위해 역사 공부를 강조했음은 널리 알려진 사실이다. 영국에서는 로버트 코튼 경Sir Robert Cotton, 1570~1631이 엘리자베스 1세Elizabeth I, 재위 1558~1603에게 향후 공직에 진출할 젊은 귀족들을 훈련할 역사 아카데미를 세울 것을 조언한 바 있다.[68] 또한, 국제정치에 민감할 수밖에 없던 당시의 상황에서 역사는 외교 문제에서 일종의 '범례'를 설정하기 위한 도구로 대단히 강조되었다. 이런 세속적 요구가 역사서술을 새로운 방향으로 변화시켰고, 그 과정에서 역사학의 방법론이 확대되었을 뿐만 아니라 국가주의와 같은 요소들이 가미되었다.

이런 맥락에서 살펴볼 때, 아서왕 논쟁의 원인은 아서왕의 실존 여부에 대한 진지한 학자적 견해의 충돌이었다고만 볼 수 없다. 오히려 영국에 정착한 이탈리아 출신 학자가 영국 국왕의 공식 요청을 받아 영국의 통사를 기술했다는 점, 그리고 그 내용에서 영국 애국적 자존심을 건드릴 여지를 주었다는 점에서 논쟁이 일어난 원인을 찾아야 할 것이다. 즉, 헨리 7세와 헨리 8세 시대에 많은 외국인 휴머니스트가 들어오고, 국왕의 후원을 얻고자 하는 휴머니스트들 사이의 경쟁이 가속화되었던 메커니즘이 빚어낸 결과물일 가능성에 더 무게를 두어야 한다. 게다가 버질의 《영국사》 필사본이 이미 1520년대에 학자들 사이에 회자되었는데도 1530년대 이후에야 논쟁이 시작된 것은, 로마와의 단절 이후 헨리 8세의 정책이 외국인 혐오를 공식화한 영향도 있다고 본다. 이전까지는 외국인 휴머니스트들에 대해 음성적으로만 경쟁심을 불태웠다면, 이제 국가정책을 등에 업고 직접적으로 그들을 배제할 수 있는 환경이 조성되었던 것이다.

버질을 향해 공격의 첫 칼날을 뽑았던 릴런드 개인의 차원에서 살펴보면 휴머니스트들 간의 경쟁에 외국인 혐오가 더해진 상황이 분명하게 드러난다. 국왕의 공식적인 '옛것 연구가'였음에도 릴런드는 영국 통사를 기술하는 막중한 과업이 다른 사람에게 부여되는 것을 지켜봐야 했다. 더욱이 버질이 영국인이 아닌 외국인이었기에, 릴런드는 학자로서뿐만 아니라 영국 국민으로서 일종의 박탈감을 느꼈을 것이다. 만약《영국사》가 이탈리아인이 아닌 다른 영국인에 의해 쓰였다면, 설사 그가 아서왕을 부정했다 할지라도 논쟁은 일어나지 않았을지도 모른다. 릴런드가 방대한《고대 브리태니카》를 쓰겠다고 공언했던 이유도《영국사》를 넘어서는 위대한 업적을 내어 왕에게 보란 듯이 바치고 싶었기 때문이 아닐까.

아서왕 논쟁이 낳은 것

결과적으로 아서왕 논쟁은 최소한 영국 내에서는 브루투스나 아서왕 등 영광스러운 영국의 과거를 널리 알리는 효과를 낳았다. 하지만 더욱 흥미로운 것은, 이 논쟁에서 아서를 옹호한 영국 학자들의 저술에서 휴머니즘의 역사서술 경향이 더욱 두드러졌다는 사실이다. 이 현상은 릴런드의 경우만 보더라도 분명하게 나타난다. 릴런드는 아서왕 전설을 비판한 다른 휴머니스트들과 마찬가지로 방대한 과거 저작의 권위에 의존했다. 그러면서도 문헌에 함몰되기보다 아서왕에 관련된 더 많은 자료를 실제로 보기를 원했다. 그는 답사를 통해 글래스턴베리 수도원의 도서관을 비롯한 영국 도처에서 새로운 자료들을 발굴하고 아서 관련 유물의 목록을 만들고 아서와 관련이 있을 만한 지명들을 찾아냈다.[69]

그의 《답사기》가 잘 보여주듯이 릴런드는 문헌계통학의 대가였다. 당시 문헌계통학의 방법론은 지명이나 단어의 원상태를 알기 위해 역사적 상황에서 가능했을 다양한 변용들을 찾아보거나 문헌적 오류를 감안하는 것이었다. 그런데 릴런드는 지명을 추적하는 과정에서 그와 관련있을 만한 역사적 사실에 대한 가설을 세웠다. 그리고 지명에 더해 고대 전설이나 유물 같은 증거를 토대로 그 가설을 입증하는 방법을 취했다. 이런 방법이야말로 릴런드가 보기에 진실로 '실증적'이며 선진적인 방법이었다. 그는 "나는 아서가 존재했다는 것을 확실하게, 분명하게, 진실로 증명할 수 있다. 엉터리 시인 같은 다른 이들이 카이사르가 존재했다는 것을 증명하는 것만큼이나 말이다"라고 말했다.[70]

앞서 언급했듯이 객관성이나 중립성 같은 역사가의 태도에 대해서도 영국 학자들은 충분히 인식하고 있었다. 릴런드는 버질을 공격하는 《진정한 주장True Assertion》(1544)에서 스스로 중립적이고 객관적인 태도를 보이기 위해 노력하고 있다고 밝힌 바 있다. 그는 아서에 대해 쓰인 모든 것이 다 진실일 필요는 없다면서, 그런 부분에 대해서는 험담꾼들만큼이나 자신도 탄식할 의지가 있다고 했다. 하지만 아서에 대해 객관성을 요구하는 것만큼이나 헤라클레스나 알렉산드로스 대왕, 샤를마뉴 대제에 대해서도 무조건 숭배하면 안 된다고 경고했다.[71]

여기서 흥미로운 부분은 과거의 기록들이 오류나 과장을 담고 있다 할지라도 그 전체를 버려서는 안 된다는 릴런드의 신념이다. 그는 아서의 실존을 의심한 시간을 아서를 긍정해 온 수많은 사람의 증언과 긴 시간에 비할 수 없다면서 아서 전설을 믿어온 과거 자체에 의미를 부여한다.[72] 이 논의를 위해 그는 아서의 존재를 언급한 영국과 해외의 문헌들을 동원하는데, 그 박식함은 위압적일 정도다.[73] 현대 역사학의 조류에서 본다면, 릴런드는 이미 역사에서 '사실'과는 또 다른 차원의 '기억'이 갖는 중요함을 알고 있었다고 볼 수 있다.

릴런드의 《진정한 주장》은 영국의 옛 역사가 길다스에 대해 많은 부분을 할애하고 있다. 길다스는 릴런드에게 아서 전설의 신빙성을 주장하는 데 매우 큰 걸림돌이었다. 약 550년경 길다스가 쓴 《브리튼의 멸망과 정복De Excidio et Conquestu Britanniae》에서 아서의 이름이 나타나지 않았던 것이다. 아서와 동시대인에 가까운 길다스가 브리튼 왕들의 이름을 나열하면서 아서를 언급하지 않았다는 사실은, 아서가 실존 인물이 아니었다고 주장하는 후대 학자들에게 자신들의 주장을 뒷받침하는 중요한 자료였다. 1525년 버질은 길다스의 텍스트를 최초로 출판하기도 했는데,[74] 그 작업은 버질이 길다스 문헌 전문가로 자처할 수 있게 했고, 결국 《영국사》에서 아서의 존재를 최소화할 수 있는 기반이 되었던 셈이다.

길다스 문헌의 문제를 두고 릴런드는 먼저 원사료의 훼손을 문제 삼았다. 버질이 길다스의 텍스트를 해외에서 출판하는 과정에서 선별과 왜곡, 훼손이 있었다는 것이다. 나아가 길다스라는 역사가의 개인적인 성향과 배경을 지적했다. 길다스가 바돈 전투Battle of Badon Hill 이후에 태어났고 은둔의 삶을 살았으며 무엇보다도 아서가 길다스의 형제인 훼일Hueil을 죽였기 때문에 브리튼인에 대해 좋지 않은 감정이 있었다는 것이다.[75] 따라서 길다스가 아서를 언급하지 않았다는 이유로 아서를 부정하는 것은 아주 왜곡된 논리라고 주장했다. 여기서 릴런드는 이른바 '변방'의 역사학이 가진 서러움과 이를 바로잡고자 하는 의지를 드러낸다. '길다스가 아서에 대해 언급하지 않았다. 따라서 그는 존재하지 않았다'라는 논리를 적용한다면, 길다스가 루시우스나 콘스탄티누스 대제 또한 언급하지 않았으므로 그들 역시 존재하지 않았다는 말이냐며,[76] "이런 것이야말로 이탈리아식 논리학의 모순"이라고 받아쳤다.[77]

이 논쟁의 승자가 누구였는가에 대해서는 역사가들 사이에 의견이 분분하다. 하지만 이후 영국 역사서는 릴런드와 버질 모두를 답습했다. 심지어 버질을 공격했던 사람들마저 그의 《영국사》를 마구 베껴 쓰는 현상이 일어났다. 특히 1485년에서 1509년까지 버질의 저작이 영국사의 정설로서 권위를 갖게 되었다.[78] 따라서 이 시대 영국의 역사서술이 이탈리아 중심의 르네상스 휴머니즘적 역사학과 영국의 배타적인 역사학 간의 충돌로 인해 궁극적으로 영국식의 옛것 연구만이 살아남았다고 보는 시각은 적절치 않다. 오히려 표면적으로는 아서왕의 실존 여부라는 사안을 두고 충돌했지만, 그 저변에는 휴머니즘적 역사학이 광범위하게 퍼져나가고 있었던 측면도 인정해야 할 것이다.

아서왕 논쟁은 16세기 영국의 역사서술이 지닌 특성들을 함축적으로 보여주는 예이다. 즉 대륙의 휴머니즘적 역사학과 발맞추어 비판적 성격과 다양한 방법론이 나타나는 한편, 강한 국가주의적인 목적성으로 서술의 방향이 결정되는 경향을 보인 것이다. 이런 현상은 그야말로 세속적 사안인 영국의 정치적이고도 사회적인 맥락 때문이었다. 16세기 영국에서 역사서술은 결코 완벽하게 독립적인 자율성을 갖지 못했다. 중요한 역사서 대부분은 왕이나 귀족의 요청과 후원의 뒷받침 속에서 서술되었다. 앞서 살펴보았듯이 후원제도를 기초로 이루어지는 학문 활동은 정치적 중립성을 갖기 어려웠다.

나아가 영국 정부는 영향력이 있을 법한 모든 역사서에 대해 끊임없이 검열의 칼날을 휘둘렀다. 이미 1530년대에 영국은 모든 출판물에 대한 강력한 검열 장치를 확립했으며, 검열과 더불어 많은 휴머니스트를 중용하여 적극적인 프로파간다를 펼침으로써 효과적인 여론 통제를 이루어갔다.[79] 이런 상황에서 버질 역시 시기에 따라《영국사》의 내용을 달리하며 새로 수정을 했다. 1513년경의 필사본과 종교개혁 과정에서 출판된 인쇄본을 비교해 보면, 후자에서는 가톨릭 고위성직자들의 성직 수임과 승진을 비롯해 그들의 업적에 대한 내용이 삭제되었다.[80] 튜더 왕조가 만들어낸 강력한 검열 장치는 1640년대 내란으로 인해 그 기능이 마비되기 전까지 지속했다.

말년의 엘리자베스 1세는 역사가들이 과연 자신의 왕권을 지지하고 제대로 보조하는 역할을 하고 있는지 의심했고, 뒤를 이은 제임스 1세James I, 재위 1603~1625는 1614년에 '옛것 연구회Society of Antiquaries'를 폐쇄하기도 했다. 심지어 정부의 의도와 부합하지 않는 경우 학자들을 옛것 연구를 한다는 구실로 체포하기도 했다.[81] 찰스 1세Charles I, 재위 1625~1649 치세에는 옛것 연구에 지대한 공헌을 한 로버트 코튼 경이 추밀원에 불려가 조사를 받았다. 그가 쓴《헨리 3세 통치기에 대한 단상Short View of the Long Life and Reign of King Henry the Third》(1627)이 찰스 1세 정부에 대한 비유적인 비판이라고 여겨졌기 때문이다.[82] 이런 위험부담은 더더욱 학자들이 강력한 후원자를 필요로 하게 만들었다. 이런 상황에서 윌리엄 캠든William Camden, 1551~1623의 《브리타니아Britannia》(1586)와 같은 대작은 엘리자베스 1세와 윌리엄 세실의 후원이 없었으면 탄생하지 못했을 것이다.

따라서 아서왕 논쟁과 버질에 대한 영국 학자들의 공격은 무엇보다도 휴머니스트의 후원자였던 왕실 혹은 정부의 아서왕 전설에 대한 태도와 관련지어 생각하지 않을 수 없다. 아서왕 전설은 튜더 왕조가 국가적 차원에서 고양시켰던 주제이다. 웨일스 출신인 헨리 7세는 취약한 정통성을 보완하기 위해 아서왕 전설을 적극적으로 이용해 장남의 이름을 아서라 짓고, 1489년에 웨일스 공으로 서임했다. 헨리 8세 역시 아서왕의 원탁[83]을 옛 잉글랜드 왕국의 수도 윈체스터Winchester로 옮기고 튜더 왕실을 상징하는 녹색과 흰색으로 다시 칠하게 하는가 하면, 1520년 프랑스와 회담한 '금란의 뜰Field of the Cloth of Gold'에서도 아서를 그린 그림들을 동원했다.[84]

엘리자베스 1세도 왕실 행사와 선전물들을 통해 적극적으로 자신의 혈통을 아서와 연결하곤 했다. 헨리 7세 때부터 이미 왕실의 문장에는 브루투스가 형상화되었고, 브루투스 이래 영국의 모든 역사를 담은 엘리자베스 1세의 문장은 인쇄물로 보급되거나 전국의 교회 등에 보급되어 영국의 장구한 역사를 대중의 인식 속에 널리 각인시켰다.[85] 엘리자베스 1세의 점성가 존 디John Dee, 1527~1608는 1580년 여왕에게 바친 북반구를 그린 지도에 아서왕이 북극까지 정복했다고 적음으

로써, 여왕의 북해제국 지배권을 정당화하고자 했다.[86]

그렇다면 왕실은 왜 버질에게 《영국사》를 쓰게 했으며, 그가 아서왕 전설을 부정했음에도 아무런 조치를 취하지 않았을까? 나아가 왕은 아서왕에 대한 휴머니스트 일부의 회의 어린 시선이나 아서왕 논쟁을 알고 있었을까? 헨리 8세가 버질의 《영국사》를 별 문제 삼지 않은 것은 무엇보다도 실질적 이유 때문이었다. 신생국가나 마찬가지였던 영국의 수장은 당시 국제어였던 라틴어로 쓰인 버질의 저작을 통해 외국으로부터 자신과 자국의 존재를 인정받고자 했다. 헨리 7세와 헨리 8세는 당시 국제적 휴머니즘을 인식하고 있었으며, 어떻게 튜더 왕조가 등장하게 되었는가를 설득력 있게 제시하기 위해서는 자국 중심적인 황당한 요소들을 최소화한 일종의 '대외용' 공식 역사가 필요했던 것이다. 이 때문에 헨리 8세는 버질을 내치지 않았고, 결과적으로 이 시도는 성공한 것으로 보인다. 프랑스에서도 비슷한 현상이 나타나서 루이 12세가 이탈리아 휴머니스트인 파올로 에밀리오Paolo Emilio da Verona, 1460?~1529에게 프랑스의 대외용 역사를 쓰게 했다.[87]

튜더 정부는 국내적으로 아서왕 논쟁에 대해 그다지 신경을 쓰지 않았다. 무엇보다도 일부 휴머니스트의 반反 아서 정서가 국가의 선전정책이나 대중의 인식을 바꾸어 놓을 만큼 활발하게 일어나지 않을 것이라 확신했기 때문이다. 아서의 실존을 믿지 않았던 휴머니스트들조차도 아서 문제가 정치적인 공적 사안과 연결될 때는 태도를 바꾸어 적극적으로 정부에 동조하곤 했다. 브루투스 전설을 부정한 존 트와인은 헨리 7세가 왕자의 이름을 아서라고 지은 것은 아서왕의 유산을 이으려는 위대한 지혜라고 찬양했다.[88] 퍼스너가 이른바 근대적 역사가의 전범이라고 찬양했던 프랜시스 베이컨조차 왕자의 이름을 아서라고 지은 데 대해 "그 업적이 진실이기에 그 이름이 유명한 고대 브리튼의 위대한 왕을 기념하는 일"이라고 썼다.[89] 휴머니스트들은 학자적 소신으로는 분명히 부정했던 전설을 공적 사안에서는 오히려 찬양한 셈이다. 아서왕과 같은 국가 차원의 '기억 만들기' 기획에서 이런 이중적인 모습이 나타난 이유는 당시 시대적 맥락 속에서는 오히려 자연스러운 일이었다.

03

옛것 연구와 역사지지서의 부흥

옛것 연구: 역사지지서의 탄생과 발달

존 릴런드가 남긴 많은 문헌은 16세기 후반 영국에서 뛰어난 역사서술이 나올 수 있는 토대를 제공했다. 릴런드가 죽은 뒤 그가 남긴 기록들은 많은 사람의 손에 의해 사본이 만들어지며 널리 회자되었다. 존 스토John Stow, 1525~1605, 윌리엄 해리슨William Harrison, 1534~1593, 라파엘 홀린셰드Raphael Holinshed, 1529?~1580, 윌리엄 캠든, 윌리엄 램버드William Lambarde, 1536~1601, 마이클 드레이튼Michael Drayton, 1563~1631 등이 펴낸 많은 책과 지도는 릴런드의 기록을 적극적으로 참조해서 집필한 것들이다.[1] 이들이 펴낸 책들은 역사지지서라고 부를 수 있는 장르의 것으로, 근대 초 유럽의 경우 영국에서 가장 먼저, 그리고 최고로 발달했다고 알려져 있다.

그런데 그동안 학계는 이 시기 영국에서 역사지지서가 발달하게 된 원인에 대해 명확한 설명을 내놓지 못했다. 앞 장에서 살펴보았듯이 학자들이 영국 역사서술의 발달을 성급하게 근대적인 역사학과 연결하려 했기 때문이다. 17세기 이후 역사학의 발달을 강조한 나머지 16세기 후반 역사서술의 발달에 대해서는 상대적으로 관심을 기울이지 않았던 탓이 크다. 근본적으로는 영국 학계의 배타성이 외부로부터의 영향을 배제하려 했고, 휴머니즘이 끼친 영향에 대해 함구해 온 결과라고 볼 수 있다. 사실 역사지지서라는 장르의 발달은 휴머니즘을 고려하지 않고서는 설명할 수 없다.

휴머니즘과 역사서술의 관계를 대륙적 맥락에서 고찰한 학자들은 그 본질이나 특성에 대해 일치된 견해를 보이지는 않더라도 상당 부분 큰 변화가 있었다는 주장에 공감했다. 휴머니스트들의 서술은 아직 엄정성이 부족했고 고전을 모방하는 한계를 지니고 있었지만, 분명히 중세적 권위에서 탈피하고 세속적인 역사의식을 조형하는 등 변화를 보였다는 것이다. 중세 연대기와 같은 역사서술 방식의 큰 특징은 역사를 과거와 현재의 구분 없이 단선적이고 불변하며 계속적인 것으로 본다는 점이다. 이 역사는 그리스도 이전 암흑의 역사와 이후의 빛의 역사로 나뉠 뿐이었고, 신의 섭리를 실현하는 무대라는 인식이 강했다.[2]

페트라르카Francesco Petrarca, 1304~1374는 르네상스라는 새로운 흐름 속에서 처음으로 중세를 암흑시대로 규정한 사람으로 알려진다.[3] 그의 뒤를 이어 많은 휴머니스트가 신의 뜻보다도 세속의 사안인 정치적 사건과 같은 것들을 축으로 삼아 중세와 근대를 구분하기 시작했다. 이제 기독교적 중세가 아닌 이교적 고대세계에서 이상적 모델을 찾는 경향이 강해졌다. 세속 정치에 관심이 많았던 휴머니스트들이 자신들이 속한 시대나 국가와 같은 정치적 단위에 큰 관심을 보인 것은 당연할 것이다. 이런 전형은 피렌체의 콜루치오 살루타티Coluccio Salutati, 1331~1406와 그 계승자들에게서 분명하게 드러나는데, 그들의 가장 큰 임무는 자국의 역사를 서술하는 일이었다. 여기서 그들은 자신들 공화국의 발전을 위해 기원과 발전 과정을 세밀하게 탐구함으로써 역사는 변화하는 것이라는 인식을 분명히 하고 널리 퍼트렸다.[4]

수사학은 휴머니스트들의 역사학에 큰 영향을 끼쳤는데, 휴머니스트들은 역사서술에 수사학적 세련미와 호소력을 결합했을 뿐만 아니라, 고대 사가들과 그들의 작품을 본받으려 한 수사학적 연구를 통해 사건의 인과관계를 실증적·비판적으로 판단하고 기술하는 역사적 비판주의의 모범을 습득하게 되었다. 키케로, 리비우스, 투키디데스, 폴리비오스, 타키투스 등은 휴머니스트 역사가들에게 큰 영향을 끼친 고대 학자들이다.

한편, 고전에 권위를 부여하고 고전에서 진리를 찾으려는 움직임으로 휴머니스트들은 변조되지 않은 완전한 고전의 발견과 입수를 원하게 되었다. 이런 열망이 바로 문헌계통학과 같은 분야가 발달하게 된 배경이다. 어원을 추적하는 과정에서 특정 언어가 나타난 과거의 역사적 맥락에 관심을 기울이게 되고, 그 과거에 대한 보다 종합적인 접근을 위해 유물, 유적, 문헌 등을 수집하고 분석하는 '옛것 연구antiquarianism'가 유행하기 시작했다. 그동안 우리나라 학계에서 흔히 호고好古주의, 고물애호주의 등으로 불려온 이 움직임을 나는 '옛것 연구'라는 용어로 부르기로 한다. 왜냐하면 이것은 단순히 고대의 것에 대한 선호에 그친 것이 아니라, 그것을 연구하고 새롭게 해석해 현실을 위한 지식으로 만든 움직임을 포함하고 있기 때문이다.

대륙의 휴머니즘 전통에서 옛것 연구는 일종의 고고학으로 볼 수 있는데, 특히 문헌계통학을 보강할 수 있는 물질적인 것을 추적하는 노력을 말한다.[5] 르네상스 학계는 키케로, 쿠인틸리아누스, 플라우투스 등의 잃어버린 저작들을 발견해냈고, 이런 고전들을 해석하고 모방하는 과정에서 그 정확한 뜻과 사회적 맥락을 찾기 위해 문헌계통학이 발달했다. 여기서 문헌자료의 정밀한 이해를 위해 이들을 뒷받침할 수 있는 유물이나 유적 같은 물질적인 것들의 중요성이 부각된 것이다. 과거에 대한 많은 정보를 수집함으로써 과거의 문학적·역사적 사건의 배경을 재구성하고, 일상 생활에 대한 이해를 돕는 역할을 했다. 또 이 과정에서 수집한 고전이나 유물 들은 그 자체가 장식적이고 과시적이어서 휴머니스트들의 정체성을 나타내주는 수단이 되기도 했다.[6]

영국에서 옛것 연구는 대륙의 움직임과 마찬가지로 문헌계통학을 보조하는 보족적 연구를 진행하는 한편, 그 외연을 한층 더 넓혀 나갔다. 영국은 근대국가의 출범과 관련해서 정치성을 띤 옛것 연구가 가장 두드러지게 발달했던 국가이다. 헨리 8세의 종교개혁은 역사 서술에서도 로마와의 단절을 강력하게 요구했고, 그 과정에서 잃어버린 영국의 앵글로 색슨 시대를 복원하는 일이 매우 중요한 과제가 되었다.[7] 문헌사료가 제한적이었기 때문에 유물과 유적, 구전 역사 연구, 지명의 추적과 같은 옛것 연구의 다른 방법론이 발달할 수 있었다. 이렇게 앵글로 색슨 시대에 관심을 기울인 사람들은 종교적 성향도 대부분 프로테스탄트들이었고, 이들은 종교적 사안에 대해서도 옛것 연구의 방법론을 적용해 종교사를 새롭게 쓰는가 하면 논쟁을 발달시켰다.[8] 전반적으로 튜더 시대의 옛것 연구는 일종의 국가 차원의 기획이라는 성격을 띠고 있었다.

과거에 대해 많은 정보를 수집해 가면서 옛것 연구가들은 정치사에 국한되어 있던 서술에서 벗어나 새로운 서술 방식을 도입할 필요를 느꼈다. 연대기 이외의 역사서술의 마땅한 범례가 존재하지 않던 당시 상황에서 사람들은 과거 스트라보, 프톨레마이오스Ptolemaeos, 플리니우스가 남긴 박물지나 지리서에서 새로운 역사서술의 방식을 찾으려 했다. 전통적인 연대기에 지리지나 박물지적 내용이 아예 없었던 것은 아니었으나, 도입부에 간략하게 서술되어 일종의 배경 설명에 그치거나 정치적 내용에 가려 빛을 보지 못했던 부분들이 이제 전면에 부상하여 역사책의 주 내용을 이루게 된 것이다.[9] 이런 과정을 통해 '역사지지서historical topographical writing'라는 장르가 발달했다. 르네상스 시기 역사지지서의 원형을 제공한 것은 이탈리아의 플라비오 비온도Flavio Biondo, 1392~1463가 쓴 《찬란한 이탈리아Italia illustrata》(1453)이다.[10] 비온도는 휴머니스트이자 로마 교황청에서 중요한 업무를 맡았던 뛰어난 행정가이기도 했다. 《찬란한 이탈리아》는 자신이 살던 당시 이탈리아반도의 도시국가, 마을과 성 같은 지리적 중심물을 개관한 것이었다. 비온도는 서술 방식의 모델을 플리니우스[11]에게서 찾았다. 플리니우스는 사건을 시간순으로 나열하지 않고, 장소를 중심으로 내용을 전개하는 방식을 취했다. 르네상스 휴머니스트들의 고대 문헌에 대한 지식과 관심은 플리니우스를 재발견하게 했고, 결과적으로 지지서와 같은 새로운 형태의 저술이 나타난 것이다. 릴런드부터 캠든까지 영국의 역사지지서 작가들은 비온도의 책을 알고 있었고, 그 서술 방식을 차용하게 되었다.

역사지지서라는 장르는 단순히 문헌계통학을 보조하는 차원이 아니라, 모든 기록과 유물(동전, 필사본, 서적, 유적, 기념물 등)을 동원해서 과거 삶의 다양한 양태를 보여주는 것이었다. 왕조의 변화나 전쟁 혹은 성인의 기적과 같은 사건들을 연대기적으로 나열해 온 과거의 기술 방식과 비교하면 역사지지학은 현대 역사학의 기준에서 볼 때 광범위한 사회사와 지리학을 결합한 것이었다. 그런데 영국의 옛것 연구자들은 연대기적 전통 또한 배제하지 않고 자신들의 저작에 광범위하게 참조했는가 하면 그 내용을 포함하기도 했다. 뒤에서 자세히 살펴보겠지만 이 시대의 뛰어난 작가들은 흔히 이 두 장르를 모두 섭렵한 저술을 남겼다.[12]

1530년대 이후 영국의 정치적 상황이 불러일으킨 옛것 연구는 16세기 후반 화려한 결실을 맺기 시작했다. 이때 등장한 많은 저작은 이후 다른 나라 학계에 영국에 대한 일반적인 정보를 제공하는 종합적 자료로 널리 이용되기도 했다. 1586년부터 런던에서 '옛것 연구회'가 공식적으로 출범했는데, 재상이었던 윌리엄 세실을 비롯해 정치가, 학자, 법률가 들로 구성되었다.[13] 이들은 국가권력과 가까운 자리에서 국가의 '역사 만들기' 작업을 주도한 두뇌 집단의 역할을 한 셈이다.

아서 퍼거슨Arthur B. Ferguson 같은 학자들은 영국의 옛것 연구가 섬나라 근성이 밴 편협하고 지방적인 것이라 비판했다.[14] 하지만 16세기 맥락에서 옛것 연구의 지방주의적 특성이 반드시 영국적 현상이라고 판단하는 것은 섣부르다. 나아가 이 비판은 '객관적이어야만 할 것 같은' 영국 역사학에서 이런 오류가 나타났다는 식의 자만심에서 나온 발언이기도 하다. 휴머니즘 자체가 본질적으로 세속적인 것으로 실제적 교육이자 후원자에게 봉사하는 기능을 갖는 것이라면, 그리고 휴머니스트 교육이 '개인의 호고적 취미가 아니라 사회 참여에 적극적이고 행동적인 시민을 육성하는 데 그 목적이 있다'[15]라는 명제를 수용한다면, 로마와의 단절 이후 새로운 역사 쓰기가 절실한 시점에서 옛것 연구가 지녔던 정치적 지향성이란 굳이 영국만의 독특한 성질은 아닐 것이다.

이렇게 옛것 연구는 근대 초 영국의 역사서술에서 매우 중요한 위치를 차지하는 분야였다. 하지만 영국 사학사 분야에서는 옛것 연구를 역사서술 방식의 '본류'에 넣기를 꺼리는 분위기가 강하다. 옛것 연구를 중세 연대기적 역사서술에서 근대 역사서술로 이어지는 과도기적 단계, 즉 16세기 중반부터 17세기 중반까지 잠시 나타났다가 사라진 현상으로 보면서 역사서술과는 별개의 독립적인 장르로 취급하곤 한다.[16] 그 이유는 무엇보다도 16세기 이래 역사학에 대한 정의가 매우 보수적이었기 때문일 것이다. 이런 분위기는 17세기 후반 역사가 길버트 버넷Gilbert Burnet, 1643~1715이 남긴 이야기에서도 잘 드러난다.

> 홀은 그저 얄팍한 작가에 지나지 않아서, 자신이 살던 시대에 열린 왕실 회의 혹은 비밀스러운 외교 같은 문제들보다 군주들의 회합이나 마상 창시합, 마상시합, 제전과 같은 곳에서 무슨 옷을 입었는가에 대해 더 자세한 정보를 주는 데 관심이 있었다. 홀린셰

드와 스피드John Speed, 스토는 공적인 문제들에 대해 거의 언급하지 않았고 많은 오류를 범했다.[17]

16세기에도 역사가란 상상력을 배제한 채로 죽은 사람들의 업적을 기록하는 사람이라는 인식이 강했다.[18] 따라서 정치사 위주의 기술만을 역사로 취급했고 정치적 사안이 아닌 과거에 대한 다른 기술은 역사로 보지 않으려고 했으며, 이들을 역사가 아닌 '옛것 연구'라고 부른 것이었다. 그리고 그런 인식은 근대적 역사학으로 계승되어 사회사의 도전을 받기 전까지 일종의 아성을 쌓아온 측면이 있다.

나는 특히 영국 역사학의 전통에서 옛것 연구를 굳이 독립적인 장르로 치부하는 이유가 이를 르네상스 휴머니즘의 산물, 즉 일종의 '수입물'로 보아왔기 때문이라고 생각한다. 그리고 그런 분위기가 16세기 영국에서 꽃피웠던 옛것 연구에 대한 당연하고도 필요한 고찰을 방해해 왔다고 본다. 결과적으로 영국 학계는 옛것 연구의 결정판이라고 할 수 있는 캠든의 《브리타니아》를 위대한 업적으로 자랑하면서도, 그 서술 방식에 대해서는 함구하거나 정통성을 부정하는 이중적 모습을 보이는 셈이다. 지금부터는 이 시대 옛것 연구의 총화라고 할 수 있는 대표적인 역사지지서 세 권이 나오게 되는 과정과 그 안에 기술된 내용을 구체적으로 살펴보기로 한다.

윌리엄 해리슨의 《영국 묘사》

윌리엄 해리슨은 런던 출생으로, 아버지는 부유한 금세공업자였다. 그는 비록 수공업자 가정에서 태어났지만 인문학적 교양이 풍부한 환경에서 자랐던 것으로 알려진다. 세인트 폴 학교St. Paul School의 교장을 지낸 존 해리슨John Harrison과 당시 런던의 유명한 인쇄업자이자 《홀린셰드의 연대기》를 출판한 존 해리슨John Harrison the Elder 등이 그의 친척이었다. 또한 웨스트민스터 학교Westminster School의 교장을 지낸 알렉산더 노웰Alexander Nowell, 1507?~1602과도 친척 관계여서 해리슨은 독특하게도 세인트 폴과 웨스트민스터 두 학교에서 수학한 경력을 갖고 있다. 이후 해리슨은 옥스퍼드 대학에 진학하여 1556년에 학사학위를, 1560년에 석사학위를 받았다.

원래 신교도였던 그는 대학 시절에 가톨릭에 귀의했다가 메리 1세Mary I, 1516~1558, 재위 1553~1558 사망 직전에 다시 국교회로 개종했다. 이렇게 잦은 개종은 이 시대에는 그리 이상한 일도 아니었다. 정치적 상황에 따라 국가의 종교정책이 자주 바뀌었고, 많은 사람이 종교적 신념보다 실제적 이유에서 종교를 선택하곤 했기 때문이다. 해리슨도 종교적 원칙에 있어 엄격한 입장을 가졌다기보다 종교를 생활의 차원에서 이해했고 신앙심 때문에 갈등을 빚기보다는 평화를 더 소중하게 생각했던 것으로 보인다. 이런 온건한 종교관 때문인지 그는 생활 방식이 가톨릭적인 사람들에게도 넓은 이해심을 보였다.

대학을 졸업하기도 전인 1559년 해리슨은 에식스에 있는 래드윈터Radwinter의 교구 목사로 임명되었고, 이후 35년 동안 그곳에서 생활

했다. 여기서 해리슨은 자신의 후원자가 될 윌리엄 브룩William Brooke, 10th Baron Cobham, 1527~1597을 만났다.[19] 브룩은 해리슨에게 자신의 저택에 딸린 예배당 목사를 겸직하게 했으며, 오랫동안 좋은 관계를 유지했다. 든든한 후원 관계란 당사자들의 후손까지도 챙기는 것이었다. 1593년 해리슨이 죽자 브룩은 사위 로버트 세실Robert Cecil에게 편지를 써서 자신이 후원하던 케임브리지 대학의 한 직위를 해리슨의 아들 에드먼드에게 주기로 했다고 통보했다. 로버트는 그 자리를 다른 사람에게 달라고 간청해 왔는데, 해리슨을 위해 사위의 부탁을 거절한 것이다.[20] 이 에피소드는 두 사람의 관계가 얼마나 돈독했는가를 잘 보여준다. 해리슨은 브룩에게 《영국 묘사Description of England》(1577)를 헌정했다.

시골 교구 목사로서 해리슨은 매우 바쁜 시간을 보냈다. 그는 한꺼번에 여러 개의 교구를 맡기도 했고, 지방의 유력자를 국교회로 개종시키라는 압력도 끊임없이 받았다. 1569년부터는 교회법정의 재판관 역할까지 맡아서 더욱 바빠졌다. 하지만 이런 와중에도 그의 진정한 관심사는 역사책을 읽고 쓰는 것이었다. 그는 역사를 쓰는 것이야말로 "가장 정직한 여가 활동"이라고 말하기도 했다.[21] 그가 살아 있을 때 익명의 사람이 쓴 전기에 의하면 해리슨은 자신의 교구에서 "매일같이 희귀한 역사에 관한 개요를 쓰고 있는데, 그것들은 고대 역사가들을 모방하는 것"이었다.[22]

이런 관심사 때문에 해리슨은 옛것 연구회의 구성원들을 비롯해 역사지지학에 관심이 있던 사람들과 폭넓게 교류를 나누었다. 캠든과도 친밀한 관계를 맺고 있었고, 스토에게서 릴런드의 《답사기》 필사본을 포함한 많은 문헌자료를 빌렸으며, 크리스토퍼 색스턴Christopher Saxton, 1540?~1610에게 영국 지도 제작을 의뢰했던 토머스 섹퍼드Thomas Seckford, 1515~1587, 가브리엘 하비Gabriel Harvey, 1546?~1630 등과도 잘 알고 지냈다. 그는 이런 인맥을 통해 많은 문헌을 수집했고, 그 문헌들을 토대로 역사책을 쓴 것이다. 릴런드와는 달리 해리슨은 답사나 여행을 많이 하지 않았다. 스스로도 밝혔듯이 그는 자신이 태어난 런던과 공부했던 옥스퍼드와 케임브리지, 그리고 자신이 재직했던 주교 관구를 제외하고는 평생 자신의 집을 떠나 40마일 밖으로 가본 적이 없는 사람이었다.[23] 온전히 서재에서의 작업만으로 《영국 묘사》와 같은 저작이 나올 수 있었던 것은 당시 영국 지지에 대한 자료들이 충분히 축적되어 있었기 때문이다.

1565년경 해리슨은 연대기를 쓰고 있었다. 앞서 살펴보았듯이 16세기 중반 연대기는 아직도 역사서술의 중심적 역할을 차지하고 있었다. 런던의 유명한 인쇄업자였던 레지널드 울프Reginald Wolfe, ?~1573는 아담에서 시작하는 세계연대기를 출판하려는 야심 찬 계획을 갖고 있었고, 이미 1550년 이전에 이를 실현하기 위한 구체적인 작업에 착수했다. 1573년 울프가 사망하자 기획에 차질이 빚어져 결국 이 작업은 많은 사람이 참여하는 협업 형태로 계속되었다. 《홀린셰드의 연대기Holinshed's Chronicles》(1577)라고 알려진 그 결과물은 라파엘 홀린셰드를 내세우고는 있지만 사실 여러 사람이 오랜 기간 힘을 합쳐 만든 연대기이다.[24]

해리슨은 울프가 죽기 이전부터 그와 친분을 유지하고 있었으나, 그의 사후인 1574년경부터 이 작업에 참여하기 시작한 것으로 보인다. 해리슨은 본래 울프의 작업과는 관계없이 자신만의 연대기를 쓰려 했는데, 인쇄업자들이 해리슨의 저술 내용을 《홀린셰드의 연대기》에 포함하려 했다. 이런 상황은 서로에게 오해를 낳았고, 결국 해리슨의 연대기는 출판되지 못한 채 필사본으로 전해지다가 1890년대에 갑자기 세상에서 사라졌다.[25]

1577년 출판된 《영국 묘사》는 원래 해리슨이 자신의 연대기의 도입 부분을 장식할 계획으로 영국의 지지를 개괄한 글이다. 하지만 출판에 실패한 자신의 연대기 대신 《홀린셰드의 연대기》 앞부분에 들어가게 되었다. 해리슨 본인이 출판을 염두에 두고 정성을 들여 썼던 연대기에 비하면 짧은 시간 안에 급하게 쓴 일종의 부록과 같은 것이었다. 해리슨은 스토에게 빌린 릴런드의 《답사기》 필사본에 많은 도움을 받았고, 원래 함께 실을 예정이었던 색스턴의 주별 지도를 참조하면서 내용을 채워나갔다.

해리슨의 《영국 묘사》는 16세기에 출판된 역사지지서 가운데 가장 먼저 식자들 사이에서 폭넓은 인지도를 확보한 책이었다. 또한 전통적 방식의 구성을 반영한 가장 전형적인 영국 역사지지서였다. 우선, 이것은 스트라보와 같은 고대 학자들의 박물지나 지지서의 전통을 잇고 있다. 나아가 고대 박물지의 전통을 계승한 르네상스 시대 대륙의 우주지나 지지서의 전통, 특히 제바스티안 프랑크Sebastian Franck, 1499~1543?,[26] 제바스티안 뮌스터Sebastian Münster, 1488~1552[27] 등의 영향이 엿보인다.

또한 《영국 묘사》는 자국의 오랜 연대기 서술의 전통을 잇고 있기도 하다. 중세의 연대기는 종종 도입 부분에 한 나라의 지형과 기후에 대한 일반적 개괄을 포함하고 있었다. 그런데 비드의 《영국민의 교회사》는 거기서 한발 더 나아가 목초지와 포도밭, 야생 조수鳥獸, 물고기, 진주와 흑옥黑玉, 소금천, 온천, 구리·철·납·은 광산 뿐만 아니라 영국에서 사용되는 다섯 개 언어와 초기 침입자들에 대한 내용을 도입 부분에 포함시켰다.[28] 비드가 세운 전통을 이어받아 많은 중세의 연대기가 그 도입 부분에 영국에 대한 일반적 개괄의 내용을 보강해나갔던 것이다.

특히 14세기 래널프 히그던Ranulf Higden, 1280?~1364이 쓴 《종합 연대기Polychronicon》는 해리슨의 작업에 기본적인 틀을 제공했다고 볼 수 있다. 라틴어로 쓰인 히그던의 연대기는 매우 인기가 있어서 1387년 존 트레비사John Trevisa, 1342~1402가 영어로 번역했는데, 1480년 영국의 유명한 출판업자인 캑스턴이 영국의 지리적 묘사에 할애한 첫 권을 '브리튼 묘사The Description of Britain'라는 제목으로 출판하기에 이른다.[29] 책 제목에 해리슨의 책과 같이 '묘사Description'라는 단어를 사용한 점이 흥미롭다. 리처드 헬거슨Richard Helgerson은 엘리자베스 시대 영국에서 국가정체성을 확립하고 그것을 가시화하기 위해 여러 업적을 생산해 냈다면서, 그것들에 '묘사Description', '지지地誌, Chorography' 혹은 '개관Survey'과 같은 제목을 붙였다고 말한 바 있다.[30] 그런데 엄밀하게 말하면 그 전통은 이미 고대 박물지와 중세 지방 지지서들에서도 찾아볼 수 있다. 따라서 해리슨의 책이 '묘사'라는 제목을 달고 있다는 사실을 엘리자베스 시대에 나타난 국가정체성 확보를 위한 시도로만 볼 것이 아니라 중세부터 계속되어 온 영국의 지리적 묘사라는 전통 역시 계승하고 있었음을 주목할 필요가 있다.

'묘사'라는 같은 이름이 붙은 두 책은 15세기 후반과 16세기 후반 영국의 지지를 형성하는 중요한 요소가 어떤 것들이었는가를 잘 보여주는 예이다. 두 책의 목차는 영국이라는 나라에 대한 일반적 개괄이 어떤 것이었고 한 세기 동안 그 내용이 어떻게 변했는가를 보여준다. 먼저 히그던의 《브리튼 묘사》의 목차이다.

1장 브리튼이란 이름
2장 브리튼의 위치, 경계와 면적
3장 브리튼의 우수성과 특성, 도로
4장 브리튼의 기적과 불가사의들
5장 브리튼의 주요 구획
6장 주변의 섬들
7장 국왕의 공식 가도와 도로들
8장 유명한 강과 시내
9장 고대 도시와 마을들
10장 지방과 각 주
11장 법과 그 명칭
12장 브리튼 왕국과 그 영역
13장 주교 관할구와 대주교 관할구
14장 브리튼에 거주해 온 사람의 수와 종류
15장 브리튼 거주민들의 언어, 풍습과 문화
16장 웨일스
17장 왜 웨일스라고 부르는가

18장 웨일스의 속성

19장 웨일스의 관습과 의례

20장 웨일스의 기적과 불가사의들

21장 스코틀랜드

22장 아일랜드

23장 아일랜드의 경계

24장 아일랜드의 우수성과 특성

25장 아일랜드에서 부족한 것들

26장 아일랜드 최초의 거주민들

27장 아일랜드의 자연과 길들

28장 아일랜드의 기적과 불가사의들

29장 아일랜드 성자들의 기적

히그던의 《브리튼 묘사》는 잉글랜드, 웨일스, 스코틀랜드, 아일랜드를 모두 포괄하며 지리적 환경을 뼈대로 삼아 각 지역의 이름과 거주민, 풍습 등을 다루고 있다. 흥미롭게도 여기에는 전설, 신화, 기적, 불가사의 등이 주요 장으로 등장하는데, 이것은 중세 연대기의 특성이 강하게 반영된 것이다. 하지만 이런 특성은 앞서 살펴보았듯이 16세기 중엽 이후의 역사서술에서 현격히 약화된다.

다음으로 해리슨의 《영국 묘사》의 목차를 살펴보자.[31] 1577년 판본을 대폭 보강한 1587년 판본은 한 권짜리를 세 권으로 나누고, 1권의 제목을 '브리튼섬의 역사적 묘사An Historical Description of the Island of Britain'라 하고, 2권과 3권을 묶어 '잉글랜드 묘사The Description of England'

라고 이름 붙였다. 먼저 1권은 다음과 같은 장들로 이루어져 있다.

1권 브리튼섬의 역사적 묘사

1장 지구 전체의 구획에 관하여
2장 브리튼섬의 위치, 범위, 형태, 크기에 관하여
3장 브리튼섬의 고대 명칭들에 관하여
4장 과거 앨비언에 존재했던 민족들에 관하여
5장 과거 거인의 존재 여부와 그들의 브리튼섬 거주 여부
6장 브리튼섬에서 통용되던 언어들에 관하여
7장 브리튼섬에 분할되어 있던 왕국들의 숫자
8장 브리튼섬에서 재위한 왕과 군주 들의 이름
9장 앨비언에서 믿었던 고대 종교에 관하여
10장 브리튼 해안에서 보이는 섬들에 관하여
11장 템스강과 그곳으로 흘러들어가는 강들에 대한 기술
12장 템스강과 세번Severn강 어귀, 바다로 향하는 지류에 관하여
13장 세번강과 그곳으로 흘러드는 물줄기들
14장 세번강과 험버Humber강 사이, 섬에서 바다로 유입되는 지류에 관하여
15장 험버강 혹은 이시스Isis강, 영국해협으로 흘러들어가는 물줄기들
16장 험버강과 템스강 사이 바다로 유입되는 유수들에 관하여
17장 잉글랜드 해안에서 선원들이 조업을 위해 이용하는 항구들

에 관하여
18장 브리튼섬의 공기, 토양, 산물에 관하여
19장 과거 브리튼섬의 군주들이 만든 네 개의 주요 도로에 관하여
20장 브리튼인들의 일반적인 체질
21장 초기 브리튼이 세 부분으로 나뉘게 된 방식
22장 브리튼섬의 종주권이 로에그리아Loegria[32] 군주 혹은 잉글랜드의 왕들에게 넘겨진 방식
23장 잉글랜드와 픽트Pict족, 스코트Scot족 사이를 경계 짓는 성벽
24장 잉글랜드에서 일어난 기적들에 관하여

1권은 마치 역사책의 첫 부분에 지도를 배치하는 것처럼 물리적인 공간에 대한 설명을 통해 배경 혹은 구조를 정해주는 기능을 한다. 이런 식의 지리적 묘사는 지도가 별로 발달하지 않았던 당시에 지리서가 읽는 지도처럼 쓰였음을 보여주는 것이기도 하다. 히그던의《브리튼 묘사》와 비교해 볼 때, 해리슨의《영국 묘사》1권은 특히 강줄기에 대한 내용이 많다는 사실을 알 수 있다. 이것은 릴런드의《답사기》에서도 보이듯이, 르네상스 시대 역사지지서의 매우 중요한 특성이었다.

1권의 제목을 '브리튼 묘사'라고 붙인 것은 브리튼이 고대 왕국을 통칭하는 말이자 동시에 브리튼섬을 지칭하기 때문이다. 1권이 히그던 류의 연장선에서 스코틀랜드와 웨일스 등을 포괄하는 좀 더 물리적인 차원의 일반적인 지리를 다루는 것이라면, '잉글랜드 묘사'라는 이름이 붙은 2권과 3권은 잉글랜드라는 지리적 범주 안에서 정치, 종교 등 인간의 삶에 관련된 내용을 담고 있다는 차별성을 보인다.

2권 잉글랜드 묘사

1장 고대 교회와 현재 국교회의 위치

2장 주교 관구의 수와 범위에 관하여

3장 대학에 관하여

4장 잉글랜드의 주州 구획에 관하여

5장 잉글랜드 구성원의 계층에 관하여

6장 잉글랜드인의 음식과 식습관

7장 잉글랜드인의 의복과 옷차림

8장 영국 의회와 그 권한에 관하여

9장 최초의 거주민이 생긴 이래 잉글랜드 법률에 관하여

10장 빈민구제에 관하여

11장 범죄자에게 부과된 다양한 처벌의 종류

12장 우리 가옥들의 건축양식과 가구

13장 잉글랜드의 도시와 마을에 관하여

14장 성과 요새에 관하여

15장 군주에게 속한 성들에 관하여

16장 갑옷과 군수품에 관하여

17장 잉글랜드 해군에 관하여

18장 정기시와 시장들에 관하여

19장 사냥터와 야생 조수 사육장에 관하여

20장 정원과 과수원에 관하여

21장 물에 관하여

22장 숲과 늪지에 관하여

23장 목욕탕과 온천에 관하여

24장 발견된 고대 유물에 관하여

25장 잉글랜드의 동전에 관하여

3권 잉글랜드 묘사[계속]

1장 상업적 목축에 관하여

2장 야생 조류와 사육 조류에 관하여

3장 연안에서 포획되는 어류에 관하여

4장 야생 짐승과 해수害獸에 관하여

5장 매와 맹금류에 관하여

6장 독이 있는 짐승에 관하여

7장 영국의 개들과 그 특성에 관하여

8장 영국의 사프란saffron과 그 추출물에 관하여

9장 건축용 돌을 캐는 채석장에 관하여

10장 여러 광물에 관하여

11장 우리 땅에서 나는 금속에 관하여

12장 보석에 관하여

13장 잉글랜드에서 생산되는 소금에 관하여

14장 영국의 시간 계산법에 관하여

15장 영국의 주요 정기시와 시장들

16장 영국의 여인숙과 도로에 관하여

해리슨의 《영국 묘사》는 이미 존재하던 광범위한 문헌들을 조합하여 총체적인 정보를 제공한다는 특색이 짙다. 그 내용은 릴런드의 《답사기》에 심각하게 기대고 있을 뿐만 아니라, 특정한 주제에서는 다른 사람의 글을 몽땅 갖다 쓴 사례도 나타난다. 예를 들어 3권 7장 〈영국의 개들과 그 특성에 관하여〉는 존 케이스John Caius, 1510~1573가 라틴어로 쓴 짧은 논문(1570)의 내용을 그대로 싣고 있다.[33]

그렇다고 해서 해리슨의 《영국 묘사》를 독창성이 완전히 결여된 책이라고 몰아가는 것은 옳지 않다. 사회계급, 음식, 의복, 가옥과 가구, 축제와 시장 등에 대한 내용은 대부분 해리슨 자신의 경험과 통찰력을 기반으로 쓴 것이라고 평가되기 때문이다.[34] 또한 《영국 묘사》는 영어로 쓰였기 때문에 그 이전에 라틴어로 쓰인 연대기들에서 찾아볼 수 없는 세밀하고 생생한 표현으로 가득 차 있다.

해리슨의 《영국 묘사》 내용을 도입부에 넣었던 《홀린셰드의 연대기》는 큰 인기를 끌었다. 19세기에는 《영국 묘사》 자체만으로 독립적인 책이 출판되기도 했다. 이런 반응이 나올 수 있던 이유는 무엇보다도 영국 사회에 널리 퍼져 있던 애국심 때문이었다. 해리슨의 글은 영국에 대한 열렬한 찬양으로 가득했고, 영국의 역사, 옛것, 지지 등 모든 것이 영국인에게 이익이 되는 중요한 지식이라는 확신으로 가득 차 있었다. 특히 중세의 연대기들이 공동체의 자랑거리를 신의 은혜로 풀이했던 반면, 《영국 묘사》는 그것이 신의 뜻이지만 영국인들이 탁월한 민족이기 때문에 그 은혜를 입을 수 있는 것이라는 선민의식을 내보인다.

이런 경향이 뚜렷하게 드러나는 예는 영국이 가진 모든 자랑거리가 다른 어느 나라의 것들보다 뛰어나다고 말하는 부분들이다. "개들의 숫자, 탁월성, 그리고 다양함은 그 어떤 나라도 우리나라와 비교할 수 없다"[35]라든가 "잉글랜드의 사프란은 다른 어느 나라의 것보다 뛰어나다"[36] 혹은 "잉글랜드에서 우리가 가진 것보다 더 탁월하고 뛰어난 건축자재는 어느 나라에도 없다"[37] 등의 수사가 계속 나타난다. 다음은 이후 다른 나라 사람들에게 영국인들이 용맹스러운 민족이라는 인상을 확실하게 심어주게 된 〈브리튼 사람들의 일반적인 체질〉의 시작 부분이다.

> 이 섬에 살고 있는 남자들은 대부분 좋은 혈색에 피부색이 희고 키가 크며 몸은 튼튼하다. 전쟁이 일어나면 엄청난 대담함과 용기를 발휘한다. 그들의 말쑥한 생김새로 말하자면, 그레고리우스 대왕이 로마에서 거래되던 영국인 포로들에 대해 한 증언에서 쉽게 확인할 수 있다. 하지만 주나 지역마다 몸의 비례가 다르게 나타난다. 헤리퍼드셔와 에식스 주 사이의 남자들 혹은 케임브리지셔와 런던 사이의 남자들과 포킹턴Pokington과 세드버리Sedbury 사이에 사는 남자들은 다르다고 볼 수 있는데, 후자는 코와 머리가 이 땅의 다른 지역에 사는 사람들보다 크다.
>
> 전쟁터에서의 배짱으로 말하자면, 외국 군주들은 언제나 우리나라 사람들에 대해 경탄해 마지않았고, 때로는 그것이 우리 병사들에 대한 평가였다. 우리 섬이 로마인들에게 알려진 이래, 로마 병사들이 주둔하는 곳 어디든 공격의 주력부대는 우리 병사들의 몫이었기 때문이다. …… 군사적인 무용에 있어서 잉글랜드인과 스코틀랜드인은 거의 차이가 없거나, 있다고 할지라도 매우 소소하

다. 스코틀랜드인들이 우리나라 군대에 종종 통탄스럽게 패하긴 했지만, 그것은 그들의 남자다움이 부족해서가 아니라 오직 신의 자비가 우리에게 내려졌고, 신의 정의가 그들에게 가해진 탓이다. 왜냐하면 언제나 그들이 먼저 싸움을 시작했고, 엄청난 악의와 잔인함을 가지고 우리에게 온전히 상해를 입혀왔기 때문이다.[38]

해리슨은 《영국 묘사》 전체에서 아주 소박한 문체를 구사하는데, 그는 영어를 최고의 언어라고 추켜세웠다.[39] 또한 정작 자신의 아내는 플랑드르 사람이었음에도 영국 여자들이 세상에서 가장 아름답다고 단언하기도 한다. 흥미롭게도 이후 영국 여성이 가장 아름답다는 이야기는 유럽 사람들 사이에 일종의 정설로 굳어지게 되었다. 해리슨이 갖고 있던 영국 우월주의는 종종 배타적이고도 독단적인 표현으로 이어져서 "옛날에 모든 나라가 브리튼을 원했지만 브리튼은 그 어느 나라도 필요로 하지 않았다는 말이 있는데, 이것은 공연한 말이 아니었다"라는 식으로 나타나기도 한다.[40] 이런 배타성은 이후 유럽 전역에 '섬나라 근성'이라는 영국인의 특성으로 널리 알려지게 된다.

존 스토의 《런던 개관》

출판되자마자 큰 인기를 누리며 거듭 재판을 찍어냈던 존 스토의 《런던 개관Survey of London》(1598)[41]은 런던이라는 특정 도시를 중심으로 한 역사지지서다. 스토는 《런던 개관》으로 유명해졌지만, 사실 그의 전문 분야는 연대기였다. 앞서 살펴본 해리슨의 《영국 묘사》와 마찬가지로 스토의 《런던 개관》 역시 《홀린셰드의 연대기》에 실릴 예정이었다. 해리슨이 《영국 묘사》를 쓸 무렵, 홀린셰드 그룹은 영국 26개 도시 각각에 대한 묘사와 지도들을 함께 싣겠다는 계획을 갖고 있었다. 원래 그 작업을 해리슨에게 맡겼는데, 그 거대한 일을 혼자서 할 수 없었던 해리슨이 스토에게 런던 부분을 맡긴 것으로 보인다.[42]

하지만 이 기획은 《홀린셰드의 연대기》가 비용과 규모 문제로 애초에 기획했던 것보다 단출한 형태로 출판되면서 수포로 돌아갔다. 그 바람에 《런던 개관》은 독립적인 책으로 출판되었는데 예상 밖으로 큰 성공을 거두었다. 그런데 이 과정에서 스토는 해리슨에게 등을 돌렸다. 스토는 1592년부터 1605년까지 엄청난 규모의 연대기인 《브리튼 섬의 역사Historie of this Iland》를 집필해서 출간하려 하고 있었는데, 여러 가지 사정으로 그 계획이 물거품이 되었다. 스토는 자신의 노력이 헛되게 된 데에 해리슨의 책임이 있다고 생각했다.[43]

실제로 두 사람의 관계에서 더 많은 도움을 받았던 이는 해리슨으로 보인다. 해리슨은 1593년 죽을 때까지도 스토가 소장한 많은 문헌을 빌려다 썼기 때문이었다. 해리슨은 "내 친구[스토]……의 서재는 이 시대 옛것 연구의 유일한 창고이고 그는 명성과 영예를 누려야 마땅하다"라는 말을 남긴 바 있다.[44] 이 말은 스토가 홀린셰드 그룹에 참여했으나 합당한 대우를 받거나 걸맞은 위치를 확보하지 못했고, 결국 자신이 했던 작업들을 빼앗긴 셈이 되어버린 당시의 상황을 암시하고 있다. 두고두고 회자되는 《런던 개관》을 쓰고도 말년에 동료들로부터 배신을 당한 스토에 대해, 20세기 학자인 찰스 위블리Charles Whibley는

"그는 노력에 대한 아무런 이익을 얻지 못했고, 가난하게 죽었다"라고 한탄했다.[45]

스토는 1525년 런던에서 재단사의 아들로 태어났다. 재단사들이 모여 살던 스레드니들 거리Threadneedle Street에서 자라 장인의 위치에 올랐다. 하지만 그는 재단사로서의 삶에 만족하지 못하고 문학과 역사 공부에 대한 갈증을 품고 있었던 것으로 알려진다. 스토는 특히 영국의 선조들과 그들이 이루어낸 업적에 관심이 있었다. 연구자로서 초창기의 스토는 문학에 관심이 많았는데, 특히 중세 영국을 대표하는 시인 제프리 초서Geoffrey Chaucer, 1343?~1400의 작품에 열광했다. 그는 초서의 업적들을 수정하고, 주석을 달아서 출간하는 작업에 참여했다.[46]

그가 역사로 돌아선 데는 1562년 레스터 백작 로버트 더들리Robert Dudley, 1st Earl of Leicester, 1533?~1588의 영향이 크다고 알려진다. 레스터 백작의 후원은 그에게 재단사의 삶을 접고 전업 작가가 될 수 있는 통로를 열어주었다. 하지만 후원제도가 가진 불안정성에 더해 끊임없이 책을 사들이고 문헌을 수집하는 바람에 그의 생활은 늘 곤궁했다. 스토는 궁핍한 살림살이의 와중에도 엄청난 에너지를 발휘해 《영국 연대기 요약Summerarie of Englyshe Chronicles》(1565)을 펴냈다. 이 축약판 영국 연대기는 교과서로 사용하기에 적합하여 그의 생전에 이미 11판이나 찍을 정도로 인기가 높았다. 그 후로 《브루투스부터 1580년까지의 영국 연대기The Chronicles of England from Brute until this present yeare of Christ 1580》(1580)를 출간했고, 이 책은 레스터 백작에게 헌정했다.

옛것 연구가 대부분이 열렬한 프로테스탄트였던 데 반해, 스토는 가톨릭교도였다. 국교회로 개종하라는 압력이 만만치 않던 상황이어서 여러 차례 곤경에 처하기도 했다. 특히 그가 소장하고 있던 많은 옛 문헌이 그를 처벌할 좋은 구실이 되기도 했다. 스토는 친구였던 존 디와 마찬가지로 옛것 연구와 연금술 두 죄목으로 기소되는가 하면, 불온한 문서를 갖고 있다는 친동생의 고발로 취조를 받기도 했다. 스토는 여러 차례에 걸쳐 집을 샅샅이 수색당했는데, 그 결과 많은 '불법적인 책'이 있다고 보고되었다. 그 책들 가운데는 비드의 책과 중세에 쓰인 영국 연대기들이 포함되어 있었다.

연대기 작가로서도 당당한 위치를 차지했던 그이지만, 정작 그가 영국인들에게 두고두고 회자되는 것은《런던 개관》때문이다.[47] 이 책은 16세기 후반 런던의 모습을 아주 자세하고 생생하게 그려낸 역사지지서라는 점에서 높은 평가를 받아왔다. 해리슨의《영국 묘사》와 마찬가지로 이 책의 앞부분은 런던의 지리를 포괄적으로 개괄하는 몇 개의 장으로 이루어져 있다. 첫 장은 과거와 현재 런던의 강, 시내, 시계市界, 연못, 우물과 런던 시내의 수도관에 대한 내용이다. 강이나 시내 같은 물줄기의 흐름을 가장 중요한 지리적 기준점으로 보았던 지지서의 전통이 스토의 저술에서도 뚜렷이 나타난다. 이어지는 장 역시 물줄기의 하나인 수로에 대한 내용이다. 당시 런던에는 두 종류의 수로가 있었다. 하나는 중세 런던이 성벽으로 둘러싸여 있을 당시 방어를 위해 성벽 밖에 파놓은 해자이고, 다른 하나는 그 후 도시가 팽창하면서 방어의 기능보다는 배수와 운송을 위해 판 수로이다. 스토는 이 수로의 오염 정도와 청소 상황 등을 역사적 차원에서 접근한다. 즉, 누구의 명령으로 청소했는지, 그 결과가 어떠했는지 등을 시간의 흐름에 따라 훑는 것이다. 그다음으로는 런던의 다리, 성문, 성과 탑, 학교와 기타 교육기관 등을 개괄하는데, 이 모든 것이 런던의 외형을 그려내는 것이라고 볼 수 있다.

이어지는 네 개의 장은 《런던 개관》의 특성이 가장 잘 드러나는 부분이다. 〈질서와 관습〉, 〈이 도시의 오랜 스포츠와 오락거리〉, 〈이 도시의 경비와 다른 조처들, 이들이 필요한 이유〉, 〈시민들의 명예와 이 도시의 명사들〉인데, 런던 사람들의 삶에 대한 독특하고도 생생한 묘사로 가득하다. 이 장들은 다른 문헌들에서 잘 다루지 않았던 당시의 풍습에 대해 풍부한 정보를 담고 있어 영국 사회사의 시발점이라 평가되기도 한다. 런던의 오월제를 소개하는 부분을 살펴보자.

> 5월에 런던 시민들은 계층에 상관없이 교구별로 혹은 두세 교구가 연합해 다채로운 오월제를 연다. 오월제 기둥을 둘러싸고 다양하고 용맹스러운 공연을 펼치는데, 활쏘기와 모리스 댄스 그리고 다른 여러 가지 것들로 종일 여흥을 즐긴다. 저녁이 되면 연극이 시작되고 거리에는 횃불이 밝혀진다. 헨리 6세 시대의 오월제에 관한 기록을 보면, 런던시의 참사회원과 지방 관리 들이 스테번히스Stebunheath 교구에 있는 런던 주교의 숲에서 오월제를 맞아 자신들과 평민들을 위한 축하 만찬을 열었다고 한다. 이 자리에는 베리Bury의 수사이자 시인이던 리드게이트Lydgate를 불러와 그 계절을 축하하는 즐거운 시를 읊게 했다.[48]

스토는 이 책에서 전체를 조망하는 처음 몇 장을 제외하고 나머지는 구區, Ward별로 특성을 기술했다. 각각의 구의 상세한 지리적 묘사, 역사, 명소나 기념할 만한 것들과 주요 인물들에 대한 정보를 포괄적으로 소개한 것이다. 여기서 '기념할 만한 것들momument'이란 그 지역 시민들의 저택이나 교회, 상인회관, 묘지 같은 것이었다.

과거 존재했던 도시 연대기나 특정 지역에 대한 역사지지서와 비교해《런던 개관》은 매우 혁신적인 역사서로 평가된다. 우선 이 책은 사람과 장소를 서술의 축으로 삼는다. 이것은 사건 중심의 역사서술에서 완전히 탈피한 새로운 시도이고, 주제를 중심으로 영국의 지지를 기술한 해리슨의《영국 묘사》와도 차이가 있다. 나아가 이 책의 주인공은 시민들, 즉 중간계층이라는 점에서 왕과 귀족, 혹은 성인만을 역사의 주인공으로 등장시켰던 기존의 역사서와도 크게 달랐다. 런던에 살고 있는 귀족들이 도시의 자랑거리일 수 있지만 스토는 결코 이들을 주인공으로 등장시키지 않는다. 최고 귀족들의 흥망성쇠에 따라 런던 시민들에게 어떤 변화가 일어났는가가 관심의 초점이다. 이 책은 런던 시장에게 헌정되었는데, 귀족이나 왕에게 헌정하는 것이 일반적이었던 당시 상황과 레스터 백작의 후원을 받고 있었던 스토 개인의 입장을 고려할 때 매우 독특한 사례였다.

런던 시민들에게는 스토가 '공통성commonality'이라고 부른 독특한 미덕이 있었다. 그것은 런던의 상업활동을 정당화해주면서, 동시에 시민들을 응집력 있는 하나의 독특한 공동체로 만드는 것이었다. 이 사람들은 부자와 가난한 사람 사이에 위치한 중간적 입장이면서도 양쪽 모두와 긴밀한 관계를 맺고 있는 매개자이기도 했다. 이렇게 런던 시민이라는 집단에 대한 구체적 상을 그려낸 것은 역사서술에 나타난 중요한 변화임이 틀림없다. 즉, 기존의 전설적인 통치자나 전사와는 다른 새로운 역사의 주인공이 나타난 것이고, 이는 결국 '국민'의 발흥과 매우 밀접하게 연결된다. 이런 맥락에서 에드워드 보나휴Edward T. Bonahue는 스토의 책이야말로 권력이 국왕으로부터 도시 정부로 넘어가는 것을 분명하게 보여주는 증거라고 주장하기도 했다.[49]

학자들은 흔히 이 책을 '도시의 영광을 그려낸 범례'와 같은 작업으로, 혹은 '엘리자베스 시대의 런던에 대한 찬미가'로 보곤 했다.[50] 로라 캐럴린 스티븐슨Laura Caroline Stevenson은 이 책을 런던의 가장 중요하고도 부유한 시민들에게 당당한 역사를 주기 위한 작업이었다고 평가한다.[51] 로런스 맨리Lawrence Manley와 같은 학자들은 스토가 그토록 열광적으로 도시의 전통 의식에 대해 관심을 가진 것은 일종의 "도시 종교/시민 종교"에 대한 반영이라고 말하기도 한다.[52] 이런 분석들은 스토의 저술이 당시 영국에서 발흥하던 부르주아의 이해관계를 대변한 저술이라는 시각을 깔고 있다. 그렇게 본다면 스토는 이 책에서 실제의 런던을 그려냈다기보다 자신이 지향하던 이상적인 도시상을 그려냈을 가능성이 짙다.

그런데 다른 학자들은《런던 개관》이 런던이라는 대도시에 대한 단순한 찬미가 아니라 당시 변화하는 사회상을 그려냈으며, 스토는 오히려 이런 변화에 대해 일종의 불안감을 가졌다고 보기도 한다.[53] 런던의 변화에 민감했다는 주장은《런던 개관》에 나타나는 두 가지 차원의 시간적 대비로 뒷받침할 수 있다. 스토는 윌리엄 피츠스테판William Fitzstephen, ?~1190?이 12세기에 쓴 런던에 대한 문헌을 적극적으로 동원하며 12세기와 16세기를 대비시키고 있다. 피츠스테판은 캔터베리 대주교 토머스 베켓Thomas Becket의 비서로, 베켓이 암살당하는 현장에 있었다. 그는 자신이 모셨던 베켓의 일생을 기록한 문헌 첫머리에 〈가장 위대한 도시 런던에 대한 묘사Description of the Most Noble City of London〉를 포함시켰다.[54] 피츠스테판의 이 글은 스토의 《런던 개관》 전체에서 현재 런던의 변화를 설명하는 준거로 작용한다. 스토는 "여기까지가 피츠스테판이 말한 자신의 시대에 대한 이야기인데, 현재 상황에 대한 내용이 덧붙여져야겠다. 그러면 변화한 것들이 쉽게 보일 것이다"[55]라고 말하곤 한다. 거기에 뒤따르는 내용들은 런던이 끊임없이 변화하는 곳이라는 인상을 주기에 부족함이 없다.

> 이 도시의 상인들은 종종 자신에게 가장 이익이 되는 곳을 찾아 거처를 옮겨왔다. 웨스트 칩West Cheap에서 장사하던 포목상과 양복장이들은 나중에 런던브리지에 가게를 차렸는데, 몇몇은 아직 거기 남아 있다. 구테론 거리Gutheron's Lane와 옛 거래소Old Exchange에 있던 금세공업자들은 대부분 웨스트 칩의 남쪽으로 옮겨간 상태이고, 소퍼 거리Soper's Lane에 있던 향료 상인과 식료품 상인 들은 현재 버클베리Bucklesbury와 다른 여러 곳으로 흩어졌다. 롬바드 거리Lombard Street와 콘힐Cornhill에 있던 포목상들은 이제 캔들윅 거리Candlewick Street와 워틀링 거리Watling Street에, 세인트 메리의 펠리퍼스St. Mary Pellipers나 디 엑스the Axe 지역에 있던 가죽상들은 버지로우Budge Row와 월브룩Walbrook으로 옮겼다. …… 아이언몽거 거리Ironmongers' Lane와 올드 주어리Old Jury에 있던 철물상들은 이제 템스 거리Thames Street로 옮겨갔고, 빈트리Vintry에 있던 포도주 장수들도 다른 여러 곳으로 옮겨갔다.[56]

둘째로, 스토는 자신의 어린 시절과 《런던 개관》을 집필하던 당시를 비교하며 그 수십 년 동안의 변화에도 주목한다. 스토가 자주 사용하는 '내가 어릴 적에', '기억하기로는'과 같은 말들은 스스로가 런던의 변화를 체험했다는 사실을 강조하는 것이다. 실제로 그는 튜더 왕조의 정치적·사회적 격변을 몸소 겪은 사람이었다. 이 책에서 스토는 토머스 크롬웰Thomas Cromwell, 1485~1540이 권좌에 오른 후 자신의 땅을 침입해 집 정원 귀퉁이를 허물고 거대한 저택을 짓고도 적절한 보상을 하지 않은 상황에 대해 자세히 기술했다.[57] 또한 포트소켄Portsoken 구의 한 구역에 대해 스토는 이렇게 적고 있다.

> 어렸을 때 나는 남녀를 불문하고 이 도시의 경건한 사람들이 종종, 특히 금요일에 이 길을 따라 걸으며 자선을 베풀던 것을 기억한다. 가난한 자들은 집 안에 누워 있었는데, 거리를 향해 나 있는 창문들이 낮게 열려 있어 밖에서 그들을 볼 수 있었다. 창문에는 깨끗한 리넨 옷과 묵주 한 쌍이 걸려 있었는데, 그곳에 기도밖에는 아무것도 할 수 없는 사람이 누워 있다는 뜻이었다.[58]

이 회상 부분에서 분명히 감지할 수 있는 것은 과거 런던이라는 도시에 자선의 정신이 살아 있었다는 것이다. 그런 미덕이 사라져가는 것에 대해 스토가 느낀 안타까움은 《런던 개관》 곳곳에 스며 있다. 특히 스토는 강경한 청교도들Puritans의 성물 파괴에 대해 매우 민감하게 반응했다. 런던 각 지역의 명소를 그려내면서 기념물들이 '손상됨', '파괴됨' 혹은 '파괴되지 않았음'과 같은 말을 반복적으로 쓰고 있는 것도 이런 맥락이다. 수도원 해체를 목전에 둔 릴런드가 소중한 유산들이 파괴되기 전에 목록을 만들어야 한다는 강박증에 시달렸던 것처럼, 스토 역시 보존할 만한 유산에 대해 상세한 기록을 남기는 것이 자신의 의무라고 생각한 듯하다.

스토는 그런 변화 속에서도 런던이라는 공동체의 역사는 단단한 중심을 갖고 있고, 오래오래 계속되어 왔으며 향후 지속될 것이라는 확신을 내비친다. 이 맥락에서 런던이라는 공동체는 곧 영국이라는 공동체와 치환 가능한 것이다. 다른 옛것 연구가들과 마찬가지로 그는 로마 개입 이전 영국의 교회와 국가의 역사를 되살릴 필요성을 절감했다.[59] 영국의 가톨릭적 전통에서 볼 때 영국에서 기독교가 공식적으로 받아들여진 계기는 교황 그레고리우스 1세Gregorius I, 재위 590~604의 사절인 캔터베리의 아우구스티누스Augustine of Canterbury가 597년에 켄트의 색슨 왕을 개종시킨 사건이다. 하지만 종교개혁 후 영국의 프로테스탄트들은 자신들의 땅에 기독교가 전파된 계기를 로마나 교황과 연결하지 않으려 했다. 따라서 그들은 가톨릭의 주장을 대신할 전설을 찾았으며, 결국 브리튼의 전설적인 왕 루시우스Lucius 시대에 기독교가 전파되었다고 주장하기에 이르렀다.

스토 역시 이런 분위기에 편승하며 콘힐에 있는 성 피터 교회를 루시우스 시대 런던의 초대 대주교였던 틴Thean이 세웠다고 주장했다.[60] 스토가 가톨릭교도였음에 비추어 볼 때 이런 태도는 얼핏 모순적인 것으로 비칠 수 있다. 하지만 스토는 로마의 영향을 배제하려 하면서 영국 고유의 가톨릭적 전통이 있었다는 사실과 그것의 독립성과 지속성을 강조하고자 했다. 스토의 이런 태도는 그가 가톨릭교도 혹은 국교회 신도와 같은 종교적 정체성보다 국가라는 단위가 주는 소속감에 더한 무게를 두고 있었음을 잘 보여준다.

그에게 가장 중요한 것은 현재의 영국이었다. 그 공간은 변화를 겪고 있지만 오래전부터 지속되어 온 고유성을 잃지 않았고, 그러한 지속성의 저변에는 질서가 있었다고 생각했다. 스토는 런던이 유기적인 공동체임을 강조했다. 대도시 구석구석이 맡은 바 역할을 잘 수행함으로써 궁극적으로 도시 전체가 질서정연하고 원활하게 돌아가는 곳으로 말이다. 이런 질서를 잘 보여주는 것이 다름 아닌 지명이다. 각각의 지명은 각 지역의 생산활동이나 다른 역할과 긴밀하게 연결되어 있다.[61] 예를 들어 라임 거리Lime Street는 그곳에서 석회를 만들어 팔았기 때문에 붙은 이름이다.[62] 곡물 시장이었던 곳은 콘힐구Cornhill Ward,[63] 양초업자들이 모여 살면서 온갖 종류의 양초를 만들던 곳은 자연스럽게 캔들라이트 거리Candlewright Street가 되었다.[64] 이탈리아 지명에서 유래한 롬바드 거리는 다양한 나라에서 온 상인들이 하루에 두 번씩 정기적으로 만났던 역사적 배경을 갖고 있다. 정확하게 언제부터 그곳이 외국 상인들의 회합 장소로 사용되었는지는 알 수 없으나 최소한 에드워드 2세 때 시작되어 1568년까지 계속되다가, 그들이 보어스bourse, 증권거래소라고 이름 붙인 건물에서 만나기 시작하자 엘리자베스 1세가 그곳을 왕립 거래소Royal Exchange라고 명명했다.[65] 따라서 런던의 거리 이름을 읽는 것만으로도 독자들은 런던에서 일어나는 상업이나 다른 활동에 대한 청사진을 갖게 되는 셈이다.

런던의 각 구를 개별적으로 고찰하기 시작하면서 스토는 "나는 동쪽에서 시작해 서쪽으로, 가장 중요하고도 큰 도로를 따라가기로 한다"[66]라고 밝히고 있다.

> 앨드게이트 거리Aldgate Street를 따라 세인트 앤드루 교회 서쪽 코너까지, 오른편에 언더쉐프트Undershaft를 두고 왼쪽으로는 라임 거리의 코너가 있는 곳까지가 엘드게이트구이다. 거기서부터 콘힐 거리를 따라 리든 홀Leaden Hall의 서쪽 코너까지가 라임스트리트구이다. 거기서부터 비숍스게이트Bishopsgate를 오른편에 두고, 그라스 거리Grass Street를 왼편에 둔 채 계속 콘힐 거리를 따라가면 증권거래소를 마주 보고 서쪽 코너에 수도관이 있는 곳까지가 모두 콘힐구다.[67]

읽는 순간 런던을 가로지르는 대로가 머릿속에 그려지고, 이를 따라 세분화된 구획들 구석구석에 무엇이 놓여 있었는가를 떠오르게 하는 이런 기술 방식은 중세의 산문지도가 보여주었던 '읽는 지도'로서의 유산과 가치를 최고로 발휘한 예라고 볼 수 있다.

윌리엄 캠든의 《브리타니아》

《브리타니아》[68]로 널리 알려진 윌리엄 캠든은 생전에 엘리자베스 1세의 역사가로 명성을 펼쳤고, 사후에 튜더-스튜어트 시대 역사가들 가운데 가장 널리 회자된 인물이다. 1838년에는 런던에서 그의 이름을 딴 캠든학회The Camden Society가 창설되기도 했다. 이 학회는 영국의 고전들을 발굴해 출판했고, 라틴어와 같이 외국어로 기술된 영국 문헌들을 영어로 번역해 출간함으로써 영국사 연구의 발달에 큰 공헌을 했다.

캠든은 1551년 5월 2일 런던에서 태어났다. 그의 부친은 수공업자조합에 속한 화가였다. 하지만 어린 시절에 아버지를 잃어서 처음 학교에 들어갈 때 고아라는 신분으로 받아들여졌다고 한다.[69] 세인트 폴 학교를 졸업하고 1566년 옥스퍼드 대학에 진학해서 1573년에 학사학위를 받았는데, 대학 시절 동료였던 필립 시드니 경의 영향을 받아 옛것 연구에 관심을 가지게 되었다고 알려진다. 졸업하기도 전인 1571년 교직에 몸담기 위해 옥스퍼드를 떠났는데, 그때부터 그는 여가 시간을 이용해 영국의 시골을 여행하고 옛것 연구를 진행했다. 1575년에 웨스트민스터 학교 부교장이 되었는데, 교직 생활로 매우 바빴음에도 그는 로버트 코튼 경과 함께 1586년 옛것 연구회를 창립했고, 영국 곳곳을 답사하는 일을 게을리하지 않았다. 1589년에는 한 교구의 성직록聖職祿을 하사받아 학교 일로부터 조금은 벗어나 더 많은 시간을 저술활동에 할애할 수 있게 되었다. 1593년에는 웨스트민스터 학교 교장이 되었고, 4년 후에는 클래런수 문장관Clarenceux King of Arms 자리에 올랐다.

앞 장에서 살펴보았듯이 이 시대의 옛것 연구가는 훌륭한 연대기 작가이기도 했다. 그런데 다른 작가들은 보통 연대기를 집필한 이후에 역사지지서를 썼던 데 반해, 캠든은 특이하게도 《브리타니아》라는 방대한 규모의 역사지지서를 집필한 후 연대기를 쓴 이력을 갖고 있다. 여기서는 캠든이 연대기를 집필하게 된 이유를 먼저 살펴보기로 한다.

왜냐하면 옛것 연구가로 확고한 입지를 다진 캠든이 연대기 작가로 돌아서는 과정은 후원제도와 검열 등 이 시대 역사서술이 이루어지던 구조를 잘 보여주기 때문이다.

1586년에 《브리타니아》 초판이 나온 이후 캠든은 오랫동안 이렇다 할 저작을 내놓지 못하고 있었다. 그를 다시 역사서 집필 작업에 끌어들인 사람은 벌리 경Lord Burghley 윌리엄 세실이었다. 1596년 벌리 경은 캠든에게 엘리자베스 1세에 대한 역사를 쓰지 않겠느냐고 제안했고, 캠든은 이를 수락했다. 캠든에게 국가 공식문서를 볼 수 있는 권한이 주어졌다. 그런데 1598년 벌리 경이 죽고, 1603년 엘리자베스 여왕마저 사망하자 캠든은 작업을 계속하기 어려워졌다. 더구나 제임스 1세는 캠든이 엘리자베스 1세에 대한 역사를 쓰는 것을 달가워하지 않았다. 앞에서 살펴보았듯이 옛것 연구회가 정치적 전복성을 띤 기구라며 폐쇄했을 만큼 역사서술의 정치성에 민감했던 제임스 1세가 전임자 엘리자베스 1세의 영광을 노래하는 역사서가 나오는 것을 반길 리 없었다.

하지만 제임스 1세가 캠든을 중용할 수밖에 없는 상황이 닥쳤다. 제임스 1세가 스코틀랜드에서 지내던 시절 그의 가정교사였던 휴머니스트 조지 뷰캐넌George Buchanan, 1506~1582이 출간한 《스코틀랜드 역사Rerum Scoticarum Historia》(1582) 때문이었다. 이 책은 공화주의적 요소가 강할 뿐만 아니라, 제임스 1세의 어머니인 스코틀랜드 여왕 메리를 살인자이자 간음자, 폭군으로 묘사했다. 라틴어로 쓰인 이 책은 잉글랜드, 스코틀랜드, 아일랜드 세 왕국 모두에서 금서로 분류되었지만 해외에서 출판되어 전 유럽으로 퍼져나갔고, 스코틀랜드 역사를 소개하는 변변한 책이 없던 상황에서 거의 유일한 스코틀랜드 역사서로 인정받고 있는 추세였다.

뷰캐넌의 책으로 인해 심기가 불편한 제임스 1세에게 한 줄기 희망을 보여준 사람은 프랑스 역사가 자크 오귀스트 드 투Jacques-Auguste de Thou, 1553~1617였다. 1604년 드 투는 뛰어난 필력을 발휘하여 프랑스 역사를 새롭게 해석한《현대사Historia sui temporis》제1권을 내놓았다. 이 책은 정치를 통해 종교개혁을 바라보고자 한 이른바 '객관적'인 시도로서, 출간되자마자 유럽 전체에 엄청난 영향을 미쳤다. 바티칸은 이 책을 이단으로 몰아 금서로 지정했지만 이미 소용없었고, 오히려 드 투의 명성을 높여줄 뿐이었다. 앙리 4세로부터 이 책을 건네받은 제임스 1세는 드 투의 필력을 이용하기로 마음먹었다. 1권이 1545년부터 1560년까지의 프랑스 역사를 다루었으므로 앞으로 나올 2권에는 분명히 메리 여왕이 프랑스에 도착한 후부터 스코틀랜드로 돌아가 폐위되는 과정이 포함될 것이라 생각했기 때문이다. 제임스 1세는 직접 드 투에게 편지를 보내 메리 여왕에 대해 호의적으로 쓰도록 압력을 넣기 시작했다.

난처해진 드 투는 스코틀랜드와 잉글랜드의 역사를 다루려면 그 나라 전문가의 조언이 필요하다고 판단했다. 이미 30년 전에 네덜란드의 아브라함 오르텔리우스Abraham Ortelius, 1527~1598가 고대 브리튼 지도를 제작하는 과정에서 캠든에게 조언을 구했던 것처럼, 1605년 드 투도 캠든에게 도움을 요청했다. 캠든과 드 투는 왕의 분노를 산다 할지라도 역사를 왜곡할 수는 없다는 의견을 주고받았다. 드 투는 당시 프랑스에 망명 중인 스코틀랜드인들이 제공한 정보를 기초로 궁극적으로는 뷰캐넌의 해석을 지지하기로 했다. 프랑스 주재 영국 대사를 통해 이런 움직임을 보고받은 제임스 1세는 드 투에게 필적할 만한 다른 문필가를 고용해서 자신에게 유리한 방향으로 책을 쓰게 한 뒤 먼저 유럽에 퍼트리는 것이 유일한 방법이라고 판단하기에 이른다.

이 임무를 맡게 된 사람은 다름 아닌 캠든이었다. 캠든은 이미 1607년부터 《엘리자베스 시대의 잉글랜드와 아일랜드 연대기Annales Rerum Anglicarum et Hibernicarum Regnante Elizabetha》를 쓰고 있었다. 왕은 캠든에게 그동안 쓴 원고들을 가져오게 하여 여러 차례 수정을 명령한 후 1615년 출판을 허락했다. 그 첫째 권이 메리 여왕이 처형당한 1588년까지를 다룬 책이었다. 캠든은 원래 그 책을 드 투에게 바치려 했었다. 하지만 결국 제임스 1세에게 책을 헌정했고, '독자에게 보내는 글' 마지막에 "진실의 제단 앞에서 신과 내 나라와 후손들에게 바친다"라고 적었다.[70]

이 책은 나라와 후손들에게 바칠 만한 것이었는지는 모르나 진실의 제단 앞에 놓일 만한 것은 아니었다. 제임스 1세의 관찬사가나 다름없었던 만큼 캠든은 스코틀랜드 여왕 메리에 대한 부분에서 객관성을 유지하지 못했다는 비난을 면치 못하게 되었기 때문이다. 그럼에도 캠든은 그 내용이 왕을 기쁘게 할 수 없을 것이라고 생각해 책이 출판된 후에도 처벌받을까봐 매우 두려워했다고 한다. 완성본인 둘째 권은 1617년에 집필이 끝났으나 그의 사후 2년이 될 때까지 출판되지 못했다. 말년에 건강이 나빠 고생하던 그는 1623년 켄트에서 사망했다. 생의 후반부에 역사가의 양심을 두고 고민한 경력을 감안하면, 젊은 시절 정치적 압박으로부터 비교적 자유로웠던 상태에서 역사지지서를 펴낸 작업은 그에게 행복한 경험이었다고 볼 수 있다.

《브리타니아》 집필은 교사라는 직업을 천직으로 삼았던 캠든에게 일종의 여가활동과도 같았다. 그는 방학을 이용해서 영국의 많은 곳을 여행했다. 그와 동행한 제자들 가운데는 코튼 경도 있었는데, 그와 함께 잉글랜드와 스코틀랜드의 경계선이나 마찬가지인 하드리아누스 장벽까지 가기도 했다. 두 사람은 옛것 연구회를 함께 출범시키는 등 사제관계를 넘어 동지와도 같은 든든한 관계를 유지했다. 하지만 역사가 캠든에게 더 중요한 사람은 후원자 벌리 경이었다. 벌리 경은 영국 역사상 최초의 여성 군주인 엘리자베스 시대를 맞아 상대적으로 약해진 정치적 기반을 강화하기 위해 여러 가지 프로파간다를 펼치고자 했다. 특히 영국의 왕권과 교회를 로마 교황의 지배 이전부터 존재한, 독립적이면서도 오랜 역사를 가진 것으로 각인시키고자 했다. 이런 맥락에서 옛것 연구회는 프로파간다의 산실로서 매우 중요한 역할을 하게 되었다.[71]

이런 움직임에 힘을 보탠 사람은 네덜란드의 유명한 지도제작자 오르텔리우스였다. 그는 세계지도를 제작하는 과정에서 로마 시대의 브리튼에 대한 자료를 제공해줄 영국 학자들을 찾아 런던에 왔다. 1577년 캠든과 오르텔리우스의 만남은 결과적으로 서로에게 커다란 발전의 기회로 작용하게 된다. 오르텔리우스는 캠든으로부터 고대 영국에 대한 귀한 지식을 전수받았고, 캠든은 오르텔리우스를 통해 영국에 국한되지 않고 넓은 유럽적 맥락에서 역사를 바라보는 법을 배웠다. 《브리타니아》의 서문을 통해 캠든은 코튼 경에 대한 감사의 인사와 더불어 이 책이 오르텔리우스에게서 엄청난 영감을 받아 서술된

것임을 밝히고 있다.[72]

《브리타니아》의 도입부는 캠든이 오르텔리우스에게서 받은 영향이 잘 드러나 있다. 유럽이라는 넓은 지리적 관점에서 브리튼섬의 위치를 소개한 것이다.

> 아발론이라고도 불리는 브리튼은 …… 이 세상에서 가장 유명한 섬으로, 나머지 유럽과 바다로 분리되어 있으며 골Gaul과 독일Germany을 마주하고 있는, 세 군데로 돌출된 삼각형의 모양을 하고 있다. …… 서쪽으로 이 섬과 아일랜드 사이에는 버지비안Vergivian해 혹은 서해가 있고, 북쪽은 거대한 북해를 마주하고 있다. 독일과 마주한 동쪽에는 독일해가 가로놓여 있다. 프랑스와 마주하고 있는 남쪽에는 영국해British Ocean가 있다. 이 섬은 주변 나라들과 매우 편리한 거리에 위치하고 있어 전 세계의 물자가 들어올 수 있는 항구가 있다. 마치 인류에게 필요한 물품들을 공급할 준비가 되어 있는 것처럼, 모든 방향으로 바다를 향해 펼쳐져 있다.[73]

《브리타니아》는 1586년에 라틴어로 처음 출판되었고, 수정과 첨가를 한 두 번째 판본이 1587년에 출판되었다. 1590년에는 독일 프랑크푸르트에서 출판되었고, 1594년에는 벌리 경에게 헌정된 수정본이 출판되었다. 1600년에 나온 새로운 판본은 로마 시대 동전과 그에 대한 설명, 랠프 브룩Ralph Brooke, 1553?~1625의 비판에 대한 답변이 보충되었고, 엘리자베스 1세에게 바쳐졌다. 1607년 판본은 새로운 왕 제임스 1세에게 헌정되었다. 1610년에는 필레몬 홀랜드Philemon Holland가 《브리타니아》를 영어로 번역하기에 이른다. 유럽 대륙에서는 라틴어 판본들이 계속 출판되었는데, 1617년에 네덜란드 암스테르담에서 지도가 실린 수정판이 나왔고, 1639년 라이덴Leyden에서는 유명한 지도제작자 블라우Blaeu가 제작한 새로운 지도들이 첨가된 다른 판본이 출판되었다. 이 책은 18세기까지도 유럽 곳곳에서 계속 출판되며 영국에 대한 정보를 제공하는 역할을 했다.

한편, 《브리타니아》 초판이 출간되고 10년 후 랠프 브룩이 《높은 명성을 누리는 브리타니아의 오류 발견Discoverie of certaine errours …… in the much commended Britannia》(1596)이라는 책을 펴내 캠든을 정면으로 공격했다.[74] 이 책의 발행 연도는 1596년이지만, 사실 그보다 훨씬 전에 쓰여 이미 시중에 나돌고 있었다. 브룩은 캠든이 《브리타니아》에 쓴 영국 귀족 가문의 계보에 대한 내용들이 사실 자신이 발견한 것들이라며 표절 의혹을 제기하는가 하면, 책 자체에 많은 오류가 있을 뿐만 아니라 기술의 수준이 떨어지는 등 문제가 많다며 신랄한 비판을 퍼부었다. 이에 캠든이 자신을 변호하는 내용의 책을 출판하자, 브룩은 다시 캠든의 변명에 대한 비판까지 포함해 제2탄 격인 《캠든의 변명을 포함한 …… 오류 발견Discoverie of certaine errours …… to which is added, the learned Mr. Camden's answer to this book》을 펴냈다. 두 번째 책에서 브룩은 캠든이 릴런드의 《답사기》를 완전히 베껴 썼다고 비난했다. 캠든이 존 스토에게서 릴런드의 《답사기》 사본을 빌렸는데, 이에 대해 스토는 릴런드에게 못할 짓을 했다며 훗날 엄청나게 후회했다는 이야기를 전하기도 했다.[75]

이런 브룩의 언행은 학자적 양심에 의한 것이라기보다는 개인의 이해관계에서 비롯한 것이었다. 사실 브룩은 클래런수 문장관 자리가 자신에게 올 것으로 확신하고 있었는데, 캠든이 그 자리에 오르며 자신의 뜻이 좌절되자 그로 인한 엄청난 실망감을《브리타니아》에 대한 비난으로 표출했던 것이다. 이 당시 문장원College of Arms은 계보학 연구의 중심지였기 때문에 캠든을 비판하며 계보에 대한 자신의 지식을 드러냄으로써 자신이야말로 적임자였다는 것을 공개적으로 천명한 셈이었다. 그리고 브룩이 제기한 비판은 표절에 대한 문제 제기가 시작된 귀한 사례로 남았다.

브룩의 저서를 둘러싼 책들의 전쟁은 캠든의《브리타니아》가 얻은 명성을 선명하게 반영하는 좋은 예이자, 당시 학자들 사이에 질투심과 경쟁심이 얼마나 컸는지를 보여주는 사례다. 또한 당시 옛것 연구가들 사이에 릴런드의 필사본을 서로 빌려주는 등 긴밀한 교류가 있었음을 분명히 알 수 있다. 사실 이 당시 영국 학계는 긴밀하게 연결된 유기적인 공동체나 다름이 없었다. 캠든은 필립 시드니, 코튼 경, 벌리 경, 풀크 그레빌Fulke Greville, 1st Lord Brooke, 1554~1628, 에드먼드 스펜서, 존 스토, 존 디, 벤 존슨Ben Jonson, 1572~1637 등 영국의 문학과 역사서술에 중요한 족적을 남긴 수많은 사람과 폭넓은 관계를 유지했다. 그리고 그들 사이의 활발한 교류가 16세기 후반 옛것 연구의 부흥을 이끌어냈던 셈이다.

한 학자는《브리타니아》야말로 영국 옛것 연구의 기념비적 저작이라는 데 20세기 학계가 완전히 동의하고 있다고 밝힌 바 있다.[76] 휴 트레버 로퍼Hugh Travor-Roper는 이 업적이 먼 과거로부터 튜더 시대에 이르기까지 지속되어 온 영국의 유기체와 같은 역사에 대한 철학을 보여준다고 썼다.[77] 그런데《브리타니아》의 진정한 가치란 이 책의 가장 중요한 주제인 로마 시대 브리튼의 복원이라고 주장하는 학자도 많다.[78] 이런 주장이 나오게 된 이유는 앞서 언급한 오르텔리우스와 캠든의 만남 때문이다. 오르텔리우스가 캠든에게 로마 시대 브리튼의 역사에 대해 조언을 구했던 일을 계기로 캠든이 이 방대한 책을 쓰게 되었다는 것이다.

하지만 이런 시각은 《브리타니아》의 일면만을 부각하는 불충분한 접근이다. 왜냐하면, 영국의 고대가 반드시 로마 시대를 가리키는 것은 아니기 때문이다. 캠든은 오르텔리우스가 자신에게 준 영감으로 인해 "브리튼에 고대를 되돌려주고, 또 그 고대에서 브리튼을 되살려내겠다는" 의지를 갖게 되었다고 밝혔다.[79] 여기서 '고대antiquity'란 포괄적 의미에서 브리튼의 먼 과거를 이야기하는 것이다. 사실 캠든이 《브리타니아》를 쓴 목적은 다음 세 가지였다.

1. 가장 오래된 고대 브리튼의 역사를 보여주는 것
2. 영국민의 기원을 밝히는 것
3. 프톨레마이오스의 《지리학Geography》에 언급된 브리튼의 도시들을 찾아내는 것[80]

이 목적을 밝히는 내용은 1587년, 1590년, 1594년, 1600년 모든 판본에 분명하고 동일하게 나타났다. 그런데 제임스 1세 즉위 후 나온 1607년 판본에서는 이상하게도 그 내용이 생략되었다. 그리고 바로 이 1607년 판본을 기초로 이후 영어 번역본이 나오면서 캠든이 16세기 후반에 계획했던 《브리타니아》의 본래 목적이 희미해져버렸다.[81]

릴런드와 마찬가지로 캠든은 이 목적을 달성하기 위해 당시로서는 상당히 실증적이라 할 만한 방법을 쓰고자 했고, 자료에 근거해 과거를 복원하려 노력했다. 증명되지 않은 황당한 사실이나 신화, 전설들에 대해서는 충분한 근거가 없는 한 회의적인 태도를 견지했다. 그의 과거 복원은 "회의를 일소하고, 발견이라는 방식 등을 통해 진실을 불러오는 것"으로, 역사를 회복하는 것은 기록·비문·기념물·무덤·동전·철자들 그리고 지명 같은 많은 물증을 축적함으로써 가능한 것이었다.[82] 당시의 맥락에서 볼 때 캠든이 하려는 역사 복원이란 연대기와 지지서를 결합하는 방식, 즉 역사와 지리를 결합하는 방식을 통해서만 가능한 것이었다.

《브리타니아》는 전체적인 개괄에 해당하는 앞부분과 각각의 주를 고찰하는 몸체의 두 부분으로 이루어져 있다. 잉글랜드를 먼저 다루고, 이후 스코틀랜드와 아일랜드를 다루어 브리튼섬 전체를 포괄하는 통합왕국에 대한 캠든의 시각이 엿보인다. 소개글에 해당하는 앞부분에서는 브리튼 최초의 거주민, 브리튼이라는 이름의 기원, 고대 풍습, 브리튼섬에 침입한 로마인들, 동전에 대해 설명하는 한편, 다양한 민족들, 즉 웨일스와 콘월 지방에 살던 브리튼족부터 노르만인들까지 브리튼섬에 들어온 다양한 민족을 연대기 순서에 따라 소개하고 있다. 마지막으로 브리튼섬의 구획 방식과 질서, 법체계를 설명한다.

책의 가장 큰 부분을 차지하는 지역별 개관은 여러 주를 18개 장으로 묶어 각각의 주를 소개한다. 이 18개의 범주는 로마 이전 켈트족의 영토와 일치한다. 이런 구성 방식은 캠든이 로마 이전 브리튼의 역사를 주목하고 있음을 잘 보여주는 부분이라고 할 수 있다. 사실 지리서를 작성할 때 고대의 지역에 근거해서 나라를 구획하는 방식은 15세기 이탈리아의 비온도가 그 선례를 만들었다. 비온도는《찬란한 이탈리아》에서 애초에 로마 시대의 주별 구성에 근거하여 이탈리아를 18개 지역으로 나누어 고찰하고자 했는데, 그것은 15세기 이탈리아에 존재하던 정치적 단위(도시국가)와는 상관없는 구획이었다.[83]

캠든은 고대 문헌에서 영국에 존재하던 지명 320개를 찾아냈는데, 그 가운데 192개가 엘리자베스 시대의 도시나 마을의 이름과 일치했다.[84] 사람의 거주지를 찾아가는 내러티브는 영국을 관통해서 흐르는 물길에 따라 구성되었다. 물길을 따라 지역을 개관하는 방식 역시 비온도가 사용했던 방식으로 릴런드의《답사기》에도 그 영향이 뚜렷하다. 릴런드의 문헌을 많이 참고했던 캠든 역시 같은 방법을 사용했다. 즉, 타마Tamar · 엑스Exe · 템스 · 디Dee · 세번 · 우즈Ouse · 험버 · 트위드Tweed 강을 따라가며 영국의 지리를 개괄했다. 그런데 영국에서는 이렇게 분류된 52개의 개별적인 고장이 주와 일치하면서 전형적인 주별 개관county survey이 될 수 있었다.

각 지역에 대한 개관은 볼 만한 명승지들, 유력자의 저택, 지배적인 가문과 돋보이는 인물들, 그들의 재산 상태, 도시, 주목할 만한 사건들과 자신의 집필에 도움을 준 사람들을 포괄하는 광범위한 것이었다. 그런데 이 부분은 릴런드의 문헌에 엄청나게 의지하고 있어 내용이 같은 부분이 많을 뿐만 아니라, 형식도 놀랄 만큼의 유사성을 보인다. 이 방식은 역사적 사실을 영토라는 매개물 혹은 배경을 통해 끌어내는 방식이고, 한 고장의 사회와 문화를 장소를 통해 기억시키는 방법이다. 이렇게 조형된 장소는 과거와 현재가 공존하는 개념상의 공간이 되기도 한다.

캠든은 《브리타니아》에서 방대한 문헌들을 직접 인용하고 있다. 율리우스 카이사르, 타키투스, 스트라보 같은 로마인들의 기록과 세비야의 이지도루스Isidore of Seville, 길다스, 네니우스Nennius, 비드, 웨일스의 제럴드, 헌팅던의 헨리, 맘스버리의 윌리엄, 험프리 루이드Humphrey Llwyd, 조지 뷰캐넌에 이르기까지, 중세와 당대 영국인들이 남긴 문헌들을 적극 인용했다. 하지만 이런 방대한 문헌은 단순한 인용이나 소개에 그치지 않고 캠든만의 고유한 해석 방식 속으로 녹아들어간다. 그는 특정 지역이나 사안에 대해 이 고전들의 기술을 소개하고, 이들의 권위를 수용하거나 때로는 반박하면서 자신만의 이론을 만들어낸다. 그리고 그런 자신의 이론을 뒷받침하기 위해 연대기, 특허장, 유언장, 공적 문서를 비롯한 수많은 사료를 증거로 제시한다.

《브리타니아》의 원래 기획은 캠든이 각 장을 탈고한 뒤 그에 맞는 지도를 제작하여 첨부하는 것이었다. 이 계획은 오르텔리우스의 조언에 따른 것으로, 크리스토퍼 색스턴이 캠든의 원고에 맞출 주별 지도를 제작하고 있던 차였다. 하지만 시간과 비용이 부족해 초판은 브리튼섬 전도 한 장만 실어 출판했고,[85] 1607년 판본부터 주별 지도들이 포함되었다. 캠든은 이 판본의 서문에서 책의 가독성을 위해 지도가 절실함을 이렇게 표현했다.

> 이 책에 지도를 싣는 것은 많은 사람이 바라왔던 바다. 지도는 눈을 즐겁게 할 뿐만 아니라, 묘사의 내용이 지도로 그려지면 지리를 이해하는 데 매우 유용하기 때문이다. 하지만 지도는 나의 역량으

로 할 수 있는 부분이 아니다. 이제 뛰어난 지도제작자인 크리스토퍼 색스턴과 존 노든John Norden이 그린 지도를 바탕으로 조지 비숍George Bishop과 존 노튼John Norton이 제작한 지도가 첨가되었다.[86]

16세기 후반의 역사지지서들은 지도 제작을 염두에 두고 서술되었고, 지도들은 지지서가 주목하는 단위인 주를 중심으로 그려지기 시작했다. 그리고 17세기 초가 되면 읽는 지도와 보는 지도의 결합이 완전하게 이루어져 한 권의 책으로 나타나게 된다.

2부

보는 지도

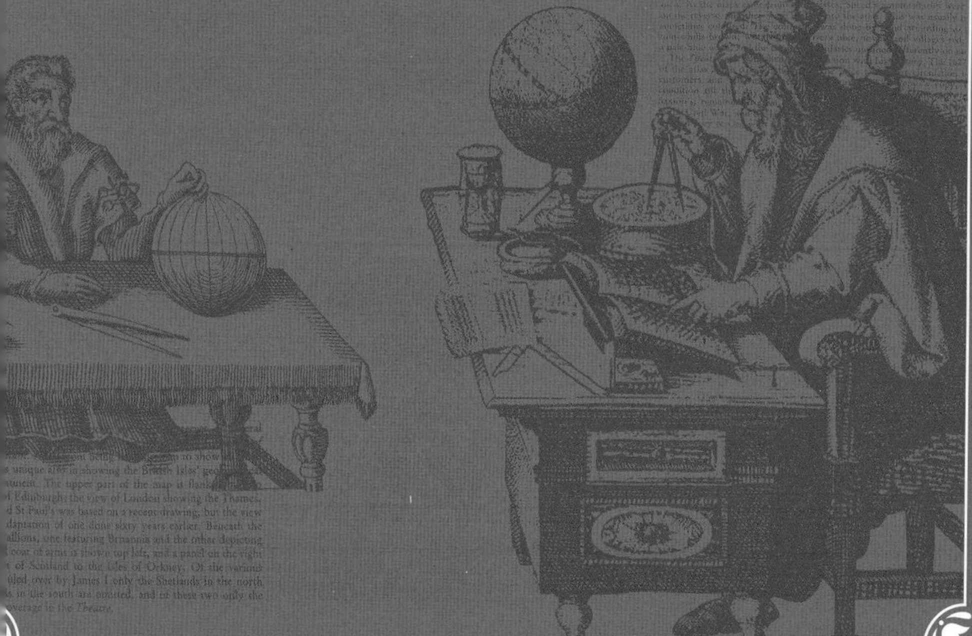

04

르네상스와 지도의 발달

고대와 중세의 지도

이 세상에서 지도가 언제 처음 나타났는지는 정확히 알 수 없다. 하지만 지도의 형태로 현재까지 전해지는 최초의 것은 기원전 약 6000년경 아나톨리아의 차탈회위크Çatalhöyük에 그려진 벽화로 알려진다. 약 275센티미터 너비의 이 그림은 일종의 도시도면으로 약 80개의 건물과 분화구 등이 그려져 있다.[1] 기원전 6세기에는 현존하는 최고最古의 세계지도가 나타났는데, 점토판에 이 지도를 새긴 사람은 고대 바빌로니아인이었다. 기원전 5세기에 헤로도토스Herodotus는 밀레투스Miletus[2]의 군주 아리스타고라스Aristagoras가 페르시아와 싸우기 위해 스파르타인들을 동원하는 과정에서 동판에 새긴 세계지도를 가지고 스파르타 지휘관들을 설득했다는 이야기를 쓴 바 있다.[3]

지도 제작은 그리스 시대부터 학문의 한 줄기로 자리 잡은 지리

바빌로니안 세계지도

고대 바빌로니아 도시 시파르(Sippar, 지금의 이라크 아부 하바Abu Habba)에서 발견된 악카드어 점토판으로, 세계지도가 그려져 있어 '바빌로니안 세계지도(Babylonian Map of the World)'라 불린다. 기원전 6세기에 만들어진 것으로 추정되며 현존하는 가장 오래된 세계지도다. 유프라테스강을 중심으로 메소포타미아의 도시들(작은 원형)이 주변에 위치한다. 이 도시들을 둘러싸고 있는 커다란 원형은 바다이다.

학 속에서 발달하게 된다. 그리스 로마 시대 지리학은 많은 저작을 남기며 큰 발전을 이루었는데, 그 전통은 크게 세 부류로 나눌 수 있다. 첫째, 지표의 자연 조건과 그 위에 거주하는 사람들의 문화와 생활양식에 대해 기술하는 지방지적 전통topographical tradition, 둘째, 지구의 형상과 크기, 지표의 자연적 위치 등에 대한 계측과 지도 제작에 관련된 수리천문학적 전통, 셋째, 지표상의 인간 존재의 본질에 대한 의문과 그에 대한 해답을 찾으려는 노력과 관련된 신학적 전통이다.[4]

이 가운데 역사와 밀접한 관계가 있는 지방지적 전통은 세계 곳곳을 묘사하고 그곳에서 인간이 토지를 점유하면서 생겨난 다양한 삶의 양식을 기술하는 것이다. 따라서 이 분야의 저술은 전체적으로는 백과사전적 성격을 띠었다. 그리스 로마 시대 지리학의 목적은 여러 지역과 그곳에 거주하는 사람들에 대한 실리적 지식과 정보를 제공하고 이를 활용토록 하는 것이었다. 따라서 지리학은 전쟁을 수행하는데 필요했을 뿐만 아니라 국가의 일반적인 행정 및 교역과 밀접하게 연관되어 있었다.[5]

지도는 지리학적 지식의 축적과 효용을 토대로 생겨나는 것이라고 볼 수 있다. 하지만 지리학적 지식의 축적이 곧바로 지도 제작으로 연결되지는 않는다. 기원전 1세기의 시인 호라티우스Horatius는 '말'로만 전달되는 지식을 시각화해야 한다고 역설한 바 있는데,[6] 이는 당시 지리적 정보가 그림보다 글로 유통되고 있었음을 암시한다. 따라서 일부 학자들은 르네상스 시대가 되어서야 실제로 공간에 대한 지식이 다양한 시각적 방법으로 표현되기 시작했다고 보기도 한다. 이것은 당시 제작되었을 법한 지도들이 현재 남아 있지 않은 이유 때문이다.

하지만 호라티우스와 동시대인이었던 스트라보는 고대 지리학과 지도 제작술에 대한 중요한 저작을 남겼고, 이를 바탕으로 르네상스 시대에 지도 제작술이 크게 발달할 수 있었다. 그의 《지리학Geographia》은 총 17권으로 이루어져 있으며, 군주와 사령관 들에게 지리적 지식이 필요하다는 점을 역설하며 당시 존재했던 지도에 대한 정보들을 담고 있다.[7]

그 후 약 200년이 지나 지리학과 지도의 역사에서 그 권위를 가장 인정받게 될 저작이 나타났다. 프톨레마이오스의 《지리학》이 그것이다. 이 책은 8권으로 이루어져 있으며, 처음 두 권은 지도 제작의 원리, 나머지 여섯 권은 당시 알려진 세상의 8,000개 장소에 대한 내용을 담고 있다. 그는 이 장소들을 위도와 경도에 맞추어 위치시켰고, 정치적 경계보다는 산이나 강, 산맥 등의 자연적 경계를 더 중요시했다.[8] 프톨레마이오스의 《지리학》이 르네상스 시대에 재발견되면서 서양에서 근대적 지도 제작술이 발달하는 데 중요한 기초가 되었다.

로마인들은 행정적·군사적 필요뿐만 아니라 상업적 필요에서 지도를 제작했고, 최초의 도로망을 그린 지도를 만들기도 했다. 아우구스투스Augustus, B.C.63~A.D.14 황제는 아그리파Marcus Vipsanius Agrippa, B.C.63?~B.C.12에게 광대한 영토를 조사하게 했다. 아그리파는 20년 동안 수천 킬로미터에 이르는 도로의 실지 조사를 수행했다. 이 과정에서 로마인들은 이정표milestone를 설치했는데, 이것은 이후 로마 가도의 특징이 되었다. 아그리파의 조사를 바탕으로 제작된 지도들의 사본이 널리 퍼져나갔는데, 그 중 13세기에 만들어진 사본 하나가 16세기 독일의 옛것 연구가에 의해 발견되었다. 발견자인 콘라드 포이팅어Konrad

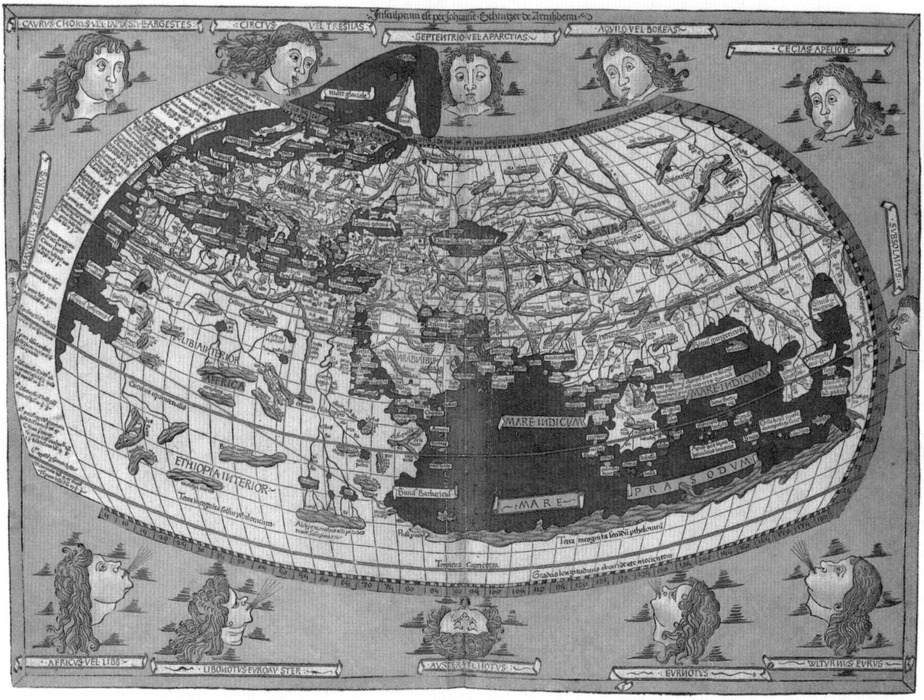

프톨레마이오스의 《우주형상지》에 실린 세계지도

프톨레마이오스의 《지리학》 사본인 《우주형상지(Cosmographia)》 1482년 판에 실린 지도로, 사람이 살고 있는 모든 세계에 대한 그의 설명을 바탕으로 요하네스 슈니처(Johannes Schnitzer)가 그린 것이다. 여전히 오류는 있지만 위도와 경도, 지도 투영법을 적용해 지도 제작 방법을 설명한 프톨레마이오스의 《지리학》은 지도 제작술 발전에 큰 영향을 미쳤다. 1482년판의 이 지도는 처음으로 컬러 인쇄한 것인데, 다음 해 출판사가 파산해 이후 출간된 판본에서는 파란색 바탕이 사라졌다.

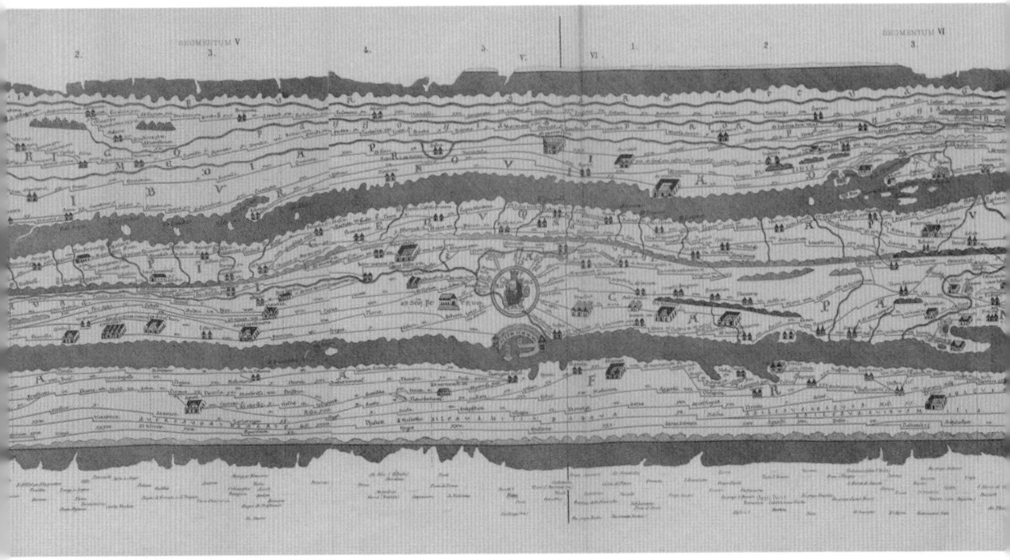

포이팅어 지도

유일하게 남아 있는 고대 로마 지도의 사본이다. 로마 가도를 따라 위치한 마을과 강, 산, 바다 등을 표시했다. 도로의 연결과 마을과 마을 사이의 거리를 알 수 있어 실용적인 용도로 쓰였을 것이다.

Peutinger, 1465~1547의 이름을 따서 '포이팅어 지도Peutinger Table'라고 불리게 된 이 지도는 22피트 길이의 두루마리로 만들어졌으며, 도로를 직선으로 그리고 역과 역 사이의 거리를 적어 놓았다.[9]

중세 지리학은 신학의 교조적 세계관으로 인해 그 발전이 정체되었다. 따라서 중세 유럽에는 오늘날의 기준으로 지도라고 할 만한 것이 거의 없었다고 볼 수도 있다. 지구 구체설이 완전히 부인되고, 성서에 언급된 낙원과 그로부터 발원하는 4개의 강을 실재하는 것으로 그리는 등 공상적 세계관으로 대치되었다.[10] 540년경에 출간된 코스마스

Cosmas Indicopleustes[11]의 《기독교 지방지Topographia Christiana》에 잘 드러나듯 이 이런 지도들은 지형의 정확성보다 신이 창조한 인간 세상의 모습에 대한 상징성을 더 부각하는 것이었다. 이렇게 상징성을 중시하는 경향은 중세 특유의 티오지도(T-in-O Map, 혹은 TO Map)로 나타났다. 'O' 자(원을 의미하는 라틴어 'orbis'의 머리글자)의 대양으로 둘러싸인 세 개의 대륙(아시아, 유럽, 아프리카)이 'T' 자(지구를 의미하는 라틴어 'terrarum'의 머리글자)의 수로(오늘날의 돈Don강인 타나이스강, 홍해, 지중해)로 나뉜 모양이다. 여기서 T자는 그리스도의 십자가를 상징하기도 한다.

중세 지도 가운데 가장 널리 알려진 것은 마파문디Mappa Mundi라는 장르이다. 마파문디는 라틴어로 각각 '식탁보'와 '세상'을 뜻하는 '마파mappa'와 '문두스mundus'의 합성어로, '세상을 그린 천'이라는 의미이다.[12] 그런데 이 세계도가 나타내는 세상은 물리적이고 지리적인 공간이 아니라 사람이 인지하고 있는 모든 것을 함축한 공간이다. 따라서 마파문디에는 지상과 천상이 함께 그려지는가 하면, 역사와 종교와 전설이 축약적인 상징물로 지리와 함께 담겼다. 이 지도는 원칙상 낙원을 향하고 있으며, 지도상에 나타나는 지역은 그 공간이 지닌 가치에 따라 배치되었다. 예루살렘은 가장 중요한 곳으로, 종종 세상의 중심으로 묘사되었다. 또한 노아의 방주나 알렉산드로스 대왕이 함께 그려지는 등 과거와 현재가 구분 없이 공존하고 있다.[13]

마파문디의 특성이 가장 잘 드러나는 지도로 13세기 후반에 제작된 〈헤리퍼드 지도Hereford Map〉를 꼽을 수 있다. 이 아름다운 지도는 완성되자마자 헤리퍼드 성당에 안치되어 교회 제단화의 중앙을 장식했다. 예루살렘을 중심으로 유럽, 아프리카, 아시아 대륙이 원형의 대

헤리퍼드 지도

헤리퍼드 마파문디는 도시를 표기한 기호 420여 개를 비롯해 종교 행사를 묘사한 그림 15개, 동·식물 및 상상의 생물 그림 33개, 신화 속 이야기를 담은 그림 8개, 사람 그림 32개 등을 그려 넣어, 시각적 백과사전이라고 할 만큼 다양하고 엄청난 양의 정보와 지식을 담았다. 또한 지도 한가운데에 예루살렘을, 위쪽(방위상 동쪽)에 원형의 섬 에덴을 그려 넣는 등 중세 유럽의 기독교적 세계관을 담은 마파문디의 특성을 보여준다. 1300년경 제작된 것으로 추정되며, 가로 133센티미터, 세로 158센티미터 크기로 현존하는 가장 큰 중세지도이다. 현재 유네스코 세계기록유산으로 등재되어 있다.

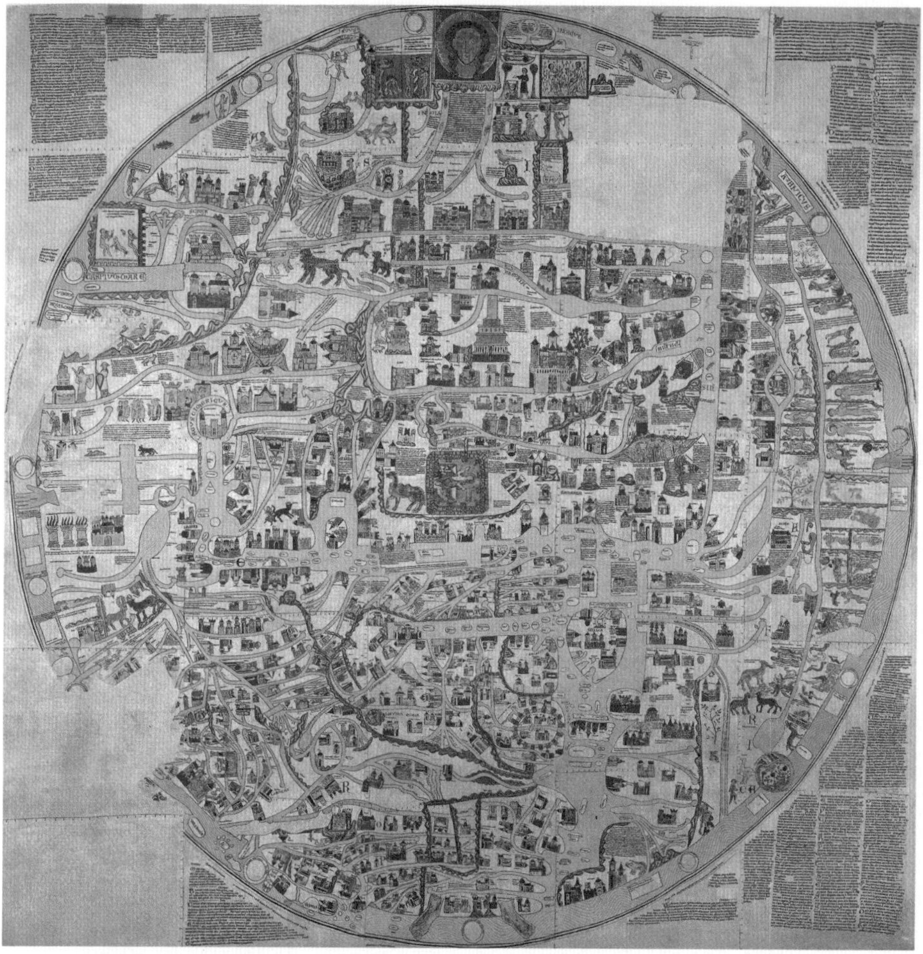

엡스토르프 지도

대표적인 마파문디로 알려진 이 지도는 1300년경에 제작된 것으로 추정되며, 1843년 독일 엡스토르프(Ebstorf) 수녀원에서 발견되었다. 양피지 30장을 이어붙여 그린 것으로, 그 크기가 가로세로 약 3.6미터씩에 달한다. 지도 한가운데 그린 예루살렘을 중심으로 위쪽(방위상 동쪽)에 그리스도의 머리, 아래쪽(서쪽)에 두 발, 오른쪽(남쪽)과 왼쪽(북쪽)에 양손을 그려 넣었다. 중세 기독교적 세계관을 담은 지도이지만, 기독교뿐만 아니라 다른 종교와 관련된 내용도 포함하고 있다. 양피지에 그린 원본은 1943년 제2차 세계대전 때 파괴되어, 그전에 만들어진 사본만 남아 있다. 사진은 1898년에 원본을 촬영한 것이다.

지 위에 그리고 있어 기본적으로 티오지도의 형태를 띠고 있지만 이 지도를 전형적인 티오지도라고 볼 수는 없다. 왜냐하면 아그리파가 만든 도로망을 비롯해 많은 실제적 정보를 담고 있기 때문이다. 〈헤리퍼드 지도〉는 그 자체가 백과사전이라고 불려도 좋을 만큼 엄청난 양의 고전을 반영하고 있으며, 이미 알려진 영역의 도시나 속주의 경계, 교역로 및 순례길을 표시하고 있다. 그와 더불어 위쪽으로 낙원이 그려져 있고 많은 상상의 동물과 신화적인 모티브가 묘사되어 있다.[14]

마파문디는 역사, 종교, 전설과 지리 같은 지식과 정보를 전달할 수 있는 수단이었다. 〈헤리퍼드 지도〉는 글을 읽지 못하는 중세 유럽인 대다수에게 기독교적 세계관을 설파할 수 있는 좋은 매체로 사용되었을 것이다.[15] 또한 마파문디는 훌륭한 예술품이기도 해서 중세 유럽의 왕실에서는 실제적인 목적보다는 장식적 효용을 위해 사용되곤 했다. 영국의 헨리 3세는 웨스트민스터 궁전의 옥좌 뒤 벽에 마파문디를 걸어두었다. 부르고뉴Bourgogne 궁정 접견실 바닥에 마파문디가 장식되어 있었는데, 고전이나 성서의 내용과 세속의 역사를 그린 그림들로 벽을 두르고 천장에는 하늘이나 우주의 모습을 그림으로써, 신하들이 군주를 알현하는 곳에 천상과 지상을 아우르는 일종의 무대장치를 마련한 셈이었다. 이런 관행은 유럽의 많은 궁정에 영향을 주었다.[16]

하지만 중세 지도가 모두 상징성만을 강조한 것은 아니었다. 특히 영국에서는 오늘날의 기준에서 보았을 때도 지도라고 부를 수 있을 만한 독특한 형태의 지도들이 나타났다. 먼저 1250년대에 세인트 올번스St. Albans의 수도사였던 매슈 패리스Matthew Paris, 1200?~1259가 제작한 영국 지도 네 점이다. 이 지도들은 주로 순례자들의 길 안내를 목적

부르고뉴 공작에게 선물한 마파문디

장 제르맹의 《영적인 세계지도(Mappemonde Spirituelle)》(1449) 필사본에 실린 것으로, 장 제르맹이 부르고뉴의 필리프 3세(Philip the Good)에게 마파문디를 바치는 장면이다.

으로 제작된 것으로 보이며, 도로가 나타나기는 하지만 도시의 위치는 심하게 왜곡되어 있다. 스코틀랜드도 섬으로 묘사했다. 그렇지만 지도 위쪽이 동쪽을 가리키던 다른 중세 지도들과 달리 오늘날의 지도처럼 북쪽을 위에 두었다. 또한 브리튼섬을 상당히 사실적으로 그려내 중세의 다른 지도들과 현격한 차이를 보인다. 학자들 가운데는 이런 차이

매슈 패리스의 지도

매슈 패리스가 1250년대에 제작한 네 점의 영국 지도 가운데 가장 완성도가 높은 지도이다. 거의 섬처럼 묘사된 위쪽(북쪽)의 스코틀랜드 아래에 안토니우스 성벽과 하드리아누스 성벽이 그려져 있다.

점을 주목하며 혹시 패리스가 현대 학자들이 그 존재를 모르고 있는 중세의 '사실적 지도 제작' 전통의 계승자가 아니었을까 하는 논란도 있다.[17]

독특한 중세 지도의 또 다른 예는 1360년경에 제작된 〈고프 지도〉(46, 47쪽 참조)로, 이 역시 영국에서 나타났다. 지도를 소장하고 있던 18세기의 유명한 골동품 수집가 리처드 고프Richard Gough, 1735~1809의 이름을 딴 이 지도는 당시 존재하던 다양한 지도 제작법의 정보를 조합해 놓은 것이다.[18] 이 지도는 행정을 위해 사용되었을 것으로 추측되는데, 제작 후 최소 200년 동안 사용되었다고 한다. 여기에는 도시와 도시를 연결하는 도로가 붉은색으로 표시되어 있다. 흥미롭게도 이 지도 이후 오랫동안 지도제작자들은 지도에 도로를 그리지 않았다. 지도에 본격적으로 도로가 표시되기 시작한 것은 1675년 존 오길비John Ogilby, 1600~1676가 《브리타니아Britannia》를 펴내면서부터다.[19] 오길비는 이 책에 잉글랜드와 웨일스 지역의 우편 마차가 다니는 길을 선으로 표시한 100개의 지도를 수록했다.

사실 중세의 여행자들은 그림지도가 아닌 글로 작성된 여정지itinerary를 참고했다. 이런 종류의 문헌들은 글로써 지리적 정보를 전달하는 고대의 지방지적 전통을 계승한 것으로, 일종의 산문지도prose map라고 볼 수 있는 것이었다. 330년경에 알려지지 않은 사람에 의해 쓰인 《보르도에서 예루살렘까지 여정Itinerary from Bordeaux to Jerusalem》은 지도를 전혀 포함하고 있지 않지만, 중세에 예루살렘으로 가는 순례자라면 누구나 참고했을 법한 장소와 방향에 관한 정보를 싣고 있다. 중세의 지방지적 기술들 역시 종종 봉건영주나 성직자, 순례자 들을 위한 길

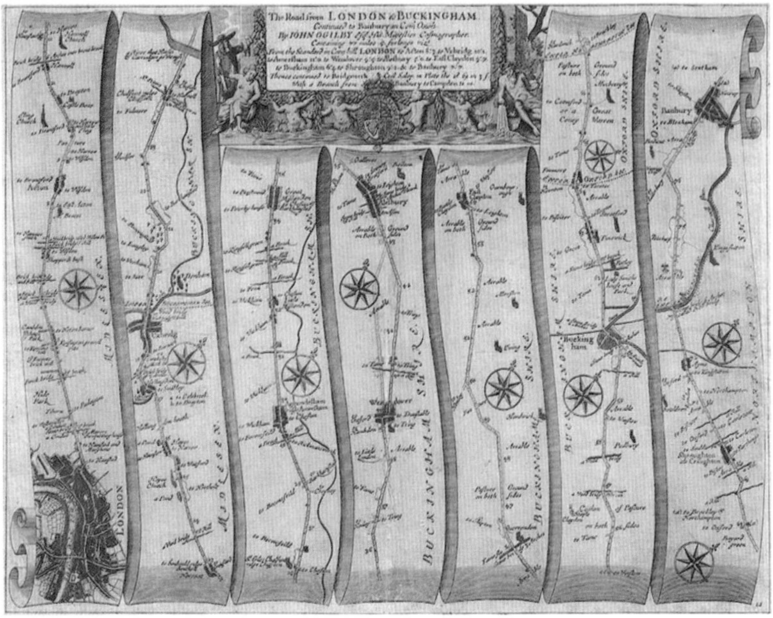

런던에서 버킹엄으로 가는 길

1675년에 간행된 존 오길비의 《브리타니아》에 수록된 지도 중 런던 중심가에서 서쪽으로 액튼(Acton)-억스브리지(Uxbridge)-아머샴(Amersham)-에일즈버리(Aylesbury)-버킹엄-반버리(Banbury)로 이어지는 도로를 표시한 지도이다.

잡이 형태를 띠어 고대의 지방지적 기술과는 다른 독특한 성격을 드러낸다. 앞서 언급한 매슈 패리스의 지도들도 본질적으로 여행안내서 등의 부도附圖로 제작되었을 것이다.

한편 또 다른 형태의 지도가 중세에 발달했는데, 바로 포르톨라노 해도portolan chart이다. 이 지도는 최소한 1270년대에는 일반적으로 사용되었으며 14세기에 이르러 최고로 세련된 형태로 나타났다. 이 지도의 명칭은 '항해 방향 기록물'을 뜻하는 이탈리아어 '포르톨라니

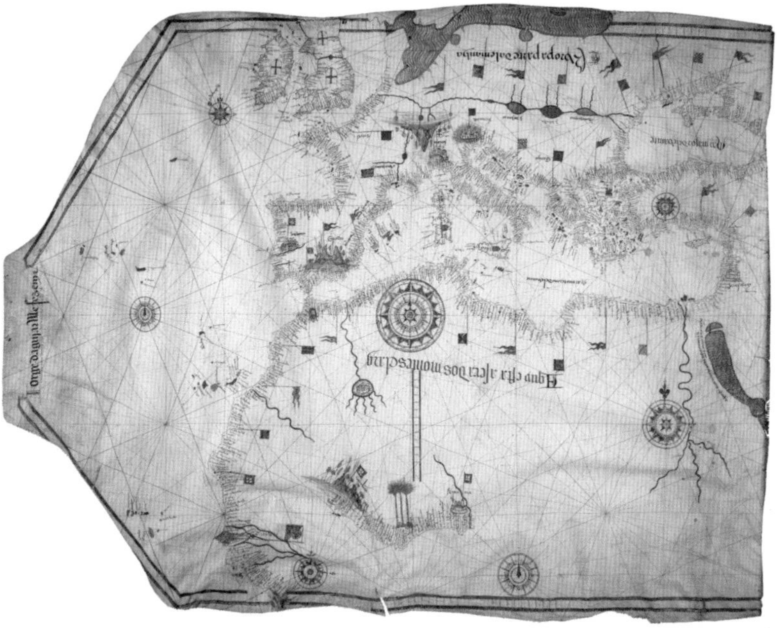

포르톨라노 해도

1492년 포르투갈에서 제작된 포르톨라노 해도이다. 왼편으로 대서양을 끼고 지중해를 사이에 둔 유럽과 아프리카를 묘사했다.

portolani'에서 유래된 것으로, 중세 영국 선원들 사이에서는 프랑스어 '루티에routier'에서 유래한 '루터rutter'라는 말로 불렸다.[20] 이 지도는 해안선과 항구를 표시하고 바다에는 나침도compass rose(해도상의 원형 방위도)를 그려 넣어 항해의 방향을 알려주었다. 나침반은 13세기에 발명되었는데, 그로 인해 해도에도 나침반의 방위각과 비슷한 방사상의 선이 나타나게 된 셈이다. 이 선은 항정선, 즉 일정한 나침반 방향을 유지하고 있을 때 배가 지나가게 되는 항로를 나타낸다. 지도 제작을 의뢰한 사람은 군주나 부유한 상인 들이었는데, 실제로 선원들이 이 지도를 항해에 참고했는지에 대해서는 학자들 사이에 이견이 존재한다.

이런 종류의 지도 가운데 가장 널리 알려진 것은 《카탈루냐 지도첩Catalan Atlas》이다. 당시 뛰어난 항해술을 자랑하던 마요르카 항해사들이 1375년에 프랑스의 샤를 5세Charles V, 1338~1380에게 바친 것이다. 그런데 여기에 그려진 그림들은 해상 탐험의 내용보다는 주로 마르코 폴로 등의 육로 여행에서 얻은 정보들을 담고 있다. 그래도 이런 해도를 통해 축적된 지식은 이탈리아의 지도 제작과 포르투갈의 '항해왕' 엔히크Henrique O Nevegador, 1394~1460에게 큰 영향을 끼쳤다고 한다. 1485년 베네치아에서는 최초의 해도 인쇄본이 나왔는데, 이것은 지중해 섬들에 관한 것이었다. 이런 해도들은 17세기까지 네덜란드, 영국, 프랑스, 독일에서 지속적으로 발행되었다.[21]

중세에 존재한 지도 중에는 자신이 살고 있는 도시를 묘사한 도시도면Town Plan, City Plan도 있었다. 샤를마뉴Charlemagne, 742/747~814는 당시 서방세계에서 가장 중요한 두 도시인, 로마와 콘스탄티노플을 그린 도면을 금과 은으로 만든 판에 새겨 소장했다고 한다.[22] 도시도면은 한 도시 내 건물의 위치나 도로에 대한 정확한 정보를 주기보다는 상징적인 도시의 모습을 통해 고유의 정체성을 고양하고자 하는 의도가 강했다. 인쇄술의 발달과 더불어 15세기에는 큰 규모의 목판화 도시도면들이 나타났다. 특히 《뉘른베르크 연대기Nuremberg Chronicle》(1493)는 당시 인쇄술의 중심지로 떠오른 뉘른베르크에서 새로운 기술과 축적된 지식이 동원되어 만들어진 주목할 만한 업적이다. 총 1,809장으로 이루어진 이 책에는 프톨레마이오스의 지도를 비롯해 유럽 조감도

《뉘른베르크 연대기》에 실려 있는 〈영국의 도시〉 목판화

실제 영국의 도시를 그린 것이 아니라 전형적인 중세의 도시상을 보여주는 그림이다.

며 최초의 영국 도시도면 목판화가 실려 있었다. '영국의 도시'라는 목판화는 한때 도버 혹은 런던을 그린 것이라 여겨졌으나 당시 여느 다른 유럽의 도시와 별반 차이가 없어 이름만 그렇게 붙었다는 것이 최근의 정설이다.

15세기 후반부터는 밀라노, 베네치아, 피렌체, 로마, 콘스탄티노

톨레도의 전망과 지도

엘 그레코(El Greco, 1541~1614)가 1610년경 그린 〈톨레도의 전망과 지도(View and plan of Toledo)〉이다. 에스파냐의 도시인 톨레도의 풍경과 지도를 트롱프뢰유 기법으로 함께 그렸다. 이 그림에는 에스파냐와 톨레도의 신성과 역사적 상징이 곳곳에 배치되어 있다.

예수의 수난

안드레아 솔라리오(Andrea Solario, 1460?~1524)가 1503년에 그린 〈예수의 수난(The Crucifixion)〉이다. 르네상스 그림에는 도시의 모습이 배경으로 등장하는 사례가 많다. 이 그림에서도 십자가에 못 박힌 예수의 뒤편으로 항구도시의 모습이 보인다. 요새이자 상업의 중심지로서 도시의 정체성을 종교적 모티브 속에 녹여냈다.

플, 예루살렘, 다마스커스, 알렉산드리아, 카이로 등 당시 유럽 사람들이 알고 있던 세상의 주요 도시를 그려낸 많은 도시도면이 인쇄본으로 널리 퍼지게 되었다. 여기서 도시를 특징짓는 기본 요소들은 성벽과 그 주변을 흐르는 강, 그리고 과장되게 그려진 교회나 주요 건물들이다. 높은 건물들을 효과적으로 부각하기 위해 측면도profile가 많이 사용되었고, 도시 전체의 모습을 높은 곳에서 내려다본 듯한 조감도bird-eye view 역시 발달했다. 이들은 비교적 값싼 목판화로 제작되었는데, 도시라는 공간에 특정한 이미지를 부여하는 관습이 이미 대중적인 것이었음을 나타낸다. 하지만 이들 도시도면은 제목과 다른 엉뚱한 곳을 그리는 경우도 빈번했다.

왜 15세기 전후로 갑자기 도시도면이 많이 등장하게 되었을까? 나오미 밀Naomi Mill은 이런 도면들이 나타나는 것은 세계관의 확장을 증명하고, 교역과 여행의 수요가 증가하는 것을 반영한다고 주장한다.[23] 이런 변화야말로 르네상스 유럽을 특징짓는 것으로서, 변화의 핵심이었던 도시라는 공간은 자부심에 가득 찬 자신만의 새로운 정체성을 부지런히 만들어가고 있었던 것이다.

지도-지각의 발생

1400년경에는 지도를 실제로 사용하는 사람이 극히 소수였지만, 1600년 무렵 지도는 유럽 문화에서 중요한 요소가 되었다. 이런 변화를 학자들은 흔히 '지도-지각map-consciousness'[24]의 발생이라고 말한다.

즉, 지도를 통해 공간을 인식하고 문제 해결을 위해 지도를 그리는 관행이 퍼져나갔으며, 나아가 세상을 보는 방식 자체에 변화가 일어났다는 것이다.

이런 변화의 원인으로 꼽히는 것은 크게 세 가지다. 첫째, 르네상스와 휴머니즘의 영향으로 고대 문헌의 재발견이 이루어졌다. 프톨레마이오스의 《지리학》과 같은 고대 문헌들은 유럽인들이 고대의 지리적 지식을 재발견하는 계기를 제공했다. 1295년 콘스탄티노플에 있는 코라Chora의 수도원의 수도사 막시무스 플라누데스Maximus Planudes, 1260?~1310?는 프톨레마이오스가 저술한 《지리학》의 사본을 발견했다. 그 사본에는 지도가 포함되어 있지 않았기 때문에, 그는 본문의 내용에 부합하는 지도를 편찬, 복각하기 시작했다. 1406년에 라틴어 판본이 만들어지고 15세기 내내 수많은 사본이 제작되었는데, 1427년 이후 27개의 원본 지도에 더하여 계속해서 지도가 첨가되었다. 울름Ulm에서 발행된 1482년 판에는 새로이 4개의 지도가 더해졌고, 1507년 로마에서 발행된 판본에는 7개가, 1513년 스트라스부르Strasbourg에서 발행된 판본에는 무려 20개 지도가 더해졌다.

프톨레마이오스의 재발견은 지리학의 새 지평을 여는 계기로 작용했다. 중세의 티오지도를 대치했을 뿐 아니라 항해도인 포르톨라노 해도가 지녔던 실용적인 가치까지 포섭했기 때문이다. 특히 16세기에 이르면 항해술의 발달과 더불어 헤라르뒤스 메르카토르Gerardus Mercator, 1512~1594[25]의 지도가 출현하면서 정밀한 항해도가 나오게 되었다. 메르카토르는 1530년대부터 세계지도를 비롯해 여러 지도를 제작했다. 그중 1540년에 완성한 플랑드르 지도는 매우 정밀한 삼각측량 기법에 따라 제작되었다고 알려진다. 1569년 메르카토르는 과거의 지도 제작법과 완전히 다른 새로운 도법으로 제작한 세계지도를 내놓았다. 이 도법이 바로 메르카토르 도법이다. '항해에 적합한 도법'이라고 소개된 이 도법은 그의 1569년 세계지도를 통해 널리 알려지게 되었다.[26]

둘째, 일군의 학자들은 이른바 '과학혁명'이라고 알려진 움직임의 초기 단계가 이 시기 공간 인식에 중요한 변화를 가져왔다고 주장한다. 수량화와 측량을 중요시하는 움직임이 일어났고, 이제 정밀성이라는 새로운 명제가 자연을 인식하는 데 새로운 변수가 된 것이다. 이 변화 속에서 새로운 지도의 등장은 어쩌면 필연적인 것이었다. 이제 사람들은 특정한 공간을 경도와 위도라는 일정한 네트워크 속에서 인식하게 되었다.[27]

셋째, 예술 사조에서 15세기 프랑스와 저지대 국가Low Countries(오늘날의 베네룩스)를 중심으로 유행한 '사실주의realism' 표현기법이 궁극적으로 많은 지도의 발흥으로 이어졌다는 주장이다. 얀 반 에이크Jan van Eyck, 1385?~1441나 랭부르 형제Limbourg brothers[28]와 같은 이들이 과거와는 다른 방식으로 도시나 전원을 묘사했고, 이런 '사실적' 묘사가 공간을 '있는 그대로' 그려내게 하여 많은 지도가 만들어질 수 있는 배경으로 작용했다.[29] 특히 당시 풍경화에서 점차 중요시되었던 선 원근법은 지도 제작술에서 과학적 관점이 강화되는 것과 연결된 흐름이었다. 이제 회화와 지도 모두에서 정확성, 실측 관찰, 충실한 표현이 강조되게 되었다.[30]

하지만 지도 제작술과 회화 분야가 서로 영향을 주고받으며 새로운 변화를 가져왔다는 차원에서 볼 때, 시기적으로 이탈리아가 네덜

랭부르 형제의 〈성 미카엘의 미사〉

《베리 공작의 호화로운 기도서(Les Très Riches Heures du duc de Berry)》(1411~1416)에 실린 몽생미셸을 묘사한 삽화로, 사실주의적 표현기법을 사용한 아름다운 그림이다.

란드와 같은 저지대 국가보다 앞서 있었다. 레오나르도 다 빈치Leonardo da Vinci, 1452~1519 같은 화가는 실제로 '알프스 전경'이나 '토스카나 지도', 밀라노를 비롯한 많은 도시의 도면을 그렸다.[31] 그는 또한 체사레 보르자Cesare Borgia, 1476~1507의 명을 받아 이몰라Imola[32]를 공격하기 위해 측량하고 지도를 만들기도 했다.[33] 이탈리아 화가들이 정밀한 지도를 만들기 시작했다는 사실은 이 시대 지도의 발달과 이탈리아 도시국가들의 절대주의적 움직임 사이에 연관성이 있다는 것을 시사한다. 앞서 살펴본 지도-지각의 발생을 설명하는 세 가지 요인들이 지도의 역사에 있어 기술적 진보를 주목하는 전통적 접근법이었다면, 이제 근대 초 국가의 발생과 지도의 발달을 연결시키는 해석이 나타났다.

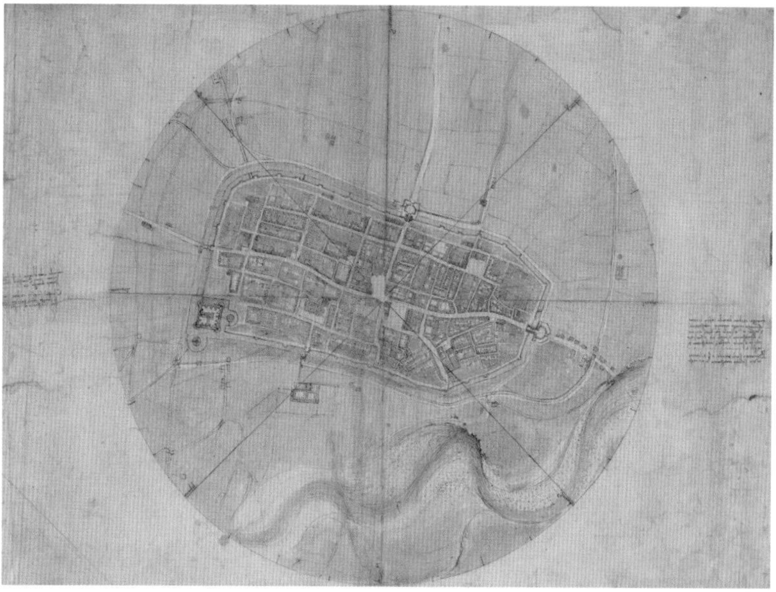

이몰라 지도

레오나르도 다 빈치가 1502년경 이몰라 공격을 위해 그 지도이다.

1992년 피터 바버Peter Barber를 필두로 한 일군의 학자들은 《군주들, 대신들 그리고 지도들Monarchs, Ministers and Maps》을 통해 근세 유럽에서 지도의 발흥을 절대주의 국가라는 정치적 단위의 발생과 연결시켰다.[34] 이 책은 이탈리아의 도시국가를 비롯해 영국, 프랑스, 에스파냐, 오스트리아, 폴란드에서 국왕과 고위관료들이 지도를 행정에 이용하게 된 과정을 추적하며, 지도가 국가의 중앙집권화 과정에서 중요한 도구로 사용되었던 사실을 보여주었다. 이들의 연구는 '르네상스 유럽'이라는 광범위하고도 다소 모호한 시간적 단위에서 탈피하여, 공간적으로 다른 국가마다 지도가 발생한 시기와 발달 양상이 달랐다는 사실을 강조한다는 면에서 매우 독특하다고 할 수 있다.

이 시기 유럽의 지배 엘리트들은 지도 제작에 매우 큰 관심을 기울였다. 이미 15세기부터 교황청은 지리학과 지도 제작술에 관련된 고대 문헌을 모으기 시작했다. 16세기에 들어서면서 교황 율리우스 2세Julius II, 재위 1503~1513는 미켈란젤로Michelangelo, 1475~1564와 라파엘로Raffaello, 1483~1520 등을 고용하여 '우주의 주랑Loggia della Cosmografia'이라 불리게 될 긴 회랑의 벽에 지도들을 그리기 시작했다. 뒤이은 교황들도 이 작업을 계승했는데, 특히 그레고리우스 13세Gregorius XIII, 재위 1572~158는 지도의 회랑Galleria delle carte geografiche을 만들기도 했다(230쪽 참조). 베네치아 공국 역시 1460년에 파도바Padova와 브레시아Brescia, 베로나Verona 지역 지도를 그리는 작업에 착수했다. 16세기 후반에는 크리스토포로 소르테Cristoforo Sorte, 1515?~1590?와 자코모 가스탈디Giacomo Gastaldi, 1500?~1565? 등 뛰어난 지도제작자들이 나타나 많은 지도를 만들고 인쇄했다.[35]

신성로마제국 황제 카를 5세는 유럽 곳곳에 분산되어 있던 영토를 다스리기 위해 지도를 적극적으로 이용했던 것으로 알려진다. 특히 네덜란드 지역을 잘 파악하기 위해 여러 차례에 걸쳐 지도 제작을 명령했다. 프랑스에서는 프랑수아 1세François I, 1494~1547가 특히 지도에 많은 관심을 기울였다. 유럽의 거의 모든 군주가 프톨레마이오스의 책을 소장하고 있었고, 지도를 통치와 행정에 매우 중요한 자료로 인식했다. 16세기 후반 영국 추밀원의 서기였던 로버트 빌Robert Beale, 1541~1601은 다음과 같은 말을 남겼다.

장관은 반드시 오르텔리우스의 지도첩과 잉글랜드 지도첩을 가지고 있어야 한다. …… 그리고 아일랜드에 대한 상세한 묘사와 귀족에 대한 기록, 그들과 추종자들이 영국식 성姓을 쓰는지 혹은 아일랜드식 성을 쓰는지, 그리고 만약 어떤 다른 도면이나 지도가 그의 손에 들어오면 반드시 안전하게 보관해야 한다.[36]

헨리 8세 시대의 지도 제작 혁명

영국에서 지도를 정치적이고 행정적인 목적으로 사용한 예는 14세기 중엽의 〈고프 지도〉까지 거슬러 올라간다. 그 후에도 간헐적으로 일부 지방의 지도를 작성하라는 정부의 명령이 있었지만, 당시 만들어진 지도는 그 형태나 규모, 내용에 있어서 아주 미흡했다. 피터 바버는 헨리 8세가 통치 초반에는 지도에 대한 별다른 관심을 보이지 않았다고 주장한다. 1510년대에도 군사적 목적과 같은 필요에 따라 간략한 지도를 만들곤 했지만, 왕은 행정이나 통치라는 측면에서 지도의 중요성을 실감하고 있지는 않았던 듯하다. 1512년 헨리 8세는 프랑스의 가스코뉴Gascogne와 귀엔Guienne 침공을 위해 당시 유럽에서 가장 유능한 지도제작자로 꼽히던 이탈리아인 세바스티아노 카보토Sebastiano Caboto, 서배스천 캐벗Sebastian Cabot, 1476?~1557에게 그 지역의 지도를 주문했다. 하지만 그게 다였다. 왕은 카보토를 불러다 놓고 그의 귀한 재능을 썩히고 있었을 뿐만 아니라, 해가 바뀌기도 전에 그를 에스파냐로 보내버렸다. 결국 카보토의 방대한 지리학적 지식은 에스파냐의 국익에

일조했다.[37]

그런데 1520년대에 이르자 상황이 변하기 시작했다. 헨리 8세의 측근이 1480년 이후에 태어난 새로운 세대로 구성되기 시작한 것이다. 그들은 프톨레마이오스의 《지리학》을 비롯한 많은 고전을 알고 있었고, 르네상스 지리학의 영향을 받은 사람들이었다. 영국 궁정은 헨리 7세 시절부터 이탈리아 휴머니즘의 영향 속에 있었는데, 1499년에 에라스뮈스가, 1503년에는 발다사레 카스틸리오네Baldassare Castiglione, 1478~1529가 영국을 방문하자 외국 선진 문물에 대한 동경은 최고조에 달했다. 이런 분위기 속에서 영국의 휴머니스트들은 베네치아를 비롯한 이탈리아의 많은 나라가 통치에 지도를 적극적으로 이용하고 있다는 사실을 알게 되었다. 영국을 방문한 외국인 휴머니스트 가운데 가장 영향력이 컸던 에라스뮈스는 1514년 펴낸 교육에 관한 두 편의 논저에서 지도의 중요성을 설파했다.[38] 헨리 8세의 초청으로 영국에 와서 옥스퍼드 대학의 교수로 재직한 에스파냐의 철학자 후안 루이스 비베스Juan Luis Vives, 1493~1540 역시 '논리와 자연에 대한 연구는 일반적 해석과 함께 세상 전체를 도상으로 그려보는 것을 필요로 한다'는 논지를 설파했다.[39]

마키아벨리의 《전술론L'arte della guerra》(1521)과 카스틸리오네의 《궁정인Cortegiano》(1528)은 모두 전쟁과 국가의 방어를 위해서는 지도가 매우 중요하다는 내용을 담고 있다.[40] 《전술론》의 영어본에는 이상적인 요새의 구조와 전장에서의 부대 배치의 모습 등을 도해하여 싣고 있다.[41] 이런 영향 속에서 헨리 8세의 측근이었던 휴머니스트 토머스 엘리엇은 《군주의 서The Book Named the Governor》(1531)를 통해, 지도는 왕이 자신이 통치하는 영토에 대한 구체적인 비전을 가질 수 있도록 하는 중요한 도구일 뿐만 아니라 즐거움을 가져다주는 것이라고 설파했다.[42] 심지어 토머스 모어의 《유토피아Utopia》(1516)에는 지도가 포함되어 있을 뿐만 아니라 유토피아를 묘사함에 있어 측량개념이 나타난다.[43] 이것은 모어와 그가 상정한 독자들이 이미 공간에 대한 새로운 개념에 익숙했음을 알 수 있는 분명한 증거이다. 이 시기에는 왕실 연회에 지도와 같은 대형 그림들이 등장하는가 하면, 측량에 사용되는 과학적 장비들이 볼거리로 무대에 올려지기도 했다.[44]

1530년대에 들어서면서 지도는 행정과 통치의 영역에 당당하게 등장하기 시작했다. 헨리 8세와 왕비 캐서린의 이혼문제로 1529년 영국과 합스부르크 왕국의 동맹이 깨지면서 영국은 유럽 대륙으로부터 고립되어 갔다. 이제 영국에게 칼레와 브리튼 해안의 군사적 중요성은 매우 예민한 것이 되었다. 1530년부터 헨리 8세는 전례 없이 많은 수의 지도 제작을 명령했고, 이에 따라 칼레와 도버, 영국의 해안 등의 지도가 속속 제작되었다. 이런 지도들은 침략의 위험에 놓여 있는 지형뿐만 아니라 그 주변의 국왕 소유 토지나 삼림 등도 표시되어 있어 평화기에도 행정에 사용할 수 있는 것이었다. 영국은 다른 나라에도 기술자들을 보내 지도를 제작하게 했는데, 이런 경우 지도제작자들은 스파이 역할도 수행했다. 이렇게 1530년대 지도 제작을 둘러싼 일련의 변화를 '헨리 8세 시대 영국의 지도 제작 혁명Henrician Revolution in English Cartography'이라고 부른다.[45]

1540년을 전후해서는 국가 방어 목적 위주의 지도 제작에서 벗어나 다양한 용도를 목적으로 한 지도들이 나타나기 시작했다. 1539년에서 1547년 사이에는 작은 지역을 집중적으로 조망하는 상세지도들이 등장했는데, 이런 지도들은 실제 현장에 있지 않은 통치자에게 지역의 규모, 거리, 지형, 거주형태 등에 관한 정보를 제공함으로써 정책 결정에 큰 도움이 되었다.[46] 헨리 8세는 스스로 지도를 그리기도 했다고 알려지는데, 이미 제작된 지도에 자신의 생각을 더해 방어를 위한 구조물의 설계를 변경하곤 했다.[47] 1538년 프랑스 대사는 헨리 8세가 "레반트Levant 지역의 무적함대Armada 위치를 알려주는 수많은 지도에 둘러싸여 있다"라고 보고한 바 있다.[48] 이 시기에 들어 각종 문서에도 지도가 포함되기 시작했다. 포위 공격을 보고하는 편지에 스케치들이 등장했을 뿐만 아니라, 종교개혁의 와중에 아직 해체되지 않은 성소들을 표시한 지도가 노리치Norwich 시장에 의해 제작되기도 했다.[49]

전통적으로 지도는 화가와 같은 예술가들이 그리던 것이었다. 영국에서는 수준 높은 지도 제작을 위해 외국에서 화가를 초빙하는 경우도 있었다. 헨리 8세의 초상화로 유명한 소 한스 홀바인도 영국 궁정에 초빙되어 왕의 행렬에 사용할 지도를 그리는 등 지도와 관련된 여러 활동을 했다.[50] 그는 1532년 바젤Basel에서 출판된 세계지도 제작에도 참여한 전력이 있었다. 그의 대표작 중 하나로 꼽히는 〈대사들The Ambassadors〉(1533)에는 측량 기구 등 지도 제작에 쓰이는 기구들이 그려져 있어 이 시기 영국 궁정에서 지도에 대한 관심이 높았음을 보여준다.

헨리 8세가 지도 제작에 전폭적인 지원을 아끼지 않았음을 보여주는 단적인 사례는 프랑스의 디에프Dieppe를 중심으로 발달하던 지도 제작 산업에 종사하던 장 로츠Jean Rotz가 영국 왕실을 위해 일하기로 마음먹고 1540년에 헨리 8세를 찾아왔던 일일 것이다. 그는 자신이 그

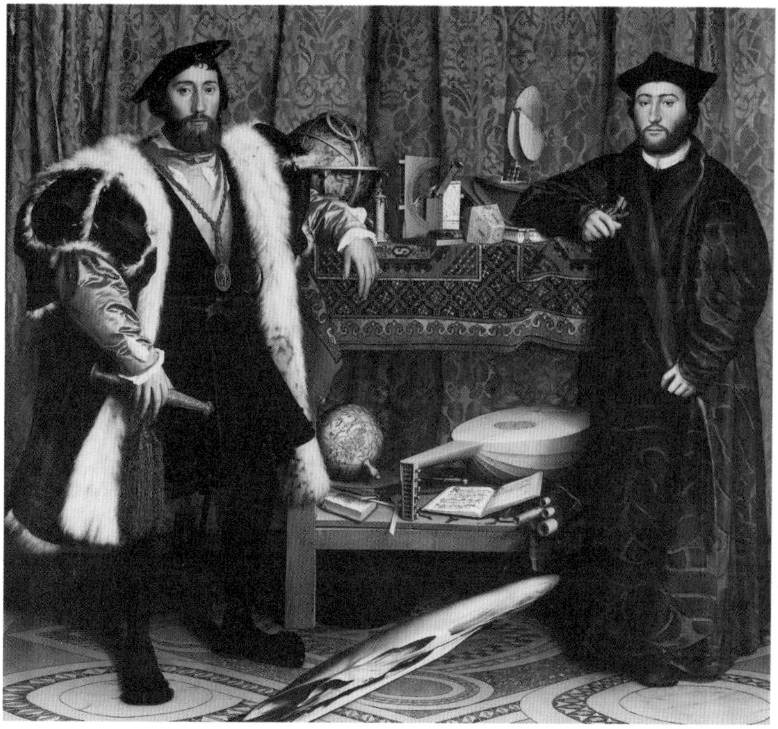

소 한스 홀바인의 〈대사들〉

1533년경에 그려진 그림으로, 그림 속 두 사람은 프랑스인 장 드 댕트빌(Jean de Dinteville, 왼쪽)과 조르주 드 셀브(Georges de Selves, 오른쪽)다. 두 인물의 사이에 각종 과학 기구와 측량 기구 들이 눈에 띈다.

린 지도 12장을 영국 왕실 문장을 커다랗게 그려 넣은 표지를 붙여 헨리 8세에게 바치며 충성심을 과시했다. 당시 지도 제작 분야에서 최고라고 평가받던 로츠가 헨리 8세에게 바친 지도에는 프랑스가 큰 관심을 가지고 있던 남아메리카 대륙의 동부 해안 모습을 담은 그림도 포함되어 있었다.[51] 에드워드 6세와 메리 1세의 재위 기간1547~1558에도

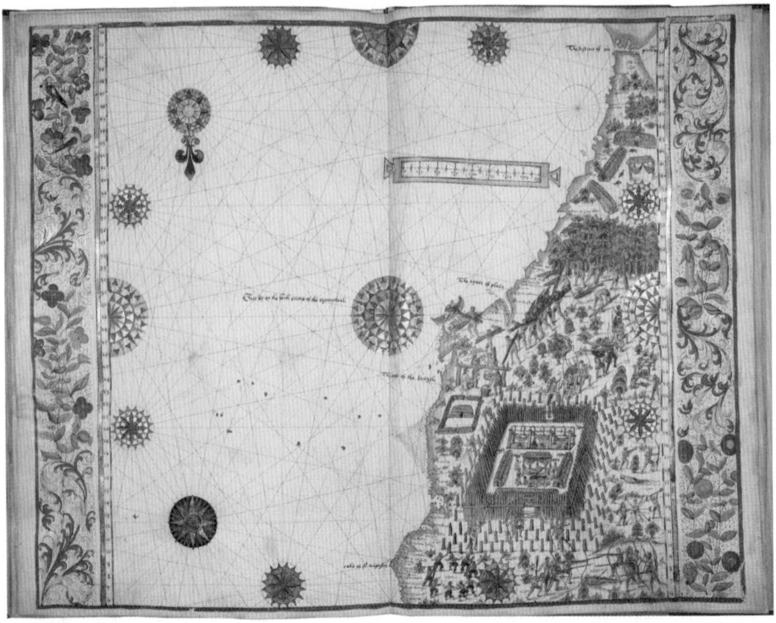

장 로츠가 헨리 8세에게 바친 지도

프랑스가 큰 관심을 가지고 있던 남아메리카 대륙의 해안을 그린 지도이다.

지도에 대한 정부 차원의 관심은 지속되었다. 이 시기는 상대적으로 낮은 직위에 있던 관료들까지 정책의 사안에 따라 지도를 만드는 일에 열심이었던 것으로 나타난다. 스코틀랜드와 다른 지역의 지도도 만들어지기 시작했다.[52]

그런데 16세기 중반으로 넘어가면서 예술가들이 맡았던 지도 그리는 작업이 점차 국내외 기술자들에게 넘어가기 시작했다. 이들은 시대적 요구에 따라 토지측량사-지도제작자-군사기술자로서 역할을 익히며, 그 임무에 적응하기 시작한 것이다. 1560년대가 되면 영국에서 외국 출신 기술자들은 거의 사라지고 영국 출신 기술자들이 이 분야를 독점하다시피 하게 되었다. 그런데 16세기 말에 이르면 영국의 지도 제작은 기술자가 아닌 젠트리gentry가 주도하게 된다. 국왕 역시 수학적으로 더 뛰어난 지방 젠트리에게 임무를 맡기곤 했다. 레너드 디기스Leonard Digges, 1520?~1559와 토머스 디기스Thomas Digges, 1546~1595 부자가 이 분야에서 두각을 나타냈다. 레너드는 측량의 원리를 쉬운 영어로 풀어 쓴 책《측량술Tectonicon or the art of measuring》(1556)을 출판했는가 하면, 아버지와 마찬가지로 천문학, 항해술, 측량과 군사기술에 두루 능통했던 아들 토머스는 1580년대와 1590년대 정부의 지도 제작 고문 역할을 맡아 활발한 활동을 펼쳤다. 에드워드 6세와 메리 1세 시대 영국의 주화 담당관이었던 존 요크John Yorke의 아들 에드먼드 요크도 1588년부터 1592년 사이에 영국의 노퍽Norfolk과 서퍽, 아일랜드와 프랑스에서 많은 지도를 제작했다.[53]

05

근대 초 영국의 지도

크리스토퍼 색스턴의《대 아틀라스》

영국 역사에서 영국의 국민정체성 창출에 기여한 가장 중요한 지도로 크리스토퍼 색스턴의《잉글랜드와 웨일스 주州들을 망라한 대 아틀라스The Great Atlas of the Counties of England and Wales》(1579)가 꼽힌다. 빅터 모건Victor Morgan은 이 지도를 "새로운 차원의 지도학적 성과이자 잉글랜드의 시각적 이미지를 결정한 것"[1]이라고 평가했고, 리처드 헬거슨은 이 지도가 인쇄를 통해 사회 전반으로 확대되었던 측면을 강조하며 "영국인들이 자신들이 살고 있는 물리적 왕국을 효과적으로 시각화하고 관념화한 소유물을 처음으로 갖게 되었다"라고 말했다.[2]

중세 지도가 아닌 근대 지도라는 관점에서 볼 때 최초의 영국 지도는 1546년 로마에서 나타났다. 파올로 조비오Paolo Giovio, 1483~1552 주교가 펴낸《브리튼, 스코틀랜드, 아일랜드와 그 북쪽 지방 묘사Descriptio

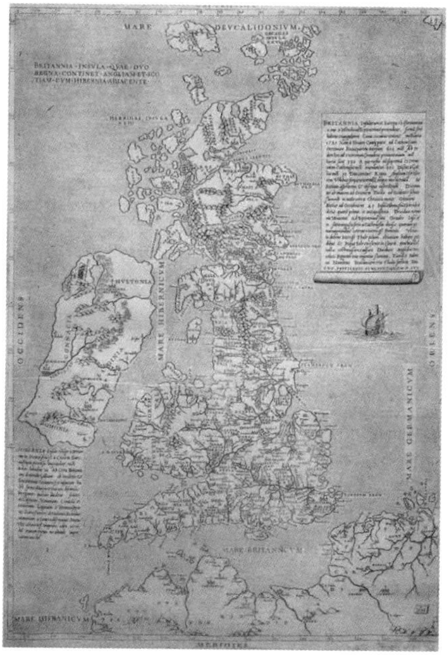

조지 릴리의 영국 지도

영국에서 최초의 근대 지도로 꼽히는 지도이다. 1546년 로마 교황청의 후원 아래 정치적 목적에서 제작된 것으로, 정확성에 있어서는 중세 지도에서 크게 전진되지 않았다.

Britanniae, Scotiae Hyberniae, et Orchadum》(1548)에 수록된 것으로, 이 지도를 만든 사람은 조지 릴리George Lily, ?~1559였다.[3] 릴리는 헨리 8세와 그의 프로테스탄트 진영에 반대한 가톨릭 세력의 수장 레지널드 폴Reginald Pole 추기경을 따라 로마에 머물고 있었다. 이 지도는 가톨릭 세력의 프로파간다의 일환으로 로마 교황청의 전적인 후원 아래서 제작되었다.[4] 그래서인지 이 지도에서는 가톨릭 국가 스코틀랜드는 매우 자세하게 묘사되어 있으나, 잉글랜드는 〈고프 지도〉에서 크게 진전되지 못한 모습을 보인다.

그런데 1560년대에 향후 벌리 경이 될 윌리엄 세실[5]이 영국 전도를 만들기 위해 주 단위로 조사하는 작업에 착수했다. 이 사업은 엘리자베스 1세에 청원하여 이루어진 것으로, 1561년에 더럼Durham의 교구 목사 존 러드John Rudd, 1498?~1579에게 이 임무가 맡겨졌다. 헨리 8세의 의전관으로 일하는 등 궁정과 긴밀한 관계를 맺고 있던 존 러드는 지도 제작에 뛰어난 재능을 보여 이미 1530년대부터 많은 지도를 만들어 왔던 터였다. 그런데 작업이 완성될 기미가 보이지 않자, 1563년 벌리 경의 측근이자 옛것 연구가인 로런스 노웰Laurence Nowell, 1530~1570?이 과업을 맡겠다고 나섰다. 그 결과물로 일종의 포켓판 지도책인 《잉글랜드와 아일랜드의 개괄적 묘사A General description of England and Ireland》(1564)가 만들어졌다. 하지만 분명치 않은 이유로 노웰에 대한 후원이 끊기면서 주별로 영국 전도를 만드는 대과업은 엘리자베스 1세의 궁정에 몸담고 있던 토머스 섹퍼드에게 넘어가게 되었다. 섹퍼드의 지휘 아래 실질적인 제작을 맡게 된 사람이 이후 '영국 지도 제작의 아버지Father of English Cartography'라고 불리게 된 크리스토퍼 색스턴이다.[6]

색스턴은 요크셔의 작은 마을 출신이다. 그는 1542년 혹은 1544년에 출생한 것으로 보이는데, 정작 본인도 자신이 태어난 연도를 모른다고 고백한 바 있다. 고향에서 기초 교육과정을 마치고 케임브리지에서 수학했다고 알려진다. 사실 케임브리지 대학에는 그의 재학 여부를 증명해줄 만한 기록이 남아 있지 않다. 당시에는 잦은 종교 정책의 변화와 대학에서 국교회 선서를 의무화하는 등 여러 제한 때문에 학적부에 등록하지 않은 채 수학한 학생들이 많았기 때문이다. 졸업 후의 이력은 잘 알려져 있지 않으나 섹퍼드에게 발탁되어 지도 제작을 맡게 되었다. 색스턴이 이 작업에 참여하게 된 것은 존 러드와의 인연 때문으로 추측된다. 러드는 색스턴의 고향에서 교구 목사로 재직한 적이 있는데, 색스턴이 어릴 적 러드의 하인 노릇을 하면서 지도 제작술을 익힌 것으로 보이기 때문이다. 지도학 전공자들은 색스턴이 비교적 짧은 시간 안에 이 엄청난 과업을 수행했다는 사실에 놀라움을 표하곤 했는데, 러드와의 인연으로 미루어 보았을 때 러드가 작업했던 많은 자료를 색스턴에게 넘겨주어 작업이 빨리 진행되었을 것이라고 짐작할 수 있다.[7]

《대 아틀라스》는 1570년부터 제작하기 시작했다. 1574년부터 1578년까지 4년 동안은 낱장의 지도가 만들어져 인쇄되기 시작했고, 1579년 총 35장의 지도를 한 권으로 엮어 출판했다. 엘리자베스 1세가 그려진 속표지(236쪽 참조)와 목차 다음에는 '영국Anglia'이라는 이름으로 잉글랜드와 웨일스를 그린 국가 전도가 배치되고, 영국의 52개 주를 그린 지역별 지도 34장이 뒤따르는 구성을 취하고 있다. 지역별 지도 중 25장은 각각 한 개 주만을 다룬 지도이고 나머지 9장에는 인근 주들을 묶어 여러 주를 한 장에 배치했다.《대 아틀라스》는 여러 면에서 지도학 역사상 최초로 꼽히는 작품이다. 무엇보다도 한 나라의 행정구역 전체, 즉 각 주를 빠짐없이 아우른 최초의 사례이고, 나아가 규모와 질에 있어서 당대 최고 수준이었다는 점에서 인정받는 지도다. 그리고 상업적으로 성공했다는 점, 특히 인쇄 지도라는 특성에 힘입어 사회 전반으로 보급되었다는 측면에서 독특한 가치를 지닌다.[8]

색스턴은 초보적인 수준의 삼각 측량을 했을 것으로 알려져 있는데, 당시의 조악한 기술을 고려하면《대 아틀라스》에 실린 지도는 놀랄 정도로 정확하다. 오직 한 가지 중대한 결함을 꼽으면, 실제로는 남서쪽을 향하고 있는 랜즈엔드Land's End곶이 지도에는 남서쪽이 아니라

색스턴의 《대 아틀라스》 첫 장을 장식한 〈영국 전도〉

《대 아틀라스》에 실린 지도는 정확성뿐만 아니라 예술적으로도 가치가 높았다. 문장과 다양한 장식을 그려 넣었고, 지도에 해당하는 각 주의 이름을 적은 필체 또한 아름다웠다.

서쪽을 향하고 있다는 점이다. 《대 아틀라스》의 지도들은 정확성뿐만 아니라 예술적으로도 가치가 높았다. 바다는 돌고래와 배 그림들로 장식되어 있고, 여백에는 여왕의 문장과 색스턴의 직접적 후원자인 섹퍼드의 문장이 그려져 있다. 여백이 크게 남는 지도에는 해당 주의 이름을 독특한 필체로 써넣은 장식적인 글 상자를 배치했다. 색스턴의 지도는 구릉, 하천, 삼림 등의 자연물과 사냥터, 도시, 촌락 등의 인공물을 기호가 아닌 회화적 도상으로 그려 넣었는데, 이것은 당시까지 내려오던 전통적 방식이었다. 색스턴의 후임자 격인 존 노든John Norden, 1548~1625은 시장, 촌락, 광산 등을 비교적 표준화된 기호로 나타내기 시작했다.[9]

《대 아틀라스》의 지도들은 현장조사를 통해 밑그림을 그린 후, 이를 런던으로 보내 동판에 새기는 과정을 거쳐 만든 것이다. 당시 영국에는 종교적 핍박을 피해 네덜란드에서 건너온 뛰어난 인쇄기술자들이 많았는데, 동판 조각은 거의 그들의 몫이었다. 이렇게 인쇄된 낱장의 지도들이 한데 묶여 한 권의 지도첩으로 완성되었다. 색스턴의 《대 아틀라스》는 지도첩 형식으로서는 유럽 역사상 최초의 출판물이었던 아브라함 오르텔리우스의 《세계의 무대Theatrum Orbis Terrarum》(1570)를 모델로 삼았다. 당시로서는 완전히 새로운 지도들로 구성된 이 지도첩은 70개의 지도를 묶은 것이었다. '아틀라스atlas'라는 단어도 사실 색스턴의 지도첩이 처음 출판되었을 당시 제목에는 들어 있지 않았다.[10] '아틀라스'는 메르카토르의 지도첩에 처음 사용된 어휘로, 메르카토르가 죽고 1년 후인 1595년에 출판된 그의 지도첩 《아틀라스Atlas》[11]가 출판되면서 지도첩을 일컫는 용어로 통용되게 되었다.[12]

메르카토르의 《아틀라스》 속표지

1595년판 속표지로, 리비아의 왕 아틀라스가 지구의를 들고 있는 모습이다.

지도첩에 왜 '아틀라스'라는 이름을 붙이게 되었는가에 대해서는 두 가지 설이 있다. 처음으로 지구의를 제작한 인물로 알려진 리비아의 왕 아틀라스에서 비롯했다는 설과 거인 아틀라스에서 비롯했다는 설이 그것이다. 거인 아틀라스는 그리스 신화에 나타난 인물로, 신들에게 싸움을 걸어 그 벌로 지구를 등에 지고 있어야 했다. 그런데 메르카토르의 지도첩에는 지구의를 손에 든 현인의 모습이 그려져 있어, 이는 리비아의 왕 아틀라스를 의미한 것이라고 풀이된다. 하지만 이후 '아틀라스'라는 이름을 붙인 다른 지도첩들 가운데는 지구를 짊어진 거인의 모습도 그려지곤 했기 때문에 아틀라스는 다중적 기원을 내포

한 채 지도첩을 일컫는 일반명사가 되었다.[13]

영국에서 아틀라스의 형식을 갖춘 최초의 작품인《대 아틀라스》의 제작에 엘리자베스 1세와 벌리 경은 아낌없는 지원을 베풀었다. 색스턴에게 지방 행정기구의 모든 정보를 이용할 수 있는 허가서가 발급되었고, 1577년에는 그가 만든 지도를 10년간 독점 판매할 수 있는 권한이 주어졌다. 조사가 끝나자마자 토지와 직위가 하사되기도 했다. 하지만 정부의 입장에서 볼 때 색스턴의 지도는 아직 미흡한 부분들이 있었다. 무엇보다도 도로를 표시하지 않았고, 여러 주를 한 장에 몰아넣은 지도도 있었을 뿐만 아니라 주별 경계가 다소 뚜렷하지 않은 것들이 있었던 것이다. 이에 존 노든에게 색스턴의 지도들을 수정하는 임무가 주어졌고, 그 결과《브리튼의 거울Speculum Britanniae》(1594)이 출판되었다. 노든의 지도에는 도로와 거리 일람표, 기호가 첨가되었다. 노든은 색스턴보다도 훨씬 더 후한 지원을 받았던 것으로 알려진다.[14]

앞서 언급했듯이, 색스턴의 지도는 주별로 제작되었다. 번하드 클라인Bernhard Klein은 색스턴의 지도가 당대 영국인들의 머릿속에 이전과는 상당히 다른 국토의 모습을 새겨넣었을 것이라며, 특히 국토의 공간적 구분이 주별로 나타난 양상을 주목한 바 있다.[15] 지도가 나타내는 공간은 실제 공간과 그것을 담아내는 도면, 나아가 지도를 보는 사람과 제작하는 사람 사이의 역학관계를 통해 만들어진 산물이다. 여기서 한 장의 지도에서 다루는 지표의 공간들은 보이지 않는 '관계' 속에 놓이게 된다. 도면에서 다루지 않는 공간과는 분명히 차별적인 단일한 단위를 상정하며, 그 공간 안에 공통적 특징이 있는 것처럼 보이게 한다. 같은 맥락에서, 선이나 색깔로 구분된 다른 공간들 사이에 차이가 있는 것처럼 보이게 하여 자연스럽게 그 공간들을 대비시키는 효과를 불러일으킨다. 지도 한 장에 하나의 주를 담거나 혹은 여러 주를 담았다고 할지라도 각각의 주를 지도의 기본 단위로 삼은 것은 색스턴의 지도에서 최초로 시도된 것으로, 그 역사적 함의를 여러 각도에서 살펴볼 수 있겠다.

색스턴의 《대 아틀라스》는 "향후 200년간 거의 모든 지도의 구조를 결정하는 모델의 역할을 했다"[16]고 평가되곤 한다. 이런 맥락에서 본다면, 이제 영국에서 '주'라는 단위는 사람들의 생활에서 중요한 공간적 경계로 부상하게 된 셈이다. 개별적으로 그려진 각각의 주는 당시 영국인들의 정치적 행위의 절대적인 단위를 암시한다. 나아가 마치 독립적인 소왕국처럼 그 자체로 단일한 자율성을 가진 것으로 보이게 한다. 따라서 낱장으로 분리되어 그려진 각각의 주 사이에는 공통점보다는 차이점이 부각되고, 자연스럽게 지방주의가 형성될 수 있다는 분석이 가능하다.

하지만 《대 아틀라스》는 이들 낱장의 지도들을 묶은 지도책이고, 책의 앞머리에는 모든 주를 아우르는 '영국'의 모습이 있다. 지도책의 앞부분에 영국 전도를 배치하고 개별 주로 넘어가는 구성은 각 주가 영국이라는 전체적 단위의 부분을 이루는 한 지역이라는 더 큰 '관계'를 설정한다. 여기서 각 주는 영국이라는 공동체를 구성하는 한 부분이고, 그 한 부분은 보이지 않는 정치 권력이 만들어낸 가상의 경계선에 의해 만들어진 것이다. 주 단위로 만들어진 지도는 중앙정부가 국토라는 공간을 구획하던 방식, 나아가 그곳에 살고 있는 사람들을 단위화한 양식을 투영하며, 그것을 시각적으로 지표화해서 국민에게 주입한 예라고 볼 수 있다.

따라서 색스턴의 지도가 주별로 그려졌다는 사실에서 더욱 주목해야 하는 점은, 그 단위를 취한 주문자의 의도와 그 의도가 궁극적으로 국민의 관념 속에 주입되어 발생한 효과일 것이다. 영국 역사에서 사람들의 삶에 가장 실질적인 영향을 미쳐온 지역적 단위는 주교 관구diocese 혹은 헌드레드hundred였다. 주는 이런 전통적인 지역 구분과는 다른, 중앙정부의 지방통제의 기본을 이루던 정치적 단위이다. 샤이어Shire에서 비롯한 주County는 국가가 통치를 위해 국토를 인위적으로 구분한 행정적 단위로서, 국민의 삶의 차원에서보다는 국가 행정단위로서의 중요성이 더 부각된 단위라고 볼 수 있다. 튜더 정부는 지리학 관련 기획에서 지속적으로 '주' 단위의 구성을 중시했던 것으로 보인다. 1장에서 살펴본 릴런드의 《답사기》에서도 이런 경향이 뚜렷이 나타나는데, 궁극적으로 지도 제작을 염두에 두고 전국을 포괄하여 이루어진 릴런드의 답사는 39개 잉글랜드 주와 13개 웨일스 주를 기초적인 카테고리로 설정하고 있다. 릴런드의 기록이 주를 답사의 기본 단위로 삼으면서도 개별적인 지역성을 도출하기보다는 영국 전체의 일관성을 강조하는 것처럼, 색스턴의 지도 역시 일관된 체계를 통해서 주들 사이의 공통점을 부각하고 있다. 색스턴의 지도는 언덕, 강, 거주지, 숲, 나무 등 대략 다섯 가지의 상징물을 통해 그들이 공통적으로 나타낼 수 있는 공간인 영국을 그려낸 것이다.

이런 맥락에서, 벌리 경이 노웰에 대한 지원을 중단하고 색스턴에게 새로이 지도 제작을 맡겼던 이유를 추론해볼 수 있다. 노웰이 완성한 《개괄적 묘사》는 주별 구성을 취하지 않고, 잉글랜드 지역을 몇 개의 구획으로 나누어 차별성을 강조했다. 또한 스코틀랜드와 아일랜드, 프랑스를 주변부에 배치하여 이른바 다른 나라들의 존재 속에 놓여 있는 영국의 모습을 조망했다. 반면 색스턴의 지도는 잉글랜드와 웨일스에 집중하고 있어, 그야말로 누구도 범접할 수 없는 독립적 존재로서 국가의 모습을 그려냈다. 릴런드의 《답사기》가 잉글랜드와 웨일스를 동일한 공간으로 그려냈던 것과 마찬가지로 색스턴도 국토 내의 동질성을 부각했고, 그 점이 노웰의 작업과는 뚜렷하게 다른 점이었다.

색스턴의 지도는 "매일같이 이 왕국의 토지들을 더 잘 이해하려는 모든 귀족과 젠틀맨에 의해 쓰이게"[17] 되었다. 이는 로마 교황청의 후원을 받아 만들어진 릴리의 지도가 영국에서 출판되었지만 별다른 호응을 얻지 못했던 사실과 비교해 볼 때 크게 다른 반응이었다. 색스턴의 지도는 출판되기 전부터 당시 지식인들이 관심 있게 다룬 사안이었으며, 출판된 후에는 벽걸이용 지도wall-map, 태피스트리, 놀이용 카드 등 지도를 활용한 다양한 상품이 만들어졌다. 특히 중세 말부터 유럽에 보급되기 시작한 놀이용 카드는 16세기에 프랑스에서 영국으로 전해졌는데, 놀이뿐만 아니라 교육용으로도 많이 사용되었다. 보통 52장이 한 세트를 이루는 카드의 구성상 52개의 영국 모든 주의 모습을 카드의 각 장에 나눠 담을 수 있었다. 각각의 카드에 주의 이름과 지도, 그리고 간략한 설명을 첨가한 카드 한 세트는 포켓판 영국 지도나 다름없었다.

색스턴의 지도가 나온 후 영국 전도와 주별 지도는 일종의 유행이 되었다. 그 가운데 가장 큰 인기를 끌었던 것은 17세기 초에 나타

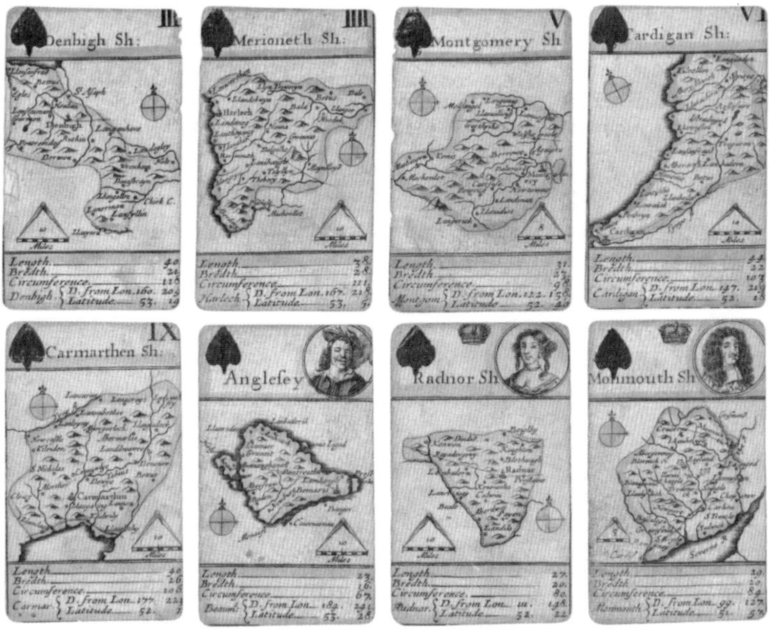

색스턴의 지도를 토대로 만든 놀이용 카드

1676년경 로버트 모든(Robert Morden)이 만든 놀이용 카드로, 색스턴의 지도를 토대로 삼았다.

난 존 스피드John Speed, 1552~1629의 지도첩이었다. 스피드의 지도는 색스턴의 지도를 바탕으로 지도에 장식적 요소를 더 많이 가미한 것이다. 색스턴이 그린 원본 또한 이후 두 세기 동안 거의 그대로 재출간되었다. 그것은 그의 지도가 가진 권위 때문이었다. 그리고 그 권위는 엘리자베스 1세와 그 측근들의 후원이라는 정부 차원의 든든한 지지 속에서 창출될 수 있었다.

지도 제작의 후원자들

헨리 8세 시대와 마찬가지로 엘리자베스 시대에도 지도 제작은 중대한 국가 사안으로 여겨졌다. 특히 지도를 중요하게 여긴 프랜시스 월싱엄Francis Walsingham, 1532?~1590과 벌리 경이 여왕의 측근을 형성하면서 지도 제작은 더욱 활성화되었다. 월싱엄은 사후 그의 문서를 보관해줄 후계가 없어 그가 남긴 기록들이 곳곳으로 흩어지거나 사라져버리는 바람에 월싱엄의 행적에 관한 기록도 많이 남아 있지 않다. 하지만 여러 가지 정황으로 미루어 볼 때 그는 지도 제작에 큰 관심을 기울였고 적극적인 후원을 아끼지 않았다고 판단할 수 있다.

월싱엄은 머스코비 회사Muscovy Company와 깊은 관계를 맺고 있었다. 1555년에 창립된 이 회사는 영국과 러시아 간의 무역에 대한 독점권을 갖고 있었을 뿐만 아니라, 중국으로 가는 최단 항로를 찾기 위해 부단한 노력을 기울이고 있었다. 이 회사를 설립한 중추적 인물 가운데 하나가 헨리 8세 시절 가장 뛰어난 지도제작자로 명성을 날렸던 세바스티아노 카보토였다. 그는 북서항로를 개척하기 위해 큰 노력을 기울였는데, 그에 대한 관심은 아버지인 조반니 카보토Giovanni Caboto, 존 캐벗John Cabot, 1455~1499? 때로 거슬러 올라간다.

이탈리아의 제노바공화국에서 태어난 조반니 카보토는 젊은 시절 베네치아를 무대로 상인이자 항해사로 활동하고 있었다. 지중해를 장악한 이슬람 세력으로 인해 교역이 어려워지자 동양으로 가는 대체 항로를 찾기로 결심했다. 1483년 영국의 해외무역 중심지 중 하나였던 브리스틀Bristol로 이주한 그는, 1497년 헨리 7세의 허가를 얻어 북서항로 개척에 나섰다. 조반니는 스스로가 아시아의 해안이라고 믿었던 캐나다의 동부 해안에 도착했고, 유럽인으로서는 최초로 북아메리카 대륙을 밟은 탐험가로 기록되었다. 이후 또다시 항해에 나섰으나 돌아오지 못하고 죽었다고 알려진다. 1500년경 후안 데 라 코사Juan de la Cosa, 1460?~1510가 제작한 지도에는 북미 해안에 영국 국기를 그려 넣음으로써 조반니 카보토가 이룬 탐험의 성과를 반영하는 모습을 보여준다.

아들인 세바스티아노 역시 뛰어난 항해사이자 지도제작자로, 영국의 헨리 8세와 에스파냐 국왕 사이를 오가며 양국의 군주를 위해 봉사했다. 1548년 에스파냐에서 영국으로 돌아온 그는 1551년 머스코비 회사의 전신인 '새로운 땅으로 향하는 상인 모험가들의 회사' 창립에 참여하면서 중국과의 교역을 위한 북동항로를 모색하기 시작했다. 동업자인 휴 윌로비Hugh Willoughby, ?~1554가 탐험에 나섰다가 중간에 동사하자 또 다른 동업자 리처드 챈슬러Richard Chancellor, ?~1556가 지휘권을 물려받았다. 이 탐험으로 러시아와의 교역 길이 트였고, 이는 그동안 유럽의 무역을 독점해 온 한자동맹 세력을 무너뜨리게 된 계기가 되었다.[18]

월싱엄은 머스코비 회사 중역의 딸과 결혼했을 뿐만 아니라 1569년부터 회사의 고문을 맡기도 했다. 그는 북서항로 탐험에 큰 관심을 기울였는가 하면 프랜시스 드레이크Francis Drake, 1540?~1596의 세계 일주를 후원하기도 했으며, 이후 몹시 아끼던 그의 의붓아들 크리스토퍼 칼라일Christopher Carleill에게 드레이크의 항로를 따라 동양으로 향하는 탐험대를 지휘하게 했다. 또한 제도 제작을 후원하기도 했는데, 월터 롤리Walter Raleigh, 1552~1618의 버지니아 식민 사업에 동행했던 존 화이트John White가 로어노크 식민지Roanoke Colony를 그린 지도들이 월싱엄의 후원으로 제작된 것으로 알려진다. 월싱엄은 색스턴의 《대아틀라스》를 비롯한 많은 지도를 소장했을 뿐만 아니라, 리처드 해클루트Richard Hakluyt, 1552?~1616와 토머스 디기스, 랠프 애거스Ralph Agas, 1540?~1621 등과 함께 도버 지역의 항만과 요새 건설에 참여하면서 지도를 적극 이용했다.[19]

하지만 이 시기 지도 제작과 관련해서 가장 눈에 띄는 사람은 벌리 경 윌리엄 세실이었다. 세실 가문은 헨리 7세 때부터 궁정과 긴밀한 관계를 맺고 있었다. 벌리 경 자신도 어린 시절 궁정에서 시종 노릇을 하면서 헨리 8세 시절 국왕의 측근이던 휴머니스트들의 영향을 많이 받았으며, 케임브리지 대학 시절에는 수학과 지리학의 중요성을 체득했다. 그의 서재에는 프톨레마이오스의 《지리학》이며 오르텔리우스의 지도첩과 메르카토르의 지도첩을 포함한 수많은 지도가 있었다고 한다.[20] 벌리 경은 사재를 털어 지도를 구입했고, 자신의 직위를 이용해 여왕의 승인을 얻어 많은 지리학적 작업들을 후원했다. 앞서 살펴보았듯이 색스턴의 지도첩 역시 벌리 경의 장기적인 후원을 통해 탄생한 것이었다. 막강한 권력을 행사하던 그였기에 총애를 바라는 사람들은 앞다투어 그에게 지도를 선물했고, 지도 제작을 원하는 사람들은 속속 그에게 지도를 보내 후원을 요청했다.

벌리 경은 상인이나 특허회사들과의 접촉을 통해 새로운 지도 제작에 관한 정보를 얻고, 제작을 지원하거나 특정한 지도 제작을 명령했다. 측량사들과 지속적으로 연락을 주고받으며 새로운 측량 기술에 대해 논하기도 했으며, 새로운 정보들을 기존의 지도에 첨가해나갔다. 월싱엄과 마찬가지로 머스코비 회사에 투자자로서 관계하고 있었고, 1570년대 중반에 이루어진 북서항로 탐험에 지대한 관심을 보이기도 했다. 지도에 상당히 조예가 깊었던 벌리 경은 오르텔리우스의 아일랜드 지도가 부정확하다는 것을 알고 수정했는가 하면 직접 지도의 밑그림을 그리기도 했다.[21] 이런 과정을 통해 벌리 경은 인쇄되어 시중에 유통되는 지도뿐만 아니라 해외에서 제작된 지도와 필사지도 manuscript map를 포괄하는 방대한 컬렉션을 구축했다. 그가 공식 연회를 열곤 했던 시어볼즈궁Theobalds House의 방들은 지도로 뒤덮여 있었다고 전해진다.[22]

벌리 경이 지도에 큰 관심을 기울였던 이유는 무엇보다도 정치적인 것이었다. 그가 소장하고 있던 지도들은 영국 곳곳에 거주하던 사람들을 국왕 편 인사들과 반대파, 잠재적 위험 가문 등으로 분류하는 표시들로 가득했다. 존 앤드류스John Andrews는 벌리 경의 지도들은 결국 "정부의 동지와 적을 표시하기 위한 지리적 인덱스"였다고 말한 바 있다.[23] 통치자의 입장에서 내란을 일으킬 가능성이 있는 가문들의 지리적 커넥션을 파악하는 데 지도는 매우 유용한 것이었다. 나아가 소규모 행정단위에서 동원할 수 있는 정부의 조력자들을 표시하는 일도 중요했다. 그뿐만 아니라 세금 산정, 도시의 밀집도, 인구 등 통치에 필요한 많은 정보를 지도를 통해 더욱 정교하게 파악할 수 있었다.

벌리 경은 권력을 손에 쥔 재무성을 통해 지도를 제작하도록 명령하고는 했는데, 이렇게 제작된 지도들을 모아서 지도첩으로 엮거나 다양한 크기로 만들어서 가지고 다녔다고 한다. 그 지도들은 정책 결정에 도움이 되는 일종의 참고서 역할을 했는데, 벌리 경은 사안에 따

벌리 경이 소장하고 있던 크리스토퍼 색스턴의 지도

잉글랜드 남서부 데번셔를 그린 이 지도의 여백에 보이는 글씨들은 벌리 경이 직접 써 놓은 것이다. 1574년에 낱장으로 인쇄된 지도 중 하나다.

라 지도의 여백에 관련 내용을 적어놓기도 했다. 아일랜드 문제가 정치적으로 민감한 사안이 되었던 1590년대에는 따로 아일랜드만 다룬 지도첩을 두 권 이상 가지고 있을 정도였다.[24] 그의 지도에는 특히 육로나 해로를 표시한 것이 많았는데, 영국 지도에 그려진 길이 영국의 행정과 방어를 위한 것이었다면, 해외지도에 표시된 경로는 당시 영국 정부가 해외 팽창에 관심을 가지기 시작했음을 나타내는 것이었다.

해외지도

16세기를 통틀어 해외지도 제작에 가장 앞장섰던 나라는 에스파냐와 포르투갈이었다. 영국은 해외지도 제작에서 그 발달이 조금 더뎠는데, 이런 상황을 개선하고자 나선 사람이 존 디였다. 여왕의 점성가이자 뛰어난 수학자였던 존 디는 메르카토르와 함께 공부한 적이 있을 만큼 지도 제작에도 큰 관심을 보였다. 그는 1570년 영어로 번역된 유클리드Euclid의 《기하학 원본Elementa Geometriae》 서문에 이렇게 썼다.

> 어떤 사람은 자신의 저택, 거실, 방, 갤러리, 서재 또는 도서관을 꾸미려고 지도에 관심을 갖고, 또 어떤 사람은 오스만 제국의 광대한 영토와 모스크바인의 드넓은 제국을 보려고, 또 어떤 다른 이의 여행을 이해하려고 지도에 관심을 가진다.[25]

여기서 지도는 바깥세상에 대한 관심을 반영하는 매개체이다. 존 디는 적극적인 해외 팽창론자로, 엘리자베스 1세에게 해외 원정 사업의 필요성을 역설했다. 그는 외국 선원들이 영국인들보다 더 나은 영국 해안 지도를 갖고 있다면서 실제적 필요를 들어 호소하는 한편, 해외 원정에 필요한 지도 제작에 관심을 보여줄 것을 거듭 청원했다.[26]

15세기 말 탐험가들이 아메리카 대륙을 우연히 만나게 된 후로, 유럽 사람들 사이에 바다 건너 세상에 대한 호기심과 팽창에 대한 욕구가 그 어느 때보다도 충만해 있었다.[27] 이른바 '신세계'는, 그들의 주장에 따르면 '발견'한 즉시 지도에 옮겨지기 시작했다. 크리스토퍼 콜럼버스Christopher Columbus, 1451~1506는 항해가이자 지도제작자로, 그가 남긴 스케치들이 아직도 남아 있다. 하지만 처음으로 아메리카 대륙 지도를 제작했다고 알려진 사람은 콜럼버스의 2차 항해에 조타수로 동행한 후안 데 라 코사로 알려진다. 1500년경에 만들어진 이 지도는 남북 아메리카를 연결된 두 개의 대륙으로 묘사했다는 특징이 있다. 보통 16세기 초 지도들이 아메리카 대륙을 남북으로 분리된 두 개의 대륙으로 그리곤 했기 때문이다. 이후에는 그동안 축적된 정보들이 종합적으로 실린 지도들이 나타났는데, 1502년 페라라 공작Duke of Ferrara의 밀사였던 알베르토 칸티노Alberto Cantino가 리스본에서 유출한 세계지도에는 바스코 다 가마Vasco da Gama, 1469~1524를 비롯해 많은 탐험가가 보고한 내용들이 수록되어 있다.[28]

1507년 독일의 지도제작자 마르틴 발트제뮐러Martin Waldseemüller, 1470?~1521?는 열두 개의 목판을 사용해 인쇄한 세계 대지도를 내놓았다. 이 지도는 '아메리카'라는 명칭을 최초로 사용했는데, 이는 남아메리카만을 지칭하는 것이었다. 널리 알려졌다시피 아메리카라는 명칭은 이탈리아의 탐험가 아메리고 베스푸치Amerigo Vespucci, 1454~1512를 기려 붙인 이름이다. 1503년경에 베스푸치가 출간한 소책자 《신세계Mundus Novus》가 엄청난 베스트셀러가 되었는데, 이 책을 발트제뮐러가 1507년에 다시 인쇄하면서 '아메리카 대륙'이라는 명칭을 사용한 것이다. 《신세계》에서 베스푸치는 새로 발견한 대륙을 신대륙이라고 부르는 것이 적절하다는 주장을 피력했다.[29]

에스파냐와 포르투갈의 해외지도 제작이 실질적인 탐험과 맞물려 일찍이 발달했던 반면, 영국에서는 16세기 후반이 되어서야 본격

존 스피드의 아메리카 대륙 지도

《세상에서 가장 유명한 지역의 전망(Prospect of the Most Famous Parts of the World)》(1626)에 수록된 아메리카 지도이다. 가장자리에 배치된 인물들은 그곳에 살고 있는 사람들로, 인종적 지식이 지리적 요소를 포함하게 되는 분명한 사례이다.

적으로 해외지도를 제작하기 시작했다. 1530년부터 국왕이 주도한 방대한 지도 제작의 근간이었던 요새 건축 프로그램이 1550년대에 마무리되면서 군사적 필요에 의한 지도 제작 빈도가 상대적으로 줄어들었다. 브리튼섬을 벗어난 지도 제작은 16세기 후반에 먼저 아일랜드를 대상으로 이루어졌다. 1541년 헨리 8세가 아일랜드 국왕을 자처하며 영국 국교를 아일랜드 국교로 선포했고, 1566년 엘리자베스 1세는 북부 아일랜드, 즉 얼스터Ulster 지방 정벌에 착수했다. 1579년 가톨릭 세력이 프로테스탄트의 지배에 반발해 남부 아일랜드에서 반란을 일으키자 영국 정부는 정벌대를 파견했다. 결국 1583년에 반란은 진압되었고, 영국 정부의 먼스터Munster 식민정책이 시작되었다.

먼스터 식민정책은 대규모의 토지 몰수와 재분배를 동반하는 것이었다. 이에 따라 1586년부터 토지측량과 실지조사, 대지도면 작성이 시작되었다. 엘리자베스 시대 지도제작자들은 아일랜드에 대해 자세한 정보를 제공해야 한다는 압박 속에 놓여 있었다. 로버트 리테Robert Lythe, ?~1574는 1568년부터 1571년에 걸쳐 먼스터와 렌스터Leinster 지방의 토지 측량을 시행했고, 1580년대에는 존 브라운스John Brownes에 의해 코노트Connaught 지방의 측량이 이루어졌다. 그런데 1590년대 아일랜드 측량과 지도 제작은 아일랜드 지배권을 확보하고자 하는 영국 정부의 의지로 인해 한층 더 치밀해졌다. 얼스터 지방을 중심으로 일어난 9년 전쟁(1594~1603)의 와중에도 리처드 바틀렛Richard Bartlett은 1597년부터 6년 동안 얼스터 지방을 측량했다. 아일랜드에 대한 영국 정부 차원의 공간적인 간섭을 '튜더 시대 국경의 이동Tudor's Moving frontier'이라고 부른다.[30]

해외 팽창에 꼭 필요한 해도 제작에 있어 영국은 에스파냐에 비해 절대적으로 뒤처져 있는 상태였다. 영국의 해외 팽창론자들은 이 문제를 해결해야 한다고 소리 높여 주장했다. 1554년 메리 1세가 에스파냐의 펠리페 2세Felipe II와 결혼하면서 사절단의 일원으로 에스파냐를 방문했던 스티븐 버러Stephen Borough, 1525~1584는 당시 유럽에서 가장 발달한 지도 제작 기구였던 세비야Seville의 통상원Casa de Contratación, 通商院을 방문하게 되었다. 그곳의 발달한 기술에 자극받은 버러는 영국에도 에스파냐처럼 지도 제작과 항해술을 전문으로 가르치는 학교를 세워야 한다고 주장했다. 1574년 수학자이자 해군성 관리였던 윌리엄 본William Bourne, 1535?~1582이 펴낸《항해지침서A Regiment for the Sea》에는 영국의 항해사들이 포르투갈, 에스파냐 혹은 프랑스에서 만들어진 해도를 가지고 항해해야 한다는 사실이 개탄스럽다는 내용이 있다. 심지어 세계 일주를 준비하던 드레이크는 1576년 필요한 지도를 사러 포르투갈의 리스본까지 가야 했다.[31]

영국의 해외지도의 발전이 지체되고 있는 동안 네덜란드에서는 유럽의 팽창에 발맞추어 세계 전체를 조망하는 수준 높은 지도들이 만들어지기 시작했다. 이 새로운 지도들은 해도뿐만 아니라 육지도와 기타 장르의 지도들로부터 필요한 정보들을 총동원한 것이었다. 1570년 오르텔리우스는 색스턴이 그 형식을 모방했던 지도첩《세계의 무대》를 펴냈다. 이 지도첩은 세계도, 4대 대륙도, 40장의 유럽 지역도, 8장의 아시아 지역도, 아프리카 지역도 등으로 이루어진, 근대 최초의 세계지도첩이다. 이 책의 인기는 대단해서 1612년까지 30여 개 판본이 출판되었고, 1588년에 에스파냐어로 번역되어 출판되었는가 하면,

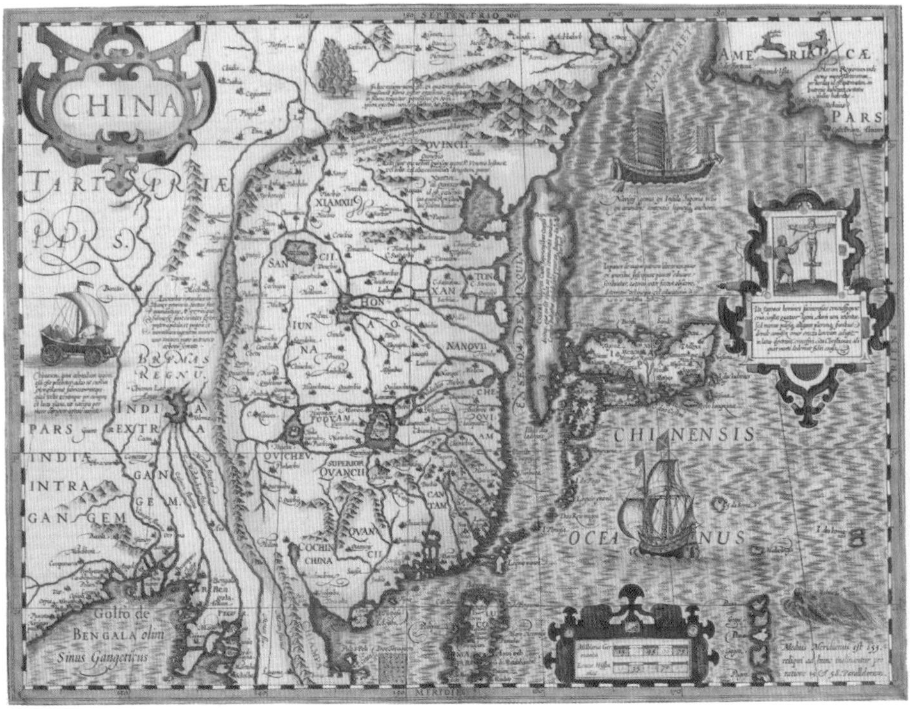

《세계의 무대》 1606년 판본에 실린 중국 지도

《세계의 무대》는 새로 입수된 정보를 바탕으로 기존의 지도를 수정 또는 보충하거나 새로운 지도를 제작하여 추가하는 등 수십 년 동안 계속해서 새로운 판본이 출간되었다. 1606년 판본에 실린 이 중국 지도에는 한반도가 섬으로 묘사되어 있다.

1606년에는 영어판이 제작되었다. 앞서 언급했듯이, 오르텔리우스는 1577년 지도 제작을 위해 영국을 방문하여 윌리엄 캠든에게 영국의 역사와 지리에 대해 조언을 구한 바 있다. 그와 마찬가지로 오르텔리우스는 세계 곳곳에 대한 정확한 지리적 정보를 위해 수많은 권위자의 저작을 종합하고 수많은 전문가의 자문을 받아 끊임없이 수정하고 보충하면서 내용을 더욱 풍부하게 만들었다. 그 결과 1570년 초판에서는 캐나다와 북극 대륙 사이로 북쪽으로 이어지는 북서항로가 나타났는가 하면, 1595년 판본에는 포르투갈의 지도제작자 루이스 테이셰이라Luis Teixeira의 작업에 기초한 일본 지도 한 점이 들어갔다. 사실 오르텔리우스의 지도첩은 이 분야의 권위자였던 메르카토르의 격려와 도움으로 탄생한 것이기도 하다. 메르카토르 자신도 1578년부터 세계지도첩을 출판하기 시작했다.

네덜란드를 중심으로 나타난 세계지도들은 사실 포르투갈인들이 해도 제작을 통해 축적해 온 다양한 기술과 정보에 상당 부분 기대고 있는 것이었다. 네덜란드가 세계지도에서 선두를 달리게 된 이유는 그들이 해외 활동을 통해 얻은 정보들을 지도 제작에 결합시켰기 때문이었다. 네덜란드인들은 포르투갈 선박의 사무장이나 항해사로 일하거나, 포르투갈의 해외 식민지에서 상인으로 정주하기도 했다.[32] 이러한 배경을 바탕으로 네덜란드는 항해술과 지도 제작에 관한 지식과 정보를 축적했고, 결국 그것들이 네덜란드와 긴밀한 관계를 맺고 있던 영국으로 전해지게 되었다. 이런 과정에서 중세 말부터 바닷길에 대한 정보를 독점적으로 공급해 온 해도는 이제 세계지도에 그 자리를 내어주게 되었다.

16세기 후반부터 100여 년 동안 높은 품질의 세계지도가 활발하게 생산되었다. 지도학사에서는 이 시대를 '아틀라스의 시대the age of atlases'라고 부른다. 이 분야의 중심지 네덜란드에서 블라우와 혼디우스Hondius[33] 두 가문이 치열한 경쟁을 펼치면서 지도 제작을 크게 발달시켰다. 오르텔리우스와 메르카토르가 지도첩의 르네상스를 연 사람들

메르카토르와 혼디우스

메르카토르(왼쪽)와 요도쿠스 혼디우스(Jodocus Hondius, 1562~ 1612)를 그린 그림이다. 1620년경 암스테르담에서 제작된 그림으로, 1619년부터 출간된 메르카토르와 혼디우스의 아틀라스 시리즈에 실렸다. 그림 속 두 사람은 지구의, 지도, 아틀라스와 지도 제작에 필요한 과학 장비들에 둘러싸여 있다.

이라면, 블라우 가문은 그 르네상스를 활짝 꽃피운 사람들이었다. 암스테르담을 중심으로 지구의와 과학 장비들을 생산하던 빌럼 얀손 블라우Willem Janszoon Blaeu, 1571~1638는 17세기 초부터 인쇄 장비를 갖추고 다양한 지도와 책을 출판하기 시작했다. 1630년경에는 아들 요안Joan Blaeu, 1596~1673이 합세하여 당시 유럽에서 가장 권위 있는 지도책들을 생산하기 시작했다. 《세계의 무대 혹은 새 아틀라스Theatrum Orbis Terrarum,

Sive Atlas Novus》(1635)와 《대 아틀라스The Atlas Major, or Greater Atlas》(1662) 등 블라우 부자가 출판한 지도첩들은 아름다움과 규모에 있어 당시 그 어떤 지도첩도 필적할 수 없는 것이었다. 이런 지도첩들은 17세기 유럽의 군주와 귀족 들에게 과시적 소비의 대상으로 자리 잡게 되었다. 특히 《대 아틀라스》는 593개의 지도와 3,000장에 이르는 설명글로 구성된, 17세기에 생산된 지도첩 가운데 가장 값비싸고 사치스러운 것이었다. 영국의 찰스 1세도 블라우의 《세계의 무대》를 소장하고 있었다.[34]

해외지도에 두각을 나타내지 못하던 영국은 엘리자베스 1세 치세 말년에 이르러 아메리카 대륙을 묘사한 귀중한 지도들이 나타나 지도의 역사에 중요한 한 획을 긋게 되었다. 1595년 롤리 경은 "여왕 폐하를 위해 에스파냐 왕이 영유하고 있는 것보다 훨씬 더 멋진 또 하나의 인도제국을" 획득하기 위해 탐험을 떠났는데, 그 모험에서 얻은 정보들이 지도로 나타났다.[35] 벌리 경은 이미 1584년 여왕으로부터 특허장을 얻어 1585년부터 노스캐롤라이나 해안부로 식민자들을 보내기 시작했다. 이 사업에 참여했던 존 화이트는 이후 엘리자베스 1세를 기리는 의미에서 '버지니아Virginia'라고 불리게 된 지역의 지형과 그곳 원주민의 모습 등을 담은 상세한 지도를 남기게 된다. 당시 화이트의 임무는 토머스 해리엇Thomas Hariot, 1560?~1621과 함께 이 낯선 대륙의 동·식물과 사람, 그리고 자신들이 발견한 새로운 땅을 그림으로 기록하는 일이었다. 그가 그린 지도 가운데 플로리다와 체서피크Chesapeake 만 사이의 해안을 그린 두 장의 지도는 16세기에 그려진 아메리카 북동부 해안 지도 가운데 가장 정확한 것으로 알려진다.[36] 그들은 이민 사업에 투자한 사람들을 안심시키고 영국 정부가 아메리카 대륙을 식민지로 삼도록 부추겨야 하는 상황이었다. 그래서 종종 그곳을 사람이 살기에 부족함이 없는 곳, 언제든지 정착하기에 안전한 곳으로 그려내곤 했다.[37]

1607년부터 1609년까지 버지니아 식민지 총독을 지낸 존 스미스John Smith, 1580~1631는 17세기 북아메리카의 지형과 거주 상황을 담은 정교한 지도들을 제작했다. 스미스는 역사가이자 뛰어난 필력을 자랑한 사람이었는데, 그가 쓴 모험담에 가까운 책들[38]과 더불어 그가 제작한 지도들은 영국의 북아메리카 식민활동을 선전하는 강력한 도구가 되었다. 그는 1614년 북아메리카 동부 해안을 탐사한 후 지도를 펴냈는데, 사실 이 지도는 화이트가 그린 지도를 포함해 이전에 나온 여러 지도를 참조해서 그린 것이었다. 그래도 스미스의 지도는 화이트의 지도와 달리 식민 사업에 참여한 스미스 자신의 정치적 의도가 뚜렷하게 드러나 있어 흥미롭다. 지도 왼편에 자신의 모습을 그려 넣음으로써 영국이 정복한 이 땅이 마치 스미스 개인이 지배하는 공간인 것처럼 선전하고 있기 때문이다. 더욱이 이 지도에 나타난 '뉴잉글랜드'라는 지명은 스미스가 처음 붙인 것인데, 1616년에 그의 책《뉴잉글랜드 묘사A Description of New England》가 출간되고 널리 알려지면서 보편적으로 쓰이는 지명으로 자리 잡았다.

한편 버지니아를 그린 스미스의 또 다른 지도(1624)는 식민지에 대한 영국의 관념이 잘 투영된 지도라고 볼 수 있다. 당시 아메리카 대륙 지도는 관행적으로 덜 알려진 지역을 북쪽에 두도록 그려졌다. 이 지도 역시 아직 본격적인 식민이 이루어지지 않은 지역을 북쪽에 두

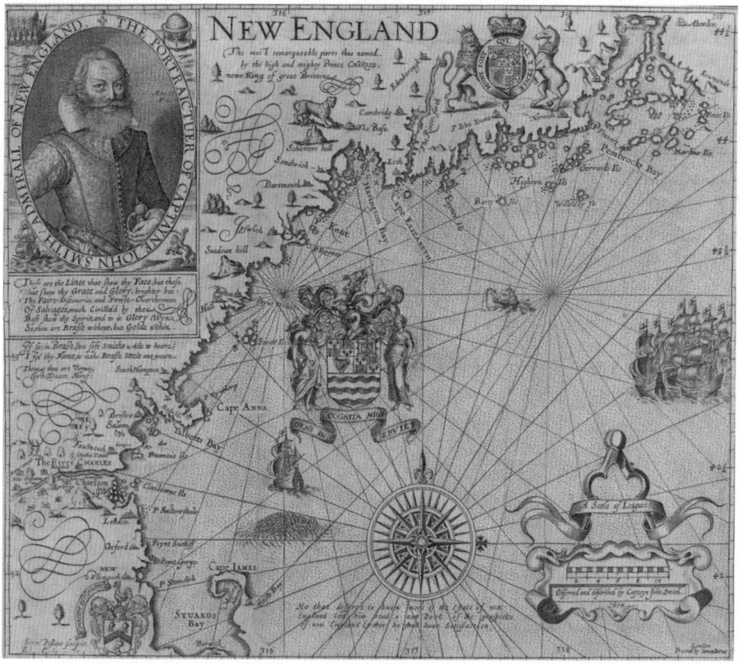

존 스미스의 뉴잉글랜드 지도

존 스미스의 버지니아 지도

는 한편, 남쪽에 대서양을 배치하고 만과 강을 중심으로 영국인 정착지들을 중점적으로 묘사하고 있다. 이것은 당시 북아메리카의 지형이 버지니아 이민자들의 정착에 얼마나 중요한 역할을 했는가를 보여주는 예이다. 또한 스미스는 아메리카 원주민들의 모습을 지도에 그려 넣었는데, 이로써 그가 남긴 그림들은 당시 아메리카 원주민의 생활양식을 보여주는 가장 중요한 사료로 남게 되었다. 하지만 지도에 나타난 원주민 그림마저도 스미스 자신의 명성을 위해 동원되었던 측면이 있다. 이 버지니아 지도의 왼쪽 위 네모 안에는 포우하탄powhatan 족장의 모습이 그려져 있다. 이 그림은 포우하탄 족장이 그 지역의 지배적인 존재임을 드러내지만, 동시에 스미스 자신을 구해주었다는 포카혼타스Pocahontas가 이 족장의 딸이라는 이야기를 배경으로 삼고 있는 것이어서 궁극적으로 자신을 전설적인 존재로 선전하는 셈이었다.

16세기 말과 17세기 초에 화이트와 스미스의 지도와 그림 들은 영국에서 엄청난 인기를 끌었다. 그런데 영국에서 유통된 지도와 그림들은 테오도르 드 브리Theodore De Bry, 1528~1598가 동판으로 옮기는 과정에서 상당히 왜곡되었다.[39] 유럽 시장을 염두에 두었던 드 브리는 종종 유럽인들의 구미에 맞도록 장소의 위치를 바꾸거나 지도의 내용을 일부 삭제하기도 했고, 전혀 새로운 이름을 붙이기도 했다. 이런 과정을 통해 그림 속 아메리카 원주민들의 자세는 고대 그리스 로마의 석상과 같은 모습으로 바뀌었고, 손과 발이 더 작게 그려졌는가 하면, 생김새가 유럽 사람처럼 변해서 나타나게 되었다. 포카혼타스는 아메리카 원주민 여성이었지만 마치 유럽의 공주처럼 그려졌다.[40]

화이트와 스미스의 스케치 원본이 유럽에서 동판에 새겨지는 과

테오도르 드 브리의 동판 제작 과정에서 나타난 왜곡을 잘 보여주는 두 그림

원주민 추장의 아내와 딸의 모습이 유럽에서 인쇄되는 과정에서 유럽인의 모습으로 왜곡되었다.

정에서 왜곡되었다는 사실은 많은 것을 시사한다. 출판업자들이 낯선 세계를 유럽화된 양식으로 변모시킨 데는 먼저 자신들의 기준에서 볼 때 좀 더 아름답게 표현하고자 하는 심미적인 동기가 작용했을 것이다. 그런데 상업 출판이라는 매커니즘을 고려할 때, 동판 제작으로 나타난 최종 모습은 단순히 아름답게 그려낸 것이라기보다는 독자들에게 좀 더 어필하는 스타일을 취한 것이라고 볼 수 있다. 여기서 출판업자들이 상정한 유럽 독자들의 사고와 세계관을 엿볼 수 있다. 즉 낯선 세계의 사람들이 유럽인의 모습과 비슷하게 그려졌다는 사실은, 당시 유럽 독자들의 세계관이 낯선 것을 수용하지 못하는 한계를 지녔고, 출판업자들이 그 점을 인지하고 있었음을 보여주는 셈이다. 당시 아메리카 대륙을 묘사한 많은 삽화가 그곳에 살고 있던 사람들을 고대 그리스 로마의 고전에 등장하는 바다 건너 괴물들의 모습과 병치시키거나 유럽인들과 비슷한 모습으로 그려졌다. 유럽의 문화는 낯선 존재에 대해 일종의 정형화된 이미지를 오래전부터 갖고 있었고, 새로운 존재를 만났을 때 그들을 있는 그대로 보기보다는 자신들의 사고의 틀 속에서 이해하고자 했던 것이다.

출판 과정에서 유럽화된 모습으로 그려진 아메리카 대륙 원주민들의 모습은 극단적인 두 양상으로 나타난다. 남자들이 섬세하고 부드러운 여성적인 모습으로 표현되거나, 정반대로 잔혹하거나 짐승에 가까운 모습으로 그려진 것이다. 이런 모습들은 유럽인들의 전통적인 사고방식에서 볼 때 '비정상'의 범주에 속하는 모습이다. 이것은 원주민을 쉽게 정복할 수 있는 약한 대상, 혹은 도덕적 차원에서 볼 때 반드시 정복해야 할 위협적인 대상으로 인식하고자 했음을 드러낸다. 유럽인들에게 낯선 대륙의 원주민은 곧 그 새로운 공간을 함축적으로 보여주는 상징물이었다. 따라서 지도에 나타난 원주민은 곧 그 땅을 표상하는 존재이고, 그들을 보는 유럽인의 시선은 곧 유럽인들이 보고자 했던 그 공간에 대한 이미지나 마찬가지이다. 나아가 낯선 땅과 그곳에 사는 사람들을 그려내고 출판했다는 사실 자체는 유럽이 그들을 인식의 대상이자 통제의 대상으로 삼고 있었음을 나타낸다.

당시 세계지도가 유행하고, 화이트나 스미스의 지도에 나타난 아메리카 대륙의 모습에 사람들이 큰 관심을 보였다는 사실은 곧 유럽이 바깥세상과 관계를 맺은 방식을 잘 보여주는 중요한 사례이다. 이른바 '아틀라스의 시대'에 많은 지도첩이 '무대'나 '거울' 같은 단어를 제목으로 붙였던 사실은 유럽인들이 세계를 자신들이 활동할 열린 무대이자, 한눈에 환하게 비추어볼 수 있는 거울과도 같은 공간으로 인식하게 되었음을 함축적으로 표현한다. 이제 그 열린 세상을 직접 탐사하고, 정교한 지도를 만들고, 그 업적들을 축적하고 엮어냄으로써 세상을 탐구하는 주체로서 유럽은 우월한 위치에 놓이게 되는 것이었다.[41] '아틀라스'는 새로운 땅에 직접 가보지 못한 사람들에게도 그곳에 대한 상세한 정보를 제공하는 도구였다. 이런 지도첩들을 통해 유럽은 정보를 공유하는 공통의 문화권으로 묶이게 되었고, 유럽 사람들은 지도가 매개하던 지식을 통해 정복자이자 지배자라는 위치에 동참하게 되었다. 이제 지도에 그려진 것들은 객체화되고, 지도를 그리거나 읽는 사람들은 주체의 입장에서 세상을 조망하게 되었다.

지도에서 주체와 객체가 드러나는 방식은 종종 젠더적 관계를 빌어 나타나기도 한다. 고대 그리스 로마 시대부터 지구상의 물리적인 공간에는 흔히 여성성이 부여되곤 했다. 이것은 정신과 물질을 구분하는 이분법적 세계관의 산물로, 우월한 정신세계가 남성성을 표상하는 데 반해 열등한 물질세계는 여성성을 띠는 것으로 상정되었다. 이런 맥락에서 지도상의 대륙은 여성성을 띠거나 종종 여성의 모습으로 그려지곤 했는데, 유럽이라는 공간 전체를 여성의 몸으로 파악한 제바스티안 뮌스터의 '여성화된 유럽 지도'(1588)는 이런 경향을 잘 보여준다.[42] 반면, 지도를 제작하고, 그 땅들을 직접 탐사하며 정복하는 존재에게는 남성성이 부여되었다. 메르카토르의 《아틀라스》의 속표지(184쪽 참조)에는 큰 지구의를 발아래 두고, 좀더 작은 지구의를 손에 들고 그것을 바라보는 리비아 왕 아틀라스의 모습이 그려져 있다. 이것은 세계를 자신의 시선 안에 놓고 그것을 자신의 행위와 지배의 대상

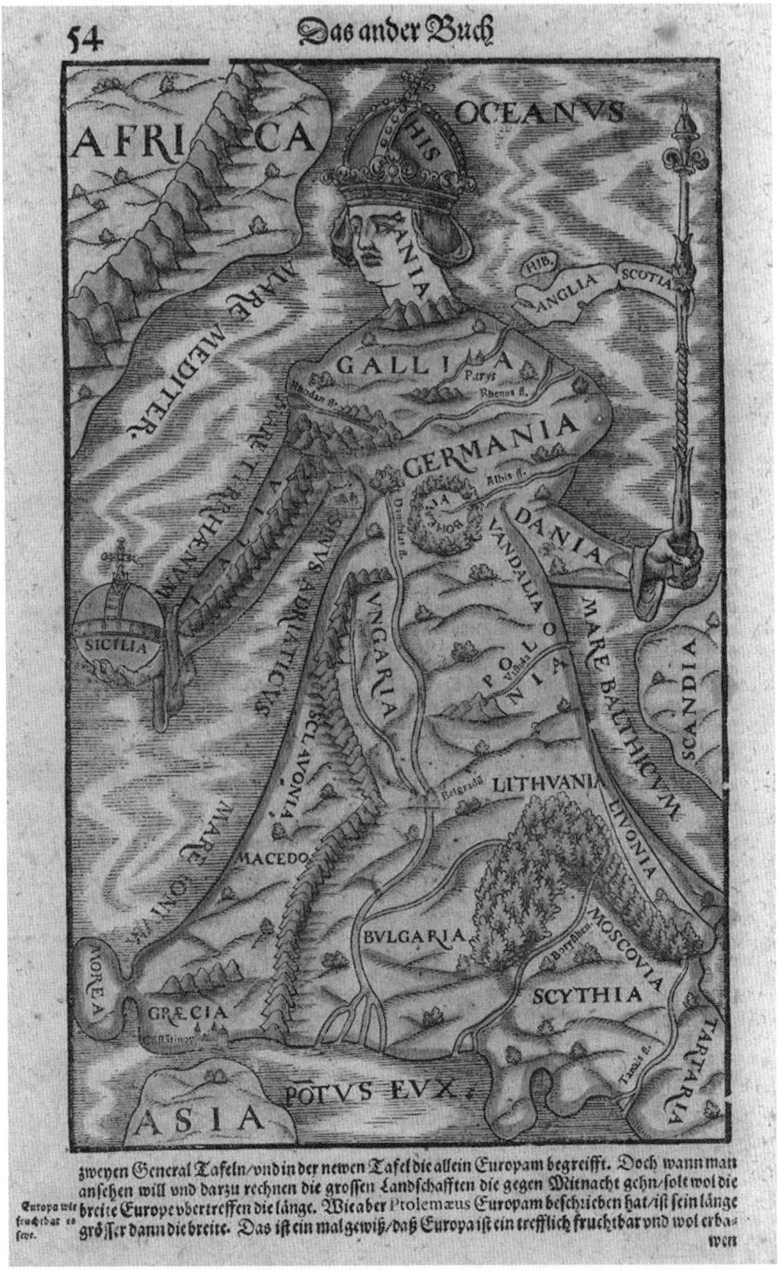
54 Das ander Buch

zwenen General Tafeln/vnd in der newen Tafel die allein Europam begreifft. Doch wann man ansehen will vnd darzu rechnen die grossen Landschafften die gegen Mitnacht gehn/sole wol die breite Europe vbertreffen die länge. Wie aber Ptolemæus Europam beschrieben hat/ist sein länge grösser dann die breite. Das ist ein mal gewiß/daß Europa ist ein trefflich fruchtbar vnd wol erbawen

Europa wie fruchtbar es sey.

제바스티안 뮌스터의 여성화된 유럽 지도

1588년에 제작된 지도로, 유럽 대륙을 여성의 몸으로 파악하는 경향을 단적으로 보여준다.

오르텔리우스의《세계의 무대》속표지

유럽, 아시아, 아프리카, 아메리카를 표상하는 여왕 등이 그려져 있다.

으로 삼는 유럽의 모습을 표현한 것이다.

한편, 오르텔리우스의《세계의 무대》속표지 그림을 보면 중앙의 제목을 둘러싸고 주변에 5대륙을 상징하는 여성상이 그려져 있다. 맨 위쪽에는 유럽 여왕이 군림하며 전 세계에 대해 정치적이고도 종교적인 우월성을 과시하고 있고, 왼쪽에는 아시아 여왕, 오른쪽에는 흑인 여성으로 표현된 아프리카 여왕이 있다. 하단 왼쪽의 벌거벗은 여성은 아메리카 대륙을 상징하며 오른쪽의 흉상은 당시 마젤란 해협의 남쪽 섬으로 상정되었던 마젤라니카Magellanica를 나타낸다. 흉상의 받침대는 푸에고Fuego섬 이남에 있는 미지의 대륙을 상징한다.[43] 여성의 모습으로 표상된 이 대륙들은 탐험가이자 지배자인 남성들이 정복할 공간이다. 그런데 맨 위에 유럽 여왕을 두고 위계를 따라 다른 대륙의 여왕들이 배열되어 있음을 주목하자. 모든 대륙이 여성으로 나타난다는 점은 공통적이었지만 이들이 자리 잡은 위치는 대륙들 사이에 분명한 위계가 있다는 것을 보여준다. 그리고 그 위계는 유럽인들의 사고가 만들어낸 것이다.

중세 이래 지도에는 특정한 지배권역을 표시하기 위해 지배자의 모습을 그려 넣거나, 잘 알지 못하는 곳에 괴물을 그려 넣었다. 그런데 세계지도가 등장하면서 과거에는 없었던 다양한 사람들의 모습이 지도를 장식하게 되었다. 1578년에 출간된 메르카토르의 《세계지도》를 시작으로 항해사, 천문학자, 지리학자, 통치자, 탐험가, 군인 들이 아틀라스의 표지와 낱장의 지도에 그려지기 시작한 것이다. 이후 피터르 판 덴 케이레Pieter Van den Keere, 1571~1646?, 빌럼 얀손 블라우, 프란츠 호겐베르크Franz Hogenberg, 1540~1590, 존 스피드 등이 세계 여러 곳에 살고 있는 사람들을 지도에 그려 넣었다. 지도에 인물을 그려 넣는 것은 당시로서는 최고의 과학적 성과물인 지도에 흥미와 다채로움을 더할 방법이었다. 인물이 그려진 지도의 등장은 근대 초의 독특한 현상으로, 유럽의 해외 팽창과 더불어 인종에 대한 관심과 인식이 확대되었음을 반영한다.

근대 초 유럽에서 인종이란 생물학적인 범주가 아니었다. 19세기 초부터 등장한 이른바 '과학적 인종주의'에 의해 신체적 차이가 지배-피지배 관계를 결정짓는 절대적 요소가 된 것이다. 그 이전에는 흑인이나 백인 혹은 홍인紅人이라는 개념 자체가 없었고, 오직 야만인과 문명인만 존재했다.[44] 당시 인종은 신체적 특성이 아니라 사회적 특성과 연관된 개념으로, 계보·문명·종교·국가나 민족과 관련되어 표상되는 것이었다. 그런데 지도에 지구상의 공간을 표현하고, 그곳에 살고 있는 사람들을 그려 넣음으로써 이제 인종은 사회적 특성뿐만 아니라 지리적인 요소와도 밀접한 관계를 맺게 되었다. 나아가 이러한 인종의 시각화는 인종 간 구분이라는 모호한 개념을 분명한 사실로 받아들이게 하는 효과를 불러왔다. 지도에 인종이 그려지는 것은 인종에 대한 지식이 공간화되는 것으로, 유럽인들은 이제 인종을 이해할 때 그들이 살고 있는 장소적 특성이나 얼마나 먼 곳에 살고 있는가와 같은 지리적 요소들을 고려의 대상으로 포함하게 된 것이다.

중세나 르네상스 지도에도 사람의 모습이 나타나곤 했다. 하지만 보통 빈칸에 장식적으로 사람의 모습을 채워 넣은 것이었다. 반면, 세계지도가 유행하면서부터는 지도 가장자리에 칸을 만들어 각각의 인종을 그려 넣는 방식으로 바뀌게 된다. 세계지도나 대륙지도의 경우, 4~6개 정도의 인종 집단을 그렸다. 밸러리 트라웁Valerie Traub 같은 학자들은 이런 현상이 탐험의 시대를 맞아 지리적이고 인종지학적인 정보가 쌓여 나타난 결과라고 해석한다.[45] 지도를 그리는 사람들은 항해 기록이나 의복에 관한 책들에서 지도 가장자리를 채워 넣을 만한 인물, 의복 등의 그림을 베끼곤 했다. 그런데 지도에 나타난 세계 곳곳 인종들의 모습은 단순히 유럽인들이 습득한 정보를 나열해 놓은 것이 아니다. 가장자리에 배치된 세계 곳곳의 인종들은 각각 분리된 상자 속에 '놓이'고, 그 나름의 위계와 특성이 '부여'되며 시각적으로 표상화되는 것이다. 또 각각의 그림을 나란히 배치함으로써 훨씬 더 선

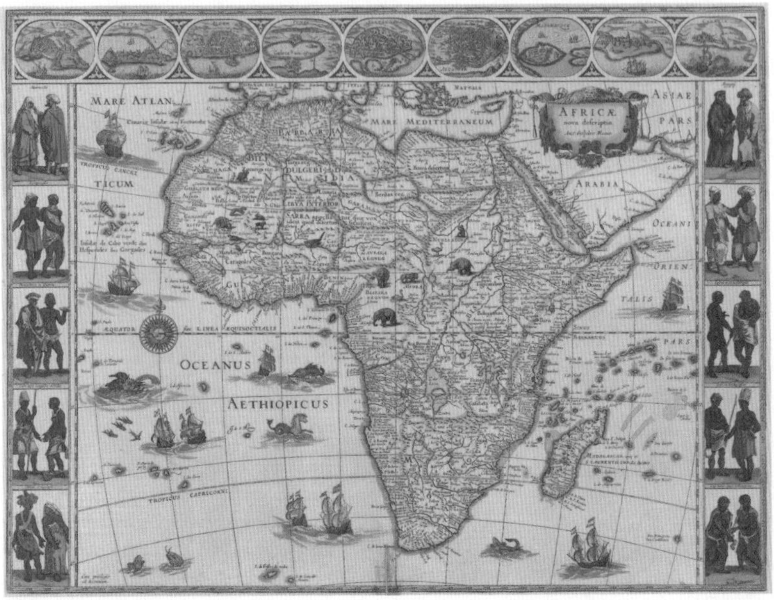

블라우의 아프리카 지도(1665)

블라우의 《새 아틀라스》에 수록된 유럽 지도(1635)

명한 대조가 가능해져 이들 사이에는 공통점보다 차이점이 부각될 수 밖에 없다.

지도에 그려진 세계 곳곳의 인종들은 대부분 남녀 한 쌍인 부부의 모습으로 나타난다. 지도는 인간 삶의 기초 단위를 부부로 상정하고 그들이 모여 이루는 사회를 보편적인 사회로 설파하는 것이다.[46] 이런 맥락에서 볼 때 이런 지도는 유럽인들이 사회를 보는 방식, 즉 이성애적인 가부장적 사회질서를 강제한다고 할 수 있다. 블라우의《새 아틀라스Novus Atlas》는 지도 위쪽에 유럽의 주요 도시를 그리고 각각의 도시를 표상하는 남녀 한 쌍을 양쪽 가장자리에 배치하고 있다. 그런데 가장 아래에 있는 베네치아 인물들은 남녀 한 쌍이 아닌 남성 두 명이다. 이것은 베네치아가 남색의 도시임을 암시한 것이다. 지도가 그려내는 지리상의 공간은 실제 장소이기보다는 유럽인들이 지녔던 개념상의 공간이고, 이렇게 만들어진 지리적 관념은 종종 놀라울 만큼의 큰 파급력과 지속성을 지니게 된다.

06

지도와 국가정체성

사적 차원의 지도 제작

16세기 후반에 들어서면서 성직자, 옛것 연구가, 대학생, 젠트리 등 다양한 계층의 사람들이 지도 제작에 관심을 가지게 되었고, 심지어 제작도 하기 시작했다. 상인들이 해도나 해외지도에 큰 관심을 보인 반면, 젠트리들은 토지측량과 토지 도면 작성에 열렬한 후원자로 등장하게 된다. 이런 움직임 속에서 1570년대부터 영국과 네덜란드를 중심으로 '영지도領地圖, estate-map'라고 불리는 새로운 형태의 지도가 유행하기 시작했다. 이 지도는 네덜란드보다 영국에서 제작에 대한 수요가 많았는데, 네덜란드에는 지도와 측량 분야에서 뛰어난 기술자들은 많았지만 토지 소유자들이 대부분 소농이어서 지도 제작을 의뢰할 만한 경제적 여유가 없었기 때문이다.[1]

영지도는 개인이 소유한 경제적 토지 단위, 즉 개인의 토지 소유

건축가 존 워커(John Walker)가 그린 영지도(부분, 1591)

관계만을 표시한 지도이다. 따라서 자신의 소유지가 아닌 부분은 공백으로 남겨두기 일쑤고, 시골 풍광을 왜곡해서 묘사하기도 했다. 예외 없이 축척에 따라 작성되어 주로 대축척 지도의 형태를 띠었는데, 토지뿐만 아니라 중요하다 싶은 건물도 가끔 표시하곤 했다. 영지도의 목적은 무엇보다 소유권을 분명히 하기 위한 것이었는데, 농업경영에도 사용되어 원활한 소작료 징수나 효율적인 작물 재배를 위한 참고자료로도 쓰였다. 그래서 영지도는 봉건제에서 자본주의로의 이행을 보여주는 일종의 상징물로 해석되기도 한다. 많은 젠트리가 영지도를 자기 집 안에서 가장 눈에 띄는 곳에 걸어두었는데, 귀족 가문의 문장

과도 같이 토지 소유자의 자긍심을 나타내주는 역할을 했다.[2]

이렇게 토지 소유 관계를 시각적으로 표현하는 현상은 분명 새로운 것이었다. 중세에도 토지조사는 있었으나 보통 글로 기록되었다. 하지만 16세기 초부터 효율적인 농업경영을 위해 토지측량을 권장하는 분위기가 형성되었다. 앞서 언급했던 것처럼 토머스 모어가 측량 개념을 사용해 유토피아를 묘사했던 것도 이런 분위기를 반영한다. 존 피츠허버트John Fitzherbert, ?~1531의 《토지조사 매뉴얼The Book of Surveying》(1523)이 나온 이래,[3] 리처드 베네즈Richard Benese, ?~1546?와 레너드 디기스 등이 대중적인 토지측량 관련 출판물들을 펴내며 큰 호응을 얻었다.[4] 영농법과 관련하여 토지 이용에 대한 관심이 증가하면서 1570년대부터 영국에서 영지도가 작성되기 시작했고, 이 장르의 지도는 1840년대까지도 계속 제작되었다.

이른바 '독특한 영국적 현상'이라고도 하는 영지도의 유행은 사실 여러 가지 역사적 조건이 선행되어 발생한 것이었다. 먼저 대축척 지도로 표현할 만한 규모의 토지를 소유한 사람들이 있어야 한다. 따라서 지역의 크기에 비해 대토지 소유자가 지나치게 적거나 농업이 발달하지 않은 지역에는 영지도가 만들어지지 않았다.[5] 또한 영지도의 발생은 토지 매매가 활발한 상황에서 나타난다. 1530년대에 시작된 수도원 해체로 몰수된 토지들이 재분배되는 과정에서 토지 매매가 활발해졌다. 그런데 50여 년이 지난 상황에서도 여전히 토지 소유권은 엄청난 변동 속에 놓여 있었다. 수도원 땅을 사들인 사람들이 직접경영에 실패해 소유권이 넘어가거나 과거의 대토지 소유자들이 땅을 다시 사들이는 현상 등이 일어났던 것이다. 이런 맥락에서 지도에 그려

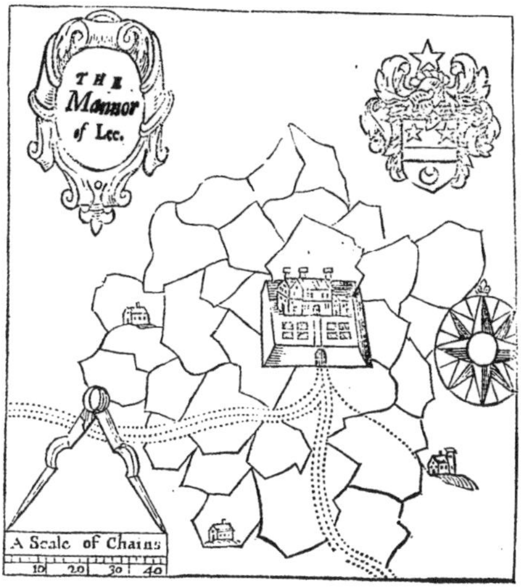

윌리엄 레이번이 만든 영지도의 기본 틀

수학자이자 토지측량사였던 윌리엄 레이번(William Leybourn, 1626~1716)이 집필한 '플라노메트리아(Planometria)' 또는 '토지측량에 관한 모든 기술(The Whole Art of Surveying of Land)'이라는 소책자(1654)에 수록된 그림으로, 영지도에 들어가야 할 요소들을 알려준다.

진 땅은 주인의 소유물로 자랑거리이자 동시에 판매 가능한 상품이었다. 사실 중앙정부가 개인의 토지 소유 관계를 일목요연하게 보여주는 지도를 작성했다면 개인 차원에서 소유권을 나타내는 지도를 만들 필요가 없었을 것이다. 19세기에 육지측량부Ordnance Survey가 신설되기 전까지 영국에서는 개인 차원에서 작성된 영지도가 토지 소유권을 분명히 보여주는 거의 유일한 시각 자료였다.

비단 젠트리뿐만 아니라 왕의 측근을 형성하고 있던 대귀족들도 영지도에 관심이 많았다. 1580년 크리스토퍼 해튼 경Sir Christopher Hatton, 1540~1591은 자신의 노샘프턴셔Northamptonshire 영지의 지도 제작을 위해 랠프 트레즈웰Ralph Treswell the Elder을 고용했는가 하면, 월터 롤리 역시 1590년대에 자신의 아일랜드 영지 도면을 만들었다.[6] 그런데 정작 영국의 군주인 엘리자베스 1세는 당대 최고의 측량사들을 거느리고 있었음에도 소유한 영지를 측량하거나 영지도를 만들지 않았던 것으로 알려진다. 따라서 여왕이 죽고 나면 그 땅들이 팔리게 되더라도 제값을 받지 못할 것이라는 청원이 올라오기도 했다. 바버와 같은 학자들은 당시 노년에 접어든 여왕이 그런 것에 별로 관심이 없었기 때문이었다고 주장한 바 있다. 하지만 토지를 하사하는 것이 엘리자베스 1세가 정치적 차원에서 적극 이용한 후원제도의 보편적 관행이었음을 생각하면, 토지를 선물로 받고 싶어 했던 대신들이 정확한 가치를 매길 수 있는 측량을 막았을 것이라는 추측도 가능할 것이다.[7]

엘리자베스 1세와 달리 제임스 1세는 국왕 소유의 토지에 대해 매우 다른 태도를 보였다. 그는 즉위하자마자 왕실 소유의 재산을 파악하기 위한 조사에 착수했다. 먼저 1607년에 국왕 소유의 삼림에 대한 포괄적인 조사가 시작되었다. 목재가 왕의 큰 수입원이었던 만치 삼림에 대한 경영과 통제는 매우 중요했다. 1608년부터는 왕실 소유의 모든 토지를 측량하고 가치를 매기는 대측량the Great Survey이 시작되었다. 그런데 이 사업은 별로 성공적이지 못했다. 왕에 대한 반감으로 인해 소작인들이 측량에 협조하지 않았을 뿐만 아니라, 조사를 맡았던 기술자들도 임무를 소홀히 하거나 토지에 대한 가치를 제대로 평가하지 않았기 때문이다. 그들은 더 많은 시간과 노력이 드는 토지도면의 작성을 기피하고 글로 쓴 보고를 올리곤 했다.[8]

제임스 1세의 영지도 작성이 실패로 돌아갔다는 사실은 그가 얼마나 국민에게 인기가 없었는가를 잘 보여주는 사례이다. 왜냐하면 이 시기 사적 차원의 지도 제작은 그야말로 최고의 수준에 도달해 있었기 때문이다. 1550년대부터 머스코비 회사를 비롯한 런던의 상사들은 스티븐 버러와 그의 동생 윌리엄 버러William Borough, 1536~1599 같은 당대의 유명한 지도제작자들을 고용하고, 그들에게 과학자들을 연결해주며 교역을 위한 정확한 지도를 작성하려는 노력을 펼치기 시작했다. 법률가들은 행정구역, 사법권, 소유권 등을 둘러싼 법적인 논쟁에서 상세한 정보를 제공하기 위해 지도를 이용하기도 했다. 16세기 후반에는 노리치Norwich(1559), 케임브리지(1574), 런던(1553, 1580, 1593, 1598) 등을 그린 다양한 도시도면이 큰 인기를 끌었다.[9]

국민? 혹은 국왕?

16세기 영국에서는 많은 지도가 나타났을 뿐만 아니라 그 지도들이 구체적인 국토의 모습을 시각적으로 표현함으로써 국가정체성 형성에 기여하게 되었다. 하지만 이 시기 국가정체성의 성격이 어떤 것이었는가 하는 문제를 두고는 일반적인 합의가 도출되지 못하고 있다. 여기서 가장 논란이 되는 부분은 국가의 주체가 누구로 상정되었는가 하는 점인데, 최근 몇몇 연구들은 근대 초 영국의 경우 지도에 나타난 국가정체성이 국왕 중심이기보다는 국민이 중심을 이루고, 국민의 주도로 만들어진 것이었다는 주장을 펼치고 있다.

피터 바버는 "이미 1550년대부터 지도 대부분이 군주가 아닌, 지도제작자들에게 더 나은 보수를 줄 수 있는 사회집단을 위해 만들어졌다"라고 주장했다.[10] 과거 국왕이 독점적으로 행사했던 지도 제작 기획이 사적 차원으로 넘겨져 고위관료나 상인, 혹은 젠트리 들에 의해 주도되었다는 사실을 강조하면서, 당시 뛰어난 몇몇 지도제작자들이 국왕에게 고용되지 않았거나 공식적인 후원을 받은 적이 없다는 사실을 그 증거로 제시한다. 존 스미스의 제임스타운Jamestown 지도나 버지니아 식민지 지도, 리처드 노우드Richard Norwood, 1590?~1675의 버뮤다 식민지 조사, 헨리 허드슨Henry Hudson, 1565?~1611의 북방항로 지도, 나아가 존 스피드의 《대 브리튼 제국의 무대》(248쪽 참조) 같은 업적들은 지주나 해외사업에 참여한 귀족, 나아가 젠트리 출신 옛것 연구가들의 사적 기획의 산물이었다는 것이다.

리처드 헬거슨 같은 학자는 16세기 후반부터 지도에 제작자의 이름이 당당하게 등장하기 시작하며, 17세기 초반이 되면 지도에서 왕실 문장이 사라지고 지도책의 표지를 장식하던 국왕의 모습이 브리튼섬으로 대치된다는 사실을 주목한 바 있다. 지도가 영국이라는 '땅'의 모습을 시각적으로 구현한 것이기 때문에, 이런 변화는 땅과 군주를 동일시하던 왕조중심적인 전통에서 벗어나 그 충성심이 땅으로 곧바로 귀속되는 급진적인 견해를 불러일으키게 되었다는 주장이다.[11] 즉, 엘리자베스 시대에 고양된 개인의 자율성으로 국토와 개인을 매개하던 국왕이 밀려나고 국토와 개인이 직접 연결되었고, 이것은 한 나라의 주인으로서 진정한 '국민'의 탄생을 나타낸다는 것이다.[12]

이렇게 국가정체성의 근원이 개인으로서의 국민이라고 상정하는 학자들은 16세기 영국에서 지도의 발달이 지방 단위 혹은 사유지와 같은 지역 공간을 중심으로 이루어져 일종의 '지방주의localism' 형성에 일조했다고 주장한다. 이런 주장은 색스턴의 지도를 비롯한 16세기 후반의 주요 업적들이 대부분 개별 주州, county를 지도 한 장의 기본 단위로 삼는 형식을 취했다는 사실을 그 근거로 내세운다.[13] 같은 맥락에서 데이비드 플레처David Fletcher는 이 시기 영지도가 엄청나게 유행한 사실을 들어 개인 소유의 공간이 중요하게 인식되어 갔다고 주장했다.[14] 번하드 클라인 역시 국가지도national map가 좀 더 관념적인 것으로 공동체의 정체성을 표현하는 것이라면, 영지도는 좀 더 실제적 성격을 지닐 뿐만 아니라 한껏 고양되어 가던 개인의 정체성이 발현된 표지라고 했다.[15]

영지도와 같은 새로운 지도는 과거처럼 자연적 경계로 둘러싸인 공간이 아니라 인간의 관심이 중심이 되는 공간을 단위로 하는 것으로, 새로운 공간적 개념이 나타났다는 주장이 나오기도 했다. 이런 주장에는 개인을 단위로 하는 공간 개념이란 국가와 같은 공동체적 공간으로부터 독립적이거나 혹은 공동체적 공간과는 대립적인 긴장 관계를 갖는다는 암시가 깔려 있다. 같은 맥락에서 헬거슨은 국가정체성 문제를 두고 볼 때 지방색이 강해진다는 것은 왕조를 향한 충성심에 기반을 둔 정체성을 희생하는 셈이라고 말했다. 즉, 지방색과 같은 새로운 정체성과 왕조를 향한 충성심은 일종의 제로섬 게임을 벌인다는 시각이다.

나는 이런 주장들이 '튜더 시대의 애국주의Tudor patriotism'를 둘러싼 낡은 논의를 답습하는 것이라고 본다. A. L. 로우스A. L. Rowse의 저작[16]들로 대표되는 이런 시각은 주로 1580년대를 전후한 엘리자베스 시대를 튜더 시대의 애국주의가 발현한 시기로 규정한다. 여기서 애국주의는 튜더 시대의 국민주의Tudor nationalism라고 불리기도 하며, 군주에 대한 충성이 아닌 국가에 대한 충성이라는 의미가 강하고 자발적으로 생겨난 의식과 행위라는 함의를 지닌다. 사실 이 시각은 휘그주의적 전통의 연장선에서 만들어진 것으로, 국민을 국민주권을 가진 주체로 규정하는 근대론자들의 주장에 편승하여 16세기 영국인을 지나치게 근대적인 사람들로 각색하는 경향이 있다.

노르만의 잉글랜드 정복 과정에서 도입된 아류 봉건제로 말미암아 영국이 유럽의 다른 나라보다 일찍 중앙집권적인 골격을 갖추게 되었고, 유럽의 어느 나라보다 일찍 근대국가의 제반 요소들을 충족시켜갔던 것은 사실이다. 하지만 16세기 영국은 국왕 중심의 절대주의 국가였다. 따라서 리아 그린펠드 같은 학자들이 국민주의의 발생을 1530년대까지 끌어올리는 것은 지나치게 결과론적인 접근이 아닐 수 없다. 그들이 주목하는 1530년대 영국의 종교개혁과 전반적인 행정 개혁은 국민 중심의 국가체계를 만들고자 했던 것이 아니라, 국왕 중심의 중앙집권적 국가를 만들려는 기획이었기 때문이다. 그 과정에서 국왕은 외세로부터 자유로운 국가를 만들기 위해 '영국 국민'이란 개념을 조형해나갔다. 1부에서 살펴보았듯이 역사와 지지 등을 적극적으로 동원하여 국가정체성을 만드는 프로파간다가 시작되었던 것이다. 하지만 이렇게 만들어진 영국민으로서의 정체성이 왕조를 배제한 어떤 것, 국민을 국가의 주체로 상정하는 정체성은 아닌 것이다. 나아가 "그 어느 공고한 공동체보다 크고 항상 동질적이며, 신분, 계급, 지역성이나 어떤 경우에는 민족성과 같은 구분들이 단지 피상적인 것들일 뿐인"[17] 국민이라는 개념이 과연 이 시기에 분명히 나타났는가를 의심하지 않을 수 없다.

앞에서 언급한 1550년대부터 많은 지도가 국가의 기획이 아닌 사적 차원의 사업으로 제작되었다는 바버의 주장도 당시 지도 제작의 관행을 고려하지 않은 주장이다. 튜더 시대 국왕이 지도 제작을 후원하는 방식은 구체적인 작업을 직접 명령하는 공식적 위임과 지도제작자에게 토지 또는 연금을 하사하거나 다른 형태의 고용을 통해 간접적으로 후원하는 두 가지 방식이 있었다. 전쟁이나 국방과 관련된 지도는 국왕이 직접 제작을 지시했지만, 그 외의 지도 제작은 국왕이 책임자로 세운 관료나 귀족, 혹은 상인들을 통해 제작을 맡겼기 때문에 국왕의 존재가 드러나지 않았을 뿐이다. 앞서 살펴보았듯이 존 디 같은 이들이 여왕에게 지속적으로 더 정교한 해외지도의 제작을 청원했다는 사실은 지도 제작의 궁극적인 주체가 국왕이었음을 반증한다.

색스턴의 《대 아틀라스》 편찬 작업 역시 표면적으로는 셱퍼드가 책임을 맡았지만 그 배후에는 기획 단계에서부터 참여한 벌리 경과 엘리자베스 1세의 후원이 있었다. 이렇게 색스턴의 예가 분명히 보여주듯이 16세기 후반 대규모의 지도 제작은 정부 차원의 적극적인 지원 아래 이루어지고 있었다. 벌리 경과 엘리자베스 1세가 색스턴의 《대 아틀라스》 작업을 후원한 일차적 이유는 국토를 가시화함으로써 통치의 효율성을 높이기 위해서였을 것이다. 색스턴의 지도는 실제로 통치에 긴요하게 사용되었다. 이 사실을 가장 잘 보여주는 예가 웨일스의 옛것 연구가 조지 오언George Owen, 1552~1613의 불평이다. 그는 펨브룩셔Pembrokeshire가 웨일스의 다른 주들보다 더 많은 세금 부담을 지는 이유가 런던에 있는 자문관들이 색스턴의 지도를 사용하기 때문이라고 주장했다. 색스턴이 펨브룩셔 지도는 한 장에 그린 반면, 인근 네 주는 한 장에 몰아서 그렸기 때문에, 지도를 제대로 읽을 줄 모르는 왕

실 자문관들이 펨브룩셔가 다른 주들보다 큰 줄 알고 세금을 더 많이 매긴다는 것이다.[18]

그런데 이 작업이 궁극적으로 인쇄를 목적으로 삼았다는 사실을 감안해 볼 때, 국민에게 '보여줄' 국가의 모습을 만들려는 시도였다는 중요성을 간과할 수 없다. 색스턴은 현지 답사와 측량, 조사 이후 그려낸 지도의 '잉크가 채 마르기도 전에' 벌리 경에게 들고 가서 감수를 받았다. 이런 과정에서 만들어지는 지도는 중립적이고 객관적인 지표면의 상징이기보다는 후원자의 이해와 관심사가 투영된 결과물이 된다. 따라서 이와 같이 만들어진 지도는 정부가 적극 개입하여 국민에게 인식시키고자 하는 국가라는 공간의 이미지와 다름없다.

여기서 정부가 《대 아틀라스》와 같은 국가 지도를 국민에게 보급함으로써 기대했던 효과를 주목할 필요가 있다. 당시의 최첨단 기술을 동원하여 만든 화려하기 그지없는 지도들은 정부가 국민에게 주입하고자 했던 영국의 모습이었다. 즉, 아름답게 그려진 국토는 곧 영국에 대한 자긍심으로, 그것은 정부가 만들어 국민에게 전달하려는 이미지였다. 국토를 시각적으로 관념화한다는 것은 그 국토를 지배하는 시스템, 즉 정체를 관념화하는 것이기도 하다. 색스턴의 각 지도에는 왕실 문장이 커다랗게 그려져 있어, 그 땅을 지배하는 국왕의 존재를 분명하게 나타내고 있다. 충성심의 근원이 국토 자체인가 왕조 자체인가 하는 문제와는 상관없이, 지도에 그려진 왕실 문장은 분명히 그 국가를 통치하는 존재를 표현하는 것이고, 지도가 나타내는 공간에 대한 충성심은 통치자를 그 시스템의 일부로 받아들이는 것을 전제로 한다.

마찬가지로, 영지도가 유행했다는 사실을 곧 사적 차원의 공간이 더 중요해졌다는 의미로 해석하는 것도 무리가 있다. 즉 영지도를 작성하는 것 자체가 반드시 국가라는 공동체의 이해와 상치되는 개인적 이해관계의 표상이거나 영지도에 표현된 사적 소유권이 국가를 뛰어넘어 더 큰 가치를 지닌 것으로 고양된 것이라고 볼 수는 없다. 사실 영국에서 사적 차원의 지도를 만드는 전통은 오래전부터 존재했다. 비록 조잡한 수준이었지만 이미 1400년경부터 법적 분쟁에 놓인 토지를 지도로 만들어 정보를 제공하거나 법정에서 증거로 사용한 일도 있었다.[19] 15세기 말 브리스톨의 상인들, 16세기 중반 런던의 상인들은 교역을 위해 국내외의 많은 지도제작자를 고용하기도 했다. 이런 지도들은 개인의 이익을 위해 만들어진 게 사실이지만, 개인의 이해가 꼭 자신이 속한 가장 큰 공동체인 국가의 이해와 상치되는 것은 아니었다.

따라서 사적 차원의 지도 제작이 국왕권의 약화로 연결된다거나, 지방색을 드러내는 지도들이 국가 전체보다 개인을 중시하게 되는 경향을 반영한 것이라는 일부 학자들의 주장은 재고되어야 한다. 16세기 영국에서 개인의 이익과 국가 전체의 이익이 상호 배타적이거나 제로섬 게임을 벌이는 것이 아니었다. 국가 전도 작업을 맡았던 색스턴이나 노든은 영지도 분야에서도 이름을 떨치던 사람들이었다. 마찬가지로 지도 제작을 의뢰한 사람들이 목적했던 이익은 곧 국가의 이익이었다. 고위관료들은 대토지 소유자이기도 했고, 국왕의 이해관계와 상인들의 이해관계를 매개하는 역할도 했으며, 상인들의 이익은 곧 여왕의 이익이기도 했다. 따라서 지도 제작을 둘러싼 각기 다른 집단의 관심은 크게는 한 가지 목적, 즉 영국 전체의 이익으로 귀결될 수 있는 것이었다.

16세기 후반 영국에서 영지도와 같은 대축척 지도가 유행할 수 있었다는 것은 영국의 많은 토지 소유자가 수학적 개념에 익숙하다는 사실을 말해준다. 1539년에서 1547년 사이 국왕의 명령으로 제작된 많은 지도가 대축척 지도였다.[20] 사람들이 축척이라는 개념에 익숙해졌다는 사실은 축척으로 표시된 더 큰 공간에 대한 이해 역시 가능하게 만들었을 것이다. 따라서 영지도-주별 지도-국가 전도(국토)는 단절적이기보다 축척이라는 개념으로 연결되고, 확장되어 가는 공간으로 볼 수 있다. 내 소유의 땅에 대한 자부심과 소유의식은 이렇게 확장하는 동심원 속에서 내 땅, 내가 사는 고장, 나아가 내 나라에 대한 애정, 곧 국가정체성으로 이어졌을 수 있지 않을까.

지도의 프로파간다

지도의 회랑

16세기 초 유럽의 여러 나라에서 지도는 국가정체성을 창출하는 프로파간다의 도구로 사용되기 시작했다. 지도는 전쟁의 승리를 표시하는 상징물이고, 정치적 단위로서 각국의 지리적 위치를 분명히 해주며, 자국의 독립적 정체와 특성을 드러내는 강력한 매체였다. 유럽의 많은 왕실은 다른 나라에 자국의 지도를 선물함으로써 우호적 관계를 표현하기도 했고, 거꾸로 다른 나라의 지도를 제작함으로써 그 나라에 대한 자신들의 정치적 입장을 드러내기도 했다.

외국 사신들이 많이 드나드는 공공장소에 지도가 등장하는 것도 이런 맥락에서 이해할 수 있다. 르네상스 시대 유럽의 궁정에는 많은 사람이 오가는 회랑이나 방 같은 곳에 지도를 걸어 장식하거나 크게 그리는 것이 유행했다. 피렌체 베키오궁Palazzo Vecchio의 새로운 방Guardaroba Nuova이나 카프라롤라Caprarola에 있는 빌라 파르네세Villa Farnese의 세계지도의 방Sala del Mappamondo 같은 곳들이 그 예이다. 특히 지도로 장식된 회랑들은 '지도의 회랑Gallery of Maps' 혹은 '지리의 회랑Gallery of Geography'이라고 불렸다.

그런 곳들 가운데 규모가 가장 압도적인 곳은 바티칸궁에 있는 지도의 회랑이다. 무려 길이 120미터, 폭 6미터에 달하는 회랑 전체가 지도로 뒤덮여 있다. 이 회랑은 교황 그레고리우스 13세의 명령으로 1570년대 후반에 만들어지기 시작해서 1581년에 완성되었다. 교황은 이 거대한 작업을 위해 플랑드르 출신인 마테우스 브릴Matthäus Bril, 1550~1583과 폴 브릴Paul Bril, 1554~1626 형제를 비롯해 많은 화가와 건축가들을 불러 모았다. 가톨릭 수사이자 지리학자인 이냐치오 단티Ignazio Danti, 1536~1586가 전체적인 지휘를 맡았는데, 교황은 이 거대한 작업을 위해 그가 몸담고 있던 볼로냐 대학을 떠나 로마에 정착할 것을 명했다.

이 회랑의 양쪽 벽 전체가 고대의 이탈리아Italia Antiqua와 당시 이탈리아Italia Nova를 그린 지도를 비롯해 이탈리아 각 지방을 그린 프레스코화 29점과 아비뇽 대형 지도 1점, 그리고 작은 지도 8점으로 장식되어 있다. 길쭉한 회랑은 그 자체로 이탈리아반도를 형상화하는데, 들어가는 입구가 이탈리아 북쪽으로, 문의 양편에 제노바와 베네치아 그림이 자리하고 있으며, 아펜니노Apennine산맥에 해당하는 회랑의 통로를 기준으로 왼쪽과 오른쪽이 각각 이탈리아 동부와 서부 지역들을

바티칸궁 지도의 회랑

지도의 회랑에 있는 베네치아 지도

묘사한 지도들로 장식되어 있다.

이곳의 지도들은 플랑드르 지방의 사실주의 영향을 크게 반영하여 산맥이나 강, 호수와 같은 자연환경을 마치 풍경화처럼 묘사했고, 사람의 거주지는 전통적인 방식으로 주홍색으로 표시했다. 그런데 흥미롭게도 농지나 삼림 표시는 찾아볼 수 없는 반면, 역사적으로 유명한 전투가 일어난 장소는 근처에 전투 장면이 상세히 그려져 있다. 단티는 원래 이 회랑의 그림들을 작게 복제해 지도첩으로 엮고자 했다. 그래서 《세계의 무대》라는 지도첩으로 명성을 날리고 있던 아브라함 오르텔리우스에게 그 작업을 의뢰했던 것으로 파악된다.[21] 하지만 분명치 않은 이유로 이 계획은 실현되지 못했다.

이 지도들이 당시 이탈리아의 전형적인 지역 구분 방식을 따르고 있지 않다는 점도 흥미롭다. 르네상스 시기 유럽에서 역사지지의 범례를 세운 책은 플라비오 비온도의 《찬란한 이탈리아》였다. 앞서 언급했듯이 비온도의 지역 구분 방식은 영국의 존 릴런드와 윌리엄 캠든에게도 큰 영향을 미쳤다. 더욱이 비온도가 교황청에서 중요한 역할을 담당했던 사람이었음에도, 이 회랑의 그림들은 비온도의 지역 구분을 따르지 않았다. 오히려 이 그림들은 교황의 영향력이 강한 지역들을 크게 범주화한 것이다. 이렇게 보았을 때 이 회랑의 기본 골격은 당시 정치적 상황에서 보아 교황에게 중요한 지역들을 집중적으로 조망한 것이라고 볼 수 있을 것이다.[22] 사실 이 회랑은 종교개혁으로 위기를 맞은 로마 교황청이 반동종교개혁을 시작하면서 실행한 기획의 하나로, 교황의 권위가 미치는 영역을 지도를 통해 가시화하고, 그 세력을 강화하려던 프로파간다의 일종이었다.

영국에서도 정치적 입장과 지도는 밀접한 관계를 맺고 있었다. 헨리 8세 시대 지도 제작 혁명으로 많은 지도가 만들어졌고, 왕과 행정가들은 상황에 따라 그 지도들을 적극 활용했다. 1547년부터 1549년까지 화이트홀Whitehall의 새 도서관New Library이 작성한 소장 자료 목록을 보면, 그 당시 아주 많은 지도를 소장하고 있었음을 알 수 있다.[23] 그 가운데는 세바스티아노 카보토가 제작한 세계지도도 있었는데, 그 지도는 1549년에 클레멘테 애덤스Clemente Adams가 인쇄해서 출판한 뒤 런던의 거의 모든 상관이 소장하는 애장품이 되기도 했다. 또한, 웨스트민스터궁Westminster Palace에 있는 여왕의 개인 전시실에는 조반니 다 베라차노Giovanni da Verrazzano, 1485~1528가 제작한 것으로 알려진 지구의가 있었다.[24]

1550년대에 접어들어 영국에서도 지도가 왕의 사실私室을 벗어나 공적인 장소에 배치되기 시작했다. 왕궁으로 사용되던 화이트홀, 그리니치Greenwich, 햄프턴 코트Hampton Court와 웨스트민스터의 세인트 제임스궁St. James Palace의 공공회랑public gallery과 대접견실, 정무실 등을 장식하게 된 것이다. 그리니치궁의 회랑에는 잉글랜드 지도가 그려져 있었고, 햄프턴 코트에는 잉글랜드와 웨일스의 토지도면이, 화이트홀에는 잉글랜드, 스코틀랜드 일부와 아일랜드와 브리타니를 그린 지도가 있었다. 바티칸의 지도의 회랑만큼은 아닐지라도 영국의 궁전에서도 커다란 방 전체를 지도로 장식한 사례가 있었다. 1592년 영국을 방문했던 뷔르템베르크 공 프리드리히Friedrich I, Duke of Württemberg, 1557~1608는 당시 벌리 경 소유의 별궁이었고 이후 제임스 1세의 왕궁으로 쓰이게 된 시어볼즈궁에 대해 이런 기록을 남겼다.

영국에서 가장 아름다운 저택의 하나로 꼽히는 장엄한 시어볼즈 궁의 어느 큰 방 천장은 12궁도로 장식되어 있어 밤에는 각각의 별자리를 볼 수 있다. 또한 그 천장에 있는 태양은 주기를 따라 도는데, 이것은 아마 뛰어난 장치가 숨겨져 있어서 가능한 일일 것이다. …… 이 화려한 궁에는 다른 큰 방과 회랑 들도 많은데 예술적인 그림들과 이 기독교 세계의 가장 중요하고도 멋진 도시들을 정확하게 그려낸 그림, 상감 세공한 테이블들과 형형색색의 장식이 있는 대리석으로 꾸며져 있다. …… 또 다른 방은 영국의 모습을 그린 곳이다. 영국의 모든 도시, 마을, 산, 강과 영주, 기사 귀족, 젠틀맨 등 토지를 소유한 사람들, 그들의 가신들이 소유한 땅 및 갑옷 등이 그려져 있다. 요약하자면, 아름다운 태피스트리와 그림 들로 꾸며진 이 모든 방이며 건물은 어떤 왕도 살기에 부족함이 없을 정도이다.[25]

지도로 벽을 장식하는 관습은 궁정뿐만 아니라 귀족이나 젠트리의 저택으로 퍼져나갔다. 특히 벽걸이 지도는 시각적으로 표상된 국가가 개인의 거주공간의 한 부분을 차지함으로써 사람들에게 늘 국가의 존재를 일깨우는 효과를 불러일으킨 중요한 아이템이었다. 벽걸이 지도는 1564년 메르카토르가 제작한 것이 그 모델로 자리 잡았는데, 1570년대가 되면 지도 제작술의 발달에 따라 수정이 불가피해지면서 새로운 벽걸이 지도에 대한 수요가 팽배한 상태였다. 색스턴은 1577년 자신의 지도를 벽걸이 형태로 제작하는 데 대한 독점권을 인정받았고, 1583년 그가 만든 벽걸이 지도들이 세상에 나오게 되었다. 색스턴의

얀 페이메이르의 〈회화의 기술, 알레고리〉에 나타난 장식용 지도

벽걸이 지도는 시어볼즈궁을 비롯해 화이트홀에 있는 여왕의 회랑, 뒤스부르크Duisburg에 있는 메르카토르의 작업실에도 걸렸다.[26]

얀 페르메이르Jan Vermeer, 1632~1675의 그림 〈회화의 기술, 알레고리〉(1666년경)는 17세기 네덜란드 가정에서 지도가 벽을 꾸미는 중요한 장식품이었음을 보여준다. 당시 독립을 이뤄낸 네덜란드에서도 국가의 자부심이 가득 담긴 지도로 벽을 장식하는 일이 크게 유행했다. 17세기 영국에서도 벽걸이 지도는 큰 인기를 끌었다. 더욱 장식적인 벽걸이 지도도 많았지만 그에 비해 소박했던 색스턴의 벽걸이 지도마저 1640년대까지 계속 생산되었을 정도였다. 색스턴의 벽걸이 지도는 1642년 내란이 일어나자 "병사들을 분할해야 하는 사령관은 물론, 적이 어디에 있는지 알려줄 수 있기 때문에 모든 사람에게 유용할 것"이라고 선전되어 오히려 그 수요가 한층 커졌다고 한다.[27]

지도 속 엘리자베스 1세

엘리자베스 1세는 여왕으로서의 자신을 프로파간다에 이용한 대표적 인물이다. 로이 스트롱Roy Strong과 줄리아 워커Julia M. Walker 등 엘리자베스 신화를 연구하는 학자들은 엘리자베스 1세의 이미지는 여왕 자신과 측근들에 의해 만들어진 창조물이었음을 강조한다.[28] 여왕은 자신의 시각적 이미지가 생산되고 유통되는 과정을 치밀하게 통제하고자 했다. 1563년부터 자신이 승인한 이미지만을 초상화와 메달 등으로 시중에 유포할 수 있게 한 것이다. '귀족부터 천민에 이르기까지 모든 백성이 여왕의 초상화를 소장하기를 원하지만, 이런 열정을 점검하는 의미에서 여왕이 지정한 특별한 사람이 여왕의 얼굴을 스케치하고, 그 후에 여왕이 만족할 만한 수준으로 채색하고 동판에 새긴 다음에야 초상화를 유포할 수 있다'는 요지의 명령이 거듭 내려졌다.[29]

여왕은 단순한 통제에서 한발 더 나아가 자신을 그린 그림들에 다양한 상징을 활용하여 왕권의 이상을 형상화하고 통치자가 지향하는 정치적 메시지를 담아냈다.[30] 이런 맥락에서 여왕의 초상화에 지도

색스턴의 《대 아틀라스》 속표지

엘리자베스 1세가 지리학과 천문학 사이에서 즉위하는 모습으로 묘사되었다.

가 등장하게 되었다는 사실을 주목할 필요가 있다. 무엇보다도 엘리자베스 1세의 초상화에 장미, 백합, 불사조, 펠리컨, 담비, 체 등 기독교적 상징과 이교적 상징을 포괄한 많은 전통적 상징들에 더해 '지도'라는 도상이 또 하나의 상징으로 나타나기 시작했기 때문이다. 색스턴의 《대 아틀라스》 속표지에는 엘리자베스 1세가 지리학과 천문학을 상징하는 두 인물 사이에서 즉위하는 모습으로 등장한다. 여왕의 발 아래에도 두 학문을 상징하는 인물들이 그려져 있는데, 이는 여왕이 이 두 분야의 후원자이자 이 두 분야가 관장하는 지상과 천상의 영역 모두를 아우르는 지배자임을 의미한다. 또한 지도 각 장에 그려진 왕실 문장은 지도에 담긴 영토 내에서의 여왕의 합법적인 통치권과 지배를 분명히 드러내는 표지이다.

국왕 중심의 국가정체성을 만드는 데 있어 지도는 매우 중요한 역할을 했다. 궁정의 야외 행사에는 지도가 배경으로 등장했고,[31] 여왕의 가계도가 함께 그려진 지도가 제작되기도 했다.[32] 유럽 대륙을 여왕의 모습으로 의인화한 지도[33]는 영국을 넘어 유럽 내 영국의 위상을 극대화한 예이다. 과거 그리스도의 모습이 그려지던 자리에 엘리자베스 1세를 그려 넣은 우주도宇宙圖도 나타났다. 존 케이스John Case, ?~1600의 《인간계Sphaera Civitatis》(1588)[34]에 실린 목판화에서는 엘리자베스 1세가 프톨레마이오스의 우주관에 근거한 태양계를 끌어안고 있는데, 이것은 우주의 질서가 여왕의 은덕이 통치하는 지상 세계의 질서에 그대로 반영된다는 것을 비유한 것이다.

또한 순결을 상징하는 체를 들고 선 여왕을 그린 〈체 초상화The Sieve Portrait〉의 오른편에 지구의가 그려져 있는데, 영국이 있는 자리가

존 케이스의 《인간계》에 그려진 엘리자베스 여왕

〈체 초상화〉(1583)

〈아르마다 초상화〉(1588)

〈디칠리 초상화〉(1592)

빛을 받으며 강조되고 있다. 〈아르마다 초상화The Armada Portrait〉에도 역시 지구의가 등장하는데, 흥미롭게도 여왕의 손이 아메리카 대륙을 짚고 있다. 이는 1587년 버지니아에 정착한 영국 이주민들 사이에서 처음으로 아기가 태어난 것을 상징하며, 에스파냐 무적 함대(아르마다)를 무찌른 영국 함대 그림으로 표현되는 바다에서의 지배권과 아메리카 대륙으로 상징되는 범세계적인 육지에서의 지배권 모두를 한껏 과시하는 비유이다.

엘리자베스 1세의 초상화 가운데 지도학자들을 가장 매료시킨 것은 1592년에 그려진 〈디칠리 초상화The Ditchley Portrait〉이다. 디칠리는 이 초상화를 주문한 여왕의 총신 헨리 리 경Sir Henry Lee, 1533~1611의 저택이 있던 지역의 이름으로, 초상화가 걸려 있던 곳이기도 하다. 이 그림에서 여왕은 굳건히 서서 번개와 폭풍으로 상징되는 외압을 막아내는 모습이다. 여왕이 다스리는 땅 영국을 표상하는 것은 발 아래 놓여 있는 여왕의 후원으로 만들어진 색스턴의 지도이다. 여왕의 발은 리 경의 고향인 옥스퍼드셔에 닿아 있는데, 이것은 그림을 의뢰한 사람의 출신 지역을 존중하는 동시에, 그 사람의 충성심을 통해 궁극적으로 국가의 중추적 존재로서의 여왕의 권위를 세우는 상징으로 해석할 수 있다.

국토가 그려진 지도를 밟고 서 있는 엘리자베스 1세의 모습은 지도라는 매체를 통해 여왕의 권위를 보여주는 새로운 방식이다. 마이클 빅스Michael Biggs는 이런 방식의 비유는 카시니Cassini 일가가 제작한 프랑스 지도와는 매우 다른 것으로, 국토와 인격체로서의 여왕을 연결하는 독특한 방식이라고 주장한 바 있다.[35] 원칙상 국토를 지도에 그린다는 것은 국가의 공간을 비인격적인 대상으로 만드는 것이기 때문에, 정치적 권위를 객관화해버려 왕조적 본질을 약화시키는 성격이 강하다. 그렇게 볼 때 지도는 정치 권력이 왕실의 계보로부터 나오는 것이 아니라 비인격적인 국가에 위치한다는 것을 보여주게 되는 강력한 상징물일 수 있다. 하지만 그런 지도가 인격체인 여왕의 모습과 함께 그려진다는 것은 매우 다른 의미를 담고 있다는 것이다. 여왕은 그 지도를 밟고 서 있음으로써 자신의 통치 영역을 분명히 하고 있을 뿐만 아니라, 이제 봉건적인 매개 관계 속에서 군림하는 것이 아닌 그 영역 자체를 대상으로 통치 권력을 행사하고, 공간이라는 매개를 통해 국민에게 영향력을 행사하고 있음을 천명한다.

여왕의 초상화에 지도를 동원한 현상은 영국 국민들 사이에 이들 '지도'가 영국이라는 국토를 나타낸다는 인식이 퍼져 있음을 전제하고 있거나, 최소한 이런 시각적 매체를 통해 그런 인식을 확산시키려 했음을 의미한다. 여왕의 초상화에 포함된 영국 지도들은 영국이라는 물리적 공간이 여왕을 정점으로 하는 정치적 공동체이자, 여왕의 보살핌을 받고 나아가 여왕으로 대표될 수 있는 곳임을 강력하게 암시하는 것이다. 이는 궁극적으로 엘리자베스 1세 정부가 국왕으로 대표되는 영국의 국가정체성을 지향했고, 시각적 이미지의 창출이라는 영역에서 이를 전파하기 위해 적극적인 노력을 기울였음을 보여준다고 하겠다.

인쇄 지도

여왕의 초상화는 궁이나 귀족의 저택에만 걸려 있는 것이 아니었다. 목판이나 동판으로 인쇄되어 책에 실리거나 낱장으로 판매되는 등 사회 전반으로 퍼져나갔다. 따라서 여왕의 초상화에 지도를 포함시켰다는 것은 일반 사람들 사이에 지도-지각이 확산되어 있었음을 반증한다. 지도에 관한 담론은 당시 일반 사람들을 대상으로 한 희곡에서도 나타났다. 셰익스피어의 희곡 《십이야The Twelfth Night》(1602)에서 곧잘 속아 넘어가는 말볼리오가 "히죽히죽 웃는데 서인도 제도를 자세하게 그린 새로 나온 지도보다도 더 많은 주름이 잡힌다"라는 표현이 나온다.[36]

엘리자베스 1세와 그 측근들은 인쇄술을 통한 지도의 보급을 적극 추진했다. 지도제작자들은 왕으로부터 자신들이 만든 지도에 대한 향후 몇 년 혹은 몇십 년 동안의 인쇄 독점권을 허가받곤 했다. 지도를 기밀문서로 묶어두지 않고 인쇄를 통해 사회가 공유할 수 있는 정보로 만들었다는 것은 정치적 역량에 대한 영국 지배층의 자신감을 드러내는 일면이기도 하다. 색스턴의 지도를 비롯한 많은 지도가 인쇄시장을 활성화시키며 지식인들 사이에 퍼져나갔다. 지도가 사회의 정점에 있는 사람들의 독점물이 아니라 그 아래 층위로 전파될 수 있다는 사실 자체는 지도를 통한 강력한 정치적 프로파간다를 펼칠 수 있는 조건이 된다.

이 조건은 당시 유럽에서 영국과 네덜란드만이 가지고 있던 독특한 것이었다. 중세 말부터 가장 앞선 지도 제작술을 자랑하던 에스파냐와 포르투갈은 지도에 대해서 매우 엄격한 비밀주의 정책을 고수했다. 포르투갈은 새로 발견한 땅에 대한 외국인의 접근을 철저히 통제했으며, 해도가 유통되는 것을 막기 위해 강력한 제재 조치를 취했다. 포르투갈에서 지도 제작의 중심지는 리스본으로, 해외 영토의 소관 부처였던 인디아 청Casa da India이 지도의 제작·수정·보관 임무를 맡았다. 항해자에게는 지도를 제공했지만, 그들 역시 항해를 마치면 지도를 반드시 반환해야 했다. 리스본에 있던 이탈리아의 한 정보원은 "국왕이 지도를 해외로 보내는 자는 사형에 처한다고 선언했기 때문에 이 항해의 해도를 입수하는 것은 불가능하다"라고 기록했다. 이렇게 비밀주의를 고수했던 데다가 1755년 리스본 대지진으로 말미암아 지도 대부분이 소실되는 바람에 이 시기 포르투갈의 지도들은 거의 남아 있지 않다.[37]

에스파냐에서 지도 제작의 중심은 세비야였다. 앞서 살펴보았듯이 영국의 스티븐 버러가 감탄해 마지않던 세비야의 통상원이 항해사 교육과 해도 심사를 맡았다. 통상원은 에스파냐인이 발견했거나 이주 등을 통해 영유권을 주장하는 토지를 목록화하고, 항해나 탐험을 통해 추가된 정보를 일괄적으로 처리했다. 이렇게 효율적이고도 중앙집중화된 체계로 인해 다른 어떤 나라보다도 새로운 장소에 대해 체계적인 기록을 남길 수 있었다. 정부 차원의 철저한 관리·감독이 16~17세기 에스파냐 해도를 살아남게 한 것이다. 하지만 그 해도들이 인쇄되는 경우는 거의 없었다.[38]

16세기 초 프랑스의 디에프가 새로운 지도 제작의 중심지로 명성을 떨치게 되었다. 하지만 곧 프랑스 국내의 정치·종교적 불안정으로 인해 지도 제작이 지체되었고 그곳에 몸담고 있던 기술자들이 다른 나라로 후원을 구하며 빠져나가기도 했다. 프랑스의 지도 제작은 꽤 오랜 침체기를 거친 후 17세기 후반 루이 14세 치하에서 큰 전환점을 맞았다. 재상 콜베르Jean Baptiste Colbert, 1619~1683가 조반니 도메니

코 카시니Giovanni Domenico Cassini, 1625~1712에게 국토 측량과 지도 제작을 명령한 이후 카시니 일족을 비롯한 많은 지도제작자가 프랑스 전역을 측량하여 정확한 지도를 제작한 것이다. 이 사업은 간헐적으로 중단되기도 했지만 1818년 마침내 최종결과물을 생산해 냈다. '카시니 지도Cassini maps'라고 불리는 이 지도는 한 나라의 전역을 삼각측량으로 조직적으로 측량하고, 대축척을 사용하여 지표의 상태를 정확하고 통일적으로 표시한 최초의 지도라고 평가받는다.[39]

프랑스가 종교분쟁에 휩싸인 사이, 해외 원정과 관련해 새로운 방식으로 해도를 제작하는 사람들이 런던으로 모여들었다. 이들은 포르톨라노 해도의 전통을 잇고 있으면서도 자신들만의 독특한 스타일을 개발했다. 바다를 소용돌이 모양으로 표시하거나 글자 크기를 달리하여 지역 간의 중요도 차이를 표시하는 등 특징 있는 기법을 통해 일종의 학파를 형성한 것이다. 그리하여 윌리엄 해크William Hack, 1680~1710년에 활발히 활동와 존 손턴John Thornton, 1641~1708, 존 셀러John Seller, 1632~1697 등을 필두로 16세기 후반부터 약 100년 동안 활동한 런던의 지도제작자들을 '템스 학파Thames School' 혹은 '드레이퍼 학파Drapers' School'라고 부른다. 이 명칭은 프랑스의 디에프 학파에 빗대어 붙여진 이름이지만, 디에프 학파와는 달리 템스 학파의 구성원 대부분은 인쇄지도 제작에 참여하게 되었다.[40]

이베리아반도가 중앙통제방식으로 지도를 제작했던 반면, 네덜란드와 영국의 지도 제작은 인쇄를 통한 상업 출판으로 발전했다. 인쇄를 통해 지도 제작을 활성화한 영국과 네덜란드는 국가적 프로파간다에 인쇄된 지도를 적극적으로 활용할 수 있었고, 신대륙의 영토분쟁과 같은 사안에서 먼 곳에 있는 '잠재적 내 나라 땅'을 둘러싸고 국민들에게 더욱 구체적인 비전을 제시하며 호응을 불러일으킬 수 있었다. 특히 특정 사건에 대한 설명이 첨가된 지도가 제작되자 출판시장에서 지도가 지닌 잠재력이 분명하게 드러났다. 1588년 영국 함대의 에스파냐 무적함대 격퇴 과정을 담은 로버트 애덤스Robert Adams, 1540~1595의 지도들은 폭발적 인기를 누렸다. 이 지도들은 전투가 벌어진 해협의 축척 지도를 배경으로 단계별 군사작전 상황을 보여주는 것으로, 오늘날 뉴스 영상과도 같은 것이었다.[41] 에스파냐의 무적함대 격퇴(1588), 프랜시스 드레이크Francis Drake의 산티아고 및 산토도밍고 공격(1585, 1586)과 서인도 제도의 대지 도면과 같은 '영광스러운' 사건들이 그림과 지도로 그려져 인쇄되고, 책에 실려 널리 보급되면서 국가의 정책을 홍보하는 역할을 했다.[42]

연대기나 역사지지서에도 지도가 등장했다. 윌리엄 패튼의 연대기 《스코틀랜드 원정》(1548)에는 당시에 일어난 전투를 묘사하는 세 장의 지도가 포함되어 있다.[43] 벌리 경이 출간을 주도했던 이 책은 스코틀랜드 원정에 대한 대중의 관심을 환기하려는 의도가 있었는데, 여기에 포함된 지도는 대중에게 이 전투에 대한 생생한 이미지를 전달하고자 하는 세심한 노력으로 볼 수 있다. 색스턴의 지도는 당시 가장 대표적인 역사지지서에 실리기 시작했다. 《홀린셰드의 연대기》와 윌리엄 캠든의 《브리타니아》 수정판에 삽입되는가 하면, 각 주 지도는 해당 지방의 연대기에 실리기도 했다. 널리 회자된 윌리엄 램버드의 《켄트 답사Perambulation of Kent》(1576)에 색스턴의 켄트주 지도가 삽입되었음은 물론이다.

플로리다 세인트 어거스틴 전투 지도(1586)

국민들에게 정책을 홍보하는 데 지도는 큰 역할을 하기 시작했다. 프랜시스 드레이크가 이끄는 함대의 공격 장면을 담은 지도로, 이 전투의 승전 과정은 곧 지도로 만들어져서 낱장으로 판매되거나 책에 실렸다.

인쇄 지도의 보급에 따라 지도는 그 쓰임이 늘어났을 뿐만 아니라 다양한 용도의 지도가 제작되기도 했다. 특히 17세기 후반에는 본격적인 도로 지도가 성행했다. 1675년 존 오길비는 도로 표기를 위주로 한 최초의 지도첩인《브리타니아》제1권을 출판했다. 이 지도첩에 실린 지도에서 그가 사용한 '인치=1마일'의 축척은 이후 가장 보편적으로 쓰이는 축척이 되었다. 오길비의 지도는 도로 위의 관문과 표지물, 경사의 방향, 도로 양쪽으로 벽이나 담장이 세워져 있는가에 대한 정보, 교차 도로의 방향, 다리의 재료 등 상당히 자세한 정보를 담고 있다. 그래서 매우 인기가 있었고, 1719년부터는 포켓판이 출간되기도 했다. 오길비 이후 윌리엄 베리William Berry의 〈잉글랜드의 주요 도로Grand Roads of England〉(1679), 리처드 카Richard Carr의 〈잉글랜드 우편 도로 해설Description of all the Post Roads in England〉(1688) 등 많은 도로 지도가 나타났다. 1690년대에 왕성한 활동을 보였던 지도제작자 존 셀러는 기존 지도들에 도로를 그려 넣어 새로 출판하기도 했다.

지도사가인 사라 타이약Sarah Tyacke은 17세기 런던에서 지도의 생산과 유통이 매우 활발했음을 구체적 사례를 통해 보여준 바 있다. 사람들은 새로 제작되거나 해외로부터 들어오는 다양한 지도들에 큰 관심을 보였고, 1660년대에는 이런 귀한 지도들을 취급하는 전문 지도상이 최소 여섯 군데가 있었다. 당시의 정기간행물《런던 가제트London Gazette》에서는 새로 입수된 지도들을 소개하는 광고를 많이 찾아볼 수 있는데, 다음의 두 예는 당시 지도에 대한 관심과 수요가 얼마나 많았는지를 엿볼 수 있게 해준다.

1671년 10월 23일부터 26일까지
국왕의 지도제작자 오길비 씨의 영국 지도첩 제2권(아메리카를 그린 것)이 오는 11월 3일 수요일에 출판될 예정입니다. 화이트 프라이어White Friers에 있는 작가들의 집, 로버트 파쉬 씨Mr. Robert Pasch의 서점, 혹은 인쇄업자 지부, 혹은 롬바드 거리에 있는 로버트 바이너스 경Sir. Robert Viners 저택 근처에 있는 상점 잉크보틀Inkbottle에 준비되어 있을 것입니다. 주문을 원하는 분은 언제든 그곳으로 가거나 사람을 보내십시오.

1672년 11월 18일부터 21일까지
여기 폴란드 국왕의 영토를 그린 새로운 지도가 나왔습니다. 폴란드의 모든 공작령과 주를 망라하고 있으며; 말하자면 프러시아, 쿠야비아Cujavia, 마조비아Mazovia, 흑러시아Russia-nigra, 리투아니아Lithuania, 볼히니아Volhinia, 포돌리아Podolia, 우크라니아Ukraine 등등이 있습니다. 모든 주요 도시와 마을과 요새를 보여주고, 그곳들로 튀르키예 군대가 진격한 양상도 살펴볼 수 있습니다. 국왕의 수로측량가Hydrographer 존 셀John Sell이 익스체인지 앨리Exchange-Alley에 있는 자신의 상점에서 판매하며, 콘힐 거리에 있는 아틀라스Atlas라는 상점에서 로버트 모던Robert Morden이, 스트랜드의 솔즈베리 하우스 건너편에 있는 아서 투커Arthur Tooker도 판매합니다.[44]

존 스피드의 《대 브리튼 제국의 무대》

표절의 제왕이 그린 지도

지도첩 《대 브리튼 제국의 무대》(1611)[45]로 널리 알려진 존 스피드는 사실 역사가였다. 그리고 이 지도첩은 원래 그의 방대한 연대기 《카이사르로부터 제임스 1세에 이르는 대 브리튼의 역사The Historie of Great Britain from Julius Caesar to James I》(1611)의 부록으로 만들어진 것이다. 하지만 정작 그의 역사서는 가치를 인정받지 못했다. 왜냐하면 캠든의

존 스피드의 《대 브리튼 제국의 무대》 1616년판 속표지

《브리타니아》 같은 기존의 저작을 거의 그대로 베낀 독창성 없는 저작이었기 때문이다. 스피드 자신은 스스로를 진지한 역사가라고 믿었지만, 역사가로서 그에 대한 평가는 '글 솜씨가 좋은, 열정적인 편집자'라는 정도가 가장 후한 편에 속한다. 그런데 그는 자신이 참조한 많은 기록 가운데 최소한 아직 출간되지 않은 문헌을 베낀 경우는 그나마 그 출처를 명시했다.[46] 아직 저작권이나 표절에 대한 구체적인 기준이 없었던 시대에 스피드는 악습의 총화를 보여줌과 동시에, 긍정적인 새로운 관행을 시작한 사람이었던 것이다.

스피드는 1552년 체셔Cheshire에서 태어났다. 1582년경에는 런던에서 가정을 이루고, 자신의 집을 소유하고 있었다고 알려진다. 가업을 이어받아 재단사 조합Merchant Taylors Company의 구성원으로 일하면서 여가 시간에 지도를 만들었다. 1598년 시인이자 정치가였던 풀크 그레빌의 눈에 띄어 엘리자베스 1세의 후원을 받게 되면서 지도 제작에 전념할 수 있게 되었다. 그는 옛것 연구회의 회원이 되었고, 로버트 코튼 경의 후원을 얻는가 하면, 캠든 같은 학자들과도 교류할 수 있었다. 나이가 들어가면서 그는 점점 더 계보학이나 종교사에 관심을 기울여서 《비밀스러운 문헌에 기록된 계보들Genealogies Recorded in Sacrete Scripture》(1611), 《목격자들의 구름A Cloud of Witnesses》(1616)과 같은 다소 괴기스러운 내용의 책을 펴내기도 했다. 1629년 77세로 사망한 그는 평생 12명의 아들과 6명의 딸을 남겼다.[47]

당시 영국의 옛것 연구의 분위기에 편승했던 탓인지, 스피드는 역사와 지지를 연대기와 지도라는 구체적인 방식으로 결합시키고 싶어 했다. 그가 야심 차게 제작한 지도인 〈노르만 정복 이후 잉글랜드와 아일랜드의 침략과 내전들The Invasions of England and Ireland with all their Civil Wars since the Conquest〉(1610)은 스피드의 그런 성향을 잘 보여주는 예이다. 하지만 다른 옛것 연구가들과 달리 로마 이전의 역사에 대해서는 회의적이어서 모든 역사를 로마의 침입으로부터 보고자 했다. 그는 또한 중세의 연대기를 "천박한 연대기"라고 깎아내리며 중세의 연대기 작가들이 "머리 나쁜 이들만 중요하다고 여긴 복식, 보석, 왕실 행사, 연회, 손님과 기타 군주 등과 관련된 사안들에 지나치게 치중했다"라고 비판했다.[48]

스피드의 연대기는 형편없는 평가를 받았지만, 부록인 《대 브리튼 제국의 무대》는 독창적인 업적으로 평가되며, 영국인들에게 가장 큰 사랑을 받은 지도첩으로 남았다. 무엇보다도 엄청난 상업적 성공을 거두었고 지금도 계속 출간되고 있을 정도이다. 여기에 실린 지도들은 1596년부터 1610년 사이에 개별적으로 제작되었는데, 1611년에 네 권의 지도첩으로 묶여 출판되었다. 하지만 여기에 실린 스코틀랜드와 아일랜드 지도들이 1612년에 제작된 것으로 나와 있어 아마도 1612년에 출판되지 않았을까 추측된다. 이 지도첩의 앞부분에는 일반도 3개가 실려 있는데, 맨 처음 것은 스코틀랜드와 아일랜드까지 포함하는 대브리튼 왕국의 전체 모습이, 다음으로는 잉글랜드와 웨일스만을 그린 잉글랜드 왕국이, 마지막으로 앵글로 색슨 시대의 브리튼이 그려져 있다. 그 뒤로 영국의 주와 섬을 그린 지도 44장, 웨일스 전도와 웨일스의 주 지도 13장, 스코틀랜드 지도 1장, 아일랜드 지도와 아일랜드의 지역별 지도 4장 등 총 67장의 지도가 실려 있다. 이 지도들은 사실 스피드가 직접 측량이나 조사를 해서 만든 것이 아니라 대부분 먼저 나온 업적들을 기초로 해서 그린 것이다.[49] 잉글랜드와 웨일스 지도는 색스턴을 비롯한 영국인들이 그린 지도를 참조했고, 스코틀랜드 지도는 메르카토르가 1595년에 그린 두 장의 지도에 기초하고 있다.[50]

제임스 1세와 통합 왕국의 딜레마

이 지도첩의 제목인 '대 브리튼 제국의 무대'에서 '무대theatre'는 오르텔리우스의 《세계의 무대》(1570)에서 따온 것이다. 1606년에 나온 오르텔리우스의 지도첩 영어판 제목에도 '무대'라는 단어가 그대로 사용되었다. 그런데 여기서 '제국Empire'이라는 말은 근대적 의미의 제국이 아니라, 유럽 역사에서 오랫동안 관례적으로 써온 표현이다. 엘리자베스 시대 영국에서는 해외 팽창을 적극적으로 주창했던 존 디가 '브리튼 제국British Empire'이라는 말을 사용하면서 크게 유행했다.[51] 당시 영국은 아직 스코틀랜드조차 공식적으로 병합하기 전이었고, 해외에 아무런 식민지도 갖지 못한 상태였다.

하지만 제임스 1세가 왕위에 오른 후 사용된 '브리튼 제국'이라는 표현은 조금 다른 의미를 찾아볼 수 있다. 사실 역사적으로 대 브리튼 왕국The Kingdom of Great Britain이 나타난 것은 1707년 '연합법Act of Union'에 의해 잉글랜드와 스코틀랜드가 합병된 이후이다. 하지만 그보다 100여 년 전, 후사가 없던 엘리자베스 1세가 스코틀랜드 국왕을 잉글랜드의 왕으로 임명하면서 자연스럽게 잉글랜드와 스코틀랜드가 합쳐진 셈이 되었다. 엘리자베스 1세의 뒤를 이어 즉위 한 제임스 1세는 '대 브리튼의 왕King of Great Britaine'이라는 칭호를 공표했다. 제임스 1세는 대내외적으로 이 새로운 칭호가 마치 오래전부터 사용되어 온 역사적 전통을 지닌 것처럼 인식시키고자 했다. 그는 1604년 이렇게 공언했다.

> 이 칭호는 진정하고도 오랜 전통을 지닌 이름으로 …… 이 섬을 그리고 있는 모든 역사, 지도, 위임장, 많은 외국의 군주들이 보낸 서한 들로 전해져 왔고, 권위 있는 헌장, 문장 아래의 인증, 고대의 위대한 기록 들로 뒷받침되므로, 우리에게 우리의 행위에 대한 권리를 주는 것이다.[52]

《대 브리튼 제국의 무대》에 실린 지도 대부분이 잉글랜드와 웨일스를 그린 것이었다 할지라도, 스코틀랜드와 아일랜드 지도를 포함했다는 것은 스피드가 제임스 1세의 연합왕국의 이념을 충실히 따르고 있었음을 보여준다. 사실 이 지도첩은 잉글랜드, 웨일스, 스코틀랜드와 아일랜드의 주별 지도를 처음으로 완벽하게 갖춘 세트라는 면에서 중요성을 인정받기도 한다. 비록 색스턴의 지도를 많이 베꼈지만 색스턴의 《대 아틀라스》가 한 장에 여러 주를 몰아넣기도 했던 것과는 달리, 모든 주의 개별 지도를 실었다는 점과 세 왕국을 포괄하면서도 각 왕국의 주를 모두 싣고 있다는 점은 이 지도첩의 정치적 성격을 분명히 드러낸다. 특히 색스턴이 아일랜드를 완전히 배제한 반면, 스피드는 최초로 아일랜드 각 지방을 지도에 세밀하게 그려 넣었다. 이를 위해 스피드는 더블린을 직접 방문하기도 하고, 아일랜드를 측량했던 로버트 리테Robert Lythe, ~1574?와 프랜시스 잡슨Francis Jobson, 1509~1573의 기록들을 참조했던 것으로 알려진다. 하지만 스피드의 지도첩에 그려진 아일랜드는 당시의 실제 모습과는 상당히 동떨어져 있다.

스피드의 지도에서 가장 큰 결점으로 꼽히는 아일랜드 지도는 그동안 많은 지도 전문가에게 의문점으로 남아 있었다. 당시에는 이미 아일랜드 측량이 활발하게 이루어지고 있었고, 스피드 자신이 직접 그곳을 방문했으며 뛰어난 측량사들로부터 자료를 얻었음에도 그의 지도에는 그런 성과가 전혀 반영되지 않았기 때문이다. 특히 얼스터 지방을 그린 지도는 정확도가 가장 떨어지고 낡은 정보만을 담고 있어 더욱 의문이 들게 한다. 이것은 스피드의 지도가 제작될 당시 얼스터 식민지가 가진 정치적 중요성을 고려해볼 때 납득할 수 없는 일이었다. 앞서 언급했듯이 1603년에 9년 전쟁이 끝나고 얼스터에서는 본격적인 식민정책이 시작되었다. 영국에 투항한 얼스터 영주들의 토지와 작위는 영국 정부에 의해 재분배되었고, 프로테스탄트 영국인들과 스코틀랜드 대지주들이 얼스터에 정착하기 시작했다. 1597년 리처드 바틀릿은 얼스터 지방의 측량에 착수해 무려 6년 동안이나 정밀한 측량작업을 수행했다. 스피드가 얼스터 지도를 준비하고 있던 1607, 1608년경에는 로버트 세실Robert Cecil, 1st Earl of Salisbury, 1563~1612의 명을 받은 존 노든이 얼스터의 프로테스탄트 소유 토지에 대한 상세한 지도를 완성했다.

그럼에도 스피드의 지도에 나타난 얼스터는 아직도 아일랜드 영주들의 지배를 받고 있는 것으로 그려졌다. 또한 1610년이면 이미 사라져 의미가 없는 영토적 경계나 전쟁이 끝난 상황에서 더는 실용성이 없는 옛 요새들이 중요한 거점으로 표시되어 있었다. 이런 시대착오적인 결과물이 나오게 된 원인을 두고 학자들은 여러 의견을 내놓았다. 무엇보다도 아일랜드에 대한 정보 부족으로 인해 낙후된 지도가 그려질 수밖에 없었다는 해석이 지배적이었다. 16세기를 통틀어 아일랜드를 그린 지도가 별로 없었고, 그나마 가장 권위 있는 지도로 볼 수 있는 메르카토르의 지도(1564)나 밥티스타 보아지오Baptista Boazio의 1599년판 아일랜드 지도에도 얼스터는 자세히 그려지지 않았기 때문이다. 특히 내륙의 중심부에 대한 정보는 거의 없어서 텅 빈 공간으로 묘사되곤 했다. 그런데 지도에 나타난 빈 공간은 확고한 정보나 지식의 부재를 의미하는 동시에 탐험과 정복에 대한 욕망을 불러일으키는 '미지의 공간'으로서의 가치를 지니는 것도 사실이다.

아일랜드 에니스킬렌 전투 지도

9년 전쟁이 시작된 1594년 2월 에니스킬렌 성(Enniskillen Castle) 포위 공격 모습을 그린 지도이다.

그런데 최근 마크 네츨로프Mark Netzloff는 스피드의 얼스터 지도가 드러내고 있는 오류에 대해 흥미로운 분석을 내놓았다.[53] 지도를 실제의 반영물이 아닌 철저히 정치적 혹은 기타 의도에 의한 창작물로 보아야만 스피드의 얼스터 지도에 대한 의문을 풀 수 있다는 것이다. 그는 영국이 만든 아일랜드 지도는 중앙집권화 과정을 그대로 보여주는 것이 아니라 중앙집권화의 다양한 전략 가운데 하나를 반영한 것이라고 주장했다. 그 전략 가운데 하나는 반란이나 지방분권적인 움직임에 대해 끊임없이 경각심을 불러일으키는 것으로, 지도상에 일부러 지방분권적으로 묘사해야 할 필요가 있는 지역도 있었다는 것이다. 이런 맥락에서 본다면 얼스터의 지도가 보여주어야 할 핵심은 아일랜드가 영국에 어떻게 통합되었는가가 아니었다. 오히려 통합 왕국 영국에서 잠재적 위협이 될 만한 것들이 무엇인가를 부각해 보여주는 것이 이 지도의 사명이었던 셈이다. 따라서 얼스터가 영국 정부에게 골치 아픈 존재였던 과거 시점으로 그려진 얼스터 지도는 국민들에게 지속적으로 얼스터에 대한 통제와 지원이 필요하다는 사실을 환기시키고, 동시에 통치자로 하여금 끊임없이 식민행정의 어려움과 그곳에 결여된 대표성의 문제와 같은 사안들을 각성하게 하는 기능을 할 수 있었다는 것이다.

얼스터 식민지가 자리를 잡아가고 그곳에 대한 철저한 측량이 이미 끝났음에도 스피드의 얼스터 지도는 1685년까지도 큰 수정 없이 그대로 계속 다른 책과 자료들에 실려서 출판되었다. 영국 내에서 주로 통용되던 아일랜드 지도에는 얼스터 식민지가 아예 존재하지 않은 셈이다. 사실 지도는 객관적 사실의 반영물이 아니라 언제나 목적성을 가지고 만들어지는 창작물이다. 역사적으로 외국군의 침략을 받을까 봐 일부러 엉뚱한 지도를 만들고, 팔고, 수집하는 예는 많았다. 지도를 통한 지식의 생산이라는 차원에서 생각해 보면 얼스터 지도는 스피드의 지도 가운데 정치성을 가장 뚜렷하게 드러낸 지도이자 지도의 본질을 가장 단적으로 보여주는 사례이다.

내 고장의 자랑거리

존 스피드의 《대 브리튼 제국의 무대》는 영국에서 출판된 지도첩

가운데 사람의 모습을 그려 넣은 것으로는 가장 대표적인 저작이다. 일반도圖 〈잉글랜드 왕국〉에는 양쪽 가장자리를 따라 인물이 각각 네 명씩 그려져 있다. 귀족, 젠트리, 도시민, 농부와 맞은 편에 위치한 그 부인들의 모습이다. 부부의 모습으로 그려진 네 부류의 사람들은 당시 영국을 구성하는 대표적인 계층을 나타낸다. 그런데 아일랜드를 그린 일반도에는 젠틀맨, 문명화된 아일랜드인, 야만인이라는 전혀 다른 구분이 나타나고 있다. 얼스터 식민지의 사례와 마찬가지로 스피드는 아일랜드를 보편적인 영국의 공간이라기보다는 아직 미개한 공간으로 그려냈다. 이런 시각은 영국의 아일랜드 정복을 일종의 '문명화의 사명'으로서 정당화하는 것이다.

일반도 뒤에 첨부된 〈앵글로 색슨 시대의 7왕국〉 지도는 옛것 연구에 대한 이 시기의 열풍을 반영한다고 볼 수 있다. 앞서 살펴보았듯이 이 시기 유럽 지도들은 흔히 한 나라의 역사에서 오래전에 존재했던 지역 구분에 따라 그려지곤 했다. 스피드는 색슨 시대 브리튼섬이 7개 왕국으로 나뉘어 있던 모습을 지도로 그리면서 한쪽에는 각 왕국의 왕을, 다른 한쪽에는 그 후손들이 기독교로 개종하는 모습을 그려 넣었다. 일반도 가운데 유일하게 과거를 그린 지도가 앵글로 색슨 시대에 대한 묘사라는 것은 그 시대와 제임스 1세 시대를 연결하고자 한 시도라고 볼 수 있다. 즉 종교개혁 이후의 튜더 왕조와 마찬가지로 제임스 1세는 노르만 정복 이전 브리튼섬에 살고 있던 사람들로부터 자신의 지배적 정당성을 끌어오고자 했고, 스피드는 그런 왕의 의도에 충실하게 부응했다고 볼 수 있다.

스피드는 지도의 상업적 가치를 깨닫고, 이를 최대치로 끌어올린

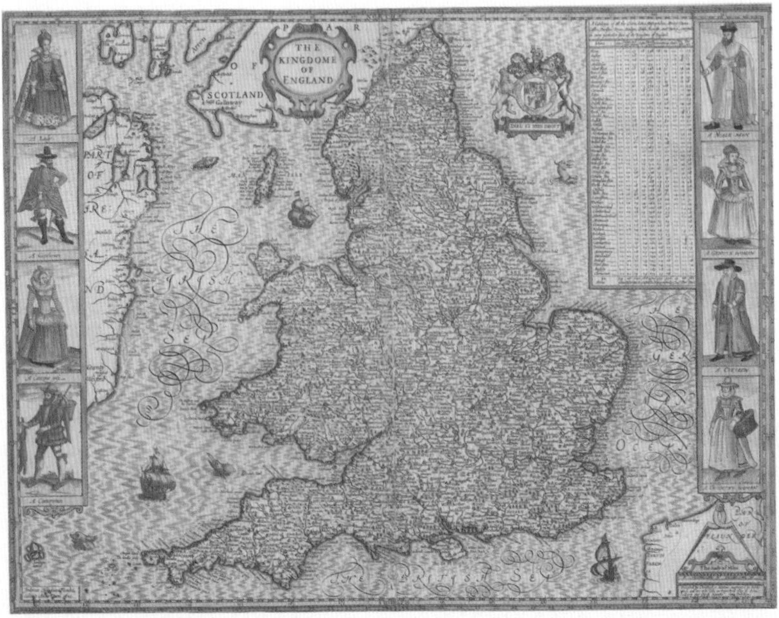

존 스피드의 잉글랜드 왕국 지도

존 스피드의 아일랜드 왕국 지도

존 스피드의 앵글로 색슨 시대의 7왕국 지도

사람이었다. 자신의 지도를 여행자들이 참고하거나 행정에 활용할만 한 것으로 만들고자 했을 뿐만 아니라, 무엇보다도 서재에 걸어두었을 때 장식적인 효과가 날 수 있도록 세심하게 배려했다. 글자체를 달리해서 밋밋하지 않은 느낌이 들도록 했으며, 컴퍼스와 같이 축적을 나타내는 표시도 지도마다 그 모양과 위치를 달리해서 그 자체가 훌륭한 볼거리가 될 수 있도록 했다. 주의 모양이 비대칭적이면 나머지 공간에 다양한 그림을 그려 넣었다. 이런 지도는 독자들이 그 공간을 좀 더 구체적으로 상상하게 만들고, 자신이 가보지 않은 곳일지라도 시각적 정보를 통해 의미를 만들어내게 하여 공간을 독자의 인식 범위 속으로 강하게 끌어들일 수 있는 것이다.

릴런드나 색스턴과 마찬가지로 스피드도 《대 브리튼 제국의 무대》에서 강을 매우 중요한 요소로 다루고 있다. 강 위에 놓인 다리 몇 개를 제외하고 도로 표시는 전혀 나타나지 않는다. 스피드는 지형과 지물을 나타내는 상징도 전통적인 방식을 사용했다. 도시는 건물들이 밀집한 모양으로, 마을은 교회 종탑으로, 삼림은 작은 나무 모양으로 표시한 것이다. 이렇게 전통적인 방법을 사용한 것은 지도가 가진 미적 가치를 최대화하려는 시도로 이해할 수 있다. 왕의 사슴 사냥터는 울타리를 그려 넣었는데, 이런 표시는 그 장소의 중요성을 강조할 뿐만 아니라 그곳을 이용하는 신분 높은 사람들을 즐겁게 하려는 의도가 있었다고 추측할 수 있다.

산이나 언덕도 기호를 사용하기보다는 회화적 묘사에 가깝다. 높은 산, 즉 고도를 표시하는 것은 당시 모든 지도가 가진 공통적인 문제점이었다. 1730년에 네덜란드의 지도제작자 니콜라스 크루이크Nicolaas Kruik, 1678~1754가 등고선을 발명하기 전까지 산과 같이 높은 곳을 표시할 때는 중세부터 내려온 전통적 방법이 쓰였다. 언덕을 그린 뒤 동쪽에 그림자를 넣어 높은 곳이라는 것을 표시한 것이다. 고지나 산맥은 이런 언덕을 연달아 그려서 나타내곤 했는데, 이런 방식은 고도를 정확히 표시할 수는 없지만 보기에는 훨씬 더 아름다운 것이었다.

스피드의 지도가 가장 중점적으로 보여주고자 했던 바는 인간의 거주지가 강, 산, 삼림과 같은 자연환경 속에 어떻게 위치하고 있는가 하는 점이었다. 그리고 지도 전체가 그려내는 이미지는 평화롭고, 아름답고, 환경과 조화를 이루는 공간이다. 이 아름다운 영국은 유구한 과거가 숨 쉬는 장소이다. 스피드는 역사적 사건이나 중요한 유물을 묘사한 그림을 지도에 삽입해서 영국을 과거와 현재가 공존하는 공간으로 그려냈다. 예를 들면 윌트셔Wiltshire 지도 한쪽에는 스톤헨지Stonehenge가 그려져 있다. 16~17세기 옛것 연구가들에게 스톤헨지는 끊임없이 상상력을 자극하는 일종의 살아 있는 환상과도 같은 곳이었다. 또한 컴버랜드Cumberland 지도에는 고대 로마 시대에 지어진 하드리아누스 장벽에 큰 관심을 보였다. 스피드는 제단과 비석 등 장벽 근처에서 발굴된 것들이 많을 뿐만 아니라 아직도 많은 것이 묻혀 있다고 적었다. 이런 내용은 캠든의 《브리타니아》에 크게 기대고 있는 것이다. 이 지도첩에는 팔랑크스phalanx와 같이 군대의 진용을 그린 그림들도 많다. 이런 그림들은 종종 상상해 그린 것으로, 시대착오적이거나 과대 포장된 측면도 있다. 예를 들어 서식스Sussex를 그린 지도 한 구석에 노르만 정복의 최종 단계나 마찬가지였던 1066년의 헤이스팅스 전투Battle of Hastings(1066)에 대한 내용을 써넣었는데, 양측 다 합쳐서 5,000명 정도가 참가했다고 추산되는 이 전투에서 6만 7,974명이 전사했다고 기록하고 있다.

스피드는 각각의 지도 뒷장에 해당 고장에 대한 설명을 인쇄해 넣었다. 지형적 특성, 행정 정보와 역사, 그리고 그 고장의 명승지나 자랑거리, 기후, 특산물, 도시 등에 관한 것이었다. 그런데 이 글들은 그 고장을 매우 매력적으로 보이게 하는 선전 문구나 마찬가지였다. 예를 들면, 도싯Dorset의 작은 강어귀에 대해 "무거운 짐을 실은 배들이 풍부한 보물들을 내려놓는다. 활짝 벌린 손으로 선물들을 강기슭 남쪽 전체에 골고루 나누어준다"라고 썼고, 케임브리지의 대학들에 대해

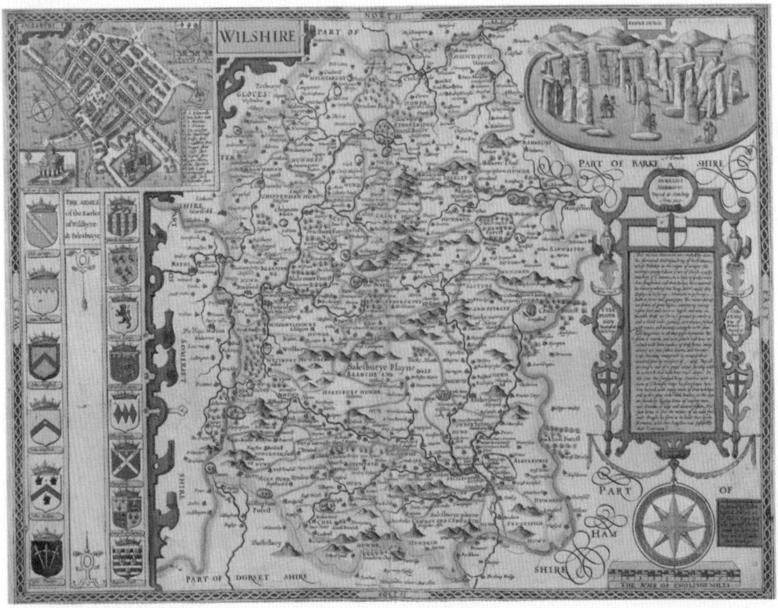

존 스피드의 윌트셔 지도

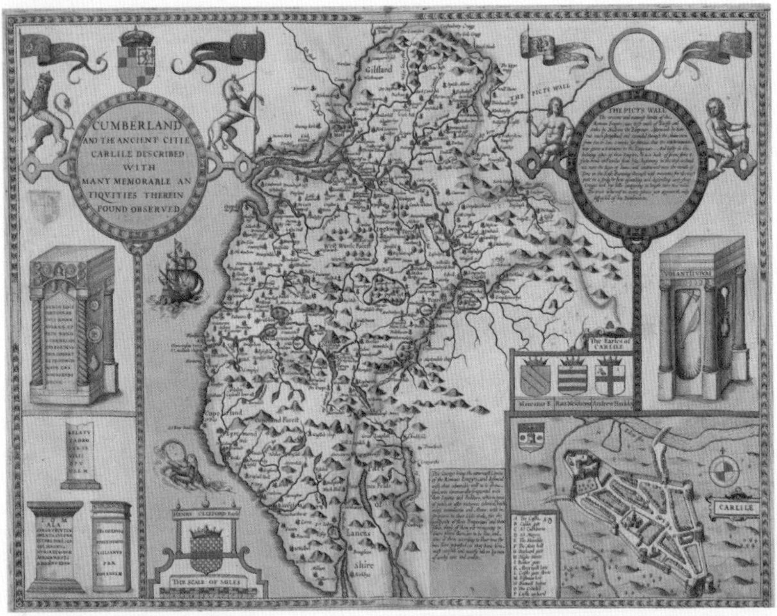

존 스피드의 컴버랜드 지도

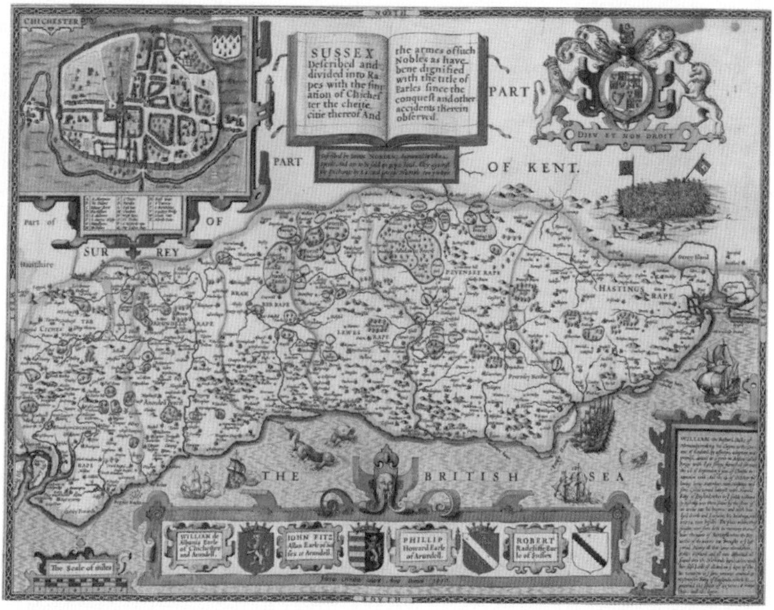

존 스피드의 서식스 지도

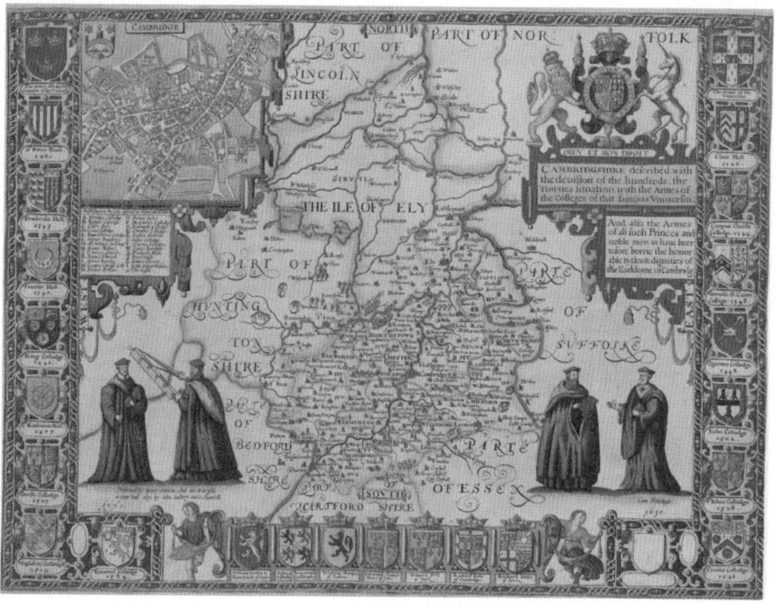

존 스피드의 케임브리지셔 지도

서는 "건물, 아름다움, 기부금과 학생들이 풍요롭기가 자매인 옥스퍼드를 제외하고는 유럽 어디에서도 찾아볼 수 없을 정도이다"라고 썼다. 워릭셔Warwickshire에 대해서는 "농부는 고통을 참으며 미소 짓고, 잔디가 깔린 푸른 목초지는 너무나 아름답게 꽃으로 수놓아져 에지힐Edgehill에서 우리는 또 다른 에덴동산을 바라보는 것 같다"라고 묘사한다. 그림에 삽입된 도시도면에도 선전에 가까운 문구들이 있다. 브리스톨Bristol의 도면에는 "이 도시 어디에도 똥 무더기가 없을 뿐만 아니라 어느 집에서도 거리로 하수를 배출하지 않는다. 하수도는 모두 지하에 설치되어 있다"라고 적었다.[54]

지도를 연구하는 역사가들이 스피드의 지도에 가장 높은 점수를 주는 부분은 각 주의 지도에 도시도면을 삽입해서 독창성을 살렸다는 점이다. 앞서 살펴보았듯이 당시 영국에는 이미 많은 도시도면이 존재했다. 윌리엄 커닝햄William Cuningham의 노리치 도면(1558), 리처드 라인Richard Lyne이 그린 케임브리지 도면(1574)뿐만 아니라 조지 브라운George Braun과 프란츠 호겐베르크가 펴낸 《세계의 도시Civitates Orbis Terrarum》(1572)는 11개 영국 도시의 조감도를 포함하고 있었다. 스피드는 이 도시도면들을 참조했고, 코튼과 캠든 등의 책에 있는 도시도면을 베끼기도 했다. 하지만 스피드의 지도첩에 있는 도시도면 73개 가운데 50개는 그가 처음 그린 것으로 알려진다. 스피드가 도시를 그려낸 방식은 평면도ground-plan와 원근도perspective를 합친 것으로, 빌딩을 높이 그리되 거리와 같은 것은 넓게 펼쳐놓아서 위에서도 본 것 같고 옆에서도 본 것 같이 묘사한다. 이런 식의 도면은 정보를 전달하는 데도 좋지만 시각적 즐거움을 극대화한 것이었다. 중세의 도시도면이 성벽으로 둘러싸인 시가지의 높은 건물들로 자긍심을 표현했다면, 스피드가 그려낸 영국의 도시는 개방적이면서도 매우 깔끔한 인상을 풍긴다. 또 평화로우면서도 활발한 생산활동이 이루어지는 곳으로 그려져 있어 도시의 활기와, 질서, 나아가 자긍심을 나타내고 있다.

스피드의 지도첩은 매우 인기가 많아서 1627년에는 지도첩 자체만으로 값이 40실링에 달했는데, 비싼 값 때문에 살 수 있는 사람은 그리 많지 않았을 것이다. 하지만 흑백으로 인쇄되어 낱장으로 판매된 지도들은 엄청나게 수요가 많아서 색스턴의 지도를 대치하기에 이른다. 1611년 스피드의 지도첩을 처음 찍었던 동판은 1770년대까지도 계속 사용되었는데, 대중에게 영국의 모습을 인식시키는 데 무려 150년 동안이나 강력한 영향력을 발휘한 셈이다.

그런데 색스턴의 《대 아틀라스》에 비교해 볼 때 스피드의 지도첩에서는 국왕의 존재가 현격히 축소되었다는 사실을 알 수 있다. 각 주를 대표할 만한 도시도면이 삽입되었던 반면, 왕실의 문장은 크기가 대폭 줄어들어 젠트리 가문의 문장들과 나란히 놓이게 되었다. 이런 변화는 제임스 1세 시대에 나타난 다른 지도첩들에서도 마찬가지였다. 캠든의 《브리타니아》 1607년판에 실린 지도 56장 가운데 왕실 문장이 그려진 것은 단 11장이었다. 색스턴의 지도를 거의 복제하다시피 했음에도 스피드의 지도에는 색스턴의 원본에서 왕실 문장이 그려져 있던 자리에 대신 주의 이름이나 장식적인 문양을 그려 넣었다. 1612년에 마이클 드레이튼이 펴낸 지지서 《복 받은 나라Poly-Olbion》에는 지도 18장이 실렸는데, 어느 하나에도 왕가의 표식이 나타나지 않는다.

이런 변화를 혹자는 '여왕 숭배cult of Elizabeth'가 '영국 숭배cult of Britain'로 바뀐 증거라고 말하기도 한다. 과거 보편적인 기독교 왕국을 표현하던 지도가 왕조 중심의 국가, 나아가 국토가 중심이 되는 국가를 표현하게 되는 국가정체성의 변화를 반영한다는 시각이다.[55] 그런데 이 주장은 엘리자베스 1세 사후 한 세대도 지나지 않아 이런 급격한 변화가 일어난 원인을 설명하지 못한다. 지도상에 나타나는 이런 변화를 엘리자베스 여왕이라는 특별한 존재의 부재만으로 설명할 수 있을까? 혹은 지도상의 변화가 국가정체성의 근간을 이루던 국왕의 존재를 부정하게 된 증거라고 단정할 수 있을까? 그리고 이런 변화를 국왕은 왜 용인했을까? 결국 이런 일련의 질문은 16세기 튜더 왕조와 17세기 스튜어트 왕조가 지향한 국가정체에 차이가 있었는가에 대한 의문으로, 향후 더 많은 연구를 통해 규명되어야 할 과제이다.

3부

듣는 지도

07

영국 인상: 튜더-스튜어트 시대 외국인의 여행기

영국을 방문한 사람들

오늘날 역사학에서 중요한 화두 가운데 하나가 '정체성'이다. 정체성이란 미시적 차원에서의 한 개인의 정체성에서부터 거시적으로는 '민족성'이나 '국민성'과 같은 집단 정체성에 이르는 다양한 스펙트럼을 지닌 것이다. 그런데 정체성은 궁극적으로 '관계' 속에서 만들어지는 것으로, 상호작용이라는 틀 속에서 이해되어야 한다. 여기서 상호작용이라는 것은 겉으로 보기에는 일방적인 관계, 혹은 전혀 관계가 없는 사이일지라도 자신이 아닌 누군가의 존재를 의식하는 것만으로도 성립하는 어떤 것이다. 그런데 개인의 정체성은 그 개인이 속한 집단의 정체성으로부터 자유롭지 못하다. 나아가 집단적 정체성은 안으로는 구성원들의 정체성과 호응하고 갈등하며 타협하는 과정에서 형성되고, 밖으로는 타자를 상정하고 그에 기대어 만들어지는 측면이 있다. 즉 정체성은 크고 작은 규모의 집단들 사이에, 또는 상정된 타자와 자신들 사이의 '대화적' 관계 속에서 끊임없이 형성되고 변화하는 것이다.

1944년 한스 콘Hans Kohn이 《민족주의The Idea of Nationalism》를 출간한 이래 많은 학자가 국민적 정체성이 '타자의 설정과 배제'라는 틀을 통해서 이루어졌음을 주시해 왔다.[1] 1992년 린다 콜리Linda Colley는 영국에서 나타난 국민정체성의 기원과 형성 과정을 분석한 책에서 18세기 초부터 19세기 초까지 100여 년 사이에 영국의 국민정체성이 프랑스라는 타자를 설정하고 그것을 배제하는 과정에서 상대적으로 조형된 것임을 주장했다.[2] 한편, 폴 랭퍼드Paul Langford는 거꾸로 외국인의 시각에서 본 영국의 국민정체성에 초점을 맞춘다.[3] 그는 영국인들에게는 너무나 일상적이어서 별 의미가 없던 것일지라도 외국인의 시각에서 보았을 때 고귀한 것들이 있었고, 그것은 궁극적으로 영국인들에게도 그 가치를 새롭게 깨닫게 했을 것이라고 가정한다. 콜리의 작업이 정체성은 독립적으로 만들어지는 것이 아니라 타자를 의식하고 만들어진다는 점을 보여준다면, 랭퍼드의 작업은 정체성이란 타자를 의식하는 차원을 넘어 타자와의 '관계'와 '상호작용' 속에서 만들어진다는 점을 좀 더 적극적으로 천명하고 있다.

국민적 정체성이라는 화두에 있어 랭퍼드가 주목하는 것은 매너나 기질 같은 '국민성National Character'으로, 그는 이것이 18세기 이후에 분명히 드러난다고 보았다. 콜리와 마찬가지로 영국성이라는 것을 18세기 이후에 생산된, 이른바 근대적 산물이라고 보는 것이다. 여기서 랭퍼드는 "국민성은 필연적으로 만들어진 고안품이다. 누가 정의하든 간에 이는 결국 대표될 만한 무언가를 찾는 과정에서 선별되고, 변화하며, 억압된 무엇에 불과하다"[4]라고 말한다. 비록 그가 이 작업이 영국적 정체성의 '형성 과정'보다는 '결과물'에 초점을 맞춘다고 밝히고 있지만,[5] 국민적 정체성이라는 것이 무언가 대표될 만한 것을 찾아가는 과정에서 도출되고 변화하는 것이었다면, 그 과정에 대한 탐색도 결과물에 대한 묘사만큼이나 중요할 것이다. 이런 맥락에서 학자들이 '18세기의 산물'이라고 주장하는 영국적 정체성이라는 것이 과연 18세기 이전에는 존재하지 않았는지, 존재했다면 어떤 형태였으며 그것과 18세기 이후의 영국성과는 어떤 상관관계에 놓여 있는가 하는 의문이 생긴다.

이 장에서는 18세기 이전 외국인의 눈에 비친 영국적 특성은 어떤 것이었는가를 알아보고자 한다. 이를 위해 튜더-스튜어트 시대에 영국을 방문했던 이방인들이 남긴 여행기를 주목한다. 일찍이 1865년 영국박물관 사서였던 윌리엄 B. 라이William Brenchley Rye가 엘리자베스 1세와 제임스 1세 시기에 영국을 방문했던 이방인의 여행기를 수합, 번역해서 펴낸 바 있지만,[6] 그 이후 이 주제는 오랫동안 학자들의 관심 밖에 있었다. 20세기에 들어 이 주제에 관해 처음으로 진행된 진지한 연구로는 1953년 W. D. 롭슨-스콧W. D. Robson-Scott의 저서 《1400~1800년 사이 영국의 독일 여행자들German Travellers in England 1400~1800》을 꼽을 수 있다.[7] 하지만 롭슨-스콧 역시 18세기 초가 되어서야 여행기들이 영국의 국민성에 관해 자세히 논하기 시작하며 문학적으로나 사회학적으로나 분석할 가치를 지니게 된다고 주장한다.[8] 그 이전의 여행기들은 '산만한 박물지'에 가깝다는 것이다. 따라서 18세기 이전의 여행기에 대한 그의 논의는 내용을 분석하기보다는 여행기를 나열하고, 영국을 방문한 독일인의 신상정보에 치중해 있다.

하지만 산만한 박물지는 오히려 걸러지지 않은 더 많은 정보를 담고 있을 수 있고, 정형화되지 않은 이미지들은 이 시대 영국적 특성을 둘러싼 다양한 단면들을 제시할 수도 있다. 또 1990년대에 발견된 빌럼 스헬린크스Willem Schellinks, 1627~1678의 영국 여행기[9]와 같은 자료들은 분량과 내용이 풍부해 사료로서 가치가 높다. 이 장에서는 영어권에 소개된 튜더-스튜어트 시대의 여행기 22권을 살펴보는데, 〈표 1〉[10]이 제시하듯 이 여행기들은 저자의 계층, 여행 목적, 방문 시기가 각각 다르고 여행기의 분량 역시 천차만별이다. 나는 랭퍼드가 묘사한 18세기 영국의 국민성이 과연 그 이전 시기와 연관되고 있는가를 살펴보고자 하며, 이 문제에 접근하는 기초적 방법으로 먼저 18세기 이전 여행기들에 나타난 영국에 대한 인상 가운데 공통적으로 도출할 수 있는 주제들에 초점을 맞추어 이야기를 풀어나가기로 한다.

이미 로마 시대부터 대륙의 많은 사람이 브리튼섬을 다녀갔지만 15세기 이전에는 그들이 남긴 여행기라 할 만한 기록이 거의 없다. 15세기 초에는 주로 이탈리아의 외교사절과 휴머니스트 들이 영국을 방문한 후 짧은 단상들을 남겼다. 1418년에 영국에 왔던 휴머니스트 포지오 브라치올리니는 영국인들의 야만스러운 대화법과 음식과 술에 대한 엄청난 탐욕스러움에 혐오감을 표했다.[11] 하지만 15세기 후반에 들어 외교와 학문 혹은 순례와 같은 목적을 가지고 영국을 방문한 외국인들은 브라치올리니보다는 훨씬 호의적인 기록을 남겼다. 특히 독일 지역에서 온 사람들은 교회의 호화로움과 울창한 숲, 풍부한 사

냉감, 그리고 무엇보다도 영국 여성의 아름다움에 깊은 인상을 받은 것으로 보인다.[12]

16세기에 들어서면서 유럽 상류층 사회에 교육을 위해 여행을 권장하는 분위기가 형성되기 시작했다. '그랜드 투어Grand Tour'라 불리는 이 여행은 흔히 18세기의 산물로 여겨지지만, 이미 16세기 후반부터 수많은 여행기와 여행 안내서들이 출판되었다. 그뿐만 아니라 히에로니무스 투얼러Hieronymus Turler, 1520?~1602가 1574년에 펴낸 여행 매뉴얼 서문에 나타나듯이, 지식인들 사이에 여행의 교육적 효과를 둘러싸고 심각한 논쟁이 벌어지기도 했다.[13] 영국에서도 여행을 둘러싼 논쟁이 뜨겁게 일어났다. 프랜시스 베이컨이 "여행은 젊은이들에게는 교육의 일종이고, 나이든 사람들에게는 경험의 일종이다"[14]라면서 다른 나라를 여행할 때 꼭 보아야 하는 것들의 구체적인 목록을 나열했던 반면, 조셉 홀Joseph Hall, 1574~1656, 제임스 하웰James Howell, 1594~1666 같은 이들은 다른 나라들보다 영국이 훨씬 낫다면서 쓸데없이 해외여행을 할 필요가 없다고 주장했다.[15]

이 시기에 나온 여행 안내서는 흔히 간접적으로 습득한 정보를 기초로 만들어지곤 해서 부정확하거나 황당한 내용도 많았다. 1545년 프랑스에서 나온 한 안내서에는 "영국의 기후는 워낙 건강에 좋아 120세까지 사는 사람들이 흔하고 일꾼들은 일할 때 땀을 흘리지 않는다. …… 목동은 양들에게 이슬만 마시게 한다"[16]라고 적고 있다. 이런 안내서들은 여행의 궁극적 목적은 국가의 이익을 위한 것이어야 한다는 국가주의적 훈계라든가, 여행 중인 나라의 언어를 습득하기 위해 가급적 자국민과는 어울리지 말라거나, 해외에 나가서 종교문제로 자

[표 1] 이 장에서 살펴보는 외국인의 영국 여행기

번호	저자	방문 연도	직업	여행 목적	출신지	이 책에서의 표기
		여행기 제목(원전의 출처)/ 기록 언어/출간 연도/기록자(저자와 다를 경우)				
1	뷔르템베르크 공 프리드리히 1세 (Friedrich I, Duke of Württemberg)	1592	왕족	외교	독일	프리드리히 (Friedrich)
		Kurtze und Warhaffte Beschreibung der Badenfahrt/ 독일어/1602/(Herr Jacob Rathgeb가 기록)				
2	뷔르템베르크 공 루트비히 프리드리히 (Ludwig Friedrich, Prince of Württemberg)	1610	왕족	외교	독일	루트비히 (Ludwig)
		A Relation of the Journey(British Museum, ADD. MS. 20,001)/프랑스어/(Hans Jacob Wurmesser von Vendenheym이 기록)				
3	에마누엘 판 메테런 (Emanuel Van Meteren)	1575/ 1583~1612	상인	영국 주재원	네덜란드	메테런 (Meteren)
		History of the Netherlands /네덜란드어/1599				
4	레비누스 렘니우스 (Levinus Lemnius)	1560	의사/ 성직자	불분명	네덜란드	Lemnius
		The Touchstone of Complexions(영어판, 1581)/라틴어/1561				
5	히에로니무스 투얼러 (Hieronymus Turler)	1574	법률가	불분명	독일	투얼러 (Turler)
		The Traveiler of Jerome Turler(영어판, 1575)/라틴어/1574				
6	자무엘 키헬 (Samuel Kiechel)	1585	상인	여행	독일	키헬 (Kiechel)
		Archiv für Geographie, Historie, Staats-und Kriegskunst/ 독일어/1820				
7	후안 페르난데스 데 벨라스코 (Juan Fernandez de Velasco)	1604	귀족	외교	에스파냐	Velasco
		Relacion de la jornada del exe Condestable de Castilla/ 에스파냐어/1604				
8	요한 야콥 그라써 (Johann Jacob Grasser)	1606	역사가	여행	스위스	Grasser
		Frantzösische und Englische Schatzkammer/독일어/1610				
9	유스투스 친처링 (Justus Zinzerling)	1610	법률가	여행	독일	친처링 (Zinzerling)
		Itinerarium Galliae &c./ 라틴어/1616				
10	헤센 왕자 오토 (Otto, Prince of Hesse)	1611	왕족	외교	독일	Otto
		Geschichte von Hessen(Library at Cassel MS)/독일어/1837				

11	작센-바이마르 공 요한 에른스트 1세 (Johann Ernst I, Duke of Saxe-Weimar)	1613	왕족	여행	독일	Ernst
		Des durchlauchtigen hochgebornen Fürsten und Herrn…/독일어/1620/(J. W. Neumayr von Ramssla가 기록)				
12	페터 아이젠베르크 (Peter Eisenberg)	방문 여부 불분명	가정교사	귀족 자제 여행 안내서	덴마크	Eisenberg
		Itinerarium Gallae et Angliae/독일어/1614				
13	발렌틴 아리스메우스 (Valentin Arithmæus)	방문 여부 불분명	법률가/교수	여행 안내서	독일	아리스메우스 (Arithmæus)
		Mausolea Regum, Reginarum, Dynastarum…/라틴어/1618				
14	파울 헨츠너 (Paul Hentzner)	1598	법률가/가정교사	귀족 자제 수행	독일	헨츠너 (Hentzner)
		Itinerarium Germaniae, Galliae, Angliae, Italiae, cum Indice Locorum, Rerum atque Verborum/라틴어/1797(영국)				
15	프랑수아 드 바송피에르 (François de Bassompierre)	1626	군인/외교관	외교	프랑스	바송피에르 (Bassompierre)
		Journal de ma vie /프랑스어				
16	마르크-앙투안 드 제라르, 생타망Saint-Amant)	1631/1643	시인	외교	프랑스	Saint-Amant
		leurs Sérénissimes Majestés de la Grande-Bretagne/L'Albion/프랑스어/1855				
17	르네 르 페이 (René le Pays)	1659~1660	여행가/재담꾼	여행	프랑스	페이 (Pays)
		Amites, amours et amouettes/프랑스어/1664				
18	사무엘 소르비에르 (Samuel Sorbière)	1663	과학자	과학 견문 여행	네덜란드	소르비에르 (Sorbière)
		Voyage en Angleterre/프랑스어/1676				
19	샤를 파탱 (Charles Patin)	1674	의사/호고가	망명 여행	프랑스	파탱 (Patin)
		Relations historiques et curieuses de voyages en Allemagne, Angleterre, Hollande, Suisse, etc./프랑스어/1676				
20	베아 루이 드 뮈라 (Béat-Louis de Muralt)	1694	재담가	여행	스위스	뮈라(Muralt)
		Lettres sur les Anglais et les Français et sur les voyages/프랑스어/1725년 출간				
21	프랑수아 막시밀리앙 미송 (François Maximilien Misson)	1697	공무원/영국인의 가정교사	여행	프랑스	미송(Misson)
		Mémoires et observations faites par un voyageur en Angleterre/프랑스어/1698년 출간				
22	빌럼 스헬린크스 (Willem Schellinks)	1661~1663	화가	지도 제작/귀족 자제 수행	네덜란드	스헬린크스 (Schellinks)
		Journal and Gazeteer of the Journey made by Mr. Jaq. Thierry Junior and Williem Schellinks (Bodleian MS d'Orbille 5 8, 559, 560)/네덜란드어/1993(영국)				

국민과 다투지 말라는 등 현실적이고 상세한 지침들도 포함하고 있었다.[17]

15세기에서 16세기 초에 이르는 기간 동안 브리튼섬을 방문한 사람들이 대부분 외교적 목적을 띤 귀족이나 왕족이었다면, 16세기 후반부터는 그랜드 투어의 일환으로 귀족뿐만 아니라 부유한 상인의 자제들이 다녀갔고, 상업활동이나 지도 제작, 때로는 망명과 같은 목적을 가진 다양한 계층의 사람들이 영국을 여행하며 기록을 남겼다.[18] 메리 1세 시절에는 가톨릭의 반동으로 독일 지역으로부터의 방문이 주춤했던 반면, 엘리자베스 1세 시대에는 교류가 다시 활발해지고 해상권 장악과 상업 발달 등으로 영국의 위상이 높아진 데다, 여왕과 화려한 궁정에 대한 동경 같은 요소들이 더해져 영국은 다시금 많은 여행자를 끌어들이게 되었다.

당시 유럽 대륙에서 출발하는 그랜드 투어의 일정은 저지대 국가를 거쳐 영국, 프랑스, 이탈리아를 도는 코스가 일반적이었다. 여행기 대부분의 시작과 끝은 보통 험난한 뱃길에 대한 묘사가 주를 이루고 있어 당시 대륙에서 영국으로 건너가는 길지 않은 항해가 여행객들에게 큰 부담으로 다가왔음을 실감하게 한다. 폭풍으로 인해 항구에서 며칠씩 대기하기 일쑤였고, 바다 한가운데서 출발지로 회항하거나, 급류로 인해 엉뚱한 곳에 도착하는 일도 빈번했다. 1626년 외교사절로 영국을 방문한 프랑수아 드 바송피에르François de Bassompierre, 1579~1646는 도버에서 칼레까지의 짧은 바닷길을 닷새 동안 헤매면서 말 29마리를 잃고 마차 2대와 영국에서 구입한 값진 선물들을 모두 바다에 버려야 했다.[19]

그랜드 투어의 루트가 정형화되어 있던 것처럼, 브리튼섬 내에서 가보는 곳들도 일정한 틀을 벗어나지 못했다. 일단 도버나 기타 영국 남동부 해안에 도착하면 하루 이틀 뒤에 런던으로 가서 시내와 교외의 명소들을 탐방한다. 그 후 옥스퍼드와 케임브리지에 들렀다가 다시 런던으로 돌아왔고, 이후 대륙으로 향하는 길에 캔터베리 정도를 거치는 것이 일반적인 루트였다. 따라서 소수의 예외를 제외하고는 여행자들이 직접 본 영국은 런던을 중심으로 한 동남부에 한정되어 있어, 뷔르템베르크 공 프리드리히는 스코틀랜드가 영국과 바다로 갈라져 있다고 믿고 있을 정도였다.[20] 런던 지역에서는 화이트홀, 윈저Winsor, 햄프턴 코트, 넌서치Nonesuch, 리치먼드Richmond, 그리니치와 같은 왕궁들과 웨스트민스터와 세인트 폴 교회, 거래소Exchange, 런던탑London Tower을 돌아보고, 극장에 가는 것이 정형화된 코스였다. 1610년에 영국을 방문한 독일의 법률가 유스투스 친처링Justus Zinzerling, 1580?~1620에 따르면, 당시 외국인 여행객 안내를 직업으로 삼은 사람들이 많이 있었다고 한다. 그만큼 영국 여행은 이미 상당한 체계를 갖추고 있었다.[21]

환경, 생산, 부

"이 가장 훌륭한 섬에는 부족한 것이란 아무것도 없다"[22]라는 말까지 나왔을 정도로 이 시기의 여행자들은 거의 예외 없이 영국을 매우 풍족한 나라로 보았다. 비옥한 토양, 온화한 날씨, 우거진 숲, 풍부한 물과 충분한 인구를 가진 곳이라고 말이다. 이런 인상은 여행자 대부분이 영국 내에서도 가장 풍요로운 동남부를 여행했기 때문으로도 풀이할 수 있다. 어디서나 양 떼와 같은 많은 가축을 볼 수 있고, 해외 반출이 금지된 우수한 품종의 말도 많으며, 돼지는 세상에서 가장 크고, 개는 용맹하기로 유명하다는 것이 일반적인 인상이었다.[23]

16세기 여행기들은 농업에 대한 구체적인 묘사보다는 생산되는 농산물에 주목한다.[24] 복숭아가 나지 않고 포도주는 수입에 의존한다며 영국에서 생산되지 않는 농산물을 특기한 여행기가 있는가 하면, 다른 여행기에서는 복숭아를 개인 정원에서 기르고 있고, 와인은 얼마든지 좋은 것을 구할 수 있다고 말한다.[25] 여행자들은 농업보다는 대규모로 이루어지던 목축업에 더 주목하며 이와 연계해서 직물업의 발달을 기술하고 있다. 1575년에 영국을 방문한 에마누엘 판 메테런Emanuel Van Meteren, 1535~1612은 영국에서 직물업의 발달이 "불과 지난 200년 사이에 이루어진 것"이라고 기록했다.[26] 흥미롭게도 여행자들은 이런 대규모의 목축이 가능한 이유가 영국에 늑대가 없기 때문이라고 믿었다. 이런 전설같은 이야기가 이미 15세기에 널리 회자되었던 것으로 보이는데, 늑대가 영국에 들어온다 할지라도 곧바로 죽어버린다는 믿음까지 생겼던 것으로 보인다.[27] 런던탑에 부속된 동물원을 찾은 외국인들은 다른 나라에서 엘리자베스 1세에게 바친 '영국에 살고 있는 단 한 마리의 늑대'를 보면서 그 이야기를 떠올리곤 했다.[28]

큰 섬나라인 영국은 유럽 최고의 항구들을 갖고 있고 선박도 많았다. 또한 수산물도 풍부해서 다양한 종류의 물고기가 잡히고 널리 수출하며, 염장 기술도 발달한 곳이다.[29] 그런데 수산물 가운데 외국인들이 가장 큰 인상을 받은 것이 바로 굴이다. 영국의 굴은 유럽에서 가장 크고, 어느 곳에서나 살 수 있었다고 한다.[30] 6, 7월에는 굴 채집이 금지되었는데, 그 이유는 위생적인 것이기보다 어획량 보존 때문이었다. 스헬린크스는 콜체스터Colchester 인근에서 이루어지던 굴 양식의 모습을 이렇게 전한다.

> 핀그링호Fingringhoe 늪지에는 땅이 말랐을 때 파놓은 약 1피트 반에서 2피트 깊이의 도랑과 구덩이가 아주 많다. 사람들은 이 구덩이에 서로 겹치지 않도록 굴을 아주 얇게 펴서 심는다. 14일 정도 지나면 태양과 고인 물로 인해 굴에 녹색 아가미가 자란다. 영국 사람들은 이런 굴을 최상의 것이라 여기며 후루룩 마신다. 이 굴 모판의 관리인은 네 명이다. 그들은 바다에서 돌아오는 어부들에게서 굴 모종을 산다. 이 늪지는 바닷가 마을 와이븐호Wivenhoe에 사는 프라이어 씨Mr. Fryer 소유로, 그는 이 굴 양식장을 사람들에게 분양하고 있다. 모판에 있는 굴이 충분히 녹색을 띠면 사람들은 진흙으로 만든 담을 허물어 물을 빼고 구덩이를 말린다. 구덩이가 다 마르면 굴을 바구니에 담아 말에 실어 시장으로 보내거나 크고 작은 통에 담아 배에 실어 보낸다.[31]

영국에는 온갖 종류의 날짐승도 많았다.[32] 특히 백조가 많아 강과 호수가 백조 떼로 뒤덮여 있었다. 백조는 특별히 보호받는 조류로, 그들을 해치면 강도 높은 처벌을 받기 때문이었다.[33] 그런데 이렇게 백조를 보호하는 것이 외국인들에게 매우 이상하게 보였던 것 같다. 메테런은 이를 "동물을 농사짓는 데 이용하기보다는 야생 상태로 놓아두고 보면서 즐거움을 느끼는" 독특한 영국적 정서로 파악한다.[34] 하지만 백조를 제외한 다른 동물은 대부분 사냥감이었다. 외국인들은 사냥감으로 넘쳐나는 대규모 사냥터에 큰 감명을 받곤 했다. "영국 왕은 이런 멋진 사냥터를 60개도 넘게 갖고 있다"[35]라거나, 영국에서는 "지체 높은 양반들이나 부유한 사람들은 일반적으로 자신의 사냥터를 갖고 있다"[36]라는 기록은 묘한 부러움을 깔고 있다. 사냥은 외국에서 온 손님을 접대하는 일에서 중요한 부분을 차지했다. 이때 주로 장궁이나 석궁을 이용하고 개 수십 마리와 몰이꾼을 동반하며, 훈련한 새에게 장어를 잡아 올리게 하는 등 다양한 놀이가 동원되기도 했다.[37] 사람들은 갓 잡은 사냥감의 피로 손을 씻었는데, 특히 여성들은 피부가 희어진다는 믿음 때문에 열정적으로 달려들어 손을 씻었다고 한다.[38]

튜더-스튜어트 시대를 통틀어 영국의 생산활동과 부를 함축적으로 보여주는 공간은 런던이었다. 여행기들은 예외 없이 런던에 대한 묘사에 많은 부분을 할애하고 있다. "많은 나라와의 교역으로 유명하고, 우아한 건물들과 멋진 교회들이 있는 이 강한 도시는 놀라울 만큼 부유하고 풍요롭다. 템스강은 세상의 모든 부를 이곳으로 실어 나른다"[39]라는 말은 런던에 대한 인상을 대변한다고 보아도 과언이 아니다. 그런데 여행자들의 눈에는 힘들고 복잡하고 정교한 기술을 필요로 하는 수공업은 거의 외국인을 고용하고, 런던 주민 대부분은 상업에 종사하는 것으로 비춰졌다. 런던은 "세계의 거의 모든 곳과 교역하는" 국제무역의 중심지로서의 성격이 강하게 부각되어, 거래소의 활기만큼이나 템스강을 오가는 배들의 다양한 국적과 행선지, 거리에서 마주치는 외국인들의 존재는 이런 런던의 특성을 드러내는 대표적인 표식이었다.[40] 외국인뿐만 아니라 외국을 드나들던 영국 사람들이 풍기는 분위기와 먼 나라에 가본 경험, 부의 과시는 런던의 국제적 성격과 부유함을 채색하는 요소였다. 거래소에서 자주 볼 수 있었던 한 상인은 인도에 있을 때 다이아몬드를 박은 치아 세 개가 "햇살이 비치면 광채를 발해 큰 볼거리를 제공"하기도 했다.[41]

런던 시장市長은 웬만한 나라의 왕 못지않은 지위와 권력을 누리는 사람으로 그려졌다. 여행자들은 시장이 선출되는 절차와 시장의 역할에 관심을 가지고, 시장의 호화로운 행차와 취임식을 대단한 구경거리로 묘사하기도 했다.[42] 파울 헨츠너Paul Hentzner, 1558~1623는 바르톨로뮤 축일에 행차한 런던 시장에 대해 이렇게 기록하고 있다.

> 임기 동안 시장의 삶은 장엄 그 자체이다. 시장의 식탁에 빈자리가 있으면 외국인이든 내국인이든 상관없이 누구나 앉아서 공짜로 식사할 수 있는데, 빈자리는 언제나 많다. 시장이 시 관구에 나갈 때면 그의 앞으로는 홀笏, 검, 관모가 놓이고, 진홍색 관복에 금목걸이를 찬 시 참사회 주요 인사들이 뒤따른다. 시장과 참사회원들은 말을 타고 행진한다. 그들이 목적지에 다다르면 천막이 펼쳐지고, 군중은 두 사람씩 짝을 지어 레슬링 시합을 하는데, 시장은 승자에게 포상을 한다. 시합이 끝나면 군중 사이로 토끼를 풀어놓고, 소년들은 토끼를 잡느라 소리를 지르며 소란을 피운다.[43]

한편, 1666년 런던 대화재 이후 8년이 지난 1674년에 런던을 방문한 샤를 파탱Charles Patin, 1633~1693은 화마가 휩쓸고 간 뒤 남은 폐허를 그리는 한편, 신속하게 도시를 재건할 수 있었던 런던의 저력과 새로이 들어선 아름다운 건물들을 칭찬하기도 한다.[44]

영국이 풍요로웠다는 사실을 보여주는 일상의 단면은 그들의 식탁이었다. 여행자들은 영국인의 식탁을 채운 음식의 종류가 다양하다는 사실에도 감명받았지만, 무엇보다도 고기 소비가 엄청나다는 사실에 놀라움을 표시했다. 왕이나 귀족이 베푸는 연회에 참석했던 사람들은 연회장의 음식 사치를 자세하게 나열하고 있다. 그런데 대륙 사람들이 보기에는 일반인들의 식탁에서도 지나칠 만큼 많은 고기가 소비되고 있었던 것 같다. 베아 루이 드 뮈라Béat-Louis de Muralt, 1665~1749는 다양한 푸딩, 사과, 생굴과 함께 주요리로 나온 소고기의 양에 이렇게 놀라움을 표시한다.

> 이 나라에서 식사의 즐거움은 일상적이고 대중적인 것의 일부이다. …… 왕의 식탁은 물론 수공업자의 식탁에서도 20~30파운드짜리 소고기 덩어리를 보는 것은 전혀 드문 일이 아니다. 30~40파운드 정도 나가는 것도 볼 수 있다. 이는 영국인에게 부유함과 일상적인 풍요의 상징이다.[45]

역사와 공간

여행자들이 기술한 영국의 역사는 보통 자신들이 방문한 장소와 연계된 것이다. 여기서 가장 대표적인 장소는 왕궁, 교회, 대학이었다. 왕궁에 대해서는 기원, 확장자, 재산권 이전과 그곳에 있는 값진 소장품들에 관한 내용이 주를 이루고, 세인트 폴이나 웨스트민스터 같은 교회와 관련해서는 그곳에 안치된 왕과 귀족, 기타 중요한 인물들에 대한 정보를 소개한다. 역사적 인물에 대한 소개는 특히 비문을 그대로 옮겨 적어놓은 경우가 많았다. 여행기들이 영국 역사를 다루면서 가장 많은 지면을 할애한 곳은 바로 옥스퍼드 대학과 케임브리지 대학이다. 대학의 기원, 설립자, 기부자, 대학 내의 교회와 묘지, 학생 수의 변천 과정, 각 대학에 소장된 문헌에 이르기까지 매우 자세한 내용을 담은 것이다.[46]

그런데 이런 역사를 둘러싼 기록은 여행기의 다른 부분들과는 달리 지나치게 상세하면서도 천편일률적인 정보를 담고 있어, 진지한 여행자의 경우 여행 전후로 영국의 역사를 공부했음을 추측하게 한다. 여행기에 보이는 영국 역사에 관한 내용들은 윌리엄 캠든이나 존 스피드의 문헌을 비롯해 당시 유행하던 역사지지서에서 간접적으로 취한 것들이 많았다. 예를 들어, 헨츠너의 여행기는 폴리도어 버질[47]이나 윌리엄 피츠스테판의 문헌[48]을 읽었음을 명기하고 있으며, 언급하지는 않았지만 상당 부분 캠든의 《브리타니아》의 내용을 그대로 반복하고 있다.[49]

하지만 이런 기록은 여행자들이 영국에서 단절적인 한 시대상만을 보기보다는 영국을 먼 고대로부터 당대에 이르기까지 시간이 함께 머무는 장소로, 역사성을 인식하며 보았다는 사실을 드러낸다. 런던을 세운 브루투스 신화나, 로마 시대의 유골을 발견한 농부에 대한 기록, 앵글로 색슨 시대를 기념하는 조형물이 놓인 관청에 대한 언급, 가터 기사단의 유래에 대한 설명 등 비록 단편적이지만 영국의 현재를 오랜 역사적 맥락 속에 위치시키기 때문이다.[50] 1662년 9월 스톤헨지를 방문한 네덜란드의 지도제작자 스헬린크스는 이렇게 기록하고 있다.

> 솔즈베리Salisbury에서 6마일 떨어진 솔즈베리 평원에 자연 상태의 무척 무거운 돌들이 세 겹의 원 모양으로 서 있다. 어떤 돌은 높이가 28피트이고 너비는 9~10피트로 매우 두껍다. 서 있는 두 개의 돌 위로 다른 한 개가 눕혀져 있어 마치 문과 같은 모습을 하고 있다. 동심원을 그린 돌 바깥쪽을 재어보니 300피트이다. 돌이 몇 개인지는 세기가 어려웠다. 왜냐하면 어떤 것은 쓰러져서 다른 돌 위에 놓여 있기 때문이다. 고대 역사가들은 이것을 '거인들의 춤chorea gigantium'이라고 불렀고, 현재 영국의 불가사의 가운데 하나다. 작가마다 의견이 분분해서 어떤 이는 이 돌들이 원래 아일랜드에 세워져 있었는데 마법사 멀린Merlin의 도움으로 이곳으로 옮겨왔다고 하는가 하면, 다른 이들은 브리튼의 왕 아우렐리우스Aurelius가 세웠다고 한다. 이 나라의 재앙이었던 보르티게른Vortigern이 재위하던 475년경에 색슨족의 배신으로 그곳에 모인 아우렐리우스의 귀족들이 살해당했는데, 그들을 기리기 위해 아우렐리우스가 동심원으로 돌을 세웠고, 그의 많은 귀족 역시 그곳에 옛 방식으로 무기와 함께 묻혔다는 이야기이다.
>
> 노트: 스톤헨지의 돌들은 거칠고 회색빛을 띠고 있다. 사람들은 그 돌이 모래, 자갈, 석회 등으로 이루어졌다고 생각한다. 그리고

세월과 기후가 단단하게 만들었다는 것이다. 어쨌거나 이 근처 몇 마일 반경의 평원 혹은 황야에는 돌이 전혀 없다. 어떤 사람은 거대한 바위 한 개가 쪼개져서 이런 모양이 된 것이라 생각한다.[51]

하지만 여행자 대부분에게 가장 인상 깊은 것들은 좀 더 가까운 과거에 관한 것들이었다. 엘리자베스 시대의 여행자들이 꼭 보아야 한다고 꼽은 것들은 주로 튜더 왕가를 기념하는 유물이나 유적이다. 웨스트민스터에서 가장 볼 만한 무덤은 헨리 7세의 무덤이었고, 리치먼드궁에는 헨리 7세의 피가 뿌려진 방과 그가 세상에서 일어나는 모든 일을 보았다던 거울이 있으며, 화이트홀궁에는 엘리자베스 여왕이 과거 헨리 8세에게 보낸 친필 편지가 있었다.[52] 16세기 말부터 여행자들은 영국의 대외적 위상이 높아지는 것을 실감하게 되는데, 여기서 가장 빈번하게 등장하는 것이 프랜시스 드레이크를 둘러싼 흔적들이다. 프리드리히는 도버 근처에서 에스파냐 함대의 잔해를 보고 깊은 인상을 받았는데, 얼마 후 여왕을 알현했을 때 여왕이 내내 에스파냐 함대 격퇴를 화제로 삼았다고 기록했다.[53] 1585년 영국을 방문한 자무엘 키헬Samuel Kiechel, 1563~1619은 출국 직전에 드레이크가 에스파냐 선박을 나포했다는 소식을 듣고는 그 선박에 실린 어마어마한 보화의 목록을 상세히 적어놓았다.[54] 드레이크가 세계 일주를 했다는 배의 잔해는 여행자들이 빼놓지 않고 기록하는 중요한 기념물과도 같은 것이었다.[55]

그런데 16세기 후반 영국에서 가장 매력적인 볼거리는 다름 아닌 엘리자베스 여왕으로, 그 자체가 '살아 있는 역사'이자 영국의 상징이었다고 볼 수 있다. 여왕을 가까이서 알현할 기회가 없는 여행자들마저도 여왕을 보기 전에는 영국을 떠나지 않겠다고 다짐했고,[56] 멀리서나마 여왕을 보고서 그 인상을 자세하게 남기곤 했다. 여왕의 외모, 화술, 옷차림과 행차의 화려함, 궁성, 여왕이 지나갈 때 모두가 무릎을 꿇고 경배하는 모습, 여왕을 살아 있는 신처럼 숭배한다는 국민의 의식, 여왕이 이동할 때 함께 옮겨진다는 보물에 이르기까지 여왕을 둘러싼 모든 것들은 그 자체가 '영국'을 대표하는 강력한 이미지였다. 프리드리히가 59세의 여왕을 "통치라는 엄청난 부담을 지고 있음에도 외모는 아직 16세 소녀 같다"라고 묘사한 반면, 헨츠너는 가발을 쓰고, 치아는 검게 썩어버린 모습으로 65세의 여왕을 그려내는 등 외모에 대한 평가는 엇갈리곤 하지만,[57] 여왕을 둘러싼 엄숙한 카리스마와 궁성의 활기와 화려함에는 여행자들 모두 깊은 인상을 받았다.

롭슨-스콧은 17세기 들어 독일 지역 사람들의 영국 여행이 줄어들었다며, 그 이유로 정치적 혼란뿐만 아니라 여왕의 사후 영국 여행의 매력이 반감되었다는 사실을 꼽았다.[58] 왕정복고 이후 여행기에는 다시금 영국을 대표할 만한 인물이 나타나는데, 그가 바로 올리버 크롬웰Oliver Cromwell, 1599~1658이다. 말뚝에 박혀 높이 걸려 있는 크롬웰의 머리와 시체는 17세기 후반의 여행자들이 반드시 기록하는 영국의 주된 인상이었다. 여행자들은 크롬웰을 영국의 발전을 일시적으로 후퇴시킨 주적으로 묘사하면서, 크롬웰로 대표되는 시대를 영국 역사에서 단절적이고 파행적인 시기로 인식하는 경향을 보인다. 특히 1661년부터 3년 동안 영국 곳곳을 돌아다닌 스헬린크스의 기록은 일상적인 단면들로부터 크롬웰의 실정失政을 끌어내고 있어 매우 흥미롭다. "왕과 의회 사이의 분쟁에서 올리버 크롬웰은" 가톨릭적으로 보일 만한 모든 것을 파괴했고, 십자가가 있던 자리에 바람개비를 꽂고, 왕궁을 파괴하고 감옥으로 사용하는가 하면, 많은 사람을 병에 걸리거나 죽게 만들었고, 사냥터의 사슴을 모조리 죽여 버렸으며, 도서관을 훼손하고, 건실한 부자들의 수입을 급감하게 만든 장본인으로, 모든 파행적 결과물의 궁극적이자 유일한 원인으로 비난한다.[59]

사회제도와 풍속

튜더-스튜어트 시대 여행자들의 관심을 끈 사회적 관습은 처형이었다. 런던교에 효수된 범죄자의 머리는 외국인들에게 깊은 인상을 주어 여행기마다 그 숫자를 기록하고 있을 정도였다. 처형은 일정한 절차 속에서 행해지는 의식이었는데, 외국인들은 "순식간에 몰려드는 너무 많은 구경꾼"에 놀라며, 영국인들이 이를 일종의 정기적인 축제처럼 여긴다고 느꼈다. 사형집행관을 따로 두지 않고 상황에 따라 근처에 있는 푸주한 등이 사형을 집행했고, 교수형의 경우 지인들이 죄수의 다리를 잡아당겨 빨리 죽도록 도와주었다.[60] 교수형 외에 능지처참이나 화형과 같은 방식도 목도되었고, 처형 대신 자메이카나 바베이도스로 노예형을 보내는 경우도 있었다.[61]

그런데 여행자들은 영국의 사법제도가 지나치게 엄격하고 때로는 가혹하다고 생각했던 것 같다. 프랑수아 막시밀리앙 미송François Maximilien Misson, 1650~1722은 영국의 고문 제도의 잔인함에 대해 한 장을 할애하고 있고, 스헬린크스는 돼지 한 마리를 훔쳤다는 '혐의'만으로

저잣거리에서 쇠사슬에 묶인 채 갈증으로 죽어가는 늙은이에게 안타까움을 표시했다.[62] 특히 스헬린크스는 엿새 동안 매일같이 처형장을 찾을 정도로 처형을 즐겨 보았지만, 처형에 이르기까지 영국의 재판제도 자체는 매우 불합리하다고 생각했다. 그는 엑서터Exeter에서 능지처참을 당하는 한 관리를 보았는데, 단지 두 사람의 증언만으로 처참한 죽음을 맞이하는 그 관리에게 동정을 표시하면서 영국의 사법제도는 허점이 많아서 증인은 얼마든지 매수할 수 있고, 반대 증언을 할 사람을 상대보다 한 명이라도 더 확보하면 재판 결과가 번복될 수 있는, 정의구현과는 거리가 먼 제도라고 비난했다.[63]

뮈라는 영국인들이 처형을 즐기는 것은 그들이 죽음을 쉽게 받아들이기 때문이라면서, 그 연장선에서 영국에서는 자살이 빈번하다는 점을 지적한다. 아주 사소해 보이는 이유로 죽으려 하는 사람들을 흔히 볼 수 있다면서 과거에는 목매다는 일이 많았지만 최근[17세기 말]에는 스스로 목을 베곤 한다는 것이다. 뮈라는 영국으로 귀화한 한 프랑스인의 자살 사건을 예로 들면서 자살을 일종의 영국적 풍토병으로 묘사하며 "이러한 광기 혹은 분노가 영국인들 사이에서 그토록 강하게 싹튼다는 사실과 교양 있는 사람들마저도 자살을 분별 있는 행동이라고 생각한다는 점이 유감스럽다"라고 말했다.[64]

여행자들은 영국인들에게 '죽음을 즐거움과 연결시키는 잔인성'이 있다는 점에 공감하면서 이를 드러내는 또 다른 예로 유혈 스포츠를 꼽았다.[65] 귀족이나 왕족 여행자들은 환대의 한 코스로 곰 놀리기를 관람하곤 했는데, 피를 흘리며 죽어가면서도 물러서지 않는 영국 개의 용맹함에 경탄하는 한편, 이런 여흥이 매우 잔혹하다는 점에 동감한다. 곰 놀리기 장場을 찾은 한 여행자는 이렇게 쓰고 있다.

> [극장에서 나와서] 찾은 다른 장소는 곰이나 소를 놀리기 위한 곳으로, 연극을 위한 극장처럼 지어져 있다. 곰이나 소는 묶인 채로 영국의 사나운 개들에게 공격을 받는다. 이것은 개들에게도 위험한 일인데, 소의 뿔이나 곰의 이빨에 다칠 수 있기 때문이다. 실제로 그 자리에서 죽는 개들도 있다. 지치거나 부상을 입은 개들은 바로 새로운 개들로 교체된다. 이 여흥에는 종종 눈먼 곰을 사내 5, 6명이 돌아가면서 채찍질하는 것도 포함되는데, 사슬에 묶여 달아날 수 없는 곰을 빙 둘러싸고 조금의 동정심도 없이 채찍질을 해댄다.[66]

동물을 이용한 유혈 스포츠 중에서도 여행자들의 눈에 가장 잔인하게 비친 것은 닭싸움이었는데, 그 이유는 닭이 죽을 때까지 경기를 계속하기 때문이었다. 여행자들은 극장이나 기타 정해진 장소에서만이 아니라 흔히 골목을 지나다가도 일정한 거리에 닭을 묶어놓고 죽을 때까지 돌을 던져대는 사람들을 발견하곤 했다. 여행자들은 이런 놀이들이 '영국에서는 훌륭한 오락거리'라며 이는 영국인들에게 "싸움이란 일반적으로 감미로운 것"이라는 인식이 있기 때문이라고 풀이하기도 했다.[67]

르네 르 페이René le Pays, 1636~1690는 영국인의 잔인성이 연극에도 그대로 투영된다고 말했다. 프랑스의 연극에서는 살인이나 기타 폭력적인 장면을 연출하지 않지만, 영국 작가들은 "관객의 기분과 성향에 맞추기 위해 연극에 항상 피가 흐르게 하며, 세상에서 가장 잔인한 재난들로 무대를 꾸민다"는 것이다. 그래서 무대는 늘 피범벅이 되고, 그런 장면에서 여자들이 박수를 치고 웃음을 터트린다며 영국인의 국민성에 거부감을 드러낸다.[68]

사실 계층의 고하를 막론하고 연극 관람은 영국 여행의 필수 코스였던 것으로 보인다. 당시 영국의 연극은 이미 대륙 여러 나라에 극단을 수출하고 있을 정도로 명성을 얻고 있었다. 뷔르템베르크 공 루트비히는 런던의 글로브 극장에서 셰익스피어의 〈오셀로〉를 보았고, 헨츠너는 극장을 배우들의 연기와 음악, 관객의 호응이 모두 훌륭한 멋진 곳으로 평가했다. 키헬은 새로운 극이 상연될 때는 관람료를 두 배로 내야 한다고 말한다.[69] 네덜란드의 과학자 사무엘 소르비에르 Samuel Sorbière, 1615~1670는 영국의 연극이 감탄할 만하다고 하면서도 시간과 장소의 법칙을 무시한 채 생략과 함축, 캐릭터화의 원리 속에서 극이 진행된다는 사실에 불편함을 표시했다. 이런 '단편적'인 묘사가 종교적 설교나 재판에서도 그대로 드러나는 일종의 '영국적 화법'으로 정확성과 합리성을 잃기 쉽다는 지적이다.[70]

영국인의 여흥이 잔인성을 드러내고 사법제도는 가혹하리만치 엄격하기도 하지만, 여행자들은 영국 사회가 전반적으로 질서가 잘 잡히고 사회보장제도 역시 효율적으로 잘 돌아가는 곳이라고 느꼈던 것 같다. 그들은 영국의 재판과 처형은 정해진 일정과 절차에 따라 벌어지는 확고하게 정착된 제도로 거부감 없이 국민들에게 수용되고 있는 것으로 보았다. 또한 영국은 1246년에 정신병자를 수용하는 베들럼 Bethelehem 혹은 Bedlam을 설립했으며, 창녀 수감소가 따로 있고, 구빈제도

가 잘 시행된다는 언급 등은 여행자들의 인식을 보여주는 중요한 단초들이다.[71]

사람과 기질

튜더-스튜어트 시대의 여행기에서 영국 사람들에 관한 언급 가운데 가장 빈번한 것은 영국 여성의 아름다움에 대한 것이다. 이미 15세기에 독일 지역에서 온 순례자들이 영국 여성들은 놀랄 만치 아름답다고 기록한 바 있고, 이런 인상은 독일 지역 여행자들에게 이후로도 회자되는 일종의 '신화'였다.[72] 그런데 영국 여성들이 피부가 희고, 햇빛으로부터 피부를 보호하는 법을 잘 알며, 날씬한 몸매와 우아함을 지녔다는 일반적인 인상 뒤에는 외모는 훌륭하나 촌스러운 스타일을 고수한다든가, 치아를 관리하지 않는다든가, 정숙해 보이지만 사랑에 빠지는 순간부터 성마른 사람이 되고, 욕정에 불타고, 외국인의 유혹에 쉽게 넘어가고, 기질적으로 잔인하다는 이야기들이 사족으로 덧붙여지기도 했다.[73]

또한 "집에는 먹을 마른 빵 한 조각 없어도 벨벳 옷으로 온몸을 휘감고 다니는 여성들을 흔하게 볼 수 있다"[74]라는 말이 드러내듯이 여행자들은 영국 여성들이 지나치게 사치스럽고 허영에 들떠서 자신의 외모를 뽐내는 일 이외에는 아무런 관심이 없는, 게으르고 일하기를 싫어하는 사람들이라고 평하기도 한다. 여성들이 산책을 즐기는 것도 자신의 모습을 남에게 '보이기 위한' 것에 불과하고, 아무 일도 하지 않고 문간에 앉아 지나가는 사람들이 자신을 쳐다보기 바라며 시간을 보내며, 심지어 다른 나라에서는 여성들이 얼마나 많은 일을 하는지를 알려주어도 전혀 개선할 마음이 없다고 한다. 이런 내용들은 비록 결혼 후에 성이 바뀌고 법적으로는 남편에게 매이게 되지만, 궂은일은 모두 하인에게 맡기고 공식적인 자리에서는 정중하게 대접받는다는 차원에서, 외국인들이 다른 나라의 여성들과 비교할 때 영국 여성들이 상당한 자유를 누리고 있다고 평하는 근거가 되기도 한다.[75]

한편, 영국의 남성들에 대해서는 외모가 준수하다는 언급도 있지만, 그보다는 그들의 기질을 평하는 내용이 더 큰 비중을 차지한다. 평가는 이중적인데, 용맹스럽기 그지없는 영국의 개와 마찬가지로 매우 용맹하다는 평가와 다른 한 편으로는 매우 비열하다는 평가이다.[76] 이런 평가를 함축해서 보여주는 메테런의 기록을 보자.

> [영국] 사람들은 대담하고 용맹하고 열정적이다. 전쟁에서는 잔인하고, 사납게 공격하며, 죽기를 두려워하지 않는다. 그들은 악의는 없으나 매우 변덕스럽고 성질이 급하고 허영기가 많으며, 가볍고 남을 잘 속이며 특히 자기들이 싫어하는 외국인에 대해 의심이 많다.[77]

이런 내용은 여행자들이 영국의 환대hospitality문화에 깊은 감명을 받았던 것[78]과는 상당히 다른 차원의 내러티브로서, 여행자들이 환대와 같은 영국 사람들의 '행위'와 '기질'을 분리해서 인식했음을 보여준다.

여기서 영국 사람의 가장 중요한 특성으로 도출되는 것이 바로 '섬나라 근성'이다. 이미 15세기에 영국을 방문한 한 독일인이 영국 사람들은 섬나라 기질이 있으며, 민족적 자부심이 대단하다는 기록을 남긴 바 있다.[79] 그런데 섬나라 기질이란 사실 여러 측면에서 고찰될 수 있는 것이다. 메테런은 "다른 섬나라와 마찬가지로 사람들의 체질 자체가 약하다"라고 썼는가 하면, 프리드리히는 훌륭한 병사들이 많지만 좀처럼 해외로 나가려 하지 않아 게으른 용병들을 모집할 수밖에 없다면서, 사방이 바다로 둘러싸인 섬이라는 사실은 사람들을 잘 통제할 수 있는 요인이라고 말한 바 있다.[80] 또한, 섬나라라는 고립성 때문에 혼자 잘난 줄 알아 영국인들이 지나치게 거만하고 뽐내는 태도를 지녔다는 지적도 있다.[81]

그런데 여행기들에 나타나는 섬나라 근성이라는 말에 가장 강하게 함축된 의미는 바로 외국인에 대한 배타성이다. 프리드리히는 영국인들이 외국인에 대한 배려가 없어 외국인들을 비웃고 심지어 놀이 삼아 집단으로 공격하곤 한다고 말한다. 옥스퍼드를 방문한 친처링도 비슷한 경험을 한 듯한데, 학생들이 강도 떼로 돌변하여 지나가는 이방인들을 공격하기 일쑤라며, 예외적으로 친절했던 퀸스 칼리지Queen's College 학생들을 입이 마르게 칭찬한다. 세인트 폴 교회에 들어가던 발렌틴 아리스메우스Valentin Arithmæus, 1486~1536는 유달리 독일인들에게만 입장료를 받는다는 사실에 분개한다. 스헬린크스는 지갑을 도둑맞았지만 다른 외국인들의 충고대로 그 사실을 함구하기로 한다. 미송은 영국의 연극이 프랑스의 것을 모방하고 표절하면서도 프랑스 사람을 모욕한다는 사실에 불만을 드러낸다. 소르비에르는 도버에 도착하자마자 한 무리의 아이들에게 영국에서 프랑스인을 경멸하며 부르는 '프랑스 개French-dog'라는 소리를 들어야 했다. 그는 칼레에서는 친절과 배려로 영국인을 맞이하는 반면, 도버에서는 경멸과 모욕으로 프랑스 사람들을 맞이한다고 강하게 비난한다. 뭐라는 욕설을 주고받는 영국인의 풍속에 대해 쓰면서 가장 심하고 흔한 욕이 '프랑스 개'라고 단언한다. 이처럼 이방인에 대한 영국인의 배타성은 여행자들의 출신 지역이나 방문 시기가 다름에도 튜더-스튜어트 시대를 관통해서 일관적으로 묘사된, 이방인이 느꼈던 매우 분명한 '영국인의 기질'이었다.[82]

랭퍼드는 '외국인 혐오증Xenophobia'을 다룬 장에서 "영국인들이 외국인에게 무례하다는 불평이 17세기 중반부터 많이 나타나고, 18세기가 되면 외국인을 혐오하는 영국인의 이미지가 확고하게 자리 잡았다"[83]라고 말한다. 하지만 앞에서 살펴봤듯이 외국인에 대한 배타적이고도 공격적인 영국인의 기질은 이미 16세기부터 여행자들이 공통적으로 느끼던 것이었다. 배타성뿐만 아니라 환대, 잔인함, 친밀함, 자유 등 랭퍼드가 지적하는 다른 많은 요소 역시 이미 튜더-스튜어트 시대의 여행기에서 찾아볼 수 있는 영국인의 두드러진 기질들이다. 따라서 외국인이 규정한 '영국인의 국민성'은 온전히 18세기의 산물로 고찰될 것이 아니라, 좀 더 긴 역사적 맥락 속에서 탐구되어야 할 것이다.

08

17세기 후반 '영국성'의 형성 과정

외국인의 여행기와 영국인의 대응

앞 장에서는 튜더-스튜어트 시대 이방인들이 남긴 영국 여행기를 중심으로 외부의 시선이라는 측면에서 '영국성Englishness'이 형성되어 간 양상을 살펴보았다. 린다 콜리나 폴 랭퍼드 등 영국 정체성을 논의해 온 학자 대부분이 영국인의 국민성National Character을 18세기 이후에 생산된 근대적 산물로 보았지만,[1] 이런 특성들은 이미 16~17세기의 여행기들이 보여주듯 18세기 이전에 분명히 나타난 것이었다.

그런데 정체성이라는 것이 대화적 관계 속에서 만들어지는 것임을 감안할 때, 외국인이 본 영국인의 특성은 온전히 외국인이 독자적으로 만들어낸 것이라고만 볼 수 없다. 때로는 영국인들이 주었던 인상과 정보가 외국인들에게 영국적 정체성을 인식하게 하는 기초로 작용하기도 하고, 거꾸로 자신들을 바라보는 외국인의 시각을 인지하는 순간부터 영국인들은 자신들의 정체성을 재고하는 단계로 진입하기도 하는 것이다. 따라서 영국적 정체성의 형성 과정을 정교하게 고찰하려면 영국인과 이방인이 어떤 방식으로 대화적 관계를 맺었는가 하는 문제를 살펴보아야 할 것이다. 문제에 접근하는 첫걸음은 아마도 영국 내에서 출간된 외국인의 영국 여행기를 추려보고 그것이 영국인들에게 끼친 영향을 가늠해 보는 일일 것이다.

이 문제를 살펴보는 과정에서 반드시 고려해야 할 요소가 바로 여행기들의 상호 인용 여부이다. 당시 많은 문헌이 출처를 명시하지 않고 내용을 베꼈고, 실제로 가보지 않고도 듣거나 읽은 내용들을 자신이 경험한 것처럼 기술하는 여행기도 많았다. 또한 문헌을 통해 미리 여행지에 대한 정보나 지식을 얻을 경우 여행자의 경험은 선별되고 제한되거나 왜곡될 가능성이 높다. 좋은 여행안내서를 많이 참조할수록 스스로 정하기보다 책에 나온 명승지를 따라서 여정이 정해질 가능성이 높듯이 말이다. 나아가 여행지에 대한 인상도 자유로운 것이기보다는 안내서에 적힌 내용의 타당성을 따지는 데 더 집중되기도 한다. 따라서 영국에 대한 인상 가운데 어디까지가 온전한 여행자의 시각이었는지를 알아내려면 그들이 주로 참조한 문헌을 찾아내고, 그 문헌의 내용으로부터 여행자들이 실제 경험한 것들을 분리해 내는 텍스트의 정교한 분석이 요청되는 것이다.

이 문제에 접근하기 위해 이 장은 17세기 후반 영국에 대한 인상을 기술한 대표적인 여행기의 하나인 사무엘 소르비에르의 《영국 여행A Voyage to England》(1664)[2]을 분석하기로 한다. 프랑스어로 쓰인 이 여행기가 출판되자마자, 영국에서는 토머스 스프랫Thomas Sprat, 1635~1713

이 이 책의 내용을 신랄하게 반박하는 《소르비에르의 '영국 여행'에 대한 고찰Observations on Mons. de Sorbière's Voyage into England》(1665)[3]을 펴냈다. 이 스프랫의 책이 큰 인기를 끌어 이후 소르비에르의 여행기가 영어로 번역되기도 했다. 스프랫의 책은 17세기에 여러 차례 재출간되었을 뿐만 아니라, 18세기에도 다시 출판되어 긴 생명력을 자랑했다.[4] 그런데 소르비에르의 《영국 여행》은 영국인 존 에블린John Evelyn, 1620~1706이 쓴 《영국의 특성A Character of England》(1659)[5]에 상당 부분 의존하고 있다.

왕정복고라는 굵직한 역사적 사건 전후에 쓰인 이 여행기와 반박문은 정치적 담론에 더 많은 관심을 기울여온 학계의 경향 속에서 그동안 역사가들의 진지한 관심을 받지 못했던 사료들이다. 하지만 나는 단순히 이 여행기들의 내용을 소개하는 것을 넘어, 소르비에르 여행기의 출처를 둘러싸고, 텍스트들 사이의 역학관계를 추적하여 '영국의 정체성'이 도출되는 담론의 생산 과정을 해부해 보고자 한다. 이는 담론의 생산 과정에서 '대화성'을 주목하고, 사료(화자) 간의 계보를 추적해 보는 시도라고 할 수 있다.

소르비에르의 《영국 여행》

사무엘 소르비에르[6]는 프랑스 생탕브루아St. Ambroix의 독실한 프로테스탄트 가정에서 태어났다. 파리에서 신학과 의학을 공부했으며 과학 분야에 많은 저술과 번역서를 남겨 당대 유명한 과학자로 이름을 떨쳤다. 네덜란드와 파리를 중심으로 삼아 북부 유럽의 저명한 과

학자들과 교류했다. 또한 교육자로 활동하는 한편, 윌리엄 캠든의《브리타니아》, 토머스 홉스Thomas Hobbes의《시민론De Cive》(1642), 토머스 모어의《유토피아》를 프랑스어로 옮기는 작업에 참여하기도 했다. 세속적 쾌락과 부의 추구에 관심이 많았던 그는 가톨릭으로 개종한 뒤 끊임없이 교황과 추기경으로부터 후원을 받고자 했다고 알려져 있다. 그는 1660년에 프랑스 왕의 사관Historiographer Royal으로 임명되어 상당한 연금을 하사받기도 했다.

왕성한 에너지를 자랑했던 소르비에르는 1663년 여름 영국을 방문했고, 이듬해 프랑스에서《영국 여행Relation d'un voyage en Angleterre》을 발간했다. 이 책의 영역본은 1709년에야 출판되었지만, 소르비에르의 이름을 내걸고 비슷한 내용을 다룬 소책자가 여러 차례 등장했고 다른 많은 책에 언급되었으며, 무엇보다도 이 책을 전면적으로 비판하는 토머스 스프랫의 책이 인기를 끌면서 소르비에르의 여행기는 17세기 후반 영국에 널리 알려지게 되었다.[7]

영국에서 소르비에르의 여정은 홉스를 비롯한 여러 영국 과학자들과의 교류, 연극 관람, 프랑스 대사관에서의 식사, 궁정 방문, 옥스퍼드 견학, 왕립학회Royal Society 모임 참가 등으로 요약될 수 있다. 그의 방문기는 프랑스에서 출발해 도버까지의 여정을 시작으로 다시 칼레로 돌아올 때까지 영국에서 방문했던 지역을 따라가는 형식을 취하고 있다. 그 틀 속에서 그는 영국의 종교, 정치, 기질 및 과학의 발달에 대해 긴 지면을 할애하며 자신의 논지를 펼친다. 소르비에르의 여정이나 영국의 지지에 대한 묘사는 앞 장에서 다루었기 때문에 생략하고 이 장에서는 그가 특별한 관심을 기울인 몇 가지 주제를 중심으로 삼기로 한다.

영국의 종교에 대한 소르비에르의 시각은 한마디로 "사람들이 국교를 별로 따르지 않는다"[8]였다. 그가 파악하기에 영국의 종교개혁은 종교적 신념보다는 정치적 이유에서 국왕이 주도한 일이고, 종교적 외양이 본질적으로 가톨릭을 답습하기 때문에 "퓨리턴들이 오늘날까지 이에 대해 불평한다"[9]는 것이었다. 여기서 소르비에르는 영국에서 내란이 발생하게 된 원인을 종교개혁까지 소급해서 분석한다. 종교개혁으로 인해 국왕의 수중에 들어간 부가 젠트리와 귀족들에게 재분배되었는데, 주요 수혜자이자 새로이 신분 상승을 꾀하는 젠트리들이 제임스 1세 때 남작Baron으로 봉해졌고, 이후 왕들이 이들을 통제하는 과정에서 어려움을 겪었다는 설명이다.[10]

그는 영국에서 내란이 발생하게 된 직접적 원인이 성직자와 새로운 귀족들 사이에서 국왕이 균형을 잃었기 때문이라고 생각했다. 찰스 1세에 대항했던 귀족들이 퓨리턴 성직자들을 자극하게 되었고, 성직자들은 이런 혼란을 틈타 영국의 종교 자체를 개혁하고 세 왕국(잉글랜드, 스코틀랜드, 아일랜드)에 동일한 예배의식을 도입하려 했다. 수입이 적어 어려움을 겪던 하급 성직자들의 불만은 국왕이 교회령을 회복시켜 주기만 하면 간단히 무마될 일이었으나, 하급 성직자들이 "가톨릭 교회에 대한 반감에 눈이 멀어 남작들이 내란에 불을 붙이는 데 조력하게 되었다"[11]는 것이다. 소르비에르는 영국에 공식적으로는 오직 두 가지 종교, 곧 국교회와 장로교만 존재한다고 말한다. 이 두 종파를 제외한 하위 종파들은 내란 기간 동안 '독립파Independents'라는 이름으로 통합되었다. 그는 이런 '오합지졸'들의 통합이 올리버 크롬웰의 이해

관계와 맞아떨어졌다고 분석했다. 한편, 영국의 가톨릭은 상황이 매우 좋지 않은 데다 끊임없이 억압당하고 있어서 재건이 불가능하다고 보았다.[12]

왕정에 대해 매우 호의적인 태도를 지녔던 소르비에르는 내란을 의심할 바 없는 '반동'으로 간주했다.[13] 호국경 크롬웰의 정치는 매우 가혹했으며, 그것이 그 체제가 붕괴된 원인으로 파악했다. 심지어 크롬웰이 남긴 빚을 현재 왕이 갚아야 하는 상황을 안타까워하기도 했다.[14] 영국 왕을 알현한 소르비에르는 왕이 젊었을 때 망명 생활을 한 경험이 있어 국민에 대한 애정과 이방인에 대한 친밀감이 있다고 보았다. 하지만 왕의 권력은 귀족과 젠트리의 국왕에 대한 애정과 존경에 기초하기 때문에 그것을 받기 위해 그들에게 어느 정도의 자유를 허용해야 하고, 이런 관계는 그 아래의 계층들 사이에서도 되풀이되는 것으로 파악했다.[15]

소르비에르가 보기에 영국인들은 왕에게 큰 애정을 갖고 있었다. 하지만 국민이 왕을 좋아하는 것은 궁극적으로 국가의 더 큰 영광을 위한 것으로, 이 체제가 그나마 다른 체제보다 낫기 때문에 선택한 것이라는 입장이었다. 여기서 국가의 주인으로서 국왕의 위치는 이미 사라진 지 오래이고, 국왕은 철저히 국민의 효용 때문에 존재한다는 인식이 엿보인다. 그는 영국 국민이 평화를 유지하고 국민의 행복을 증진하며 해외에 영국의 명성을 드높이는 것이 국왕이 할 일이라 믿고 있으며, 이 때문에 "그[왕]가 그렇게 호화롭게 살아갈 만한 수입이 허용된다고 믿고 있다"[16]라고 쓰고 있다. 국민의 애정의 대상은 국왕이지만, 정작 중요한 사안들은 사적 이익에만 관심이 있는 관료들에 의해

처리되고 있으며, 그로 인해 국민이 피해를 입고 있다고 주장한다.[17]

당시 영국의 정치적 상황에 대해서는 대귀족들 사이의 대립이 심각하지만 내란이 종식된 지 불과 얼마 지나지 않았기 때문에 그런 일이 다시 발생하지는 않을 것으로 보았다.[18] 하지만 영국인들은 정치에 대해 논하기를 좋아해서 정치 상황에 대한 대화와 토론이 그들 일상의 가장 큰 부분을 차지한다고 적고 있다.[19]

> 그들은 본질적으로 게으르고 하루의 절반을 담배를 피우면서 정부에 관한 이야기를 하며 보낸다. 새로운 관세며, 굴뚝세, 공공비를 어떻게 운영할 것인가, 교역의 감소[를 어떻게 해결할 것인가] 등에 대해서 말이다. 또 과거를 돌아보며 올리버 [크롬웰] 시대의 전함의 위력과 세계 곳곳에서 이룬 영화며, 모든 나라가 자신들과 동맹을 맺고 싶어 했다는 둥, 각지에서 대사들이 모여들던 공화국의 화려함에 대해 이야기한다. 그들은 밉살스러운 비교를 삼가지 못해 새 분쟁을 불러일으키는 성향을 보인다.[20]

영국인들이 과거의 영화에 집착하는 성향이 강하다는 인식은 영국의 현재가 과거만 못하다는 인식을 깔고 있다. 같은 맥락에서 소르비에르는 경제적 측면에서도 영국이 과거에 비해 상당히 침체해 있다고 지적한다. 상업, 제조업, 해외 교역, 어업 등의 분야에서 영국과 네덜란드는 경쟁 관계에 있는데, 현재 영국은 수세에 몰려 있다며 그 이유를 분석한다.[21] 또 프랑스인들이 영국인들보다 부지런하고 솜씨 있으며 좋은 물건을 싼값에 제공하기 때문에 프랑스 물건이 더 많이 팔리고, 이 때문에 영국인들이 프랑스인들을 미워하는 것이라고 해석하기도 한다.[22] 이렇게 영국 경제가 침체된 원인은 무엇보다도 영국인들의 게으른 습성 때문이었다. 가게를 지키지 않고 선술집을 들락거리고, 종일 담배를 피우며 잡담을 나누는 것이 영국인들의 특성이라는 것이다.[23]

> [영국 내에서] 어느 곳이나 빈곤은 존재하지만, 영국의 빈곤은 그다지 심각한 수준이 아니다. 그리고 생필품만 얻으면, 사람들은 게으름 때문에 그 이상을 원하지 않는다. 그들은 자존심 때문에 더 많은 잉여를 추구하지도 않는다. 다른 [나라] 사람들은 그토록 힘들게 얻고자 하는 것을 말이다.[24]

소르비에르는 영국인을 "게으르고 사치스럽고 잔인하고 애국심이 강하고, 이방인에 대항해서 내적 결집력이 강하고, 위험에 맞서 두려움을 모르는" 사람들로 묘사한다.[25] 또한 영국의 풍요로운 환경으로 인해 국민들이 건방지고 오만불손하다고 말하기도 한다.[26] 이방인에 대한 배타적 특성이나 용맹성, 그리고 곰 놀리기와 검투 등 유혈 스포츠를 통해 영국인의 잔인성을 찾는 경향은 이 시대의 다른 여행기, 나아가 15~18세기에 쓰인 외국인들의 영국 여행기들에서 공통으로 나타나는 특성이기도 하다.

다른 여행기들과 비교해볼 때 소르비에르의 여행기만이 가진 독특한 장점은 당시 영국 과학계에 대한 상세한 정보를 제공한다는 데 있다. 소르비에르는 당시 옥스퍼드와 런던에서 활동하던 많은 과학자를 만났다. 그의 기록은 당시 유럽에서 과학자들 사이에 국적을 초월한 광범위한 교류가 있었고 당시 영국 지식인들 사이에 과학적 열정이 팽배했음을 보여준다. 종교나 정치 분야에 대한 소르비에르의 서술은 상당히 냉소적인 반면, 과학 분야에 대한 기술에서는 그가 영국의 선진성에 깊은 인상을 받은 것으로 나타난다.

> 영국은 언제나 과학 분야를 빛낸 최고의 인재들을 배출했다. 이 분야에서 손꼽히는 영국인은 길버트Gilbert[27], 하비Harvey[28], 베이컨Bacon이지만, 갈릴레오Galileus, 데카르트Descartes, 가르생디Gassendus[29]로 인해 영광을 누린 프랑스와 이탈리아보다 앞선다고 볼 수 있다. 하지만 진실을 말하자면, 베이컨이 가장 앞선다.[30]

소르비에르가 보기에 내란은 우수한 과학자들에게 오히려 좋은 기회로 작용했는데, 궁정에 출입할 필요가 없어 연구에 전념할 수 있었기 때문이다. 내란이 끝나자 많은 신진 과학자가 새로운 연구 성과들을 내놓았고 과학 분야에 있어 세계적인 개가라 불릴 만한 업적들이 속속 등장했다고 쓰고 있다. 또한 영국의 국왕도 이 분야에 많은 관심을 기울였다고 적었는데,[31] 아마 국왕의 그런 관심이 소르비에르를 사실私室로 불러 친전했던 이유였을 것이다.

왕립학회를 방문한 소르비에르는 그곳의 구성원들이 특별한 제재 없이 자유롭고도 수준 높은 토론을 벌이고 있다는 사실에 매우 놀랐다. 하지만 그는 왕립학회 내의 분파적 갈등에 관심을 기울인다. 당대의 가장 훌륭한 학자로 꼽는 홉스가 왕립학회에서 소외되고 있다는 인상을 받았으며, 홉스의 지나친 독단주의로 인해 그의 뛰어난 자질이 더 많이 이용되지 못하고 있음을 개탄하기도 한다.[32] 그러나 프랑스인으로서 그는 영국 왕립학회를 통해 이루어내는 많은 과학적 성과가 다른 나라에는 위협이 될 것이라며 이를 멈추지 못한다면 다른 나라들이 모두 영국에 무릎을 꿇게 될 것이라고 경고하기도 한다.[33] 소르비에르는 한 나라에 부와 영광을 가져오는 것은 궁극적으로 과학이며, 전쟁을 일으키기보다는 전쟁의 궁극적 원인이 될 과학을 증진해야 한다고 역설한다.[34] 100여 페이지에 달하는 이 여행기는 결국 "영국인들은 종교나 정치적 문제에서 광포한 성상을 갖고 있을 뿐만 아니라 사악한 천재[과학자]들이 자신들의 지식과 천재성을 세계의 평화를 뒤흔드는 데 쓸 것"[35]이라는 진단으로 그 핵심을 요약할 수 있을 것이다.

스프랫의 《'영국 여행'에 대한 고찰》

소르비에르의 《영국 여행》이 출간되자마자 영국에서 토머스 스프랫이 《소르비에르의 '영국 여행'에 대한 고찰》을 펴냈다. 스프랫은 도싯주의 비민스터Beaminster 출신으로 옥스퍼드 대학에서 수학한 후 교수가 되었다. 이후 성직에 몸담아 웨스트민스터, 윈저, 로체스터 등에서 목사와 주교를 거치면서 재기 넘치는 시와 논문을 발표했다. 왕립학회의 창설에 기여한 인물로 학회의 역사를 저술하기도 했는데,[36] 정작 그를 유명하게 만든 글은 소르비에르의 책에 대한 반박문이었다. 이 반박문은 크리스토퍼 렌Christopher Wren, 1632~1723에게 보내는 편지 형식으로 작성된 상당히 긴 텍스트로, 내용이나 논리 전개에 있어 명문이라고 불러도 손색이 없다.

스프랫은《영국 여행》의 주요 내용을 직접 인용하면서 소르비에르의 견해를 비판한다. 비판의 논거는 크게 두 가지로 나눌 수 있다. 먼저, 스프랫은《영국 여행》의 논리적 결함을 지적한다. 무엇보다도 많은 부분에서 일반화의 오류를 범하고 있다는 것이다. 자신의 편향적인 사고를 인간 전체의 본성으로 확대하는가 하면,[37] 자신이 경험한 소수의 사례를 통해 영국 전체를 매도한다고 비판한다.[38] 이는 "런던과 옥스퍼드밖에 가보지 않은 사람"이 영국의 모든 것을 다 본 것처럼 말한다는 비난으로 함축된다.[39] 또한 "망상으로 가득 찬 그의 두뇌가"[40] 단편적인 관찰만으로 영국의 종교를 개괄하여 다수의 사람이 국교회에 대해 혐오의 감정을 갖고 있는 것처럼 오도한다고 질책한다.[41]

한 예를 들자면, 소르비에르는 도버에 내린 프랑스 승객들을 "프랑스 개"라고 부르며 조롱하는 한 무리의 아이들에 대해 신랄하게 비난한 바 있다.[42] 이런 행동은 칼레나 디에프에서 영국인을 환대하는 프랑스 사람들과 비교하면 무례하고 야만적인 행동이라는 것이다. 하지만 스프랫은 그런 행동은 어딜 가나 보편적으로 존재하는 것으로, 영국인들 역시 프랑스 해안에 도착하면 주민들에 의해 옷이 찢기고 모자가 벗겨지는 등 마찬가지 괴롭힘을 당한다고 말한다. 더욱이 영국인들은 더한 취급을 받더라도 그것을 그 나라 전체의 특성으로 일반화하지는 않는 반면, 소르비에르는 이를 "영국 전체의 무례함"으로 확대, 일반화하고 있다고 비난한다.[43]

같은 맥락에서, 스프랫은 소르비에르의 영국에 대한 묘사가 선택적 지각을 통해 다른 많은 것을 은폐한다고 말한다. 예를 들어, 캔터베리에 대한 기술에서 토머스 베켓에 대한 언급이 전혀 없다든가, 로체스터Rochester의 다리는 묘사하면서도 정작 그 다리 아래에 있는 전함과 병기고는 언급하지 않는다는 점 등이다.[44] 특히 《영국 여행》이 계곡, 언덕, 심지어 울타리에 이르기까지 영국의 풍광을 호의적으로 그려내는 반면, 산업에 대한 이야기는 별로 언급하지 않는다고 지적한다.[45] 영국 역사를 다룰 때도 아일랜드나 스코틀랜드 정복과 같은 '승리'의 이야기는 다루지 않고 내란의 혼란함만을 부각한다고 그 편향성을 비판한다.[46]

스프랫은 소르비에르가 영국에서 만난 사람들, 즉 영국인 '표본 집단'에 대해서도 객관성을 의심한다. 크롬웰 아래에서 용병으로 7년간이나 복무했던 프랑스인에게 들은 영국에 대한 정보가 어떻게 객관적일 수 있는가를 되묻는가 하면,[47] 영국인들이 게으르다는 소르비에르의 일관된 주장은 아마도 그가 만난 학자들의 일상에서 받은 인상이 아닐까 하고 추측하기도 한다.[48] 나아가 "그는 시골 생활을 하고 있는 젠트리와 요먼이라는 거대한 집단의 누구와도 이야기해 보지 않았으면서" 영국 국민 전체를 다 안다는 듯 한다며 소르비에르를 책망한다.[49]

일관성의 결여도 중요한 지적이다. '활기찬' 기질이 영국인들을 묘사할 때는 비난받을 요소로 쓰이지만, 같은 책에서 프랑스인들의 활기는 매우 바람직한 것으로 기술하고 있다든가,[50] 이상적인 정치체제에 대한 주관도 불분명한 채 영국의 정치체제를 비난하거나 칭찬하는 등 도통 갈피를 잡지 못하고 있다고 질책한다. 예를 들어[51] 영국 왕을 세상에서 가장 훌륭한 사람이라고 치켜세우다가도 곧 "사람들이 예전 왕 치하보다 오히려 지금 더 반란을 획책한다"[52]라고 쓰는 등 명백한 자기모순을 드러낸다는 것이다.

스프랫은 지식인으로서 소르비에르의 자질을 의심하며 공격을 퍼붓는다. 소르비에르 자신이 과학 분야의 발전에 엄청난 기여를 하고 있는 뛰어난 학자인 양 선전하고 있지만 사실 그의 업적이라고는 홉스의 《시민론》을 프랑스어로 번역하고, 영국과 네덜란드 여행기를 쓴 정도라면서, 그가 자신을 과대 포장하고 있으며 그런 자가 쓴 글은 신빙성이 떨어진다는 것이다.[53] 스프랫은 소르비에르를 "떠버리 trumpeter"[54]라고 부르며, 소르비에르가 영국에서 만났던 과학자들이 "직접 만나보니 이 프랑스인이 실제로는 아는 것이 별로 없어 실망했다"라고 하는 말을 들었음을 강조하기도 한다.[55] 또한, 소르비에르가 교황청과 프랑스 궁정의 여러 사람으로부터 후원을 얻기 위해 몸부림친다고 야유하는가 하면,[56] 소르비에르가 마자랭Mazarin, 1602~1661 추기경에게 보낸 편지들을 읽어보니 "편지들이 온통 아첨으로 가득 차 있어 국사를 이야기하기보다는 뱃속이 뒤집힐 것 같은 내용들뿐"[57]이었다고 말한다.

소르비에르가 영국에서 받았던 환대에 비추어 볼 때, 영국에 대한 조소와 비난으로 가득 찬 그의 책은 배은망덕의 표본이라는 비판도 제기된다. 왕이 그를 궁정에 불러 만찬을 베풀었고, 옥스퍼드와 왕립학회에서도 극진한 대접을 받았다고 직접 쓰고 있는 만큼 "영국에 대해 존중하는, 아니면 최소한 정당한 묘사를 했어야만 한다"[58]는 것이다. 특히 스프랫은 소르비에르 스스로가 극찬한 바 있는 토머스 윌리스Thomas Willis, 1621~1675 박사의 외모를 우스꽝스럽게 생겼다고 비웃었던 것[59]은 스스로 미덕을 갖추지 못한 인간임을 보여주는 단적인 예라고 공격한다.[60] 윌리스는 영국의 저명한 의사이자 과학자로 스프랫과 함께 왕립학회를 창립한 사람이었다.

스프랫은 영국의 종교에 대한 소르비에르의 관찰이 편향적일 수밖에 없는 이유가 그의 개인적 행적 탓이라고 몰고 간다. 소르비에르가 프로테스탄트에서 가톨릭으로 개종했다는 사실이 영국의 종교적 상황에 대해 그가 비호의적인 서술을 하게 된 이유로, 자신의 개종을 의심하는 사람들이 있기 때문에 그것을 의식해서 영국의 신교에 대해 더욱 신랄한 표현을 남발했다는 것이다.

> 그[소르비에르]는 자신이 위대한 철학자라고 생각하고 있습니다. 그리고 그는 프로테스탄트였던 철학자들은 거의 개종하지 않는다는 사실을 잘 알고 있습니다. 따라서 그는 영국 국교회를 공격하는 것을 자신의 종교적 신념을 입증할 기회로 삼은 것 같습니다. 귀하께 고백하건대, 소르비에르는 자신의 [종교적] 열성을 매우 성공적으로 꾸며냈습니다.[61]

영국 국교회에 대한 소르비에르의 비난은 과거에 "한편으로는 가장 광포한 가톨릭교도, 다른 한편으로는 가장 광적인 비국교주의자들이 해왔던" 바로 그 내러티브의 재연으로, "폭력적인 칼뱅주의자로, 그리고 예수회 제수이트적 가톨릭교도로서" 그의 행적에 부합한다는 것이다.[62] 스프랫은 소르비에르 책의 내용이 바로 그가 아직도 칼뱅주의에 젖어 있음을 충분히 드러내는 증거이며, 동시에 이단적 요소들이 그의 마음 깊숙이 자리 잡고 있다고 비난한다.[63]

소르비에르가 영어를 전혀 못한다고 밝혔던 점 역시 지식인으로서 한 나라에 대한 일반적 인상을 보고하는 중요한 역할을 수행할 수 없는 치명적 한계라고 지적당하는 요소이다.

> 우리와 어떤 종류[의 언어]로도 소통을 할 수 없음에 비추어 볼 때, 그는 영국인의 매너나 기질에 대해 올바른 판단을 할 수 없습니다. 그는 우리의 젠트리, 농부, 혹은 상인 들로부터 어떤 정보도 들을 수가 없는 처지이고, 학자, 의사, 성직자, 과학자 들로부터도 마찬가지입니다. 왜냐하면 그는 스스로 우리의 라틴어를 이해할 수 없다고 고백했기 때문입니다.[64]

이렇게 영어를 알아듣지도 못하는 사람이 "예배당에서의 설교, 재판정에서의 변론 모두가 그저 현학일 뿐"이라고 말한 점이나, "사람들이 말할 때 입술을 움직이는지 알 수 없다"라며 영어를 "매우 계집애 같은 언어"라고 조롱한 사실은 납득할 수 없다고 했다.[65]

그뿐만 아니라, 스프랫은 지식인이라는 소르비에르가 도버에서 런던까지의 거리를 잘못 계산했다든가[66] 몇 달 동안 체류했으면서도 런던의 크기조차 제대로 파악하지 못한 점,[67] 당시 해외 정세를 표피적 수준으로만 이해하고 있음을 드러냄으로써 프랑스 국왕의 이해관계조차 제대로 파악하지 못하고 있다는 사실[68] 등을 들어 '왕의 사관'이라는 그의 자질을 의심한다. 영국에는 성직 겸임의 관행이 많고 지방 교구의 성직자들이 무식하다는 소르비에르의 말에 대해서도 스프랫은 "그는 우리나라 교회뿐만 아니라 자기 나라 교회도 잘 알지 못한다"[69]라고 혹평한다. 나아가 스프랫은 영국이야말로 다른 나라보다 성직 겸임 사례가 훨씬 드물며, 교구의 성직자들 역시 오랜 기간 교육을 통해 양성된다는 점을 강조한다.[70]

> 나는 소르비에르 씨가 우리나라에 종교적 분파가 몇 개나 있는지를 정확하게 판단하기 이전에 이 책에서 발견되는 산술적 오류들을 먼저 고칠 것을 충고하고 싶습니다. 그 오류들은 그가 가르쳤던 아이들 정도의 이해력만 있어도 분명히 알 수 있는 너무 단순한 사실들에서도 나타납니다.[71]

여기서 소르비에르는 객관성이나 논리성이 결여되었을 뿐만 아니라, 매우 경박한 사람으로 평가된다. 스프랫은 자국의 이익을 위한 철학적 여정을 해야 할 소르비에르가 첫 장부터 노는 이야기를 늘어놓았다고 공격한다.[72] 소르비에르가 영국인들을 "음울하고 허영으로 가득 찬 광신도이자 멜랑콜리한 기질을 갖고 있다"[73]라고 평가한 데 대해 스프랫은 영국인에 대한 그런 단정적인 평가는 영국으로 건너오는 배에서 만난 유쾌한 폴란드인들과 영국인들을 비교한 결과로, 소르비에르가 그런 '노는' 사람들을 선호한다는 것이다.[74] 같은 맥락에서 영국인들이 게으르고 정치체제에 불만이 많다는 언급은 그 정보가 "술에 오르고, 담배 연기의 구름 속에 숨어서" 빈둥대는 무지한 자들의 중얼거림을 영국인 전체로 일반화했기 때문인데, 이런 인상은 그런 곳

을 특히 좋아해서 자주 찾았던 소르비에르의 개인적 성향 탓으로 돌려야 한다고 말한다.[75]

흥미롭게도 스프랫의 반박문은 소르비에르가 쓴 글의 신빙성을 의심하는 동시에 그 여행기를 헌정받은 후원자 및 프랑스 국왕, 나아가 프랑스인 전체를 폄하하는 전략을 취하고 있다. 즉, 소르비에르의 여행이 "프랑스 국왕 폐하의 위대함을 세상에 널리 퍼트리려는 목적"이었지만, 이렇게 별 볼 일 없는 사람이 그런 과업을 수행한다는 것 자체가 국왕의 품위를 떨어뜨린다는 것이다.[76] 나아가 외부인들이 프랑스 왕에 대해 갖고 있는 이미지를 고찰하는 중책을 맡았다는 사람이 고작 배에서 우연히 만난 사람에게 들은 이야기를 결과물로 써낸다는 것 자체가 프랑스의 수준을 말해준다고 꼬집는다.[77]

소르비에르는 영국인들이 프랑스 사람들을 부르는 '프랑스 개'라는 표현과 관련해서 네덜란드인들은 프랑스인을 '버섯'으로, 이탈리아인들은 '바보'라고 부른다고 기술한 바 있다.[78] 이에 대해 스프랫은 "폐하가 어디를 가시더라도 이 세상 전체가 프랑스 제국에 복속할 준비가 되어 있다는 것을 발견하실 겁니다"[79]라는 소르비에르의 말을 인용하며 그렇게 조롱하는 주변국 사람들이 어떻게 프랑스를 세계 군주의 자리에 두겠느냐고 반박하기도 한다.[80] 한발 더 나아가 스프랫은 소르비에르가 치켜세우는 최고의 군주가 5,000여 마일 밖의 중국의 왕들이라는 사실을 주목한다. 이는 곧 영국을 폄하하기 위해 동원하는 이상적인 군주가 프랑스 왕 혹은 유럽의 왕들이 아니라는 점에서 자신이 모시고 있는 "군주에게 불경죄를 범하는 것"이라고 꼬집는다.[81] 그런데 중국 왕들마저도 이렇게 논리적 일관성이 없는 사람이 자신을 칭찬한 것을 그다지 기뻐하지 않을 것이라고 조소를 보낸다.[82] 소르비에르를 비판하는 스프랫의 내러티브는 영국인의 시각에서 볼 때 결코 유쾌하지 않을 내용들을 '소개'하고 이를 조롱하며, 논리적으로 비판하는 것이다. 그런데 이 과정은 결국 소르비에르가 소개한 내용에 기대어 거꾸로 상대방을 공격하는 방식을 취하면서 그 효과를 배가하고 있다.

에블린-소르비에르-스프랫과 영국의 국가정체성 만들기

스프랫의 글이 소르비에르의 텍스트에 기대고 있다면, 소르비에르의 글은 온전히 그 자신의 창작물일까? 흥미롭게도 소르비에르가 기대고 있는 텍스트는 《영국의 특성》이다. 익명으로 출간된 이 책은 후에 저자가 존 에블린으로 밝혀졌다. 일기Evelyn's Diary[83]로 잘 알려진 에블린은 서리주의 도킹Dorking 인근에서 태어났다. 옥스퍼드 대학에서 수학한 후 1643년부터 프랑스, 이탈리아 등지를 여행했다. 내란 기간 동안 왕당파를 위해 활동하기도 했으나(1647~1651) 크롬웰 치하에서는 과학자들과 교류하며 조용한 생활을 즐겼다. 왕정복고 후 궁정의 호의를 받게 된 그는 요직에 진출하지는 않았지만, 런던 재건, 빈민 구호와 부상병 구호 등 실제적인 부분에서 국가 차원의 다양한 사업을 수행했다. 그는 왕립학회의 발기인이었으며, 총무(1672), 회장(1682, 1691) 직을 맡기도 했다.

《영국의 특성》의 저자가 에블린이었음을 감안해 볼 때, 스프랫이 왜 당시 영국에서 출간되지도 않았던 소르비에르의 글에 맹공격을 퍼부었는가를 조금은 이해할 수 있다. 에블린과 스프랫은 왕립학회의 창립 멤버로 매우 두터운 친분을 쌓은 사이였다. 더구나 그들이 심혈을 기울여 세운 왕립학회에 대한 소르비에르의 비난을 참을 수 없었을 것으로 보인다.

하지만 이런 추측만으로는 스프랫의 열성적 반박문《'영국 여행'에 대한 고찰》이 나오게 된 배경을 충분히 설명할 수는 없다. 왜냐하면 이 책은 크롬웰 치하, 즉 영국의 대공위 시대 정부를 비판하는 내용을 담고 있어 검열을 피하기 위해 익명으로 출간된 것으로 보이는데, 왕정복고 이후 다시 인쇄되었을 때도 저자를 밝히지 않았기 때문이다. 한편, 소르비에르는《영국 여행》의 초반부에 이 책의 존재를 알고 있음을 암시하고는 있으나 저자나 서명 같은 구체적인 정보를 밝히지는 않았다. 소르비에르가 쓴 원문을 살펴보자.

> 영국인들은 내가 이런 내용을 쓰는 것에 분개하지는 않을 것이다. 왜냐하면 그들은 진실을 듣는 것을 좋아하기 때문이다. 그리고 그들의 특성에 대해서는 런던에서 한 차례 이상 출간된 책이 있는데, 그것을 쓴 자국민[영국인]은 진정으로 비판할 만한 사안에 대해서는 비난이나 혹평을 주저하지 않았다.[84]

하지만 스프랫은 자신의 책 초반부에서 소르비에르가 말하는 책이《영국의 특성》이라고 구체적으로 밝혔다.[85] 그럼에도 스프랫은 무슨 이유에서인지 끝까지 그 책의 저자가 누구인지는 밝히지 않았다.

따라서 스프랫의 열성적 반박문이 출현하게 된 배경을 에블린과 스프랫의 개인적 친분과 왕립학회의 위상이라는 범주에서 벗어나 살펴볼 필요가 있다. 일차적으로 고려해 볼 요소는 '애국심'일 것이다. 이미 '국가'라는 것이 정체성의 분명한 범주로 설정된 때였고, 엘리자베스 시대 이래 영국인들 사이에 '애국심'이 열성적 담론으로 구체화되었던 사실을 고려한다면 자국인의 특성에 대해 우호적이지 않은 내용이 담긴 타국인의 텍스트는 당연히 영국인들의 반발심을 유발했을 것이다. 하지만 여기서 한 가지 고려해야 할 점은 소르비에르가 참조한《영국의 특성》이 사실은 영국인에 의해 쓰였지만, 마치 프랑스인이 쓴 것처럼 가장해서 쓰였다는 사실이다. 따라서 소르비에르에 대한 스프랫의 비판은 궁극적으로는 에블린에 대한 비판일 수 있다. 이 관계를 살펴보기 위해서는 먼저《영국의 특성》의 내용과 소르비에르가 이를 인용했는지에 대한 여부를 밝혀야 할 것이다.

먼저 내용을 살펴보자.《영국의 특성》은 약 70여 쪽의 길지 않은 소책자로, 영국을 방문한 외국인이 쓴 여행기를 익명의 프랑스 귀족에게 바치는 편지 형식을 취하고 있다. 저자가 아니라 영국의 출간자가 쓴 것으로 가장한 서문에서는 "우리나라의 명예를 생각해서 처음에는 이런 치욕이 출판되는 것을 막아보려고 했었으나, 재고해 보니 비난만 할 게 아니라 좀 더 중립적인 시각에서 오히려 우리 국민을 가르치는 것이 낫다고 판단해서" 영어로 번역 출간한다고 적고 있다.[86]

이 책의 구성은 16~17세기에 나타났던 많은 이방인 여행기들의 전형적인 전개 방식을 따라 여정을 중심축으로 삼고 있으면서도 중간부터는 자신이 본 영국에 대한 인상과 영국인에 대한 비판에 상당 부분을 할애하고 있다. 도버에 도착해 런던으로 올라가 세인트 폴 교회와 화이트홀 등을 둘러보고, 영국인의 저택에 초대받아 파티에 참석하고, 극장과 선술집, 공원 등을 돌아보며 목도한 영국의 풍속에 대해 묘사하고 있다. 문투는 풍자적이고 내용은 원색적인 비난 일색으로, 외국인들에게 무례하기 그지없는 사람들, 불결한 런던 거리, 크롬웰 치하에서 황폐화된 건물 등 영국을 "사람과 마찬가지로 건물들도 다 뒤틀린 지옥"[87]으로 묘사하고 있다.

여기서 영국에 대한 비판은 크게 두 가지 범주로 나뉜다. 먼저 종교에 대한 것으로, 영국의 종교는 이도 저도 아닌, 원칙도 내용도 없는 껍데기뿐이며 진정한 종교를 가지고 있거나 심지어 교회에 가는 사람도 별로 없다는 것이다. 이런 실패는 "로마 가톨릭을 두려워하거나 혹은 스스로 상상하기를 너무 좋아한 나머지 극단으로 가버려서 중용도, 예법도 잃어버린 상태"[88]에서 비롯했다고 보았다. 프랑스인을 가장한 익명의 이 저자는 영국 종교의 혼란이 프랑스까지 오염시킬까 두려워하며,[89] 독립파를 가증스러운 집단으로 매도한다.[90] 이 글의 목적은 대공위 시대의 정치 및 종교 체제를 비난하기 위한 것으로, 이것이 가장 분명하게 드러나는 구절은 바로 크롬웰 치하에서 마구간으로 변해버린 세인트 폴 교회를 보며 이런 몰상식한 용도가 바로 "경건과 개혁의 표상인 양 한다"[91]라고 말한 부분이다.

영국에 대한 비난의 또 다른 주요 내용은 영국의 풍속에 관한 것으로, 사람들의 지나친 음주, 방탕과 게으름에 긴 지면을 할애하고 있다. 남성들이 시간만 나면 모여서 술과 담배를 하느라 "세상에서 가장 아름다운 영국 여성들"을 배려하지 않는다는 지적도 많다. 소외된 여성들은 춤 선생과 방탕하게 놀아난다고 꼬집는다. 신분 고하를 막론하고 겉치레에 열중하는 영국인들은 세련된 예절이나 매너가 없고, 상급자를 존경할 줄 모르는 무례한 사람들이다. 프랑스 같으면 꿈도 꾸지 못할 신분 상승도 가능한 이 나라는 무질서가 판치는 세상이라고 꼬집는다. 이 책의 메시지는 한마디로 풍속을 단속, 혹은 개혁하자는 것이다.

영어를 전혀 하지 못한다고 주장한 소르비에르가 실제로 에블린의 저서를 읽었는지는 불분명하다. 이 두 텍스트의 관계를 구체적으로 밝히는 연구가 아직 이루어지지 않았기 때문이다. 하지만 소르비에르는 최소한《영국의 특성》의 내용은 숙지하고 있었음이 분명하다고 판단되는데, 그 근거는 다음과 같다.

첫째, 무엇보다도 두 텍스트의 뼈대가 흡사하다는 점을 들 수 있다. 소르비에르와 에블린의 텍스트는 모두 초반부에서는 구체적인 여정을 따라가는 기술 방식을 취하고 있다. 하지만 중간부터는 구체적인 여행지와 별 관계가 없는 일반적인 '영국론'이 펼쳐지고, 맨 마지막 부분에서 프랑스로 향하는 여정을 매우 짧게 다루며 영국에 대한 인상을 정리하는 것으로 끝맺음한다. 이는 당시 영국을 다룬 여행기들과 다른, 매우 독특한 전개 방식이다. 특히, 런던에 대한 묘사가 진행되다가 세인트 폴 교회가 크롬웰 시대에 마구간으로 쓰이고 있다[92]는 기술 직후 갑자기 종교문제에 대한 긴 내러티브가 등장하는 점은 두 텍스트가 완전히 일치하는 부분이다.[93]

둘째, 세부적인 주제나 묘사에서 동일한 부분이 많이 발견된다. 도버에서 프랑스인을 모욕하는 아이들에 대한 구체적인 묘사와 칼레와 도버를 비교하는 부분은 그 내러티브가 거의 일치한다.[94] 또한 런던의 분수가 경관을 해친다는 기술, 영국인들이 말을 지나치게 빨리 몬다는 지적, 시골의 아름다운 볼링 그린에 대한 예찬, 영국인의 지나친 흡연과 음주 습관 및 오후 시간을 게으르게 선술집에서 보내는 사람들에 대한 비난 역시 그 기술 방식과 내용이 흡사하다. 특히 종교문제에 관한 내용은 논지를 전개해 가는 방식이 비슷하고, 교회에 사람이 별로 없다거나 영국의 종교가 원칙도 체계도 없다는 비판과 같은 부분들은 세부 묘사가 일치한다.[95]

셋째, 두 텍스트 모두 비교 방식에 있어 유사성을 드러내고 있다. 두 텍스트가 프랑스인(혹은 프랑스인인 척하는 사람)에 의해 기술되었음에도 결정적인 사안에 대한 비교 대상으로 프랑스가 아닌, 네덜란드를 동원하는 예가 그것이다. 이는 당시 영국과 네덜란드가 경쟁 관계에 있었기 때문이기도 하지만, 프랑스인으로서 오랜 시간 네덜란드에서 활동했고 그 나라에 대해 매우 호의적이었던 소르비에르가 영국이 모델로 삼아야 할 대상으로 네덜란드를 설정한[96] 에블린의 텍스트에서 깊은 감명을 받은 것이 아니었나 하는 추측을 해볼 수 있다.

소르비에르가 에블린의 저서를 차용한 것이 분명하다면, 이는 텍스트의 인용이라는 차원에서 볼 때 매우 흥미로운 사실이 드러난다. 무엇보다도 두 텍스트는 글을 쓴 목적이 크게 다르다는 점을 들 수 있다. 영국인 에블린이 자국의 풍속과 종교를 개혁하고자 익명으로 '풍자'한 텍스트를 프랑스인인 소르비에르는 영국에 대한 '진지한 관찰'을 위한 빼대로 전유한 것이다. 풍자를 가장한 전자가 애국적 열정에서 나온 '충언과 경고'라면, 후자는 진지함을 가장해서 타국을 깎아내리기 위한 '냉소와 조롱'이다. 이런 사실은 스프랫이 소르비에르의 "악의가 인식을 왜곡한 것"[97]이라고 말한 부분에서도 잘 드러난다.

> 우리가 이들[두 책]의 출판 시기를 고려해 본다면 영국인이 저지른 범죄와 프랑스인 풍자가가 저지른 범죄 사이에 큰 차이가 있다는 사실을 발견할 수 있을 것입니다. 첫 번째 책[《영국의 특성》]은 지난 왕위 찬탈자의 폭정 중에 출판된 것인데, 비록 그것이 많은 구절에서 영국인에 대해 가혹하다고는 할지라도 내용 대부분이 좋은 의도로 쓰인 것으로, 그 시대의 비참한 혼란과 긴 내란이 불러온 나쁜 풍습들을 견책하기 위한 것이었습니다. …… 방탕하고 혼란스러운 시기에 우리나라에 대해 쓰인 한 편의 풍자문이 있다는 이유로 그[소르비에르]는 이제 우리가 평화와 번영 속에서 안정을 찾고 있는 지금 그것[《영국의 특성》]을 사악하게 보충한 것입니다.[98]

따라서 스프랫의 반박문은 글을 쓴 의도라는 부분에 있어 두 텍스트가 정반대의 입장을 취하고 있음을 들어 에블린을 '구제'하는 한편, 이를 '악용'한 소르비에르를 공격하는 근거를 찾고 있다.

그런데 스프랫의 긴 반박문은 소르비에르와 연결된 에블린의 텍스트를 '구제'하는 것에 그치지 않는다는 측면을 고려해야 한다. 특히 소르비에르의 텍스트가 영국 내에서 출간되지 않았음에도 스프랫의 반박문이 출간되었다는 사실과 프랑스어로 쓰이거나 프랑스에서 출간된 것이 아닌 영국의 독자들을 대상으로 하고 있다는 사실을 주목할 필요가 있다. 즉, 이는 상처받은 국가적 자긍심을 치료하는 차원을 넘어 그 기회를 통해 영국인들에게 특정한 메시지를 전달하고자 하는 시도로 보아야 하지 않는가 하는 점이다. 이런 차원에서 보면 스프랫의 《'영국 여행'에 대한 고찰》은 애국심 가득한 반박문을 넘어 왕정복고 이후 새로운 영국에 대한 효과적인 선전문이다.

스프랫은 영국의 종교문제에 대한 소르비에르의 언급들을 비판하며 무엇보다도 대다수 사람이 영국 국교회에 대해 긍정적이라고 주장한다.[99] 이 주장의 배후에는 그가 강조하는 왕정복고가 가져온 '훌륭한 질서의 회복'이 있다. 왕정복고는 역사에 전례 없는 기적적인 사건이었고, 새로운 왕은 완벽하게 국가의 권력을 독점했으며, 그의 정적들은 모두 흩어지거나 무장해제되었다고 역설한다.[100]

그런데 이 질서의 출발점은 종교개혁이다.[101] 스프랫은 긴 지면을 할애하며 영국의 종교개혁을 정당화한다. 영국의 종교개혁이 소르비에르가 말한 것처럼 "세상이 다 아는 치욕스러운 이유"[102]에서 발발한 것이 아니라는 점이다. 헨리 8세는 로마와 단절할 의도가 없었으며, 종교개혁은 그보다 훨씬 나중의 일이라고 말한다. 영국의 성직자들은 누구도 로마와의 단절을 종교개혁이라고 보지 않는다는 설명이다. 그는 종교개혁이 폭정으로부터 기독교 정신을 구하고 영적인 속박으로부터 왕권의 권위를 구해내는 목적으로 일어난 것이라고 주장한다.[103]

> 그[소르비에르]에게 우리의 교리가 그리스도와 그의 사도들에 의해 세워진 것임을 알게 하십시오. 그리고 예배의 의식들은 당파 혹은 대중적 열광에 의해 만들어진 것이 아니고 현명한 사람들의 조직과 신의 이미지를 지닌 힘의 권위에 의해 만들어진 것입니다. 이것이 우리 교회에 대한 저의 옹호입니다.[104]

이런 논지의 전개는 대공위 시대를 단절의 시기로 파악함과 동시에, 왕정복고 이후 시기를 영광스러운 영국의 16세기와 연결하려는 시도라 볼 수 있다. 즉, 종교개혁을 정당화함으로써 국교회의 회복을 긴 역사성을 지닌 바람직한 역사적 흐름 위에 위치시키고자 하는 것이다.

이는 왜 스프랫이 소르비에르의《영국 여행》에 그토록 민감한 반응을 보였는가를 설명해주는 또 다른 단서가 된다. 즉, 소르비에르의 텍스트를 비판함으로써 한편으로는 에블린이 그려낸 1660년 이전과 단절하는 한편, 에블린의 텍스트를 그대로 차용한 소르비에르를 '과거'의 것으로 가치폄하하거나 심지어 묻어버리고자 한 것이다.

여기서 스프랫은 소르비에르가 에블린을 차용한 방식 그대로 자신 역시 소르비에르를 '차용'해서 영국의 특성에 대해 더 강력한 담론을 생산해 낸다. 그런데 소르비에르의 텍스트를 '직접 인용'하고 조목조목 비판하는 이 과정은 프랑스인의 비난에 맞선다는 차원에서 영국인의 애국심을 부추기며 메시지의 효과를 극대화한다. 소르비에르는 영국의 로마 가톨릭교도들이 "종교의 회복을 위해 국가의 평화를 방해하려는 의지가 없다"[105]라고 비난한 바 있는데, 스프랫은 이들을 "로마 가톨릭의 가장 충성스러운 자식들"로 칭하며 이를 오히려 칭찬으로 간주한다.[106] 종교적 입장보다 국가의 안녕이 훨씬 큰 사안이라는 확언이다. 이처럼 스프랫은 '영국의 번영', 그리고 정국의 안정에 대한 자신감을 드러낸다. 그리고 이런 수사는 소르비에르의 텍스트가 전달했을 '위기감'과 '불쾌함' 위에 기대고 서서 성립함으로써 더 큰 동조를 불러일으킬 수 있는 것이다.

영국 교역의 침체에 대한 소르비에르의 비판에 대해서도 스프랫은 "지난 4년 반 동안[왕정복고 이후를 말함] 그 어느 때보다도 상업의 발달이 이루어졌다"[107]라고 반박한다. 이를 뒷받침할 구체적 근거로 특별히 상업을 관장할 국왕의 자문기구가 생겼다는 점을 비롯해 엘리자베스 1세 말년에 비해 10배 이상 늘어난 관세 수입이며, "영국을 세계 교역의 주인으로 만들고 우리의 젠트리와 귀족들을 교역에 헌신하도록 끌어들이는" 다양한 사업들에 대해 열성적으로 설명한다.[108] 이런 수사는 소르비에르를 빌려 스프랫이 말하고자 하는 새로운 영국의 정체성과 다름없다.

> 그[소르비에르]는 영국 산업의 주된 본거지들을 결코 보지 못했습니다. 뉴캐슬Newcastle의 탄광, 서부와 북부의 직물업, 더비Derby의 납 광산, 헤리퍼드Hereford의 과수원, 데번의 경작지, 펜Fenn의 운하들, 콘월의 주석 광산과 같은 곳들 말입니다. 그는 이곳들, 그리고 더 많은 곳을 가보아야만 했습니다. 그런 후 서쪽 식민지에 갔어야 했습니다. 바베이도스Barbadoes의 설탕 공장들, 버지니아의 담배 플랜테이션과 그곳에서 시작되는 비단 교역, 탕헤르Tangier에 지어지고 있는 거대한 방파제와 같은 것들을 보았다면 아마도 영국인에 대해 더 나은 판단을 할 수 있었을 겁니다.[109]

또한 스프랫은 클래런던 백작Edward Hyde, 1st Earl of Clarendon, 1609~1674[110]의 말을 빌려 영어야말로 세상에서 가장 훌륭한 언어라고 주장하면서[111] 영국의 뛰어난 작가들이 남긴 저작들을 길게 소개한다.

이런 스프랫의 내러티브는 소르비에르에 대한 반박을 넘어 '영국의 자랑거리'에 대한 긴 나열이나 다름없다. 결국 스프랫은 만약 다시 태어난다면 과거에는 아우구스투스 시대 로마에서 태어나고 싶었으나, 이제는 "왕정복고 이후의 영국이 세상에서 가장 좋은 곳이다"[112]라고 결론지으며, 소르비에르를 온전히 뒤로 밀어둔 채 새로운 영국의 번영에 대한 선전을 마무리한다.

에블린, 소르비에르, 스프랫의 텍스트는 서로 기대고 있는 일련의 작업이라고 볼 수 있다. 영국의 정치체제에 대한 '자국인의 비판-외국인의 수용-이에 대한 반박'으로 이어지는 이 텍스트들은 '신랄한 풍자-차가운 비판-뜨거운 홍보'로 진화해 간다. 이 세 텍스트는 각각 저술의 의도는 다르지만 그 결과물은 다분히 영국의 특성이라는 한 가지 공통분모로 수렴된다고 볼 수 있다.

이 텍스트들의 출처를 찾아내는 과정에서 얻을 수 있는 한 가지 추론은 외국인이 고찰한 영국성이라는 것이 이방인의 객관적 시각에 근거한 결과물이기보다는 오히려 영국인들이 창조해 낸 영국성이 확대 재생산된 것에 가깝다는 점이다. 소르비에르가 그려내는 영국의 특성은 상당 부분 에블린의 저술에 기초하고 있을 뿐만 아니라 캠든을 비롯한 영국인 저자들의 저술에서 영향을 받아 만들어진 산물이다. 소르비에르는 이렇게 말한다.

> 세상에서 영국만큼 잘 알려진 나라는 없다. 왜냐하면 제임스 1세의 명령을 받은 캠든이 영국을 묘사하는 책을 써냈기 때문이다. 그 책을 쓰기 위해서 캠든은 수년 동안 영국 곳곳을 여행했다. 그

는 강을 따라가면서 강 양쪽에서 만난 모든 것을 묘사했다. …… 그의 책은 블라우의 지도책에서 가장 흥미로운 부분을 구성한다. 캠든은 영국Great Britain섬은 그 둘레가 1,836마일이라고 썼고, 존 스피드[113]는 남쪽에서 북쪽으로 [위도] 50~60도와 30분에 이르는 길이를 쟀다. 영국은 9,285개의 교구가 있으며 25개의 주교 관구와 2개의 대주교구, 즉 캔터베리와 요크로 이루어져 있다.[114]

사실 소르비에르뿐만 아니라 당시 외국인이 쓴 영국 여행기는 많은 부분에서 여행자들이 캠든의 《브리타니아》나 스피드나 블라우의 지도책에 그려진 영국의 모습에 익숙했음을 보여준다. 따라서 이들의 여행기는 영국인이 제공한 자국에 대한 정보에 이방인의 시각이 덧칠된 것이라고 볼 수도 있을 것이다. 또한, 이 사실은 영국이 타인들에 의해 쓰인 자신들의 이미지마저 스스로 조형해 낼 수 있는 우월한 위치에 있었음을 뜻한다. 즉, 16세기 후반 영국인들이 지리학과 역사학 분야에서 일구어낸 일련의 성과물들이 이후 안팎으로 영국적 정체성을 만드는 데 기초적인 자료가 되었기 때문이다. 결국 자국에 대한 이야기를 먼저 써낸 이들은 문자를 매개로 이루어지는 담론의 생산 영역에서 우월한 위치를 점할 수 있었다.

이미 16세기 말부터 많은 외국인 여행자들이 남긴 텍스트들은 캠든의 《브리타니아》를 비롯한 영국의 저작들을 언급하거나 참조하고 있었다. 나아가 그 이후에 쓰인 여행기들 역시 기존 출간된 이방인들의 여행기에서 영향을 받아 비슷한 내용이 거듭 나타나고 있었다는 사실을 고려해 볼 때, '타자'가 부여하는 영국의 정체성의 상당 부분이 결국 영국인이 생산한 정체성의 범주 속에 있다는 가능성을 배제할 수 없다. 한 나라의 정체성이라는 것이 그들이 상정한 타자와 어떤 방식으로 관계를 맺으면서 만들어지는가를 탐색해 본 이 장은, 타자가 타자로서의 '절대성'을 가지기보다는 내부적 상황과 노력에 따라 건네져오는 대사와 시선이 달라진다는 '대화성'의 한 단면을 검증하는 사례가 될 것이다.

09

본 것, 볼 수 없던 것, 자랑삼았던 것

옥스퍼드 대학과 케임브리지 대학

옥스퍼드 대학과 케임브리지 대학은 근대 초 영국을 방문한 여행자들이 꼭 들러야 할 장소로 꼽는 곳이었다. 이 시대 영국에서 서술된 역사지지서에서도 마찬가지로 영국의 명소로 꼽았던 장소이다. 그런데 그들이 두 대학을 영국의 보배로 꼽았던 근거 역시 동일했는가에 대해서는 의문이 들지 않을 수 없다. 성격이 전혀 다른 기록이니만치 두 장소에 대한 판단의 기준도 다를 수 있기 때문이다. 만약 이 두 사료군에서 다루는 내용들에서 공통점과 차이점이 나타난다면 어떤 이유 때문이었을까?

사실 근대 초의 옥스퍼드 대학과 케임브리지 대학은 현대 역사가들 사이에서도 큰 관심을 끌어온 주제이다. 그런데 현대 역사학이 근대 초의 두 대학을 기억하는 방식이 그 당시 살았던 사람들에게 두 대학이 지닌 의미를 보여주는 것이라고는 확신할 수 없다. 굳이 E. H. 카를 떠올리지 않더라도 역사가 과거를 충실히 재현하는지 혹은 현재의 관심사를 투영해서 재구성하는지는 여전히 역사가들에게 풀리지 않는 화두이기 때문이다. 나아가 현재 역사가들의 재구성 방식은 종종 과거에 큰 영향을 끼쳤거나 오랜 지속성을 갖는 사료보다는 좀 더 정형화된 사료에 천착해서 이루어진다는 문제점을 나타내곤 한다. 지나치리만치 전문적이고 파편화되어 가는 역사학의 행보 속에서 연구자들이 특정 사료군史料群에 천착하고 전문 영역에 함몰되거나, 단면에 집착하여 전체를 조망하지 못하는 일이 벌어지곤 하는 것이다.

이런 맥락에서 역사지지서와 외국인 여행기와 같은 전혀 다른 두 사료군의 내용을 횡적으로 비교해 보는 것은 현대 역사학이 가진 문제점을 타개하는 노력이라는 점에서 나름의 의미가 있을 것이다. 이 장에서는 옥스퍼드 대학과 케임브리지 대학이라는 비교적 작은 주제를 통해 1부에서 다루었던 역사지지서와 3부의 중심이 된 외국인 여행기의 관계를 파헤쳐보고자 한다. 나아가 과거 사람들이 두 대학을 기억하는 방식과 현재 역사가들이 그곳을 기억하는 방식 간의 간극을 조망하여 현대 역사학의 문제점을 짚어보고, 지향해야 할 행보에 대해 생각해 보도록 하기로 한다.

이미 중세 말부터 이 두 대학의 역사를 통사적으로 다룬 문헌들이 존재했고, 17세기에는 이들 대학의 설립과 재정, 학생 수, 건물과 운용 방식 등을 자세히 다룬 책들이 나오기도 했다.[1] 19~20세기에 들어 《옥스퍼드 대학의 역사》와 《케임브리지 대학의 역사》 같은 책들이 상당수 출판되면서 두 대학의 역사는 웬만한 작은 나라의 역사보다

더 체계적으로 정리되어 독자들과 만날 수 있었다.[2]

하지만 20세기 중엽 이후 16~17세기를 전공하는 영국사가들이 두 대학에 대해 다루었던 연구들을 분석해 보면 그들의 관심사가 몇 가지 주제에 집중되어 있었음이 드러난다. 우선 영국에서의 휴머니즘 수용 문제를 들 수 있다. 15세기 말부터 16세기 초까지 이 두 대학을 방문한 외국학자들, 특히 에라스뮈스의 거취와 그의 영향을 받은 영국인 휴머니스트들의 행보, 그리고 이 휴머니스트들과 두 대학과의 상관관계가 중요하게 다루어졌다. 여기서 토머스 리네커, 존 콜렛, 존 피셔, 윌리엄 릴리, 토머스 모어, 토머스 엘리엇 등이 연구의 주요 대상이 되었다. 그 연장선상에서 두 대학의 학생들이 소장하고 있던 서적을 통해 휴머니즘의 전파 정도를 추적하거나, 그리스어 강좌의 도입과 커리큘럼의 변화와 같은 문제에도 역사가들은 많은 관심을 기울였다.[3]

두 번째는 종교개혁과 두 대학과의 관계이다. 1530년대에 수도원 해체가 진행되면서 상당 부분 수도원의 후원에 의해 운영되고 있던 두 대학 역시 해체의 위기를 맞았다. 1535년 왕의 조사관들은 공식적인 방문royal visitation을 통해 대학의 생사를 좌우할 절차를 밟았다. 이듬해 헨리 8세와 의회는 두 대학을 살리기로 결정했지만 이제 대학은 과거와는 달리 국왕의 철저한 통제 속에 놓이게 되었다. 1535년의 방문이 국가와 대학의 관계를 재정립하는 계기가 되었다면, 1559년 국왕 조사단의 방문은 영국의 대학이 이른바 '근대적'인 형태를 갖추게 되는 전기를 마련했다고 학자들은 주장한다. 벌리 경과 레스터 백작이 케임브리지와 옥스퍼드 대학의 총장chancellor을 맡으면서 프로테스탄티즘을 기반으로 학문과 교육의 효율성이 높아졌다는 시각이다.[4]

세 번째는 튜더 시대 중기 교육의 쇠퇴와 1560년부터 1640년까지 약 80년간 계속된 이른바 '교육 혁명'을 둘러싼 논쟁을 들 수 있다. 로런스 스톤Lawrence Stone은 계량적 방법을 통해 80년 사이에 교육 분야에서 혁명적인 발전이 있었다는 주장을 펼쳤는데, 이는 '젠트리의 발흥'이라는 거대 담론의 연장선에서 교육 기회의 확대가 신분 상승의 기회로 직결되었다는 해석이다. 이에 대해 데이비드 크레시David Cressy는 스톤의 주장이 지나치게 낙관적이라고 비판하며 교육의 확대가 곧 사회적 이동성으로 연결되지는 않았다고 반박했다. 크레시는 당시 대학교육에서도 신분 차별이 심각했다고 주장하며 근대 초 영국에서 교육의 목적은 궁극적으로 사람들을 적합한 '신분'에 묶어두기 위한 것이었다고 역설했다.[5]

이런 맥락에서 볼 때 옥스퍼드와 케임브리지를 둘러싼 현대 역사학의 관심은 튜더-스튜어트 시대의 주요 화두들에 철저히 종속되어 있다고 볼 수 있다. 즉, 휴머니즘-종교개혁-절대주의 및 근대국가의 형성-튜더 시대 중기의 위기-젠트리 논쟁-신분제 국가론과 같이 이 시기를 조망하는 특정한 역사학적 틀 속에서 갇혀 있는 셈이다. 그렇다면 실제로 16~17세기에 살았던 사람들에게 이 두 대학은 어떤 의미를 지녔을까? 또한 그들은 현대 역사가들의 논쟁의 대상이 되었던 저 화두들을 얼마나 인식하고 있었을까?

이 문제에 접근하는 한 가지 방법으로 이 글은 당시 이 두 대학을 직접 방문했던 외국인이 남긴 여행기와 이 시기 영국에서 출간된 역사지지서의 내용을 분석하기로 한다. 두 사료군은 모두 식자층에 의해 집필되었다는 공통점이 있지만, 여행기가 개인적인 감상을 일차적 목적으로 했던 반면, 역사지지서는 좀 더 광범위한 독자, 즉 영국 국민을 염두에 두고 쓰였다는 차이점이 있다. 하지만 이 두 사료군은 영국에서 이 두 대학이 가지는 위상과 이미지를 그려내고 있다는 점에서 '대학 밖에서 보는 대학'을 다루고 있다는 공통점이 있다. 따라서 이 두 사료군은 현대 역사학이 파헤친 16~17세기 영국 대학의 실상과는 다른 층위의, 일반 사람들이 인식하고 있던 두 대학의 모습을 조망하는 데 단초를 제공할 수 있을 것이다.

영국의 역사지지서가 다룬 두 대학의 특성

역사지지서는 영국이라는 공간을 자국의 고유성의 근원이자 영광을 반영하는 장소로 고양하며 아름답고 독특한 장소들을 '선전'하는 데 치중했고, 여기서 옥스퍼드와 케임브리지 대학은 매우 비중 있게 다뤄졌다. 이 글에서는 이 시기 가장 대표적인 역사지지서인 다음 4개 문헌에 나타난 두 대학에 대한 담론의 내용을 살펴보기로 한다.

- 존 릴런드, 《답사기》(1535~1543)[6]
- 윌리엄 해리슨, 《영국 묘사》(1577)[7]
- 윌리엄 캠든, 《브리타니아》(1586)[8]
- 토머스 풀러, 《영국의 명사Worthies of England》(1662)[9]

이 시기 대부분의 역사지지서들은 주를 기본 단위로 삼아 그 안의 지역들을 고찰하는 구조를 택했는데, 옥스퍼드와 케임브리지는 각각 다른 주에 속해 있는 탓에 일반적으로 별개의 장에서 다루어졌다. 하지만 흥미롭게도 이 문헌들은 이 두 대학을 하나의 카테고리로 묶어 바라보는 경향을 뚜렷하게 드러낸다. 이런 경향은 크게 두 가지 측면에서 나타나는데, 첫째는 해리슨의 《영국 묘사》 제3장 "대학에 대하여"가 서두에서 두 대학을 '대학'이라는 단위로 묶어 통합적으로 개괄하고 있다는 점이다.

> 내가 살고 있는 이 시대 영국에는 세 개의 고귀한 대학이 있는데, 첫째는 옥스퍼드, 둘째는 케임브리지, 셋째는 런던에 있다. 그 가운데 앞의 두 곳, 즉 케임브리지와 옥스퍼드가 가장 유명한데, 그곳에서는 언어, 철학, 자유 과학liberal science과 그 외에 시민법civil law, 의학, 신학과 같은 심오한 학문을 매일같이 가르친다.[10]

둘째는 두 대학이 각각 따로 언급되는 경우에도 상대방 대학이 빈번하게 비교의 대상으로 동원된다는 사실이다. 해리슨은 런던에서 먼 케임브리지가 펜스fens(케임브리지셔의 거대한 늪지)에 가까워서 공기가 더 좋지만, 전반적인 환경과 경관은 옥스퍼드가 더 낫다고 말한다. 반면 풀러는 거꾸로 케임브리지가 옥스퍼드보다 못한 점은 오직 공기뿐이라고 말한다. 환경, 경관, 공기를 다루는 데 상대방 대학이 절대적인 비교의 기준으로 작용하는 셈이다. 한편, 해리슨은 건물 형태의 통일성, 질서가 잡힌 건물 배치 등의 측면에서 시가지는 케임브리지가 옥스퍼드를 능가한다고 보았다. 같은 맥락에서 풀러는 옥스퍼드는 도시

안에 대학이 있지만, 케임브리지는 대학 안에 도시가 있는 셈이고 공간적으로 더 크고 트여 있어 시가지의 번잡함이 적다고 쓰고 있다.[11] 이렇게 두 대학은 외형적 비교에 있어서도 한 쌍처럼 다루어지는 경향을 보였다.

상호 비교된다는 사실은 두 곳이 하나의 카테고리로 묶여 있었음을 나타낸다. 아직 '옥스브리지'라는 용어가 나타나지 않았던 이 시기에도 두 대학은 통합적으로 같은 범주로 취급되었던 셈이다.[12] 캠든은 옥스퍼드를 제1의 대학으로, 케임브리지를 제2의 대학으로 묘사하기까지 한다.[13] 그리고 이 '대학'이라는 카테고리는 외부세계와는 매우 다른, '독특한' 범주로 인식되고 있었다. 이런 경향은 두 대학이 그 자체로 하나의 공동체를 이루고 있다는 서술에서 분명하게 나타나는데, 특히 해리슨은 이 두 곳이 비록 거리상으로는 떨어져 있지만 상호간 호의적인 관계나 질서라는 측면에서 "마치 질서정연한 코먼웰스의 몸체를 형성하는 것 같다"라고 말했다.[14]

역사지지서들은 두 대학을 다른 나라의 어느 대학보다 훨씬 우수한 학문의 전당이라고 자랑하면서 이들의 탁월성을 영국의 독특한 미덕으로 연결지었다. 해리슨은 질서나 훈육이 결여된 채로 그저 여관 같은 곳에서 집단생활을 하도록 강제된 외국의 대학 생활과는 달리 영국의 대학들은 질서와 규칙이 잘 갖추어져 있다고 강조하면서, 이런 면에서 영국의 대학은 기존의 모든 수도원보다도 훨씬 더 질서정연하게 운용되고 있다고 말한다.[15] 풀러 역시 옥스퍼드와 케임브리지의 칼리지College들 하나하나가 외국의 유니버시티University 못지않고, 다른 대학보다도 우수할 것이라고 말하고 있다.[16]

그런데 풀러는 이 '공동체' 속에서 칼리지들이 각각의 고유한 특징을 지니고 있었음을 상세하게 그려내고 있어 매우 흥미롭다.

[옥스퍼드의 경우] 유니버시티 칼리지가 가장 오래된 것이고, 펨브로크Pembroke 칼리지가 가장 최근에 생긴 것이다. 크라이스트 처치Christ Church 칼리지가 가장 크고, (많은 이들이 평가하기로는) 링컨Lincoln 칼리지가 가장 작다. 맥들린Magdalen 칼리지가 가장 정갈하고, 워드햄Wadham 칼리지가 가장 통일성 있고, 뉴New 칼리지가 가장 강하고, (잘못은 아니나 불행하게도) 지저스Jesus 칼리지가 가장 가난하다. 어떤 칼리지가 가장 부유한지를 묻는다면 나는 대답하지 않을 텐데, 이런 종류의 사안에서는 침묵이 가장 안전하기 때문이다. 뉴칼리지는 남쪽 지방 사람들에게 가장 적합하고, 엑서터 칼리지는 서쪽 출신들에게, 퀸스The Queen's 칼리지는 북쪽 지방 사람들에게, 북서쪽 출신 남자들에게는 브래스노스Brasenose 칼리지가 적절하다. 세인트 존스St John's 칼리지는 런던 출신들에게, 지저스 칼리지는 웨일스 사람들에게 맞고 다른 칼리지들은 출신지와 상관없이 비슷하다.[17]

풀러는 학문적 차원에서도 각 칼리지가 특화되어 있는 것처럼 소개한다.

머튼Merton 칼리지는 교육자 양성으로 가장 유명하고, 코퍼스 크리스티Corpus Christi 칼리지는 뛰어난 언어학자들을 많이 배출했고, 크라이스트 처치 칼리지는 시인, 올소울스All Souls 칼리지는 웅변가, 뉴 칼리지는 문관, 브래스노스 칼리지는 논쟁가, 퀸스 칼리지는 철학자, 엑서터는 연달아 흠정 교수Regius professors 들을 배출한 것으로 유명하다. 맥들린 칼리지는 고전학, 세인트 존스 칼리지는 현대 학문과 고위성직자 배출로 유명하다.[18]

이렇게 두 대학을 질서정연하면서도 특화된 곳으로 다루는 경향들은 '질서'와 맡은 바 '역할'을 강조하는 당시의 지적 분위기와 일맥상통한다. 당시 인문주의적 영향 속에서 탄생한 역사지지서들은 대학을 영국이라는 거대한 유기체 속에서 특정한 역할을 맡은 곳으로 묘사했으며, 그 아래 층위에서 각각의 칼리지들은 대학이라는 범주 내에서 맡은 바 역할을 수행하며 전체와 상관관계를 맺고 있었던 셈이다. 그리고 두 대학의 질서 정연함과 효율적인 임무 수행은 궁극적인 전체인 영국의 영광으로 귀결되는 것이었다.

이 문헌들은 모두 케임브리지보다 옥스퍼드에 좀 더 많은 지면을 할애하고 있다. 특히 '케임브리지 맨'이라고 불러도 손색이 없을 풀러마저도《영국의 명사》에서 케임브리지에 대한 자세한 내용은 자신이 서술한《케임브리지 대학의 역사》를 보라면서 간략하게 다룸으로써 상대적으로 옥스퍼드에 대한 정보가 더 많은 분량을 차지하는 결과를 낳았다. 옥스퍼드에서 가장 두드러지게 언급된 '명소'로는 도서관을 꼽을 수 있는데, 설립의 기원과 기부자, 도서관의 구조, 장서 등이 자세하게 묘사되고 있어 역사지지서의 저자들이 옥스퍼드의 도서관을 영국의 자랑거리로 생각하고 있었음을 보여준다.

그런데 두 대학과 관련해 이 시기 역사지지서가 가장 큰 비중을 두는 부분은 대학의 역사에 관한 내용이다. 먼저 대학의 기원, 즉 설립을 둘러싼 다양한 설을 소개한 다음에 칼리지별 설립 연도, 후원자, 학생 수 및 그 칼리지가 배출한 걸출한 인물들을 나열한다. 다음 내용은 옥스퍼드의 유니버시티 칼리지에 대한 캠든의 묘사인데, 이 시기 역사지지서에서 대학의 역사를 서술하는 전형화된 방식을 보여주는 한 예이다.

> 앞서 언급한 알프레드가 세운 3개의 대학 가운데, 몇몇 사람들이 추측하기에 가장 큰 것이 유니버시티 칼리지이다. 하지만 이 과거의 기구를 재건한 사람이 1249년에 사망한 더럼의 부주교 윌리엄이었다고 보는 설이 더 타당하다. 그는 11명 내지 12명에 이르는 석사masters[19]를 유지할 수 있도록 총장과 대학에 310마크를 기부했다. 이를 기반으로 1260년에 협회가 조직되었으며, 1292년 대학에 의해 그들의 정관이 승인되었다. 더럼의 주교 월터 스커로Walter Skirlaw와 노섬벌랜드 공 헨리 퍼시Henry Percy를 비롯한 후원자들이 생겼다. 이곳은 연간 78파운드의 예산으로 운용되고 있으며, 학장 아래 펠로우 12명과 학자 13명 등으로 이루어져 있다. 이 칼리지는 그동안 존 래드클리프John Radcliff 박사의 관대한 후원에 힘입어 크게 확장되었는데, 그가 이 칼리지에 남긴 5,000파운드는 학장과 신임 펠로우 두 명의 숙소 재건축에 사용되었다. 이 신임 펠로우들은 의학 분야의 연구자들로, 래드클리프 박사의 뜻에 따라 10년간 충분한 봉급을 받게 된다. 래드클리프 박사의 유언장에

는 "봉직 기간의 최소한 절반의 시간은 더 나은 발전을 위해 해외를 여행하는 데 쓰라"는 내용이 명시되어 있다. 재건 이후 이 칼리지는 대주교 1명과 주교 9명을 배출했는데, 리들리Ridley 주교도 그 가운데 한 사람이다. 그리고 에드워드 스테니허스트Edward Stanihurst, 조지 커루 경Sir George Carew, 그리고 쉐버리의 허버트 경 에드워드Edward Lord Herbert of Cherbury와 같은 작가들도 이곳 출신이다.[20]

두 대학의 역사에서 가장 흥미로운 부분은 바로 두 대학의 기원을 둘러싼 신화 같은 이야기들일 것이다. 프레더릭 윌리엄 메이틀런드Frederick William Maitland는 "[옥스퍼드와 케임브리지] 대학 간 대항전 중 가장 오래된 것은 거짓말대회였다"라고 말한 바 있다.[21] 여기서 거짓말대회란 바로 누가 더 오래되었는가를 둘러싼 허풍에 가까운 기원설들을 말한다. 이 시기의 역사지지서는 바로 기원을 둘러싼 두 대학 간 경쟁의 양상을 잘 드러낸다.

릴런드의 《답사기》는 두 대학의 기원에 대해 15세기에 존 로우즈John Rowse, 1411~1491[22]가 남긴 기록을 인용하고 있다. 이에 따르면 트로이 왕족의 후손인 브루투스가 철학자들과 함께 영국으로 건너와 학문의 전당[23]을 세웠는데, 이것이 옥스퍼드의 전신이라고 한다.[24] 캠든의 《브리타니아》는 릴런드의 기록을 기초로 하고 있지만, 옥스퍼드 대학이 고대에도 뮤즈의 전당이었다는 이야기가 있다고 간단히 언급하고는, 오히려 색슨 시대에 나라의 다른 모든 것들과 함께 대학도 황폐화되었는데, 나중에 알프레드 대왕Alfred the Great, 재위 871~899이 이를 재건했고, 옥스퍼드도 이때 생겨났다는 알프레드 기원설에 더 무게를 싣고 있다. 여기서 구체적으로 알프레드는 문법, 철학, 신학을 위한 세 개의 칼리지를 세웠다고 한다.[25] 한편, 해리슨은《영국 묘사》에서 당시 알프레드가 옥스퍼드를 설립했다는 설이 널리 퍼져 있기는 하지만, 알프레드 대왕이 태어날 무렵이면 이미 베벌리의 존John of Beverley, ?~721이 옥스퍼드의 유니버시티 홀에서 공부했다는 기록이 있는 것으로 보아 옥스퍼드는 그보다 훨씬 전에 세워진 게 틀림없다고 주장한다.[26]

한편, 케임브리지 대학의 기원에 대해서는 릴런드와 캠든, 해리슨의 기록이 거의 일맥상통하게 나타나고 있다. 에스파냐 사람 칸타베르Cantaber the Spaniard가 기원전 375년에 이 대학을 설립했고, 이스트 앵글리아의 왕 시거버트Sigebert가 재건했다는 설이 그것이다.[27] 그런데 풀러는 두 대학의 기원에 대해《영국의 명사》에서 구체적으로 언급하지 않는다. 하지만 다른 문헌을 통해 이들 자매대학은 거의 동일한 시대에 설립되었다고 믿고 싶다고 밝힌 바 있다.[28] 풀러의《영국의 명사》가 캠든의《브리타니아》를 대폭 참조해서 작성된 것임을 감안할 때 이 사안에 대해서 특별히 그가 '침묵' 혹은 '중립적'인 태도를 취한 이유가 무엇인지 살펴볼 필요가 있다. 이는《영국의 명사》가 17세기 중반에 발간되었다는 사실과 관계 있는 것으로 보인다.

나는 풀러의 침묵이 16세기 후반에 시작된 두 대학의 기원을 둘러싼 격렬한 논쟁의 결과물일 수 있다고 본다. 논쟁의 시발점은 1564년 엘리자베스 1세가 케임브리지를 방문했을 때 여왕 앞에서 대학의 대표 변사가 케임브리지의 기원이 옥스퍼드보다 앞섰다고 주장하면서였다. 이후 옥스퍼드 올소울즈 칼리지의 토머스 케이스Thomas Caius와 케임브리지의 곤빌 앤드 케이스 칼리지Gonvill and Caius College의 설립자이기도 한 존 케이스를 필두로, 무려 380명의 옥스퍼드 편에 선 학자들과 110명에 이르는 케임브리지 편의 학자들이 나서서 서로 더 오랜 기원을 주장하며 논쟁을 벌였던 것이다.[29]

이 논쟁의 과정에서 두 대학은 경쟁적으로 자기 대학의 기원을 더 오랜 과거로 끌어올렸다. 특히 케임브리지의 설립신화는 아테네의 철학자들이 브리튼의 왕 구르쿤티우스 브레이브트룩Gurguntius Brabtruc의 사위인 에스파냐의 왕자 칸타베르를 따라 케임브리지에 와서 '알마 마터 캔터브리지엔시스Alma Mater Cantabrigiensis'를 설립했다는 기존의 뼈대에서 그 설립 시점을 계속 앞당기다보니 세상이 창조되고 4321년이 흐른 기원전 4004년의 일이라고까지 주장하기에 이르렀다.[30] 더 오랜 기원을 통해 두 대학의 우열을 가리고자 하는 이 경쟁은 결국 1640년 의회에서 왕의 군대를 보조하는 사안을 처리하는 과정에서 종식되었던 것으로 보인다. 대학을 군사적 보조의 의무로부터 면제해달라는 청원이 제기되었는데, 청원자들 가운데 옥스퍼드 출신 의원들이 옥스퍼드가 케임브리지보다 먼저 언급되어야 한다고 주장했고, 이 주장이 받아들여지면서 긴 논쟁이 일단락되었다는 것이다.[31]

이런 맥락에서 두 대학의 기원을 둘러싼 역사지지서의 담론은 역사학을 둘러싼 이 시대의 정서를 가장 분명하게 투영하는 부분이기도 하다. 1530년대를 기점으로 시작된 새로운 형태의 역사 쓰기는 세속적인 정치 지도자들을 옹호하려는 목적으로 재배열되고, 역사는 그 목적에 이용되었다. 새로운 사회 상황과 애국주의적 열정이 과거 사실을 새로운 각도에서 조명하기를 강제했던 셈이다.[32] 여기서 과거란 로마 가톨릭의 영향으로부터 자유로웠던 시대, 즉 이들이 이상향으로 삼는 시대로, 자국의 기원은 더 오래전일수록 좋은 것이었다. 이제 역사가들에게는 고대 브리튼족과 앵글로 색슨족의 역사를 복원해 내는 것이 우선 과제가 되었다. 따라서 두 대학의 고대 기원설은 이런 역사 쓰기의 '유행' 속에서 영국의 기원을 더 오래전으로 끌어올리는 경향과 발맞추어 진행되었던 것으로 볼 수 있다.

결론적으로 말해서, 16~17세기 역사지지서에 기술된 두 대학은 외부세계와 구별되는 매우 독특하고도 모범적인 공동체로, 영국이 아득한 과거에 이미 훌륭한 지식 발전소를 갖고 있었다는, 영국의 찬란한 역사를 증명하는 도구이자 당대의 영광을 함축적으로 보여주는 곳이었다. 그리고 그곳을 특징짓는 '질서'는 그곳이 배출하는 수많은 사회 엘리트에게 각인되어 국가 전체로 퍼져나갈, 당시 영국의 국가정책이 지향하던 이상과 다르지 않았다.

외국인의 여행기에 나타난 두 대학

16~17세기 영국을 방문했던 외국인 여행자들의 여정에서 빠지지 않는 곳은 런던과 옥스퍼드, 케임브리지였다. 영국의 수도이자 북부 유럽에서 상업의 중심지로 부상하고 있던 런던을 방문하는 것은 어쩌면 당연한 일이지만, 런던 북쪽의 여정이 대부분 두 대학만을 목적으로 삼았다는 사실은 이 두 곳이 영국을 대표하는 '명소'로 인식되었음을 반증한다. 그렇다면 여행자들은 두 곳에서 무엇을 보았고, 무엇을 보고자 했을까? 이 시기 옥스퍼드와 케임브리지를 실제로 방문

〈표 2〉 이 장에서 살펴보는 외국인의 영국 여행기[33]

번호	저자	방문 연도	직업	여행 목적	출신지	이 책에서의 표기
		여행기 제목(원전의 출처)/ 기록 언어/출간 연도/기록자(저자와 다를 경우)				
1	요수아 말러 (Josua Maler)	1551	어학자/ 성직자	신학 공부	스위스	말러 (Maler)
		Maler's autobiography in Bekenntnisse merkwürdiger Männer von sich selbst, vol. 6/독일어/1810				
2	뷔르템베르크 공 프리드리히 1세 (Friedrich I, Duke of Württemberg)	1592	왕족	외교	독일	프리드리히 (Friedrich)
		Kurtze und Warhaffte Beschreibung der Badenfahrt/ 독일어/1602/(Herr Jacob Rathgeb가 기록)				
3	파울 헨츠너 (Paul Hentzner)	1598	법률가/ 가정교사	귀족 자제 수행	독일	헨츠너 (Hentzner)
		Itinerarium Germaniae, Galliae, Angliae, Italiae, cum Indice Locorum, Rerum atque Verborum/라틴어/1797(영국)				
4	유스투스 친처링 (Justus Zinzerling)	1610	법률가	여행	독일	친처링 (Zinzerling)
		Itinerarium Galliae &c./ 라틴어/1616				
5	뷔르템베르크 공 루트비히 프리드리히 (Ludwig Friedrich, Prince of Württemberg)	1610	왕족	외교	독일	루트비히 (Ludwig)
		A Relation of the Journey(British Museum, ADD. MS. 20,001)/ 프랑스어/(Hans Jacob Wurmesser von Vendenheym이 기록)				
6	사무엘 소르비에르 (Samuel Sorbière)	1663	과학자	과학 견문 여행	네덜란드	소르비에르 (Sorbière)
		Voyage en Angleterre/프랑스어/1676				
7	프랑수아 막시밀리앙 미송 (François Maximilien Misson)	1697	공무원/ 영국인의 가정교사	여행	프랑스	미송 (Misson)
		Mémoires et observations faites par un voyageur en Angleterre/ 프랑스어/1698년 출간				
8	빌럼 스헬린크스 (Willem Schellinks)	1661~ 1663	화가	지도 제작/ 귀족 자제 수행	네덜란드	스헬린크스 (Schellinks)
		Journal and Gazeteer of the Journey made by Mr. Jaq. Thierry Junior and Williem Schellinks(Bodleian MS d'Orbille 5 8, 559, 560)/네덜란드어/1993(영국)				

했던 외국인들의 기록을 통해 이 문제에 접근해 보자.

이 여행기들의 저자들은 출신국만큼이나 여행의 목적과 관심 분야, 사회적 배경이 다양했다. 이런 까닭에 그들이 두 대학을 방문할 당시 겪은 경험 역시 다채로운 양상을 보인다. 언어학자이자 신학자인 요수아 말러Josua Maler, 1529~1599는 옥스퍼드에서 영어를 쓸 필요를 느끼지 못했다고 했다. 영국에서 가장 유명하다는 이 학교에서 아직도 라틴어로 강의를 진행함으로써 일반 사람들이 알아듣지 못한다는 사실에 실망하며 결과적으로 영국에서는 아직도 신교적 열정이 부족하다고 판단하기도 했다.[34] 과학자 소르비에르는 옥스퍼드에서 과학자들과 학술적인 만남을 가졌으며, 정치적 이유로 인해 우수한 과학자가 중용되지 못하는 영국의 현실을 비판하기도 했다.[35]

그런데 여행자들의 개인적인 경험을 가장 명확하게 반영하는 기록은 두 대학에서 여행자들이 받았던 환대 혹은 홀대에 관한 것이다. 뷔르템베르크 공 프리드리히는 옥스퍼드에 도착한 날 총장이 바쁘다는 이유로 의전행사에 아랫사람들을 대신 내보냈다는 사실에 언짢아했다.[36] 친처링은 많은 칼리지 가운데 특별히 퀸스 칼리지를 호의적으로 그리고 있는데, 그 이유가 지나가는 사람들을 공격하는, 강도나 다름없는 학생들로 가득한 다른 칼리지에 비해 퀸스 칼리지는 학생들이 이방인에게 친절할 뿐만 아니라 커다란 뿔로 만든 잔에 맥주를 부어 건강을 빌어주기까지 했기 때문이었다.[37] 소르비에르는 자신을 안내한 옥스퍼드 도서관의 사서를 침이 마르도록 칭찬하면서, 그의 사근사근한 태도와 격식을 갖춘 행동거지가 바로 그가 궁정과 프랑스에서 생활했던 때문이라고 판단했다.[38]

대학이 매우 신분적인 집단이고, 여기서 신분이란 사회의 일반적 신분과 대학 내 또 다른 차원의 위계질서를 복합적으로 반영하는 개념이었음을 암시한 기록들도 있다. 옥스퍼드를 방문한 헨츠너는 학생들이 수도승 같은 생활을 한다며, 수도승들이 기도에 매진하듯 공부에만 매진한다고 적었다. 그는 식사가 세 개의 식탁으로 나뉘어 계층별로 제공된다는 사실을 주목했다.

> 첫 번째는 펠로우의 식탁이라고 불리는 것으로, 공작, 남작, 젠틀맨, 박사, 석사들이 앉는데, 석사는 매우 적다. 이 식탁에는 다른 식탁보다 풍부하고 값비싼 음식들이 제공된다. 두 번째는 석사와 학사, 일부 젠틀맨과 저명한 도시민들을 위한 것이다. 세 번째는 그보다 낮은 계급용이다.[39]

같은 맥락에서 말러는 "학생들의 생활은 풍족한 편이나 학사나 석사는 훨씬 더 잘 살고, 대학의 위계질서에서 높은 곳으로 올라갈수록 음식과 숙소, 의복이 더 좋아진다"[40]라고 기록하고 있다.

우연한 기회에 대학의 내부 사정을 엿보게 된 여행자들도 있었다. 1662년 10월 케임브리지를 방문한 스헬린크스는 이매뉴얼Emmanuel 칼리지 밖에서 책과 가재도구를 수레에 싣고 떠나는 교수를 보았다. 그는 이 교수가 "주교들의 법령에 따르기를 거부해 직책에서 쫓겨나는 것"[41]이라고 적고 있는데, 쫓겨난 이 교수는 바로 윌리엄 딜링햄William Dillingham이었다. 내란이 끝난 후 다시 강제된 통일령Act of Uniformity, 1662에 따라 국교회 이외의 모든 종파가 칼리지에서 추방당하고 입학이 금지되었으며, 학교에 몸담고 있는 모든 사람이 국교회의 39개조에 따르겠다는 서약을 해야 하는 상황이 벌어졌기 때문이다.[42]

한편, 여행자들 대부분이 두 대학에 대해 공통으로 느낀 인상은 바로 멋진 건축물들에 대한 경탄이었다. 사암이나 석회암 같은 암석으로 지어진 칼리지 건물들과 높은 탑들, 예배당의 아치와 궁륭의 뛰어난 장식, 납으로 덮인 편편한 교회 지붕 등에 깊은 감명을 받은 것으로 보인다.[43] 특히 말러, 프리드리히, 루트비히, 친처링, 스헬린크스는 모두 케임브리지의 킹스 칼리지 예배당의 아름다움에 대해 극찬을 아끼지 않았다.

영국의 역사지지서들이 자랑했던 도서관은 이들의 여행기도 단골로 등장하는 주제였다. 특히 1662년 옥스퍼드를 방문한 스헬린크스와 바로 이듬해 그곳에 들른 소르비에르의 기록은 도서관에 대한 자세한 묘사를 담고 있는데, 여기서 소르비에르의 기록을 통해 당시의 도서관을 엿보기로 하자.

> 옥스퍼드 대학의 유명한 도서관[44]은 공개 강의가 열리는 곳이다. …… 그곳은 H자 형태로 만들어져 있고 장서가 두 개 층으로 나뉘어 꽂혀 있다. 아래층에는 2절판 장서가 6줄, 4절판 장서가 세 줄로 꽂혀 있고, 나무 계단을 통해 위층으로 가면 기술적으로 빛이 한가운데로 들어오도록 설계되어 있다. 네 구석에 9줄의 책꽂이가 또 있는데, 그 가운데 3개에는 2절판 서적들이 꽂혀 있고 나머지 책꽂이는 각각 다른 크기의 책들이 꽂혀 있다. 셀던Selden[45]이 기증한 장서들이 한쪽에 있고, 그 옆에는 대주교 로드Laud가 기증

한 2,400권에 달하는 필사본이 있다. 우리는 도서관 위에 있는 회랑을 걸었는데, 엄청나게 많은 메달을 보았다. 회랑을 빙 둘러 학자들의 초상화가 걸려 있었고, 도서관 담당자들은 교황이 신앙의 수호자라는 징표로 헨리 8세에게 보낸 칼을 보여주었다.[46]

도서관을 나선 소르비에르는 해부학 교실이 별로 볼만한 가치가 없다고 말했지만,[47] 스헬린크스는 그곳에서 온갖 종류의 동물 박제와 인간의 몸에서 나왔다는 엄청나게 큰 돌덩이 등을 보며 흥미로워했다. 마찬가지로, 옥스퍼드의 약초 정원[48]을 둘러본 스헬린크스는 "다양한 식물과 귀한 나무, 약초들이 자란다"라며 신기해했다. 열성적인 관리인이 방문객을 위해 라틴어로 된 책자와 맥주, 제철 과일을 팔고 있다는 내용[49]은 이 당시 대학에 관광객을 대상으로 하는 일종의 상업화 움직임이 있었음을 보여준다. 하지만 바로 이듬해에 이 약초 정원을 방문한 소르비에르는 "작고 관리가 잘되어 있지 않다"[50]라고 적고 있다.

이상의 생생한 내용들은 여행자들의 개인적 경험에 기초한 것들로 볼 수 있다. 이런 정보들은 대학에 대한 호의적인 묘사에서부터 대학과 영국 전체를 싸잡아 비판하는 내용까지 매우 다양해서 여행자들 각각의 개성을 투영하기도 한다. 하지만 여행기에는 대학의 입지, 역사, 건물의 배치, 학생 수나 학교 생활 등 두 대학을 일반적으로 개괄하는 내용도 포함되어 있고, 이런 내용에서는 이 문헌들의 공통점이 뚜렷하게 발견된다. 흥미로운 것은 비판적 논조로 개인적 경험을 이야기한 여행자들조차 두 대학에 대한 총평은 천편일률적으로 칭찬 일색이라는 점이다. 이런 불일치가 나타나는 이유는 무엇일까? 이런 현상은 외국인의 영국 여행기에 기록된 내용이 성격이 다른 두 종류의 정보들로 이루어져 있기 때문이라고 볼 수 있다. 즉, 실제 경험한 것을 토대로 한 직접적인 정보와 당시 사회에 일반적으로 알려져 있던 내용을 가감 없이 베껴 적은 간접 정보라는, 두 종류의 정보가 섞여 있는 것이다.

여기서 간접적으로 습득한 정보란 방문한 대학에서 받은 안내서와 같은 것들을 여행기에 베껴 적거나, 여행 전후로 읽었던 기록들을 반영한 내용이라고 볼 수 있다. 프리드리히의 여행기에는 872년 알프레드 대왕이 설립했다는 옥스퍼드의 알프레드 기원설과 에스파냐 사람 칸타베르가 375년에 세웠다는 케임브리지의 칸타베르 기원설, 그리고 당시 두 대학을 구성하고 있던 칼리지들의 역사를 자세히 개괄하는 인용문이 포함되어 있다. 프리드리히는 이 내용들 앞에 "라틴어와 독일어로 쓰인 문헌을 통해 [두 대학의 역사를] 자세히 알 수 있다"[51]라고 적고 있으며, 인용문의 끝부분에는 사이먼 비베우스Simon Bibeus라는 원저자의 이름을 기록하고 있다.[52]

이 사실은 프리드리히가 여행할 당시, 혹은 여행 전후로 영국 사람인 비베우스가 라틴어와 독일어로 펴냈다는 문헌을 참조한 사실을 명백하게 드러낸다. 비베우스의 문헌은 2절판의 한 페이지짜리 팸플릿으로, 여러 칼리지들의 문장이 여백에 그려져 있는 점으로 미루어 보아 방문자, 특히 외국인을 겨냥한 일종의 안내서였을 것으로 추측할 수 있다.[53]

하지만 다른 여행기들은 간접 정보의 정확한 출처나 인용 여부를 밝히지 않거나 여행을 마친 뒤 오랜 시간이 지난 후에 습득한 정보들을 기록한 경우도 많았다. 결과적으로 여행기라는 텍스트 속에는 여행자들이 본 것과 여행자들이 볼 수 없던 것들이 혼재하며, 여기서 실제로 그들이 보고 느낀 것이 무엇인가를 가려내려면 매우 복잡하고도 세심한 대조 작업을 해야만 한다. 헨츠너의 여행기를 분석해 보면 두 대학의 역사를 다루는 부분이 캠든의 《브리타니아》를 축약해 놓은 것에 불과하다고 해도 과언이 아니다.[54] 한 예로, 두 문헌에서 옥스퍼드에 대한 묘사가 시작되는 부분을 비교해 보자.

> 캠든: the famous University of Oxford, Saxon Oxenpopd, our most noble Athens, the seat of the Muses, the support or rather the fun, the eye, the soul of England, the most famous source of learning and wisdom, whence religion, politeness, and learning, are copiously diffused all over the kingdom. the city is handsome and neat.[55]

> 헨츠너: Oxonium, Oxford, the famed Athens of England; that glorious seminary of learning and wisdom, whence religion, politeness, and letters, are abundantly dispersed into all parts of the kingdom. The town is remarkably fine.[56]

미송의 기록에서도 역시 캠든의 저술과 정확히 일치하는 구절들이 다수 발견된다.[57] 날짜와 시간대까지 자세하게 기록한 스헬린크스의 여행기에서조차 직접 경험했다기보다는 간접적으로 얻은 정보로

의심되는 구석이 많이 있는데, 옥스퍼드에 대한 감상을 피력한 부분에서 "인쇄되어 나온 책에서 묘사한 것보다 훨씬 더 좋다"[58]라는 구절이 그중 하나다. 그는 분명히 옥스퍼드에 대한 책자를 참조한 적이 있는 것이다. 소르비에르는 자신의 여행기에서 직접적으로 캠든의《브리타니아》를 숙지하고 있었다고 밝히기도 했다.[59]

사실 16~17세기의 많은 여행자가 자신이 방문할 나라들에 대해 기록한 다양한 문헌들을 접하고 있었다. 당시 유럽에는 식자층에게 국제적인 언어였던 라틴어로 쓰인 저술들뿐만 아니라 인쇄술의 보급과 더불어 유럽의 여러 나라에서 자국어로 발간한 일종의 여행 가이드북이 나타났다. '여행기'는 명실상부하게 이 시기 출판물의 인기 있는 한 장르로 자리 잡았으며, 독일의 경우 영국 여행만을 독립적으로 다룬 여행 안내서가 1634년에 마르틴 차일러Martin Zeiller, 1589~1661에 의해 독일어로 발간되어 널리 보급되었다.[60] 그런데 차일러는 한 번도 영국 땅을 밟아보지 못한 사람으로, 당시 입수할 수 있었던 수많은 영국 관련 문헌을 수합해 영국 여행 가이드를 펴낸 것이었다. 그가 참조한 문헌에는 프톨레마이오스의 고전은 물론, 동시대 영국인 존 스토가 펴낸 역사서와 지리서들, 같은 독일인이었던 헨츠너와 친처링이 쓴 문헌들도 포함되어 있었다.[61]

앞서 살펴보았듯이 헨츠너의 기록이 캠든의 기록을 베낀 것에 가깝다는 사실을 고려한다면, 차일러의 영국 여행 안내서는 궁극적으로 캠든과 스토 등 동시대의 영국인이 펴낸 역사지지서의 상당 부분을 반영한 책이라고 할 수 있다. 이상의 사실들을 고려해볼 때, 이 여행기들 가운데 실제 여행자들이 겪은 경험을 토대로 작성된 내용이 어디까지인가 하는 의문이 생기지 않을 수 없다. 나아가 이들 여행기가 상당 부분 영국인이 만들어낸 문헌들을 참조해 쓰인 것이라면, 여기에 이방인의 시각이라는 것이 온전히 반영되어 있을까 하는 의문이 든다. 따라서 당시 외국인의 영국 여행기에서 타자의 시선을 찾는 일이란 영국인이 발간한 문헌들과의 관계를 철저하게 규명하는 작업 속에서 이루어져야 한다고 볼 수 있다.

타자의 시선을 조형하는 주체

20세기 후반부터 역사학계에서는 여행기를 토대로 '타자', '민족적 고유성' 혹은 '국민정체성'과 같은 주제에 접근하는 연구가 많이 이루어지고 있다. 이방인의 여행기를 통해 거꾸로 그 나라의 정체성을 읽어내는 작업들은 안과 밖, 즉 주체와 타자를 구별하고, 내부의 정체성과 외부의 인식이 각각의 고유성을 띠고 있다는 이원론적 시각을 가정하며 출발한다. 그런데 앞서 고찰한 16~17세기 영국을 방문한 외국인의 기록은 흔히 이방인의 시각이 내포하고 있다고 여겨지는 일종의 '객관성' 혹은 '타자로서의 고유성'의 본질에 대해 중대한 의문을 제기한다. 즉, 어디까지가 자국인의 시각이고, 어떤 점이 외국인의 관찰인지가 불분명하다는 점이다.

21세기의 배낭여행이나 해외 답사에서도 흔히 나타나는 현상이지만, 16~17세기 여행자 대부분은 정형화된 루트를 따라 여행했고, 당시 널리 알려진 장소들을 주로 찾았으며, '명소'를 감상하는 감상 포인트마저도 정형화된 틀 속에서 고찰되기 일쑤였다. 옥스퍼드와 케임브리지를 방문한 외국인의 여행기들이 형식과 내용에서 많은 공통점을 드러내고 있다는 사실은 이런 경향을 잘 뒷받침해준다. 나아가 외국인이 쓴 '여행기'라는 사료군이 상당 부분 영국인이 펴낸 '역사지지서'라는 사료군의 내용에 기대고 있다는 사실은 결국 영국에서 볼만한 것, 혹은 보아야 할 것과 보는 방식이라는 '정형화된 틀'을 영국인들이 제공했음을 드러낸다. 이런 맥락에서 본다면, 외국인이 고찰한 영국성이라는 것이 이방인의 객관적 시각에 근거한 결과물이기보다는 오히려 영국인들이 창조해 낸 영국성이 확대 재생산된 것에 가까울지도 모른다고 말할 수 있을 것이다. 즉, 타자의 담론이 타자로서의 절대성, 혹은 객관적이거나 중립적인 성격을 갖고 있지 않으며, 오히려 타자의 시선은 주체가 생산해 낸 담론으로부터 자유롭지 못하다는 가능성을 제기하는 것이다.

이런 차원에서 볼 때, 로마와의 단절 이후 '영국'이라는 국가적 단위를 강조하며 '영국인의 자긍심'을 드높이려는 의도를 여지없이 투사하며 만들어진 영국의 역사지지서는 비단 영국의 국민들에게만 영향을 미쳤던 것이 아니라, 영국을 바라보는 타자의 시선마저도 조형해 낸 기대 이상의 효과를 낳았던 셈이다. 그리고 그 속에 그려진 옥스퍼드와 케임브리지는 장구한 역사를 지닌 유럽 최고의 학문의 전당으로, 아름다운 건축물들 속에 학자들과 학생들이 분명한 위계 속에서 질서 정연하게 움직이는 공동체이다.

16~17세기 역사지지서가 그려낸 이상화된 두 대학의 모습은 21세기를 맞은 지금까지도 끈질기게 이어지고 있다. 2003년 독일에

서 출간되어 2005년 말 우리나라에 번역되어 소개된《옥스퍼드 & 케임브리지》라는 책을 살펴보자. 학술서와 대중서의 중간쯤에 위치하는 이 책은 구조와 내용에 있어 16~17세기 역사지지서들과 놀라울 만큼 흡사하다. 독일인 저자 페터 자거는 먼저 두 대학을 한데 묶어 하나의 카테고리로 소개한 후 옥스퍼드와 케임브리지 대학을 차례로 그려낸다. 두 장의 서두에서 옥스퍼드는 전경을 소개하고 수호성인인 성 프라이스와이드St. Frideswide, 650?~727에 대한 언급으로 넘어가는 한편, 케임브리지는 지명의 어원을 추적하는 형식을 취하고 있다.

이런 기술 방식, 특히 케임브리지의 어원에 집착하는 부분은 릴런드를 필두로 16~17세기 많은 역사지지서가 그대로 답습한 특징적인 내용과 동일하다. 주요 칼리지에 대한 개괄과 이들이 배출한 인물들을 소개하는 방식과 순서 역시 오랜 전통을 그대로 따르고 있다. 16~17세기 영국의 역사지지서들이 옥스퍼드와 케임브리지를 가장 모범적인 세상의 축소판으로, 오랜 역사와 전통을 가진 최고의 학문의 전당이자 엘리트 양성소로 선전했듯이, 자거의 저술은 두 대학을 탄탄한 역사 위에 위치시키며 전 세계를 움직여왔고 움직이는 사람들을 배출하는 요람으로 찬미한다.

앞에서 살펴보았던 현대 역사학자들이 고심했던 16~17세기의 두 대학에서의 중대한 화두들, 즉 휴머니즘의 도입, 종교개혁으로 인한 대학의 위기, 튜더 시대 중기의 침체와 이후 교육 기회의 확대는 역사지지서와 외국인 여행기에서 두드러지지 않는다. 마찬가지로, 방대한 분량의 자거의 책 속에서 이 주제들은 잠시 스쳐 지나간 사건들로 언급될 뿐이다. 즉 이런 '에피소드'들은 두 대학의 위상과 역사를 둘러싼 화려한 찬사들 속에 묻혀 큰 의미를 부여받지 못하는 것이다. 애국심에 불타올라 두 대학을 영국의 명소로 찬양했던 역사지지서 저자들의 노력이 500년 가까운 생명력을 자랑하는 지금, 정작 두 대학을 깊이 있게 파헤쳤던 현대 역사가들의 노력은 역사학 자체의 '유행'에 묻혀 금세 잊히는 것은 아닐까 하는 두려움이 든다.

두 사료군에 투영된 옥스퍼드와 케임브리지의 모습은 당시 두 대학의 실상과는 다른 차원에서 생성된 '이미지'이다. 하지만 많은 사료가 증명하듯이, 이 이미지는 생산과 재생산의 반복 속에서 영향력을 행사하며, 그 자체로 또 다른 '실체'로 자리 잡은 것도 사실이다. 그리고 이 이미지란 대학의 실상을 주로 파헤쳐온 역사학자들의 관심 밖에서, 역사학자들이 생각하는 이상으로 큰 파급력을 키워왔을지도 모른다. 이 글에서 나는 외국인 여행자들이 본 것, 영국의 역사지지서들이 자랑했던 것 사이에 대화적 관계dialogical relations가 성립한다는 사실을 제안했다. 이 대화적 관계는 두 사료군 사이, 즉 옥스퍼드와 케임브리지를 외부에서 보았던 사람들 사이에 형성된 것이다. 하지만 두 대학에서 그들이 보았던 것과 볼 수 없던 것 사이의 골은 여전히 깊고, 그 둘 사이의 연결고리는 미답의 영역이다. 이제 그들이 볼 수 없었던 것들을 읽어온 역사가들이 대학 내부의 실상과 외부의 이미지 간 대화적 관계에도 관심을 기울여야 하지 않을까.

나가며

이 책은 근대 초 영국에서 국토를 매개로 국가정체성이 형성되는 과정을 다룬 연구이다. 그런데 정체성이라는 다소 모호한 개념을 다룬다는 점을 차치하고도 학계에서 이루어온 근대국가 관련 연구들과 크게 두 가지 점에서 차별성을 지닌다. 첫째는 기존의 논의가 근대국가의 형성에 주로 전쟁, 세금 혹은 관료제와 같은 주제들을 통해 접근했던 반면, 이 연구는 근대국가의 영토, 즉 국토라는 공간을 다루었다. 둘째, 국가정체성이나 국민정체성을 18세기 이후 근대국가의 산물로 보는 근대론자들에게 반박하면서 국가를 중심으로 한 집단 정체성의 조형 작업이 이미 16세기에 활발하게 이루어지고 있었음을 조명했다.

'국토'라는 개념을 만드는 데 가장 큰 공헌을 한 것은 역사지지서와 지도였다. 르네상스 휴머니즘의 영향 속에서 고대 지지서의 가치가 재발견되고, 이것이 연대기적 전통과 결합하여 역사지지서라는 독특한 장르가 발달하게 되었다. 지도의 발달 또한 르네상스적 배경에서 이해할 수 있는데, 여기서 지도는 실제 공간을 객관적으로 묘사한 것이기보다 국토에 대한 담론을 형성하는 매개체로, 의도를 투영하며 만들어진 것이다. 따라서 이런 역사지지서와 지도를 통해 인식하게 된 국토는 철저히 관념적인 산물이다. 영국이라는 지리적 공간이 사람들에게 의미가 있는 '장소'로서 자리매김하게 된 것이다. 그리고 이제 영국성은 '국토'라는 장소와 연결되기 시작했다.

이렇게 만들어진 영국의 정체성은 놀랄 만큼의 지속력과 파급력을 가진 것이었다. 영국을 방문했던 이방인들이 그려낸 영국에 대한 인상은 결국 영국인들 스스로가 생산해 온 담론에 기대고 있었음을 보여준다. 즉, 이방인이라는 '타자'의 눈을 통해 묘사된 영국인의 모습이란 온전히 외부의 시각이 아니라, 영국인의 시각을 '설정된 타자'에 반사시켜 보여준 측면이 있었다. 이런 맥락에서 본다면, 여행기를 기술한 이방인과 그가 쓴 여행기의 내용을 반박한 영국인들 모두가 의식적 혹은 무의식적으로 거대한 '공모체제'를 형성하고 있었던 셈이고, 그 영국인들이 만들어낸 담론이 그 체제에 줄거리를 제공했던 것이다.

지도는 다양한 이미지를 통해 경계가 분명한 '국가'라는 공간을 사람들의 머릿속에 심어주었다. 르네상스 이후 지도는 과학적인 시선이라는 포장 속에서 더 큰 권위를 발휘하게 되었다. 16세기에 발달하게 된 영국의 지도들은 브리튼섬을 아름답고 풍요로운 공간으로, 질서정연하면서도 활기찬 생산의 터전으로 그려냈다. 나아가 지도는 영국에 살고 있던 사람들을 계층별로 범주화하거나 부부의 모습으로 그려내어 이성애적이고도 가부장적인 사회 질서를 주입하기도 한다. 이렇게 관념화된 공간은 지리적이거나 물리적이기보다는 감정적인 어떤 것이 되어 국토에 대한 정서적 감정이 배양될 수 있게 만든다. '아버지의 땅fatherland'이나 '모국motherland'과 같은 단어들이 국토에 접목되기 시작하는 것이다.

국토가 감정적 영역으로 자리 잡으면서 국토에 대한 침범은 자신이나 가족에 대한 침해와 동일시되게 된다. 이제 영역 국가는 정서적인 차원에서 국가에 대한 충성의 감정을 자연스럽게 유도할 수 있게 된 것이다.[1] 16세기 중반 이후 사자와 같은 용맹스러운 동물로 국토를 그려내거나 거꾸로 적국의 영토를 혐오스러운 인물로 그려내는 지도들이 나타나는 것도 이런 맥락에서 이해할 수 있다. 이렇게 감정이 투영된 지도들은 대중적으로 큰 인기를 끌었을 뿐만 아니라 그림책, 카드, 보드게임 등으로 만들어져서 교육과 여가활동에 적극적으로 이용되었다.[2]

존 릴런드와 윌리엄 캠든을 비롯해 역사지지서를 쓴 16세기의 많은 옛것 연구가는 '자랑스러운 내 나라에 대해 좀 더 알기 위해' 먼 곳까지 답사했다. 16세기 후반부터 많은 사람이 이 전통에 합류하게 되었다. 그들은 주로 귀족이나 젠트리처럼 여유 있는 사람들이었는데, 몇 주나 몇 달, 때로는 몇 년씩 온전히 개인적 흥미에 따라 자기 나라 곳곳을 여행한 것이다. 이런 현상의 바닥에는 애국심이 있었고, 이것을 가능하게 한 조건들은 당시 쏟아져나온 역사지지서와 지도, 그리고 1555년부터 체계적으로 정비되기 시작한 도로의 발달 등이었다.[3] 17세기 후반 영국 곳곳을 여행하며 귀중한 기록을 남긴 실리아 파인스Celia Fiennes, 1661~1741는 다음과 같이 말한다.

자기가 태어난 땅을 여행하는 시간을 갖는 것은 여성에게도 마찬

윌리엄 하비(William Harvey)가 펴낸 아동을 위한 《재미있는 지리》(1869)에 실린 지도

왼쪽 위부터 시계 방향으로 빅토리아 여왕이 영국의 방패에 앉아 있는 모습으로 그려진, 영국을 의인화한 지도, 백파이프를 들고 킬트를 입은 남성으로 그려진 스코틀랜드, 곰을 업고 있는 모습으로 그려진 러시아, 춤추는 여성으로 그려진 독일 지도이다.

사자 모양의 벨기에 지도(1617)

벨기에를 사자 모양으로 그린 피에테르 판 덴 키르(Pieter van den Keere)의 지도이다.

보울레스 카버의 지도(1780년경)

보울레스 카버(Bowles Carver)가 잉글랜드와 웨일스(왼쪽), 스코틀랜드(오른쪽) 지도를 해학적으로 그려냈다.

가지지만 남성들에게는 훨씬 더 필요한 일이다. 그래서 호기심을 갖고 묻고 장소들을 관찰하면서 가능한 스포츠와 여가활동을 함께 즐긴다면 그것이야말로 우울증 같은 전염병, 덧붙여 게으름에 최고의 치료약이 될 것이다. 그런 여행은 영국이 무엇인지를 알게 해주며 영국의 영광을 더해줄 뿐만 아니라 우리 마음에 자긍심을 심어 외국을 과대평가하고 싶은 근질거림을 치료해줄 것이다.[4]

16세기 여행자들은 고대 유적을 비롯해 당시 발달하고 있던 산업에 이르기까지 영국에 존재하던 모든 것을 보고 관찰하고, 그것에 열광했다. 그들의 관심사는 이 시대 역사지지서들이 취했던 '개관', '묘사', '거울' 등의 제목처럼 있는 그대로의 영국의 모습 전체를 조망하는 것이었다. 시간이 흐르면서 점점 더 많은 정보가 쌓이고 여행의 경험이 축적되면서 주별로 더 세밀한 답사를 하거나 개인별로 관심이 있는 특정한 주제를 택해 여정을 계획하는 일들이 생겨났다. 내란기에도 국토를 답사하는 관행은 계속되었다. 특히 종교적 이해관계가 첨예한 상황에서의 여행은 단순히 옛것에 대한 호기심이 아니라 각 지역의 교회나 예배의식을 알아보려는 정보 수집의 목적을 띠기도 했다.

18세기 초까지 영국에서 국토 답사는 인간의 거주지, 생산활동이나 과학과 같은 문명을 중심으로 이루어지고 있었다. 대니얼 디포Daniel Defoe, 1660~1731[5]와 파인스 등의 여행기가 보여주듯이 여행자들은 종종 영국 풍광의 아름다움에 감탄하기는 했지만, 야생이나 자연 그대로의 풍광에는 거부감을 느꼈다. 과학에 관심이 많았던 파인스는 당시 영국에 존재하던 거의 모든 온천장을 순례하며 물의 성분을 분석했는가 하면, 디포의 최대 관심사는 영국의 생산 및 경제 활동의 네트워크를 파악하는 것이었다. 이들은 캠든의 《브리타니아》의 열렬한 독자였지만 16세기적인 옛것 연구에서 벗어나려는 경향을 보이기도 한다. 특히 디포는 윈치콤Winchcombe에 있는 '아서왕의 원탁'을 단호하게 가짜라고 부정하는 등[6] 전통적인 옛것 연구 방식에 대해 비판적인 태도를 드러내기도 한다.

하지만 18세기 중반이 되면 여행자들은 흔히 픽처리스크picturesque라고 불리는 회화와 같은 자연 풍광을 탐색하거나, 시골의 저택 등을 순례하며 영국식 정원을 정의하기도 하고, 혹은 새로운 방식의 옛것 연구에 몰입하여 유적을 찾아다니기도 했다. 이 과정에서 새로이 영국적인 태도들이 생겨나서 고딕 양식에는 환호하면서도 노르만 양식은 거부하거나, 팔라디오 풍Palladian[7]의 건축물은 높이 평가하면서도 바로크 양식은 폄하하는가 하면, 반 다이크Anthony Van Dyck에 열광하면서도 루벤스Peter Paul Rubens는 비웃는 등 자신들만의 독특한 기호를 만들어가게 되었다.[8]

그런데 애호 또는 반감을 만들어내는 요소들에는 영국의 자생적인 것들만이 아니라 반 다이크나 루벤스, 팔라디오 양식처럼 외국의 문화유산이 포함되어 있다. 이는 이제 영국의 정체성이 유럽적 맥락에서 좀 더 많은 타자를 동원하며 만들어지고 있었음을 반영한다. 이렇게 타자에 대해 좀 더 구체적인 비전을 만들어가게 한 요소들 가운데 중요한 하나가 다름 아닌 '그랜드 투어'였다. 흔히 영국 엘리트 코스의 최종 단계라고 불리는 이 여행을 통해 외국의 많은 골동품과 예술작품이 영국으로 유입되었다. 그뿐만 아니라 장기간 유럽 대륙을 여행한 수많은 영국인의 축적된 경험은 이제 영국으로 하여금 유럽이라는 타자와의 대화 속에서 새로운 정체성을 조형하지 않을 수 없게 만들었던 것이다.

본문의 주

들어가며

1 이 책에서 영국은 국가의 의미로, 브리튼은 지리적 의미로 사용된다. 16~17세기 맥락에서 영국이란 엄밀하게 말하면 웨일스를 포함하는 잉글랜드만을 가리킨다. 1536년 잉글랜드는 웨일스를 합병했고, 웨일스는 잉글랜드 식으로 재편되었다. 하지만 이 시기 잉글랜드는 이후 '영국'이라 불리는 통합적 단위의 성격을 대변하게 되었을 뿐만 아니라 이 책에서 다루는 담론 대부분이 잉글랜드를 브리튼섬 전체와 동일시하는 경향을 보였으므로 국가적 단위를 의미할 때는 편의상 영국으로 통일해서 표기하기로 한다.

2 이 책에서 nation은 국민, nation state는 국민국가, nationalism은 국민주의로 번역하여 표기하기로 한다.

3 Adrian Hastings, *The Construction of Nationhood: Ethnicity, Religion and Nationalism* (Cambridge, 1998); Liah Greenfeld, *Nationalism: Five Roads to Modernity* (Cambridge, 1992).

4 Hastings, p. 43.

5 Greenfeld, p. 30.

6 하지만 엄밀히 말하자면 애국주의가 자신이 태어난 나라에 대한 충성심과 사랑을 지칭하는 용어로, 반드시 국민국가라는 대상을 상정해야만 하는 것이 아닌 반면, 국민주의는 국민국가를 상정해 나타난 좀 더 공격적이고 배타적인, 자국의 우월성을 확신하는 귀속감이다. Gillian Brennan, *Patriotism, Power and Print* (London, 2003), p. 8.

7 Greenfeld, p. 3.

8 여기서 '영국 국민'이라는 개념은 잉글랜드 중심적인 정체성이다. 이는 잉글랜드, 스코틀랜드, 웨일스 및 아일랜드가 정치적으로 통합된 한참 후에야 형성되는 대 브리튼적 국민의식과는 다른 것으로 보아야 한다.

9 Hans Kohn, *The Idea of Nationalism: A Study in its Origins and Background* (New

York, 1944), pp. 10-11.

10 Linda Colley, *Britons: Forging the Nation, 1708-1837* (New Yaven, 1992); Gerald Newman, *The Rise of English Nationalism* (New York, 1997).

11 니시카와 나가오 지음, 윤대석 옮김,《국민이라는 괴물》(소명출판, 2002), pp. 288-309.

12 Michael Biggs, "Putting the State on the Map: Cartography, Territory, and European State Formation," *Comparative Studies in Society and History*, Vol. 4. No. 2 (1999), pp. 374-375.

13 프랑스사가들이 펴낸 *Realms of Memory* 시리즈에 실린 일부 논문들은 이런 경향을 드러낸다. 특히 Roger Chartier의 "The Saint-Malo-Gevena Line" (Vol. 1)과 Armand Frémont, "The Land" (Vol. 2)를 그 예로 들 수 있다. Pierre Nora, ed., *Realms of Memory*, trans., Arthur Goldhammer, 3 Vols. (New York, 1996-1998).

14 Jean-Yves Guiomar, "Vidal de La Blache's Geography of France," in Nora, Vol. 2 (1997).

15 여기서 영토적 경계란 변경(border), 경계(boundary), 국경(frontier), 변경(periphery), 변방(march) 등 반드시 일치하지는 않은 다양한 용어와 개념을 포괄한다.

16 크리스 윌리엄스, 〈변경에서 바라보다-근대 서유럽의 국경과 변경〉, 임지현 엮음,《근대의 국경 역사의 변경》(휴머니스트, 2004).

17 *Ibid.*, 특히 pp. 60-67.

18 국립국어원,《표준국어대사전》.

19 Arthur H. Robinson and Barbara B. Petchenik, *The Nature of Maps: Essays toward Understanding Maps and Mapping* (Chicago, 1976), p. 15.

20 와카바야시 미키오 지음, 정선태 옮김,《지도의 상상력》(산처럼, 2006), p. 71,

21 J. B. Harley, "The Map and the Development of the History of Cartography," in *History of Cartography*, Vol. 1 (Chicago. 1987), pp. 1-20.

22 Harley, "Maps, Knowledge, and Power," in Dennis Cosgrove and Stephen Daniels, eds., *The Iconography of Landscape: Essays on the Symbolic Representation, Design and Use of Past Environments* (Cambridge, 1988).

23 Harley, "Map and Development," pp. 1-20; Rhonda Lemke Sanford, *Maps and Memory in Early Modern England: A Sense of Place* (New York, 2002), p. 12.

24 특히 Jess Edwards, "How to Read an Early Modern Map: Between the Particular and the General, the Material and the Abstract, Words and Mathematics," *Early Modern Literary Studies*, Vol. 9, No. 1 (2003); Bernhard Klein, *Maps and the Writing of Space in Early Modern England and Ireland* (London: Palgrave, 2001); Richard Helgerson, "Introduction," *Early Modern Literary Studies* Vol. 4. No. 2/ Special Issue 3 (1998); John Gillies, *Shakespeare and the Geography of Difference* (Cambridge, 1994); Garrett Sulivan, *The Drama of Landscape: Land, Property, and Social Relations on the Early Modern Stage* (Stanford, 1998) 등을 참조하라.

25 와카바야시, pp. 11-12, 22.

26 *Ibid.*, p. 252.

27 Henri Lefebvre, *The Production of the Space* [1974], trans. Donald Nicholson-Smith (Oxford, 1991), p. 26.

28 기꾸치 도시오 지음, 윤정숙 옮김, 《역사지리학 방법론》 (이회, 1995), p. 34.

29 Roy E. H. Mellor, *Nation, State and Territory: A Political Geography* (London, 1989), p. 4.

1부 읽는 지도

1장 릴런드가 세운 초석

1 John Bale, "Preface," in John Leland, *The laboryouse iourney [and] serche of Iohan Leylande, for Englandes antiquitees geuen of hym as a newe yeares gyfte to Kynge Henry the viij*, comp. John Bale (London, 1549), pp. Sig. Biii, Dvi.

2 Lucy Toulmin Smith, "Introduction," in Leland, *The Itinerary of John Leland in or about the Years 1535-1543*, comp. Lucy Toulmin Smith, 5 Vols., (Carbondale, 1964), Vol. 1 p. viii.

3 7학예는 문법, 논리학, 수사학, 산술, 기하, 음악, 천문학을 일컫는다.

4 successus studiorum ⟨suorum⟩. James P. Carley, "John Leland in Paris; The Evidence of his Poetry," *Studies in Philology*, Vol. 83, No. 1 (1986), p. 22에 실려 있다.

5 Neville Williams, *Henry VII and his Court* (London, 1971), p. 125.

6 Leland, *Antiphilarchia* (Cologne, 1538); Idem, *Codrus sive laus et defensio Gallofridi Arthrii monumetensis contra Polydorum Vergilium* (London, c.1536); *Idem., Assertio inclytissimi Arthurii regis Britanniae* (London, 1544).

7 릴런드가 기록한 수도원 도서 목록에 대한 자세한 내용은 Michael Wood, *In Search of England* (Berkeley, 2001), pp. 110-116에 실려 있다.

8 *Ibid.*, p. 115에서 재인용.

9 맘스버리(Malmesbury)는 윌트셔(Wiltshire)주의 도시로, 12세기에 세워진 수도원으로 유명했다. 헨리 8세의 수도원 해체 때 건물 대부분이 파괴되고 수도원 소유지도 왕실에 귀속되었다가 재분배되었다.

10 Wood, p. 121.

11 Bale, "Preface," in Leland, *The laboryouse iourney*, pp. Sig. Bi, Bii.

12 Leland, "New Yeares Gyfte," in *The Itinerary of John Leland in or about the Years 1535-1543*, Vol. 1, pp. xxxvii-xxxviii.

13 *Ibid.*, pp. xxxviii-xlii.

14 Wood, p. 122.

15 Bale, p. Biv.

16 John Scattergood, "John Leland's Itinerary and the identity of England," in A. J. Piesse, *Sixteenth-century Identities* (Manchester, 2000), p. 71에서 재인용.

17 John Chandler, *John Leland's Itinerary: Travels in Tudor England* (Stroud: Alan Sutton, 1993), pp. xv-xvi.

18 T. D. Kendrick, *British Antiquity* (London, 1970), pp. 48-49.

19 Smith, "Introduction," in Leland, pp. xx-xxxii를 참조하라.

20 헨리 월터스(H. B. Walters)가 *The English Antiquaries* (London, 1934), p. 2 에서 처음 붙인 이래 학자들 사이에 통용되는 별칭이 되었다.

21 Leland, "New Yeares Gyftes," p. xli.

22 *Ibid.*

23 Stan Mendyk, "Early British Chorography," *Sixteenth Century Journal*, Vol. 17, No. 4 (1986), pp. 460-461을 참조하라.

24 Giraldus Cambrensis, *Itinerarium Cambriae* (1191); *Idem., Descriptio Cambriae* (1194).

25 공원(park)은 원래 사냥감을 보호하기 위해 울타리를 두른 넓은 땅을 일컫는 용어인데, 보통은 숲을 의미했다. W. G. Hoskins, *The Making of English Landscape* (New York, 1970), pp. 168-169.

26 Leland, (2:38). 이후《답사기》의 내용은 Smith 판에 준거하며, 괄호 안에 표기한 숫자는 총 다섯 권으로 이루어진 이 판본의 권수와 쪽수를 나타낸다.

27 릴런드는 분명 영국 지리학의 선구자이지만《답사기》는 도로망에 관한 한 17세기에 등장하기 시작할 도로지도에는 별 도움이 되지 못하는 것이 사실이다. F. M. Stenton, "The Road System of Medieval England," *The Economic History Review*, Vol. 7, No. 1 (1936), p. 2.

28 R. E. Glasscock, "England circa 1334," in H. C. Darby, ed., *A New Historical Geography of England before 1600* (Cambridge, 1976), pp. 174-175.

29 물 부족으로 쇠퇴한 곳(1:260, 3:97, 4:92)과 물을 끌어다쓰는 방식(특히 2:100, 4:92), 수도관에 대한 관심(1:86, 1:102, 1:130, 1:153, 1:220, 4:13, 4:25, 4:41, 5:92, 5:97, 5:145), 물이 부족하지 않는 곳(1:11).

30 (4:5).

31 (1:111, 2:21, 2:63, 2:69, 3:113, 5:77).

32 Bernhard Klein, *Maps and the Writing of Space in Early Modern England and Ireland* (New York, 2001), pp. 21-41.

33 칼레코이스성(3:43), 블랙클레어(3:119).

34 첫 번째 장(4:57), 가장 멋진 거리(1:43), 가장 예쁜 창문(1:94), 최고의 수도관(1:40), 최고의 성(3:98).

35 특히 (2:93)을 보라.

36 T. D. Kendrick, "Foreward," in Leland, *Itinerary*, n. p.; N. R. Ker, *Medieval Libraries of Great Britain* (Oxford, 1941), p. xii.

37 John Fitzherbert, *The Boke of Surveying and Improvements* (London, 1523), Sig. H1r.

38 Klein, pp. 43-44.

39 튜더 정부는 여전히 성이 중요하다는 것을 인지하고 있었고, 1534년부터 북부와 웨일스에 있는 성들의 상태를 조사하고 대대적인 보수에 들어갔다. H. M. Colvin, "Castles and Government in Tudor England," in *The English Historical Review*, Vol. 83, No. 327 (1968), pp. 225-256.

40 Hoskins, pp. 163-64.

41 목재(2:91), 건물 용도의 변천(2:90, 1:38, 1:81), 지형의 변화와 생업(2:93), 황무지 생성 원인(3:118), 삼림 훼손에 대한 우려(2:29, 2:94, 5:43).

42 Hoskins, p. 142.

43 목초지의 황폐화(2:122), 인클로저가 진행되지 않은 예외(2:35, 3:44).

44 중세 말기에 도시가 쇠락해 갔다는 주장은 100여 년 전에 처음 제기되었는데, 중세 도시의 주산업이었던 직물업의 쇠퇴와 역병으로 인한 인구 감소를 도시 쇠락의 주원인으로 파악하고 있다. 그러나 1962년 A. R. Bridbury가 *Economic Growth: England in the Later Middle Ages* (London, 1962)에서 풍요로운 중세 말 도시의 모습을 그려낸 이후 쇠퇴를 믿는 전통적 견해와 풍요를 주장하는 학설 사이에 뜨거운 논쟁이 벌어졌다.

45 역병으로 인한 도시의 몰락(1:306), 게으름으로 인한 직물업 쇠퇴(1:82, 5:100), 물 부족(3:97), 잦은 화재(5:35), 홍수(3:67), 데인족의 침입(1:31), 에스파냐인의 침입(2:21). 데인족의 파괴행위로 인한 고대 도시의 소멸(특히 1:158, 2:21, 2:36).

46 새로운 특권 획득으로 번성한 도시(2:73), 적의 침입 후 남쪽에 새 도시 건설(1:31), 해일 이후 인근에 재건된 도시(4:113), 수산업의 발달로 인한 중심부 이동(1:31), 주변 도시들의 질투로 인해 쇠퇴 후 새로운 도시 성립(2:74).

47 (3:59).

48 D. R. Woolf, "Erudition and the Idea of History in Renaissance England," *Renaissance Quarterly*, Vol. 40, No. 1 (1987), p. 13.

49 브리튼족의 유물(특히 1:30, 1:188, 3:43, 4:61, 4:64, 4:66 등), 로마 시대 동전이나 기타 유물(특히 1:27, 1:31, 1:71, 1:118, 1:134, 1:151, 3:44, 3:103,

3:106, 4:121, 4:131, 5:53, 5:55 등), 비드 시대부터 있던 것들(2:25, 4:134, 4:136), 역사적 분기점으로서 노르만의 정복(특히 1:97, 1:128, 2:39, 2:90, 3:30, 4:139, 5:10 등).

50 지명과 가문 이름의 기원과 변천(1:213, 1:296, 2:82, 3:59, 4:111, 4:114, 4:119, 4:123 등).

51 Victor Watts, "English Place-Names in the Sixteenth-Century: the Search for Identity," in Piesse, p. 37.

52 (1:172, 1:178, 4:113, 5:60, 5:77, 5:78, 5:92).

53 사소한 원인으로 인한 폭동(1:295), 교리상의 갈등으로 인한 새 교회 건설(1:260), 성 개조 반대(3:108), 영주 축출(2:74).

54 (2:9, 4:85, 4:133, 5:3).

55 (1:236, 2:12, 4:123).

56 (1:110, 1:170, 1:180, 2:27, 2:107, 3:75).

57 (1:41).

58 중산층 여성의 신원(2:55), 천출 부인의 구빈원 건립(1:39), 신학교를 세운 여성(1:100), 프랑스군을 물리친 여성(1:204), 데인족 침입 후 지역을 재건한 공주(2:104).

59 소금 광산 노동자(2:94), 백정의 성벽(5:92), 귀천상혼(2:72).

60 (4:84).

61 Woolf, p. 22를 참조하라.

2장 아서왕 논쟁과 영국의 역사서술

1 영국 역사에서 아서왕 신화의 위치는 박지향, 〈전설의 두 영웅: 아서 왕과 로빈 후드〉, 《역사와 문화》 제10호 (2005)를 참조하라.

2 패트릭 J. 기어리 지음, 이종경 옮김, 《민족의 신화, 그 위험한 유산》 (지식의 풍경, 2004), p. 90-91.

3 N. J. Higham, *King Arthur: Myth-Making and History* (London, 2002), Chp. 3을 참조하라.

4 *Ibid.*, pp. 74-97.

5 *Ibid.*, p. 97.

6 *Ibid.*, Chp. 5를 참조하라.

7 앵글로 색슨 시대 영국의 역사를 기록한 것으로 9세기경에 만들어졌으나 1154년까지도 계속 그 내용이 수정, 첨가되었다.

8 이탈리아어 이름은 폴리도로 비르질리(Polidoro Virgili)이지만, 여기서는 영어식으로 '폴리도어 버질'이라 칭한다. 버질의 일생에 대해서는 Denys Hay, *Polydore Vergil* (Oxford, 1952)과 Richard Koebner, "The Imperial Crown of His Realm: Henry VIII, Constantine the Great, and Polydore Vergil," *Bulletin of the Institute of Historical Research*, Vol. 26 (1953), pp. 29-52를 참조하라.

9 Polydore Vergil, *Anglica Historia* (Basle, 1534). 이 책은 1506년에 저술이 시작되었고, 1512, 1513년에야 필사본이 나타났다. 총 26권으로 이루어진 필사본은 1520년대에 이미 영국 학자들 사이에 회자되고 있었다. 인쇄본은 상당한 수정을 거쳐 1534년에 처음 출간 되었으며, 또다시 수정한 두 번째 판본은 1546년에, 헨리 8세 재위 기간의 내용을 보충한 세 번째 판본은 1537년에 완성되었으나 1555년에 인쇄되었다. Denys Hay, "Introduction," in Vergil, *The Anglica Historia of Polydore Vergil, A. D. 1485-1537* ed. and Trans Denys Hay (London, 1950).

10 이 글에서는 헨리 엘리스(Henry Ellis)가 번역하고 편집한 판본을 참조했다. Vergil, *English History*, Vol. I, The Period prior to the Norman Conquest, ed. Sir Henry Ellis (London, 1846), p. 26.

11 *Ibid.*, pp. 29-32.

12 *Ibid.*, p. 121.

13 *Ibid.*, p. 122.

14 *Ibid.*, p. 26

15 Leland, *Codrus sive laus et defensio Gallofridi Arthrii monumetensis contra Polydorum Vergilium* (London, c.1536); *Idem., Assertio inclytissimi Arthurii regis Britanniae* (London, 1544). 앞의 글의 일부는 A. Hall, ed., *Commentarii de Scriptoribus Britannicis,* 2 Vols., (Oxford, 1809), Vol. I, pp. 189-191과 Thomas Hearne, *Joannis Lelandi Antiquarii de rebus Britannicis Collectanea*, 6 Vols (Oxford,

1715), Vol. V, pp. 2-10에 실려 있다. 이 글의 시작과 끝은 몬머스의 제프리에 관한 전기이고, 글 전체는 대부분 아서에 관한 것이다. 뒤의 글은 1582년 리처드 로빈슨(Richard Robinson)에 의해 영어로 번역되었는데, 이 글에서는 로빈슨의 판본을 사용하기로 한다. Leland, *A Learned and True Assertion of the Original Life, Actes, and Death of …… Arthure, King of Great Britittane*, trans. Richard Robinson (London, 1582).

16 버질에 대한 영국 학자들의 공격에 대한 자세한 내용은 T. D. Kendrick, *British Antiquity* (New York, 1970), Chaps, 5-6; William Raleigh Trimble, "Early Tudor Historiography, 1485-1548," *Journal of the History of Ideas*, Vol. 11 No. 1 (1950), pp. 37-40; James P. Carley, "Polydore Vergil and John Leland on King Arthur: The Battle of the Books," *Interpretations: A Journal of Idea, Analysis, and Criticism*, Vol. 15, No. 2 (1984) 등을 참조하라.

17 Arthur Kelton, *A commendacyon of welshmen* (London, 1546): *Idem., A chronycle with a genealogie declaryng that the Brittons and Welshemen are linealiye dyscended from Brute* (London, 1547): Caradoc of Llancarvan, *The historie of Cambria, now called Wales …… translated into English by H. Lhoyd Gentleman: corrected, augmented, and continued out of records and best approoued authors, by Dauid Powel Doctor in diuinitie* (London, 1584), p. 239.

18 John Price, *Historiae Brytannicae defensio* (London, 1573).

19 John Bale, *Illustrium majoris Britanniae Scriptorum* (London, 1548).

20 John Twyne, *De rebus Albionicis, Britannicis atque Anglicis Commentariorum libri duo* (London, 1590), pp. 7-9, 15-31, 98-107.

21 F. Smith Fussner, *The Historical Revolution: English Historical Writing and Thought 1580-1640* (London, 1962).

22 *Ibid.*, p. 300.

23 *Ibid.*, 특히 pp. 299-321.

24 프랑스에서 역사학의 혁명을 주장한 이론은 Julian Flanklin, *Jean Bodin and the Sixteenth Century Revolution in the Methodology of Law and History* (New York, 1963)가 대표적이고, 이탈리아는 Giorgio Spini, "Historiography: The Art of History in the Italian Counter-Reformation," in Eric Cochrane, ed., *The Late Italian Renaissance* (London, 1970)를 들 수 있다. 14세기 역사학의 혁명을 주장한 저서

는 Louis Green, *Chronicle into History* (Cambridge, 1972), 15세기를 주목한 학자는 B. L. Ullman, "Leonardo Bruni and Humanistic Historiography," *Medievalia et Humanistica*, Vol. 4 (1946), 16세기는 George Huppert, *The Idea of Perfect History: Historical Erudition and Historical Philosophy in Renaissance France* (Urbana, 1970), 17세기는 Christopher Hill, *Intellectual Origins of the English Civil War* (Oxford, 1965)를 들 수 있다.

25 Joseph M. Levine, "Ancients, Moderns and the Continuity of English Historical Writing in the Later Seventeenth Century," in Paul J. Korshin, ed., *Studies in Change and Revolution* (Menston, 1972), pp. 43-75; Joseph Preston, "Was there an Historical Revolution?," *Journal of the History of Ideas*, Vol. 33 (1977), pp. 353-364; D. R. Woolf, *Reading History in Early Modern England* (Cambridge, 2000), pp. 7-8.

26 *Ibid.*, pp. 2-3.

27 *Ibid.*, p. 9.

28 *Ibid.*, p. 17.

29 Trimble, p. 40.

30 Edwin Jones, *The English Nation: The Great Myth* (Pheonix Mill, 1998), p. 19.

31 Francis Ingledew, "The Book of Troy and the Genealogical Construction of History: The Case of Geoffrey of Monmouth's Historia regum Britanniae," *Speculum*, Vol. 69, No. 3 (1994), pp. 689-690.

32 Woolf, p. 8; Trimble, p. 30. 한편, 존 케년(John Kenyon)은 연대기가 쇠퇴하는 시점을 더 늦은 17세기로 파악했다. J. P. Kenyon, *The history men: The historical profession in England since the Renaissance* (London, [1983] 1993), pp. 5-12.

33 이런 경향을 잘 보여주는 연대기들로는 *Cronycles of the londe of Englond* (Antwerp, 1493); *The Cronycles of Englande* (London, 1515) 등을 들 수 있다.

34 Woolf, p. 8.

35 자세한 내용은 Levine, 제1장 "Caxton's Histories: Fact and Fiction at the Close of the Middle Ages"를 참조하라.

36 Woolf, 제1장 참조.

37 William Patten, *The expedicion into Scotla[n]de of the most woorthely fortunate prince Edward, Duke of Soomerset* (London, 1548).

38 Edward Hall, *The Union of the Noble and Illustre Famelies of Lancastre and York* (London, 1542).

39 Woolf, 제1장 참조.

40 이탈리아를 중심으로 한 이런 움직임에 관한 기본적 연구로는 Joel E. Spingarn, *A History of Literary Criticism in the Renaissance* (New York, [2nd ed] 1908); Bernard Weinberg, *A History of Literary Criticism in the Italian Renaissance*, 2 Vols. (Chicago, 1961); Baxter Hathaway, *The Age of Criticism: The Late Renaissance in Italy* (Ithaca, 1962) 등이 있다.

41 Aristotle, Poetics, ix. 1-3; Cicero, De Inventione, I, xix. 27-xxi. 30.

42 Woolf, p. 20.

43 Levine, p. 50.

44 Thomas Blundeville, *The true order and methode of wryting and reading hystories according to the precepts of Francisco Patricio and Accontio Tridentino, two Italian writers* (London, 1574). 이 책은 프란체스코 파트리치(Francesco Patrizi)의 이론서(1560)와 자코모 아콘치오(Giacomo Aconcio, Jacobus Acontius)의 이론서(1564?)를 기초로 영국 역사학의 이론을 세우고자 한 것이다. 아콘치오는 1560년대에 영국에 머물며 여왕과 레스터 백작의 후원을 받았다.

45 Robert Gaguin, *Compendium super Francorum gestic* (Paris, 1497).

46 Robert Fabyan, *The New Chronicles of England and France* (London, 1516). 이 글에서는 헨리 엘리스가 엮은 판본을 사용했다. Fabyan, *The New Chronicles of England and France by Robert Fabyan*, ed. Sir. Henry Ellis (London, 1811), pp. xvi-xvii, 288.

47 John Rastell, *The pastyme of people or The cronycles of dyuers realmys and most specyally of the realme of Englond* (London, 1530). 이 글에서는 다음 판본을 참조했다. Rastell, *The Pastime of People, or the Chronicles of Divers Realms* (London, 1811) pp. 4-5, 5-7, 106-107.

48 최근의 몇몇 연구는 가브리엘 하비(Gabriel Harvey)나 존 디(John Dee)와 같은 훈련된 학자들이 고전의 권위를 무작정 수용하는 것이 아니라 원전을 앞에 두

고 당시 상황에서 저자들이 무엇을 말하고자 했는가를 살펴보는 고전 읽기를 했다고 강조한 바 있다. Anthony Grafton and Lisa Jardine, "'Studied for Action': How Gabriel Harvey Read his Livy," *Past and Present*, Vol. 129 (1990), pp. 30-78; Anthony Grafton, *Commerce with the Classics: Ancient Books and Renaissance Readers* (Ann Arbor, 1997); William H. Sherman, *John Dee: the Politics of Reading and Writing in the English Renaissance* (Amherst, 1995).

49 Kendrick, p. 34.

50 George Lily, *Chronicon, in Paolo Giovio, Descriptio Britanniae* (Venice, 1548), n. p.

51 Thomas Lanquet, *An epitome of chronicles conteining the whole discourse of the histories as well of this realme of England* (London, 1549), pp. 32, 144b, 147.

52 John Harington, *Orlando furioso in English heroical verse* (London, 1591), p. 29.

53 휴머니즘의 성격을 둘러싼 논쟁은 다음 문헌들을 참고할 수 있다. Wallace K. Ferguson, *The Renaissance in Historical Thought* (Cambridge, Mass., 1948); William J. Bauwsma, *The Interpretation of Renaissance Humanism* (Washington, 1959); Paul O. Kristeller, *Renaissance Thought: The Classic, Scholastic, and Humanist Strains* (New York, 1961); Hans Baron, *The Crisis of the Early Italian Renaissance* (Princeton, 1966); 차하순, 《르네상스의 사회와 사상》 (탐구당, 1975); 곽차섭, 〈르네상스 휴머니즘의 해석에 대한 재검토〉, 《역사학보》 제108집 (1985); 진원숙, 《시민적 휴머니즘과 인간·역사·과학》 (야스미디어, 2005).

54 Joseph M. Levine, *Humanism and History: Origins of Modern English historiography* (Ithaca: Cornell UP., 1987), p. 9.

55 Joseph M. Shaw, ed., *Readings in Christian Humanism* (Minneapolis, 1982), p. 23; Kristeller, pp. 86-87.

56 Alistair Fox and John Guy, *Reassessing the Henrician Age: Humanism, Politics and Reform 1500-1550* (Oxford, 1986); Fox, *Thomas More: History and Providence* (New Haven, 1983); 김경한, 〈휴머니즘의 위기와 인문학의 새지평-후기구조주의 비평을 중심으로〉, 《비평과 이론》 5집 (2000); Idem., 〈"기독교 휴머니즘"의 역사적 의미〉, 《밀턴연구》 제13집 (2003) 등을 참조하라.

57 이런 전통의 범례를 세운 연구로 Fritz Caspari, *Humanism and the Social Order in Tudor England* (Chicago, 1954)를 들 수 있다. 이 책에서는 에라스뮈스, 토머스 모어, 토머스 엘리엇, 토머스 스타키(Thomas Starkey), 필립 시드니(Philip

Sidney), 에드먼드 스펜서(Edmund Spenser)를 각각의 장을 할애하여 고찰하고 있다.

58 T. M. Lindsay, "Englishmen and the Classical Renascence," in A. W. Ward and A. R. Waller, eds., *The Cambridge History of English Literature*, Vol. III, (Cambridge, 1949), p. 2.

59 김경한, <"기독교 휴머니즘"의 역사적 의미>, p. 15.

60 영국을 방문해 국왕과 귀족들에게 후원을 받았던 외국인 휴머니스트들에 대해서는 David R. Carlson, *English Humanist Books: Writers and Patrons, Manuscript and Print, 1475-1525* (Toronto, 1993), 1-4장을 참조하라.

61 Charles G. Nauert, "The Clash of Humanists and Scholastics: an Approach to Pre-Reformation Controversies," *Sixteenth Century Journal*, Vol. 4 No. 1 (1973); F. Donald Logan, "The First Royal Visitation of the English Universities, 1535," *The English Historical Review*, Vol. 106, No. 421 (1991); W. H. Hoodware, "English Universities, Schools and Scholarship in the Sixteenth Century," in Ward and Waller, eds., *The Cambridge History*. 최근의 연구들은 16세기 영국의 대학들이 대륙과는 달리 휴머니스트들에 의해 장악되었다는 기존 시각에 대해 의문을 제기하며 스콜라주의가 사라지지 않았음을 강조한다. Craig W. D'Alton, "The Trojan War of 1518: Melodrama, Politics, and the Rise of Humanism," *Sixteenth Century Journal*, Vol. 28. No. 3 (1997).

62 물론 헨리 7세의 즉위 이전에도 영국에 휴머니즘이 수입되었고, 그에 관한 연구를 진행한 학자들도 있다. William Nelson, *John Skelton Laureate* (New York, 1939), 특히 1-2장; Roberto Weiss, "Cornelio Vitelli in France and England," *Journal of the Warburg and Courtauld Institutes*, Vol. 2 (1939); Denys Hay, "England and the Humanities in the Fifteenth Century," in Heiko A. Oberman and Thomas A. Brady eds., *Itinerarium Italicum: The Profile of the Italian Renaissance in the Mirror of Its European Transformations* (Leiden, 1975), pp. 305-367.

63 Quentin Skinner, *The Foundations of Modern Political Thought: The Renaissance*, Vol. I (Cambridge, 1978), pp. 213-17, 222-224, 236.

64 Carlson, p. 45.

65 Pietro Carmeliano, "Suasoria Laeticiae", Carlson, p. 49에서 재인용.

66 Carlson, pp. 46-47.

67 *Ibid.*, pp. 6-19.

68 John Kenyon, *The History Men: The Historical Profession in England since the Renaissance* (London, [1983] 1993), p. 2.

69 릴런드가 찾아낸 아서왕 관련 유물과 지명에 대해서는 이 책의 1장 4절 '역사, 국토, 사람'을 보라.

70 Leland, *Assertio inclytissimi Arthurii regis Britanniae* (London, 1544). 이 글에서는 리처드 로빈슨의 판본을 사용하기로 한다. Leland, trans. Richard Robinson, *A Learned and True Assertion of the Original Life, Actes, and Death of …… Arthure, King of Great Britittane* (London, 1582), p. 5. 이하《진정한 주장(True Assertion)》으로 표기함.

71 *Ibid.*, p. 36

72 *Ibid.*, p. 6.

73 릴런드는 아서의 실존을 증명할 엄청나게 많은 증거 자료를 제시한다. 탈리에신(Taliesin), 시인 멜킨(Melkin the Bard), 멀린 암브로시우스(Merlin Ambrosius), 멀린 칼레도니우스(Merlin Caledonius) 같은 사람들에 관한 자료들과 성 패트릭(St. Patrick)의 Charter를 통해 글래스턴베리 수도원의 존재를 입증하고자 했다. 또한 새뮤얼 브리타누스(Samuel Britannus)를 아서의 예루살렘 여행을 증명해주는 사람으로 제시했다. 몬머스의 제프리, 맘스버리의 윌리엄, 웨일스의 제럴드를 집중적으로 인용한 이외에도 베벌리의 알프레드(Alfred of Beverley), 허팅던의 헨리, 야코부스 데 바라지네(Jacobus de Varagine), 토머스 그레이(Thomas Gray), 엑서터의 조지프(Joseph of Exeter), 오빌의 존(John of Hauville), 존 베버(John Bever), 매슈 패리스(Mattew Paris), 웨스트민스터의 매슈(Matthew of Westminster), 래널프 히그던(Ranulf Higden), 토머스 맬러리(Thomas Malory), 윌리엄 캑스턴, 조반니 보카치오(Giovanni Boccaccio) 등의 저술도 폭넓게 동원하고 있다.

74 Gildas, *Opus nouum. Gildas Britannus monachus cui sapientis cognome[n]tu[m] est inditum, de calamitate excidio, & conquestu Britanniae* (Antwerp, 1525).

75 Leland, *True Assertion*, p. 34.

76 *Ibid.*

77 *Ibid.*

78 에드워드 홀(Edward Hall)의 *The Union of the Noble* (London, 1542)과 프랜시스 베이컨의 *The historie of the raigne of King Henry the Seuenth* (London, 1622) 등은 이 기간의 역사를 폴리도어 버질의 《영국사》에서 베껴 썼다. 라파엘 홀린셰드(Raphael Holinshed)와 다른 16세기 연대기 작가들 역시 버질의 저작을 적극 이용했다. 자세한 내용은 Denys Hay, "Introduction," in Vergil, *The Anglica Historia*, pp. xx-xxi; Peter Iver Kaufman, "Polydore Vergil and the Strange Disappearance of Christopher Urswick," *Sixteenth Century Journal*, Vol. 17, No. 1 (1986), p. 70을 참조하라.

79 튜더 시대 역사서에 대한 국가의 간섭, 출판물 검열에 대해서는 Herbert Grabes, ed., *Writing the Early Modern English Nation* (Amsterdam-Atlanta, 2001); Marcia Lee Metzger, ""Controversy and Correctness": English Chronicles and the Chroniclers, 1553-1568," *Sixteenth Century Journal*, Vol. 27. No. 2 (1996)를 참조하라.

80 Kaufman, pp. 71-72를 참조하라.

81 1568년 존 스토와 존 디는 연금술과 옛것 연구를 죄목으로 기소되었다. Hugh Trever-Roper, *Renaissance Essays* (London, 1985), p. 99-101을 참조하라.

82 Sir Robert Cotton, *A Short View of the Long Raigne of Henry the Third* (London, 1627),

83 아서왕의 원탁은 실제로는 13세기에 만들어진 가짜였다.

84 *Calendar of State Papers, Venetian*, II, 1520-1526, No. 50, p. 33. Kendrick, p. 42에서 재인용.

85 Kendrick, pp. 35-36을 참조하라.

86 British Museum MS. Aug. I Vol. I, I.

87 Paolo Emili, *De rebus gestis Francorum* (Paris, 1517).

88 Twyne, *De Rdbus Albionicis*, p. 161.

89 Bacon, *Historie of the raigne of King Henry the Seuenth*, p. 18.

3장 옛것 연구와 역사지지서의 부흥

1 John Stow, *Survey of London* (London, 1598); William Harrison, *Description of*

England (London, 1575); Raphael Holinshed, *Chronicles* (London, 1577); William Camden, *Britannia* (London, 1588); William Lambard, *Perambulation of Kent* (London, 1570); Michael Drayton, *Polyolbion* (London, 1577). 릴런드의 영향을 받은 작품들에 대해서는 G. J. R. Parry, "William Harrison and Holinshed's Chronicles," *The Historical Journal*, Vol. 27, No. 4 (1984), pp. 789-810을 참조하라.

2 F. Gilbert, "The Renaissance Interest in History," in C. S. Singleton ed., *Art, Science, and History in the Renaissance* (Baltimore, 1967), pp. 374-376; Peter Burke, *The Renaissance Sense of the Past* (London, 1969), pp. 4-5; Donald R. Kelley, *Foundations of the Modern Historical Scholarship* (New York, 1979), pp. 21-22; D. J. Wilcox, *The Development of Florentine Humanist Historiography in the Fifteenth Century* (Cambridge, Mass., 1969), pp. 26-31; 진원숙, 《시민적 휴머니즘과 인간·역사·과학》 제7장을 참조하라.

3 T. E. Mommsen, "Petrarch's Conception of the 'Dark Ages'," *Speculum*, Vol. 18 (1942) pp. 226-242를 참조하라.

4 C. Trinkaus, *The Scope of Renaissance Humanism* (Ann Arbor, 1983), pp. 19-21; Hans Baron, *The Crisis of the Early Italian Renaissance*, pp. 148-149; 진원숙, 《시민적 휴머니즘과 인간·역사·과학》, p. 180.

5 Joseph M. Levine, *Humanism and History: Origins of Modern English historiography* (Ithaca, 1987). p. 13.

6 *Ibid.*, pp. 76-79.

7 William Rockett, "The Structural Plan of Camden's Britannia," *Sixteenth Century Journal*, Vol. 26, No. 4 (1995), pp. 829-841; Woollf, "The "Common Voice": History, Folklore and Oral Tradition in Early Modern England," *Past and Present*, No. 120 (1988), p. 32; Levine, p. 87을 참조하라.

8 자세한 내용은 Richard T. Vann, "The Free Anglo-Saxons: An Historical Myth," *Journal of the History of Ideas*, Vol. 19, No. 2 (1958)에 잘 나타나 있다.

9 Stan Mendyk, "Early British Chorography," *Sixteenth Century Journal*, Vol. 17. No. 4 (1986), pp. 463-465.

10 Flavio Biondo, Italia illustrata (Venice, 1474), 이 책에서는 Flavio Biondo, *Italy Illuminated*, ed. and trans. Jeffrey A. White (Cambridge, Mass., 2005)를 사용했다.

11 대 플리니우스(Pliny the Elder)로 흔히 알려진 고대 로마의 정치가·군인·학자. 티투스 황제에게 바친《박물지(Historia Naturalis)》는 당시의 예술·과학·문명에 관한 백과사전적 성격을 띠고 있었다.

12 대표적인 예를 들자면, 역사지지서인《런던 개관(Survey of London)》(1598)으로 유명한 존 스토(John Stow)는 연대기 *A Summary of English Chronicles*(London, 1565)와 그 확대본인 *The Annals or General Chronicle of England*(London, 1580)를 썼고, 역사지지서 《브리타니아(Britannia)》(London, 1586)로 유명한 윌리엄 캠든(William Camden) 역시 *Annales rerum Anglicarum et Hibernicarum regnante Elizabethae*(London, 1615)를 썼다.

13 옛것 연구회 구성원의 3분의 2가 법률가였다. R. J. Schoeck, "Early Anglo-Saxon Studies and Legal Scholarship in the Renaissance," *Studies in The Renaissance*, Vol. 5 (1958), p. 104.

14 Arthur B. Ferguson, *Clio Unbound: Perception of the Social and Cultural Past in Renaissance England* (Durham, 1979), pp. 122, 259; Kelley, "History, English Law and the Renaissance," *Past and Present*, Vol. 65 (1974), pp. 24-51; J. D. Alsop, "William Fleetwood and Elizabethan Historical Scholarship," *Sixteenth Century Journal*, Vol. 25, No. 1 (1994), p. 164.

15 이는 한스 바론(Hans Baron) 식의 르네상스 휴머니즘에 대한 정의이다. 곽차섭, 〈김영한,《르네상스 휴머니즘과 유토피아니즘》〉,《서양사론》 제34호 (1990), p. 200.

16 Woolf, "Erudition and the Idea of History in Renaissance England," *Renaissance Quarterly*, Vol. 40 (1987), p. 13. 역사와 옛것 연구를 구분하는 것은 다분히 16세기 후반 대륙의 역사학에 기준점을 맞춘 탓으로 볼 수 있다. 옛것 연구에 대해 비교적 호의적인 리바인(Joseph M. Levine)조차도 자신의 저서에서 "The Antiquarian Enterprise, 1500-1800"이라는 장을 따로 할애하면서, 이것을 일종의 변종적이고 독립적인 움직임으로 파악하려 했음을 드러낸 바 있다.

17 Gilbert Burnet, "preface," *History of the Reformation*, Vol. I (1679).

18 F. J. Levy, *Tudor Historical Thought* (San Marion,, 1967), pp. 148-159; Ferguson, *Clio Unbound*, pp. 78-125; Woolf, "Erudition and the Idea of History," pp. 11-48.

19 윌리엄 브룩은 윌리엄 세실과 절친한 사이였고, 1586년에는 추밀원 고문이 된 정치가였다.

20 George Edelen, "William Harrison(1535-1593)," *Studies in the Renaissance*, Vol. 9 (1962), p. 263.

21 Raphael Holinshed, *The Chronicles of England, Scotland, and Ireland* (London, 1587) Book II, p. 23.

22 이 내용은 해리슨이 서명하고, 직접 자세한 주석을 달아놓은 책인 존 베일(John Bale)의 *Scriptorum illustrium majoris Britannie* (Basle, 1557-1559)의 맨 뒷장에 쓰인 글이다. Edelen, pp. 258-259에서 재인용.

23 Harrison, "Letter to Lord Cobham," in *The Description of England*, ed. Georges Edelen, (New York, 1994), p. 6.

24 Raphael Holinshed, *The Chronicles of England, Scotland, and Ireland* (London, 1577). 《홀린셰드의 연대기》로 알려진 이 책은 원래 《영국 묘사》와 《영국 역사》를 한 책으로 묶고, 두 번째 책에서는 다른 나라들에 대한 묘사와 요약된 역사를 싣고자 했다. 하지만 시간이 흐르면서 후원금도 바닥이 나고, 무엇보다 자료가 지나치게 방대해진 한편, 부분적으로 채워지지 않는 공백들이 발견되면서 그 틀을 수정할 수밖에 없었다. 영국 역사만으로도 너무 방대해서 외국의 역사와 묘사를 다루는 두 번째 책은 출판되지 않았다. 결과적으로 《영국 묘사》와 《잉글랜드, 스코틀랜드, 아일랜드의 역사》로만 출간되었고 이 연대기에 싣기로 기획했던 크리스토퍼 색스턴의 주별 지도들은 초판에서는 제외되었다.

25 Parry, pp. 789-791 참조.

26 제바스티안 프랑크(Sebastian Franck)의 저서 가운데 *Chronica, Zeitbuch und Geschichtsbibel* (1531), *Chronicle and Description of Turkey* (1531) 등이 특히 《뉴렘베르크 연대기(Nuremberg Chronicle)》에 영향을 주었다.

27 뮌스터는 바젤(Basel) 대학 교수로 재직하면서 연대기, 지도, 지리서 등에서 커다란 업적을 남겼다. 그의 *Cosmographia* (1544)는 세계 전체를 묘사한 독일 최초의 백과사전적인 성격을 띠고 있으며, 16세기에 많은 나라에서 번역·출판되면서 큰 인기를 끌었다. 특히 이 책은 소(小) 홀바인 등이 참여해서 만든 대량의 목판화를 곁들임으로써 16세기 유럽의 지리를 이해하는 데 가장 중요한 업적 가운데 하나로 남게 되었다. 뮌스터는 1536년에 유럽 지도를 그리기도 했다.

28 Georges Edelen, "Introduction," in Harrison, *Description*, p. xvi.

29 이 책에서는 Marie Collins, ed., *Caxton: The Description of Britain* (London, 1988) 판본을 참조한다.

30 Richard Helgerson, *Forms of Nationhood: The Writing of Elizabethan England* (Chicago, 1992), p. 131.

31 Harrison의 Description 분석을 위해 이 책에서는 Edelen 판을 사용한다.

32 몬머스의 제프리가 영국을 일컬었던 말로, 아서왕의 왕국을 지칭하기도 한다.

33 Harrison, pp. 339-348을 보라. 존 케이스는 자신의 이름을 라틴어로 'Caius'라 쓰길 고집하면서도 발음은 영어식으로 했다. 그는 노리치 출신 의사로, 에드워드 6세와 메리 1세 때 시의를 역임하며 생전에 큰 부와 명예를 누렸다. 케임브리지 대학의 곤빌 앤드 케이스 칼리지(Gonville and Caius College)의 설립자이기도 하다. 케이스의 이 글은 에이브러햄 플레밍(Abraham Fleming)이 영어로 번역해 *Of English Dogs* (London, 1576)라는 팸플릿으로 출간되기도 했다.

34 Edelen, "Introduction," in Harrison, p. xxi 참조.

35 Harrison, p. 339.

36 *Ibid.*, p. 348.

37 *Ibid.*, p. 359.

38 *Ibid.*, pp. 444-445.

39 *Ibid.*, p. 6.

40 *Ibid.*, pp. 357, 365.

41 이 책에서는 다음 판본을 사용한다. John Stow, *A Survey of London* [1603], ed. Henry Morley (Phoenix Mill: Alan Sutton, 1994).

42 Parry, pp. 638-639.

43 스토와 해리슨의 불편한 관계와 당시 출판시장의 상황은 Parry가 자세히 다루고 있다.

44 Harrison, "Description," in *Holished's Chronicles* (1587), p. 156.

45 Charles Whibley, "Chroniclers and Antiquaries," in A. W. Ward and A. R. Waller, eds., *The Cambridge History of English Literature*, Vol. 3 (Cambridge 1949), p. 323.

46 1540년에 윌리엄 사인(William Thynne)에 의해 편찬된 *Works of Geoffrey Chaucer*의 1561년 수정판 작업을 했다고 알려져 있다. Parry, "John Stow's Unpublished 'Historie of This Iland': Amity and Enmity amongst Sixteenth-

Century Scholars," *English historical Review*, Vol. 102, No. 404 (1987), p. 634, note 2 참조.

47 스토의 책은 출판되자마자 바로 상업적 성공을 거두어 1599, 1603, 1633년에 재판이 나왔다.

48 Stow, p. 124.

49 Edward T. Bonahue, Jr., "Citizen History: Stow's Survey of London," *Studies in English Literature, 1500-1900*, Vol. 38, No. 1 (1998), p. 67.

50 Louis B. Wright, *Elizabethan Middle-lass Culture* (Chapel Hill, 1935); F. Smith Fussner, *The Historical Revolution: English Historical Writing and Thought, 1580-1640* (London, 1962); Laura Caroline Stevenson, *Praise and Paradox: Merchants and Craftsmen in Elizabethan Popular Literature* (Cambridge, 1984).

51 Stevenson, p. 18.

52 Lawrence Manley, "Of Sites and Rites," in David L. Smith, Richard Strier, and David Bevington, eds., *The Theatrical City* (Cambridge, 1995), pp. 35-54.

53 Ian Archer, "The Nostalgia of John Stow," in Smith, Strier, and Bevington, pp. 17-34.

54 William Fitzstephen, *Normal London* (New York, 1990)을 참조하라.

55 Stow, p. 107.

56 *Ibid.*

57 *Ibid.*, pp. 191-192.

58 *Ibid.*, p. 151.

59 Hugh Travor-Ropher, *Renaissance Essays* (London, 1985), pp. 95-98을 참조.

60 Stow, p. 203.

61 Cynthia Wall, "Grammars of Space: the Language of London from Stow's 'Survey' to Defoe's 'Tour,'" *Philological Quarterly*, Vol. 76 No. 4 (1997).

62 Stow, p. 168.

63 *Ibid.*, p. 197.

64 *Ibid.*, p. 222.

65 *Ibid.*, p. 209.

66 *Ibid.*, p. 142.

67 *Ibid.*, p. 142.

68 William Camden, *Britannia* (London, 1586). 이 책에서는 William Camden, *Britannia, Translated and enlarged by the latest discoveries by Richard Gough* [1806] 4 Vols. (New York, 1974)를 사용하기로 한다.

69 Richard Gough, "The Life of Mr. Camden," in Camden, *Britannia*, trans. Gough, Vol. I, pp. x.

70 Camden, "The Author to the Reader," *Annales the true and royall history of the famous empresse Elizabeth Queene of England France and Ireland* (London, 1625), n. p.

71 Travor-Roper, p. 122.

72 *Ibid.*, pp. 122-124.

73 Camden, *Britannia*, trans. Gough, Vol. I, p. xlix.

74 Ralph Brooke, *A discouerie of certaine errours published in print in the much commended Britannia* (London, 1596).

75 브룩의 두 번째 《캠든의 변명을 포함한 …… 오류 발견》은 1601년 혹은 1602년 경에 출판되었다. 원본은 현재 남아 있지 않은 것으로 파악된다. 이 책에서는 1724년 판본을 사용했다. Brooke, *A Discoverie of Certaine Errours …… To which is added, the learned Mr. Camden's answer to this book*, ed. J. Antis (London, 1724), p. 96; Parry, "John Stow's Unpublished 'Historie of This Iland'", p. 633.

76 Rockett, p. 929.

77 Travor-Roper, p. 124.

78 Maurice Powicke, "William Camden," *Essays and Studies* Vol. 1 (1948), p. 74; T. D. Kendrick, *British Antiquity* (New York, 1970), p. 145; Stuart Piggott, "William Camden and the Britannia," *Proceedings of the British Academy*, Vol. 37 (1951), pp. 208-209.

79 Camden, *Britannia*, trans. Gough, Vol. I, p. xxxv.

80 Camden, *Britannia* (London, 1586), Sig. A 3v,

81 Rockett, p. 830.

82 Camden, *Britannia*, trans. Gough, Vol. I, pp. xxxv-xxxvi.

83 Flavio Biondo, Italy Illuminated, ed. and trans., Jeffrey A. White (Cambridge, Mass., 2005).

84 Rockett, p. 837.

85 Gough, "The Life of Mr. Camden," in Camden, *Britannia*, trans. Gough, Vol. I, p. xxviii.

86 Camden, *Britannia*, trans. Gough, Vol. I, p. xxxvii.

2부 보는 지도

4장 르네상스와 지도의 발달

1 Carl Moreland and David Bannister, *Antique Maps* (London, [1989] 2004), p. 3.

2 아나톨리아 서쪽 해안 지방.

3 Herodotus, *The History*, 5 : 49; Strabo, Geography, i, I, 10-12.

4 권용우, 안영진 지음, 《지리학사》 (한울 아카데미, 2002), p. 17 참조.

5 *Ibid.*, p. 33.

6 Horace, *Ars Poetica*.

7 Strabo, *Geography*, ii, 5, 12-14.

8 자세한 내용은 David Buisseret, *The Mapmaker's Quest* (Oxford, 2003), pp. 15-19 참조.

9 John Noble Wilford, *The Mapmakers* (London, 2002), p. 57.

10 권용우, 안영진, p. 43.

11 Cosmas Indicopleustes는 '인도까지 갔던 코스마스'라는 뜻이다. 그의 생몰년에

대해서는 자세히 알려진 바가 없으나 6세기에 인도와 스리랑카까지 항해한 것으로 알려진다. 그가 작성한 《기독교 지방지》는 그림을 곁들인 지지서로, 중세 초의 해외 교류 사실을 보여주는 귀한 자료이다.

12 Wilford, p. 54.

13 Benedict Anderson, *Imagined Communities: Reflections on the Origin and Spread of Nationalism* (New York, 1991), pp. 22-24; Michael Biggs, "Putting the State on the Map: Cartography, Territory, and European State Formation," *Comparative Studies in Society and History*, Vol. 4. No. 2 (1999), p. 377.

14 헤리퍼드 지도에 대한 자세한 내용은 Naomi Reed Kline, *Maps of Medieval Thought* (Woodbridge, 2001)를 참조하라.

15 *Ibid.*, 특히 3장.

16 Peter Barber, "England I: Pageantry, Defense, and Government: Maps at Court to 1550," in David Buisseret, ed., *Monarchs, Ministers and Maps* (Chicago, 1992), p. 26.

17 Buisseret, *Mapmaker's Quest*, p. 4.

18 포르톨라노 해도, 마파문디, 그리고 여정지와 여행 안내서의 정보를 통합하고 있다.

19 John Ogilby, *Britannia-A Geographical and Historical Description of the Principal Roads thereof* (London, 1675). 여기에 잉글랜드와 웨일스의 주요 도로를 그린 지도 100개를 포함했다.

20 Moreland and Bannister, p. 32.

21 *Ibid.*

22 A. J. Grant, ed., *Early Lives of Charlemagne* (London, 1907), p. 54.

23 Naomi Miller, "Mapping the City," in Buisseret, ed., *Envisioning the City: Six Studies in Urban Cartography* (Chicago, 1998), p. 35.

24 지도-지각의 정의는 David Fletcher, *The Emergence of Estate Maps: Christ Church, Oxford, 1600 to 1840* (Oxford, 1995), p. 1을 보라.

25 메르카토르 도법으로 잘 알려진 이 사람은 플랑드르 출신으로 카를 5세 휘하에서 지구의를 제작했으나 이단으로 몰려 도피하기도 했다. 큰 규모의 지도들을

제작했는데, 〈유럽 지도〉(1554), 〈영국 지도〉(1564), 18개의 유명한 〈세계지도〉(1569) 등이 있다.

26 종래의 회화적 방식에서 벗어나 기호적 표현법을 썼고, 직각으로 접하는 경위선(經緯線)을 새로 개발해 작은 지역에 대해서는 정확한 형태와 방향을 나타낼 수 있도록 했으며, 항해의 편의를 위해 새로운 중앙 경선을 정했다.

27 Buisseret, "Introduction," in *Monarchs*, p. 1.

28 15세기 프랑스와 부르고뉴 지역에서 활동했던 네덜란드 출신의 화가 헤르만(Herman), 폴(Paul), 요한(Johan) 형제다.

29 Buisseret, *Mapmakers' Quest*, 1-2장 참조.

30 제러미 블랙 지음, 김요한 옮김,《세계지도의 역사》(지식의 숲, 2006), p. 64 참조.

31 Buisseret, *Mapmaker's Quest*, pp. 35-36.

32 볼로냐 남쪽 지방.

33 John O. E. Clark ed., *100 Maps: The Science, Art and Politics of Cartography throughout History* (New York, 2005), p. 152.

34 John Marino, Peter Barber, David Buisseret, Geoffrey Parker, James Vann, Michael J. Mikos 등이 집필에 참여했다. Buisseret, ed., *Monarchs*.

35 Buisseret, *Mapmaker's Quest*, pp. 49-64.

36 Robert Beale, "A Treatise of the Office of a Councellor and Principall Secretarie to her Majestie." Conyers Read, *Mr Secretary Walsingham and the Policy of Queen Elizabeth*, 3 Vols. (Oxford: Clarendon Press, 1925), Vol. 1, pp. 428-29에 수록되어 있다.

37 Barber, p. 28; Buisseret, *Mapmaker's Quest*, p. 103.

38 Desiderius Erasmus, *De copia verborum et rerum* (1514); Idem., De ratione studii (1514), Buisseret, *Mapmaker's Quest*, p. 19에서 참조.

39 Juan Luis Vives, *De disciplinis* (1531). 이 책에서는 다음 판본을 사용했다. Vives, On Education, trans. Foster Watson (Cambridge, 1913), p. 168.

40 Baldassare Castiglione, *Cortegiano* (1528); Niccolò Machiavelli, *L'arte della guerra* (1521). Buisseret, *Mapmaker's Quest*, pp. 19-22에서 재인용.

41 Peter Whithorn, *The Arte of Warre* (London, 1573).

42 Sir Thomas Elyot, *The Book Named the Governor* [1531] ed. S. E. Lehmberg (London, 1962), pp. 23-24.

43 Thomas More, *Utopia* (Louvain, 1516), Book 2의 도입 부분을 보라.

44 법률가이자 화가, 연대기 작가로 왕실 의례를 기획하곤 했던 존 러스텔(John Rastell)은 1519년 'New Interlude and Mery of the iiij elements'라고 이름 붙여진 연회에 지도와 과학적 장비를 등장시켰다.

45 Barber, p. 34.

46 *Ibid.*, p. 37.

47 John Hale, "The Defence of the Realm, 1485-1558," in Howard Colvin, ed., *The History of the King's Works*, 6 Vols. (London: HMSO, 1951-1982), Vol. 4, pp. 367-394 참조.

48 David Starkey, *Reign of Henry VIII: Personalities and Politics* (London, 1985), p. 13.

49 Barber, p. 37.

50 Rodney Shirley, *The Mapping of the World: Early Printed World Maps* (London, 1983), p. 74.

51 Jean Rotz, "Boke of Ydrography" (1541).

52 Barber, p. 40.

53 Barber, pp. 33, 59-60.

5장 근대 초 영국의 지도

1 Victor Morgan, "The Cartographic Image of 'the Country' in Early Modern England," *Transactions of the Royal Historical Society*, Vol. 5, No. 29 (1979) p. 133.

2 Richard Helgerson, *Forms of Nationhood: The Elizabethan Writing of England* (Chicago, 1994), p. 107.

3 1546년 판본은 유실된 것으로 알려진다. 2장 3절에서 언급했듯이 이 책에서 릴리는 아서왕 전설을 부정하고 있다. Paolo Giovio, *Descriptio Britanniae, Scotiae Hyberniae, et Orchadum* (Venice, 1548).

4 릴리는 메리 1세 즉위 이후 캔터베리 대주교가 된 폴의 도움으로 영국으로 돌아와 플랑드르 출신의 지도제작자 토머스 제미니(Thomas Gemini)로 하여금 1555년에 이 지도를 영국에서 출판하도록 했다. Sarah Tyacke and John Huddy, *Christopher Saxton and Tudor Map-making* (London, 1980), pp. 7-8 참조.

5 1571년 벌리 경(Lord Burghley)으로 봉해졌다.

6 색스턴의 지도 제작과 후원에 대한 자세한 내용은 Sarah Tyacke and John Huddy의 책을 참조하라.

7 Ifor M. Evans and Heather Lawrence, *Christopher Saxton, Elizabethan Map-Maker* (Woolley, 1979), pp. 1-6.

8 프랑스에서는 종교상의 제약과 국내의 정치적 혼란 때문에 1594년이 되어서야 국가 전체를 그린 지도가 모리스 부게로(Maurice Bouguereau)에 의해 투르(Tour)에서 출판되었다.

9 와카바야시 미키오 지음, 정선태 옮김, 《지도의 상상력》 (산처럼, 2006), pp. 229-235 참조.

10 원래 제목은 *The Counties of England and Wales*였다.

11 Gerhard Mercator, *Atlas sive cosmographicae meditationes de fabrica mundi et fabricati figura* (Duisburg, 1595). 이 지도첩은 세 부로 나뉘어 각각 1585, 1590, 1595년에 출간되었다.

12 Christopher Saxton, *Christopher Saxton's 16th Century Maps*, intro. William Ravenhill (Shrewsbury, 1992), p. 14.

13 와카바야시, pp. 307-308 참조.

14 Heather Lawrence, "Permission to Survey," *The Map Collector*, Vol. 19 (1982), pp. 18-19 참조.

15 Bernhard Klein, *Maps and the Writing of Space in Early Modern England and Ireland* (London, 2001), p. 101.

16 *Ibid.*, p. 100.

17 George Owen, *The Description of Pembrokeshire* [1603], ed. Henry Owen (London, 1892), p. 2.

18 카보토 부자의 탐험에 대한 내용은 C. R. Beazley, *John and Sebastian Cabot: The*

Discovery of North America (London, 1898); David Goodnough, *John Cabot and Son* (Mahwah, N. J., 1979); 김성준, 《유럽의 대항해 시대》 (신서원, 2001)을 참조하라.

19 Peter Barber, "England II," in David Buisseret, ed., *Monarchs, Ministers and Maps* (Chicago, 1992), p. 68.

20 벌리 경이 소장한 지도에 대해서는 R. A. Skelton and J. Summerson, *A Description of Maps and Architectural Drawings in the Collection Made by William Cecil, First Baron Burghley, Now at Hatfield House* (Oxford, 1971)를 참조하라.

21 Barber, pp. 68-77 참조.

22 B. W. Beckingsale, *Burghley: Tudor Statesman* (London, 1967), p. 40.

23 John Andrews, "Geography and Government in Elizabethan Ireland," in Nicholas Stephen and Robin E. Glasscock, eds., *Irish Geographical Studies in Honour of E. Estyn Evans* (Belfast, 1970), p. 180.

24 Barber, p. 74.

25 John Dee, "Mathematicall Preface" in Euclid, *The Elements of Geometrie*, trans. Henry Billingsley (London, 1570). n. p.

26 Alwyn Ruddock, "Earliest Original Seaman's Rutter and Pilot's Chart," *The Journal of the Institute of Navigation*, Vol. 14 (1961), p. 415.

27 유럽의 해외 팽창 동기, 기술적 발전과 그에 따른 영향 등은 J. H. 패리 지음, 김성준 옮김, 《약탈의 역사》 (신서원, 1998); 설혜심, 〈근세 유럽의 해외 팽창: 유럽이 만들어간 신대륙의 이미지〉, 《서양사론》 제60호 (1999)를 참조하라.

28 〈칸티노 세계지도(Cantino planisphere)〉는 15세기 후반 포르투갈의 해외 팽창 성과를 나타내는 최초의 지도로 알려진다.

29 R. A. 스켈톤 지음, 안재학 옮김, 《탐험지도의 역사》 (새날, 1995), pp. 91-93.

30 D. B. Quinn, *The Elizabethans and the Irish* (Ithaca, 1966), pp. 106-122.

31 Buisseret, *The Mapmaker's Quest* (Oxford, 2003), p. 103.

32 스켈톤, p. 188

33 요도쿠스 혼디우스(Jodocus Hondius, 1563-1612)와 그의 아들 요도쿠스 2세 등이 이끌었던 네덜란드의 지도제작자 가문이다.

34 John O. E. Clark ed., *100 Maps: The Science, Art and Politics of Cartography throughout History* (New York, 2005), pp. 116-121.

35 영국박물관 소장 필사본 지도. Add. MS17940.

36 스켈톤, pp. 307-308.

37 Clark, p. 124.

38 1607년부터 스미스는 아메리카 대륙에서 경험한 일들을 글로 써서 영국으로 보냈고, 출판을 통해 널리 유통되었다. 당시의 식민활동에 대한 기록을 후원자를 위해서가 아니라 대중을 상대로 홍보했다는 점에서 그는 독특한 명성과 입지를 확보할 수 있었다. 그가 쓴 책 가운데 대중의 높은 호응을 받았던 책들은 다음과 같다. *A True Relation of Such Occurrences and Accidents of Note as Happened in Virginia* (London, 1608); *The Proceedings of the English Colony in Virginia* (London, 1612); *A Description of New England* (London, 1616); *New England's Trials* (London, 1620, 1622); *The General History of Virginia, New England, and the Summer Isles* (London, 1624); *The True Travels, Adventures and Observations of Captain John Smith* (London, 1630); *Advertisements for the Unexperienced Planters of New England, or Anywhere* (London, 1631).

39 Martin Daunton and Rick Halpern, ed. *Empire and Others: British Encounters with Indigenous Peoples, 1600-1850* (Philadelphia, 1999), p. 3; Karen Ordahl Kupperman, *Indians and English: Facing Off in Early America* (Ithaca, 2000), Chp. 2를 참조하라.

40 Clark, p. 126.

41 와카바야시, pp. 190-194, 197 참조하라.

42 Sebastian Münster, "Map of Feminized Europe" (1588).

43 와카바야시, pp. 191-194.

44 설혜심, 〈타자의 몸: 인종, 성, 계급의 교차점〉, 박형지, 설혜심 지음, 《제국주의와 남성성: 19세기 영국의 젠더 형성》(아카넷, 2004)을 참조하라.

45 Valerie Traub, "Mapping the Global Body" in Peter Erickson and Clark Hulse, eds., *Early Modern Visual Culture* (Philadelphia, 2000).

46 Traub, pp. 70-74.

6장 지도와 국가정체성

1 Sarah Bendall, *Maps, Land and Society* (Cambridge, 1992), p. 9.

2 자세한 내용은 Catherine Delano-Smith and Roger Kain, *English Maps: A History* (London, 1999), p. 118을 참조하라.

3 John Fitzherbert, *The Boke of Surueying and Improumentes* (London, 1523).

4 Richard Benese, *This Boke Sheweth the Maner of Measurynge of All maner of Lande* (London, 1537); Leonard Digges, *Tectonicon or the art of measuring* (London, 1556).

5 이런 측면에서 델라노-스미스(Delano-Smith)와 케인(Kain)의 연구는 매우 흥미롭다. 이들의 연구는 켄트 서부에서는 이 같은 지도가 많이 나타나지 않았던 반면, 남동부에서는 많이 나타났다는 사실을 보여주고 있다. 아마 스코틀랜드는 이런 지도 자체가 많이 없었을 것이다. Delano-Smith and Kain, p. 118.

6 Northamptonshire Record Office, Finch Hatton MS 272; John Andrews, "Appendix: The Beginnings of the Surveying Profession in Ireland,' in Sarah Tyacke, ed., *English Map-Making* (London, 1983), p. 21.

7 Peter Barber, "England II," in David Buisseret, ed., *Monarchs, Ministers and Maps* (Chicago, 1992), pp. 81-84.

8 *Ibid.*

9 Rhonda Lemke Sanford, *Maps and Memory in Early Modern England: A Sense of Place* (New York, 2002), pp. 103-105를 참조하라.

10 Barber, pp. 58-59.

11 Richard Helgerson, *Forms of Nationhood: The Writing of Elizabethan England* (Chicago, 1992), pp. 105-147.

12 *Ibid.*, pp. 107-132; Bernhard Klein, *Maps and the Writing of Space in Early Modern England and Ireland* (London, 2001), p. 101.

13 Barber, p. 59; Sanford, pp. 20, 77; Helgerson, p. 134 등을 참조하라.

14 David Fletcher, *The Emergence of Estate Maps: Christ Church, Oxford, 1600 to 1840* (Oxford, 1995). 7장을 참조하라.

15 Klein, p. 81 참조.

16 대표적으로 다음과 같은 책들을 들 수 있다. *The Expansion of Elizabethan England* (New York, 1955); *The English Spirit* (London, 1966); *The England of Elizabeth* (New York, 1950).

17 Liah Greenfeld, *Nationalism: Five Roads to Modernity* (Cambridge, Mass., 1992), p. 3.

18 B. L., MS Harley, 6250, fos. 4v-5v. Victor Morgan, "The Cartographic Image of 'the Country' in Early Modern England," *Transactions of the Royal Historical Society*, Vol. 5, No. 29 (1979), p. 138에서 재인용.

19 Barber, "England I," in Buisseret, Monarch, p. 27.

20 이 시대에 나타난 대축척 지도에 대해서는 *Ibid.*, p. 37을 보라.

21 단티가 오르텔리우스에게 보낸 편지, 1580년 12월 24일. Lucio Gambi, *The Gallery of Maps in the Vatican*, trans. Paul Tucker (New York, 1997), pp. 7-8에서 참조.

22 *Ibid.*, p. 11.

23 자세한 내용은 Barber, pp. 43-45를 참조하라.

24 조반니 다 베라차노는 이탈리아 출신의 사략선장이었다. 1523년 '새로운 왕국'을 찾기 위해 탐험을 떠나 북아메리카 대륙의 북동해안을 탐사하고 지도를 제작했다. 자신이 발견한 지역에 뉴프랑스(New France, 누벨프랑스Nouvelle France)라는 이름을 붙였다.

25 뷔르템베르크 공 프리드리히의 여행기는 다음에서 발췌했다. William Brenchley Rye, *England as Seen by Foreigners in the Days of Elizabeth and James the First* (London, 1865), pp. 44-45.

26 Sarah Tyacke and John Huddy, *Christopher Saxton and Tudor Map-making* (London, 1980), pp. 39-42.

27 *Ibid.*

28 Roy Strong, *The Cult of Elizabeth: Elizabethan Portraiture and Pageantry* (London: Pimlico, 1999); Julia M. Walker, *The Elizabeth Icon, 1603-2003* (London, 2004) 등을 보라.

29 Paul Johnson, *Elizabeth I: A Study in Power and Intellect* (London, 1974), p. 12;

David Howarth, *Images of Rule* (Berkeley, 1997), p. 102.

30 John N. King, "Queen Elizabeth I: Representations of the Virgin Queen," *Renaissance Quarterly*, Vol. 43, No. 1 (1990); Susan Doran, *Elizabeth: The Exhibition of the National Maritime Museum* (London, 2003); Susan Frye, *Elizabeth I: The Competition for Representation* (Oxford, 1993); 박지향, 〈'처녀왕' 엘리자베스의 신화〉, 《영국 연구》 제11호 (2004); 허구생, 〈튜더 왕권의 이미지: 엘리자베스 1세의 초상화를 중심으로〉, 《영국 연구》 제12호 (2004) 등을 참조하라.

31 Barber, "England II," p. 77.

32 자세한 내용은 Sanford, p. 43을 참조하라.

33 작자 미상, "Elizabeth as Europe" (1598), Ashmolean Museum, Oxford.

34 John Case, *Sphaera Civitatis* (London, 1588).

35 Michael Biggs, "Putting the State on the Map: Cartography, Territory, and European State Formation," *Comparative Studies in Society and History*, Vol. 4. No. 2 (1999), p. 391.

36 William Shakespeare, *Twelfth Night, or What You Will*, 3: 2. 80, in *The Complete Work of William Shakespeare* (London, 1985), p. 309.

37 R. A. 스켈톤 지음, 안재학 옮김, 《탐험지도의 역사》 (새날, 1995), pp. 66-67.

38 *Ibid.*, pp. 113-114.

39 와카바야시 미키오 지음, 정선태 옮김, 《지도의 상상력》 (산처럼, 2006), pp. 232-234.

40 Buisseret, *Mapmaker's Quest*, pp. 107, 111-112.

41 Robert Adams, "Map Showing the Route of the Armada Fleet" Engraved by Augustine Ryther (London, 1588).

42 로버트 애덤스(Robert Adams)의 "The Defeat of the Armada"(1589)와 "Plan-View of Flushing", 그리고 조반니 바티스타 보아지오(Giovanni Battista Boazio)의 "Drake's raid on Santiago", "Raid of Santo Domingo" 등을 대표적으로 들 수 있다.

43 William Patten, *The expedicion into Scotla[n]de of the most woorthely fortunate prince Edward, Duke of Soomerset* (London, 1548).

44 Sarah Tyacke, *London Map-Sellers, 1660-1720 (Tring, Hertfordshire, 1978), pp. 5, 7.*

45 John Speed, *The Theatre of the Empire of Great Britain* (London, 1611). 이 책에서는 다음 판본을 사용한다. Speed, *The Counties of Britain: A Tudor Atlas by John Speed* (New York, 1988).

46 Charles Whibley, "Chroniclers and Antiquaries" in A. W. Ward and A. R. Waller, eds., *The Cambridge History of English Literature*, Vol. 3 (Cambridge, 1949), p. 325.

47 Nigel Nicolson, "Introduction," in Speed, *The Counties of Britain*, p. 10.

48 John Kenyon, *The History Men: The Historical Profession in England since the Renaissance* (London: Weidenfeld and Nicolson, [1983] 1993), p. 11.

49 노퍽(Norfolk), 하트퍼드셔(Hertfordshire), 우스터셔(Worcestershire), 래드노셔(Radnorshire), 몽고메리셔(Montgomeryshire)는 색스턴의 업적을 참조했고, 서식스(Sussex), 서리(Surrey), 콘월(Cornwall), 미들섹스(Middlesex), 에식스(Essex)는 노든의 지도를, 체셔(Cheshire)와 랭커셔(Lancashire)는 윌리엄 스미스의 것을, 켄트(Kent)는 필립 시몬슨(Philip Symonson)의 지도를, 러틀랜드(Rutland)는 존 해링턴(John Harington)의 지도를, 와이트섬(Isle of Wight)은 윌리엄 화이트(William White), 맨섬(Isle of Man)은 토머스 더럼(Thomas Durham), 홀리섬(Holy Island)은 제임스 버렐(James Burrell)의 것을 참조했다. 웨일스 지도는 색스턴의 지도를 기초로 작성된 것인데, 색스턴은 웨일스 사람 험프리 루이드(Humphrey Lhuyd)의 지도를 참조한 바 있다. 오르텔리우스 역시 루이드로부터 웨일스 지방의 정보를 얻었던 것으로 알려진다.

50 Nicolson, p. 12-13.

51 Ken MacMillan, "Discourse on history, geography, and law: John Dee and the limits of the British empire, 1576-80," *Canadian Journal of History*, Vol. 36 (2001)에는 브리튼 제국이라는 어휘를 사용한 존 디의 다양한 담론이 잘 나타나 있다.

52 "A Proclamation concerning the Kings Majesties Stiles, of King of Great Britaine, &c." (October 20, 1604), Paul L. Larkin and James F. Hughes, eds., *Stuart Royal Proclamations*, Vol. 1 (Oxford: Clarendon, 1973), p. 97.

53 Mark Netzloff, "Forgetting the Ulster Plantation," in *England's Internal Colonies* (New York, 2003).

54 Nicolson, p. 12 참조.

55 Helgerson, p. 111, 114, 118-120.

7장 영국 인상: 튜더-스튜어트 시대 외국인의 여행기

1 Hans Kohn, *The Idea of Nationalism: A Study in its Origins and Background* (New York, 1944), pp. 10-11.

2 Linda Colley, *Britons: Forging the Nation, 1708-1837* (New Haven, 1992).

3 Paul Langford, *Englishness Identified: Manners and Character 1650-1850* (Oxford, 2000).

4 Langford, p. 14.

5 *Ibid.*, p. 2.

6 William Brenchley Rye, *England as Seen by Foreigners in the Days of Elizabeth and James the First* (London, 1865).

7 W. D. Robson-Scott, *German Travellers in England, 1400-1800* (Oxford, 1953).

8 *Ibid.*, p. x.

9 William Schellinks, *The Journal of William Schellinks' Travels in England 1661-1663*, Trans. Maurice Exwood and H. L. Lehmann (London, 1993).

10 1~13번까지의 여행기는 Rye가 번역한 것을 분석의 대상으로 삼는다. 15~21번은 R. E. Palmer가 수합한 *French Travellers in England 1600-1900* (London, 1960)에 실린 프랑스어 사료들이다. 14번은 Paul Hentzner, *Travels in England and fragmenta regalia* (London, 1797) 판본을, 22번은 Schellinks, *The Journal*을 가리킨다. 이 장에서 이 여행기들의 인용 부분은 괄호 안에 저자 이름과 상기 문헌 내의 쪽의 숫자로 표기한다.

11 K. H. Schaible, *Geschichte der Deutschen in England* (Strasbourg, 1885), pp. 41-46. Robson-Scott, p. 3에서 재인용.

12 Robson-Scott, pp. 4-18 참조.

13 Hieronymus Turler, *De Peregrinatione* (Strasbourg, 1574), "Preface"를 보라.

14 Francis Bacon, *Bacon's Essays* [1625] (London: Macmillan, 1958), p. 45.

15 Joseph Hall, Quo Vadis, *A Just Censure of Travell as it is commonly undertaken by*

the Gentlemen of our Nation (London, 1617); James Howell, *Instructions for Forreine Travell* (London, 1642).

16 Guillaume Paradin, *Anglicae Descriptionis Compendium* (Paris, 1545), pp. 7-8.

17 자세한 내용은 Rye, "Introduction"; Robson-Scott, pp. 31-39를 참조하라.

18 Robson, pp. 30, 52-53.

19 (Bassonmpierre, 5-6).

20 (Friedrich, 20).

21 (Zinzerling, 133).

22 (Lemnius, 79).

23 (Friedrich, 46, 51; Hentzner, 23-24; Lemnuis, 78-79; Zinzering, 131; Muralt, 19).

24 corn, rye, barley, oats, beans hops vegetables, apples, pears, plumbs, cherries를 들고 있다. (Friedrich, 52).

25 *Ibid.*. 하지만 17세기 후반의 기록에는 포도밭과 포도주 생산에 대한 언급도 나타난다. Schellinks, p. 64.

26 (Meteren, 70).

27 Robson-Scott, p. 11을 참조.

28 (Friedrich, 20, 50; Hentzner, 12; Zinzerling, 133).

29 (Meteren, 70; Friedrich, 52; Meteren, 70-71; Schellinks, 44, 118-119, 126; Hentzner, 3).

30 (Friedrich, 52; Hentzner, 13; Schellinks, 36).

31 (Schellinks, 163-164).

32 날짐승의 종류는 (Friedrich, 52)를 참조하라.

33 (Friedrich, 6; Hantzner, 3, 10).

34 (Meteren, 70).

35 (Friedrich, 14).

36 (Hentzner, 15).

37 (Ernest, 153-154; Friedrich, 50).

38 (Schellinks, 43).

39 (Hentzner, 3).

40 외국인 고용(Meteren, 70); 세계 곳곳과의 교역(Friedrich, 7).

41 Aulus Apronius[Adam Abert], *Reisbeschreibung von Villa Franca der Chur Brandenburg durch Teutschland, Holland und Braband, England, Frankreich, etc.* (Frankfort on the Order, 1723), p. 68. Robson-Scott, 104에서 재인용.

42 특히 (Hentzner, 11; Schellinks, 61, 66-68, 71, 77, 107-108)을 보라.

43 (Hentzner, 11).

44 (Patin, 13-14; Misson, 33-34).

45 (Muralt, 18).

46 (Friedrich, 21-43; Hentzner, 16-19; Zingerling, 134-135; Lewis, 62-63; Schellinks, 95-99, 150-153).

47 Polydore Vergil, *Anglica Historia* (Basle, 1534)를 말한다.

48 윌리엄 피츠스테판은 그가 모신 토머스 베켓의 일생을 기록하는 첫머리에 "Description of the Most Noble City of London"을 썼다. William Fitzstephen, *Normal London* (New York, 1990)을 참조하라.

49 이런 현상은 상당히 일반적이었던 것 같다. 롭슨-스콧은 1599년 영국을 방문한 토머스 플래터(Thomas Flatter)의 여행기 가운데 영국의 역사를 다룬 부분은 제바스티안 뮌스터의 문헌을 거의 그대로 차용한 것으로 본다. Robson-Scott, p. 74. 스헬린크스의 여행기 역시 답사한 곳에 대해 역사적 문헌들을 찾아 기술했음을 명시하고 있다.

50 런던을 세운 인물이 브루투스였다는 신화나(Hentzner, 2), 로마 시대의 유골을 발견한 농부에 대한 기록(Schellinks, 157), 앵글로 색슨 시대를 기념하는 조형물이 놓인 관청(Hentzner, 11), 가터 기사단의 유래에 대한 설명(Friedrich, 16; Hentzner, 19; Schellinks, 80).

51 (Schellinks, 134).

52 (Turler, 84; Zingerling, 134, 172; Grasser, 128; Hentzner, 10).

53 (Friedrich, 4, 12-13).

54 (Kiechel, 89).

55 (Zingerling, 135; Eisenberg, 173; Henzner, 13).

56 자세한 내용은 Robson-Scott, pp. 50, 73-74를 참조하라.

57 (Friedrich, 12; Hentzner, 14).

58 Robson-Scott, p. 78.

59 (Schellinks, 43, 47, 50-51, 64, 84, 100).

60 (Kiechel, 89; Muralt, 20-21; Misson, 34-35).

61 (Grasser, 128; Schellinks, 62, 83, 86, 112).

62 (Misson, 34; Schellinks, 33-34).

63 (Schellinks, 112).

64 (Muralt, 21-22).

65 (Friedrich, 46; Lewis, 61; Hentzner, 12; Schellinks, 53, 93, 175; Muralt, 17-18; Misson, 30-31).

66 (Hentzner, 12).

67 (Misson, 30-31).

68 (Pays, 9-10; Misson, 29).

69 대륙에서 명성을 얻고 있던 점(Kiechel, 88), 뷔르템베르크 공 루트비히의 〈오셀로〉 관람(Ludwig, 61), 헨츠너의 평가(Hentzner, 12), 관람료에 대한 키헬의 언급(Kiechel, 88).

70 (Sorbière, 13).

71 (특히 Hentzner, 19; Zingerling, 132; Schellinks, 53, 71, 72).

72 자세한 내용은 Robson-Scott, p. 11, 14, 52를 참조하라.

73 (Meteren, 69; Muralt, 14-17; Pay, 10).

74 (Friedrich, 7-8).

75 (Friedrich, 7; Meteren, 71-73; Muralt, 15-17).

76 (Hentzner, 24; Meteren, 69-70; Muralt, 18-19; Misson, 24-25; Lemnius, 79-80).

77 (Meteren, 70).

78 여행자들은 영국의 환대 문화가 매우 발달했다는 점에 동의한다. 왕의 초대를 받아 궁성에 갔던 귀족들은 연회와 사냥 등 훌륭한 환대에 감명을 받았다. 또한, 일반 여행자들도 여관이나 배, 심지어 지나가다 하루 묵어간 시골의 오두막에서까지 친절한 사람들에게 훌륭한 접대를 받았다고 기록하고 있다.

79 이 여행자는 니콜라우스 폰 포플라우(Nikolaus von Popplau)로 1484년 영국을 방문했다. G. A. Stenzel, ed., *Scriptores Rerum Silesiacarum* (Breslau, 1847), p. 366. Robson-Scott, p. 16에서 재인용.

80 (Meteren, 69; Friedrich, 50).

81 (Friedrich, 7).

82 (Friedrich, 7; Zingerling, 134-135; Arithmæus, 178; Schellinks, 86; Misson, 29; Sorbière, 10; Muralt, 18).

83 Langford, p. 219.

8장 17세기 후반 '영국성'의 형성 과정

1 Linda Colley, *Britons: Forging the Nation, 1708-1837* (New Haven, 1992); Paul Langford, *Englishness Identified: Manners and Character 1650-1850* (Oxford, 2000).

2 여기에서는 영국에서 출판된 번역본인 Mons. Sorbière, *A Voyage to England, containing many things relation to the state of learning, religion, and other curiosities of that kingdom* (London, 1709) 을 분석의 대상으로 삼는다.

3 Thomas Sprat, *Observations on Mons. de Sorbière's Voyage into England* (London, 1665).

4 스프랫의 책은 1664년에 초판이 간행된 이래, 최소한 네 차례 이상 재판되었다(필자가 파악한 판본만도 1665, 1668, 1677, 1708년 판본이 있다). 이 장에서는 1708년 판본을 기초로 분석한다.

5 *A Character of England. As it was lately presented in a letter, to a noble man of France* (London, 1659).

6 Mr. Graverol, "Memoirs for the Life of M. Samuel Sorbière," in Mons. Sorbière, *A Voyage to England, containing many things relation to the state of learning, religion, and other curiosities of that kingdom* (London, 1709), pp. i-xix; J. J. Jusserand, *English Essays from a French Pen* (London, 1895), pp. 158-162를 참조.

7 Anon, "Preface," in Sorbière, n. p.

8 Sorbière, p. 17.

9 *Ibid.*, p. 18.

10 *Ibid.*, p. 22-23.

11 *Ibid.*, p. 23.

12 *Ibid.*, pp. 24-26.

13 *Ibid.*, p. 60.

14 *Ibid.*, p. 61.

15 *bid.*, p. 50.

16 *Ibid.*, p. 54.

17 *Ibid.*, pp. 54-55.

18 *Ibid.*, pp. 51-53.

19 *Ibid.*, pp. 51, 54.

20 *Ibid.*, p. 54.

21 *Ibid.*, pp. 63-64.

22 *Ibid.*, p. 62.

23 *Ibid.*

24 *Ibid.*, p. 8.

25 *Ibid.*, p. 5.

26 *Ibid.*, p. 46.

27 영국의 물리학자이자 의사였던 윌리엄 길버트(William Gilbert, 1544~1603)는 자기 연구로 잘 알려져 있었다.

28 혈액순환의 원리를 발견한 영국의 의사 윌리엄 하비(William Harvey, 1578~1657)를 말한다.

29 프랑스의 철학자이자 물리학자였던 피에르 가르생디(Pierre Garssendi, 1592~1655)를 말한다.

30 Sorbière, pp. 31-32.

31 *Ibid.*, pp. 32-34.

32 *Ibid.*, pp. 39-40.

33 *Ibid.*, p. 47.

34 *Ibid.*, p. 48.

35 *Ibid.*, p. 86.

36 Thomas Sprat, *A History of the Royal Society of London* (London, 1667).

37 Sprat, p. 104.

38 *Ibid.*, p. 107-112.

39 *Ibid.*, p. 124.

40 *Ibid.*, p. 127.

41 *Ibid.*, pp. 130-131.

42 Sorbière, pp. 5-6.

43 Sprat, pp. 109-110.

44 *Ibid.*, p. 112.

45 *Ibid.*, p. 125.

46 *Ibid.*, p. 126.

47 *Ibid.*, pp. 126-128.

48 *Ibid.*, pp. 124-125.

49 *Ibid.*, pp. 130-131.

50 *Ibid.*, p. 124.

51 *Ibid.*, p. 141.

52 Sorbière, pp. 50-51.

53 Sprat, pp. 105-106.

54 *Ibid.*, p. 106.

55 *Ibid.*, pp. 160-161.

56 *Ibid.*, pp. 189-190.

57 *Ibid.*, p. 156.

58 *Ibid.*, p. 103.

59 Sorbière, p. 41.

60 Sprat, p. 159.

61 *Ibid.*, p. 137.

62 *Ibid.*, pp. 128-129.

63 *Ibid.*, p. 137.

64 *Ibid.*, p. 160.

65 Sorbière, p. 70; Sprat, p. 169.

66 Sprat, p. 111.

67 *Ibid.*, p. 113.

68 *Ibid.*, p. 140.

69 *Ibid.*, p. 133.

70 *Ibid.*,

71 *Ibid.*, p. 131.

72 *Ibid.*, pp. 107-108.

73 Sorbière, p. 2.

74 Sprat, pp. 107-108.

75 *Ibid.*, p. 144.

76 *Ibid.*, p. 104.

77 *Ibid.*, pp. 106-107.

78 Sorbière, p. 6.

79 *Ibid.*, Ep. Ded.

80 Sprat, pp. 110-111.

81 *Ibid.*, p. 139.

82 *Ibid.*, p. 141.

83 왕정 신봉자이자 국교 수호자였던 그의 모습은 1640년에서 1706년까지 60여 년간 쓰인 그의 일기에 잘 나타나 있다.

84 Sorbière, p. 4.

85 Sprat, p. 115.

86 *Character of England*, p. A3.

87 *Ibid.*, p. 29.

88 *Ibid.*, pp. 20-21.

89 *Ibid.*, p. 24.

90 *Ibid.*, pp. 25-26.

91 *Ibid.*, p. 13.

92 *Character of England*에서는 당시 마구간이 되었다는 현재형이 쓰였다. p. 13.

93 Evelyn(이하 본문에 사용되는 출처 표기에 있어 Evelyn은 *A Character of England*를 가리킨다), p. 13; Sorbière, p. 17.

94 Evelyn, p. 6; Sorbière, pp. 4-5 / Evelyn, p. 5; Sorbière, pp. 5-6.

95 런던의 분수가 경관을 해친다는 기술(Evelyn, pp. 10-11; Sorbière, p. 15), 영국인들이 말을 지나치게 빨리 몬다는 지적(Evelyn, p. 68; Sorbière, p. 4), 시골의 아름다운 볼링 그린에 대한 예찬(Evelyn, p. 67; Sorbière, p. 9), 영국인의 지나친 흡연과 음주 습관 및 오후 시간을 게으르게 선술집에서 보내는 사람들에 대한 비난(Evelyn, pp. 30-31, 35; Sorbière, p. 62). 종교문제에 관한 내용의 논지를 전개해 가는 비슷한 방식(Evelyn, pp. 13-27; Sorbière, pp. 17-26), 교회에 사람이 별로 없다는 내용(Evelyn, p. 18; Sorbière, p. 17), 영국의 종교가 원칙도 체계도 없다는

비판(Evelyn, p. 14; Sorbière, p. 19).

96 Evelyn, p. 33

97 Sprat, p. 103.

98 *Ibid.*, p. 116.

99 *Ibid.*, pp. 130-137.

100 *Ibid.*, pp. 142-143.

101 *Ibid.*, p. 136.

102 Sorbière, p. 18.

103 Sprat, pp. 129-138.

104 *Ibid.*, p. 130.

105 Sorbière, p. 26.

106 Sprat, p. 137.

107 *Ibid.*, p. 145.

108 *Ibid.*

109 *Ibid.*, p. 125.

110 클래런던 백작은 왕당파의 지도자였고, 1670년대에 프랑스에 머물면서 이후 영국 내란에 대한 귀중한 사료가 된 *History of the Rebellion and Civil Wars*를 썼다.

111 Sprat, p. 170.

112 *Ibid.*, p. 177.

113 지도제작자 존 스피드(John Speed)를 말한다.

114 Sorbière, p. 10.

9장 본 것, 볼 수 없던 것, 자랑삼았던 것

1 가장 대표적으로 Gerard Langbaine, *The foundation of the Universitie of Cambridge, with a catalogue of the principall founders and speciall benefactors of all the colledges* (London: 1651); *Idem., The foundation of the Universitie of Oxford,*

with a catalogue of the principall founders and speciall benefactors of all the colledges (London: 1651)를 들 수 있다.

2 몇 가지 예를 들자면, J. Bass Mullinger, *A History of the University of Cambridge* (London, 1888); Charles Edward Mallet, *A History of the University of Oxford*, 3 Vols. (New York, 1924); V. H. Green, *A History of Oxford University* (London, 1974) 등을 꼽을 수 있다.

3 Arthur Tilley, "Greek Studies in Early Sixteenth Century England," *The English Historical Review* Vol. 53 No. 211 (1938); T. M. Lindsay, "Englishmen and the Classical Renascence," in A. W. Ward and A. R. Waller, eds., *The Cambridge History of English Literature*, Vol. III (Cambridge, 1949); Damian Riehl Leader, "Professorships and Academic Reform at Cambridge, 1488-1520," *Sixteenth Century Journal*, Vol. 14. No. 2 (1983).

4 F. Donald Logan, "The First Royal Visitation of the English Universities, 1535," *The English Historical Review*, Vol. 106, No. 421 (1991); W. H. Woodward, "English Universities, Schools and Scholarship in the Sixteenth Century," in Ward and Waller.

5 Joan Simon, "The Reformation and English Education," *Past and Present*, No. 11 (1957); Lawrence Stone, "The Educational Revolution in England, 1560-1640," *Past and Present*, No. 28 (1964); David Cressy, "Educational Opportunity in Tudor and Stuart England," *History of Education Quarterly*, Vol. 16, No. 3 (1976).

6 존 릴런드의 《답사기》는 미완성의 원고이다. 이것을 후대의 학자들이 수합하여 엮어낸 판본이 다수 존재한다. 이 글에서는 현재 가장 완성도 높은 판본으로 알려진 Lucy Toulmin Smith의 판본을 사용하기로 한다. Leland, *The Itinerary of John Leland in or about the Years 1535-1543*, comp. Lucy Toulmin Smith, 5 Vols. (Carbondale, 1964), 이 책의 1장을 참조하라.

7 William Harrison, *Description of England* (London, 1577). 이것은 1577년 라파엘 홀린셰드가 펴낸 연대기의 한 부분을 차지하는 형태로 출판되어 널리 알려졌다. 이 글에서는 Harrison, *The Description of England; The Classic Contemporary Account of Tudor Social Life*, ed. Georges Edelen (New York, [1994], 2003)을 참조했다. 이 책의 3장 참조.

8 William Camden, *Britannia* (London, 1586). 이 글에서는 Camden, *Britannia, Translated and enlarged by the latest discoveries by Richard Gough* [1806] 4 Vols.

(New York, 1974)를 참조했다. 이 책의 3장 참조.

9 Thomas Fuller, *History of the Worthies of England who for parts and learning have been eminent in the several counties* (London, 1662). 이 글에서는 Fuller, *The History of the Worthies of England*, ed., Austin Nuttall, 3 Vols. (New York, 1965)를 참조했다.

10 Harrison, p. 65.

11 *Ibid.*, p. 66-68; Fuller, Vol. I, p. 224.

12 옥스브리지라는 용어는 윌리엄 새커리가 1849년에 발표한 소설《펜더니스(Pendennis)》에서 처음 사용했다고 알려져 있다. 두 대학을 통합해 부르는 또 다른 조어로는 캠퍼드(Camford)가 있다. 페터 자거 지음, 박규호 옮김,《옥스퍼드 & 케임브리지》(갑인공방, 2005), p. 15.

13 Camden, Vol. II, pp. 5, 211-212.

14 Harrison, pp. 69-70.

15 *Ibid.*, p. 70. 덧붙여 p. 76에서도 비슷한 내용을 다루고 있다.

16 Fuller, Vol. III, p. 3.

17 *Ibid.*

18 *Ibid.*

19 하지만 여기서는 '교수자'가 더 맞는 표현이라 볼 수 있다.

20 Camden, Vol. II, p. 22.

21 자거, p. 297.

22 존 로우즈(John Rowse, 혹은 Rous로 알려지기도 함)는 워릭셔에 살았던 성직자이자 옛것 연구가로, 릴런드는 그가 남긴 영국 역사에 대한 기록들을 자신의 답사기에 반영했다.

23 이 아카데미는 처음에 Greclade(혹은 Cricklade, Greeklade로 불리기도 함)에 세워졌는데 이후 옥스퍼드에 정착했다는 설이다.

24 Leland, Vol. II, p. 151.

25 Camden, Vol. II, pp. 5, 19.

26 Harrison, p. 66.

27 Camden, Vol. II, p. 212. 또한 Leland, Vol. II, p. 167; Harrison, p. 66.

28 Fuller, *The History of the University of Cambridge*에서 밝힌 내용으로, 이 책에서는 William Brenchley Rye, *England as Seen by Foreigners in the Days of Elizabeth and James the First* (London, 1865), p. 211, note 52를 재인용했다.

29 Rye의 note 52에 자세한 내용이 나와 있다. Rye, pp. 211-212. 또한 Mullinger, *History of the University of Cambridge*, pp. 11-12 참조.

30 이 내용은 이미 15세기의 옛것 연구가 존 로우즈가 고대 문헌들을 토대로 언급한 바 있다. T. D. Kendrick, *British Antiquity* (New York, 1970), pp. 25-26. 또한 각주 27번을 참조하라.

31 Mullinger, pp. 11-12.

32 William Raleigh Trimble, "Early Tudor Historiography, 1485-1548," *Journal of the History of Ideas*, Vol. 11, no. 1 (1950), p. 35

33 이들 사료에 대한 본고의 인용은 다음 문헌들에 기초한다. 1번은 Josua Maler, "Maler's autobiography" in Johann Georg Müller, compl, *Bekenntnisse merkwürdiger Männer von sich selbst*, vol. 6 (winterthur, 1810)으로, W. D. Robson-Scott, *German Travellers in England, 1400-1800* (Oxford, 1953)에 수록된 번역을 기초로 한다, 2, 4, 5번은 William Brenchley Rye, *England as Seen by Foreigners in the Days of Elizabeth and James the First* (London, 1865)에 수록된 Rye의 번역본을 참조했다. 참고문헌에 나타난 쪽수 표기는 이들 번역본의 쪽수이다. 3번은 Paul Hentzner, *Travels in England, trans., Richard Bentley* (London, 1797); 6번은 Samuel Sorbière, *A Voyage to England, containing many things relation to the state of learning, religion, and other curiosities of that kingdom* (London, 1709); 7번은 M. Misson, *M. Misson's memoirs and observations in his travels over England* (London, 1719); 8번은 William Schellinks, *The Journal of William Schellinks' Travels in England 1661-1663*, Trans. Maurice Exwood and H. L. Lehmann (London, 1993)을 참조했다.

34 Josua Maler, pp. 225-226; Robson-Scott, pp. 25-26.

35 Sorbière, p. 41.

36 Friedrich, p. 20.

37 Justus Zinzerling, pp. 134-135.

38 Sorbière, pp. 41-42.

39 Hentzner, p. 27.

40 Maler, p. 228; Robson-Scott, p. 26.

41 Schellinks, p. 153.

42 이 관행은 통일령이 제정된 1571년부터 시작되어 19세기 중엽(1854)까지 계속 되었다. 39개 조항에 대한 선서는 옥스퍼드의 경우 입학할 때, 케임브리지의 경우는 졸업할 때 강제되었는데, 케임브리지는 비국교도들에게 졸업은 불가능하지만 최소한 공부할 기회는 주었던 셈이다.

43 Maler, pp. 231; Hentzner, pp. 24, 26-27; Schellinks, pp. 95-98, 152-153; Sorbière, pp. 42-43; Friedrich, p. 32; Zinzerling, p. 135; Ludwig, pp. 62-63; Misson, pp. 202-203.

44 보들리언 도서관(Bodleian Library)을 말한다.

45 존 셀던(John Selden)을 말한다. 1654년 그가 사망하면서 그의 장서를 보들리언 도서관에 기증했다.

46 Sorbière, p. 43.

47 *Ibid.*

48 현재 명칭은 옥스퍼드 대학 식물원(University of Oxford Botanic Garden)이다. 1621년 헨리 댄버스 백작이 5,000파운드를 기부하여 설립된 것으로, 애초 목적은 의학도들을 교육하기 위한 약초 재배원이었다.

49 Shellinks, p. 96.

50 Sorbière, p. 42.

51 Friedrich, pp. 21, 33.

52 사이먼 비베우스의 신상이나 출판을 둘러싼 정보는 자세히 알려지지 않았고, 그가 두 권의 저서를 캔터베리 대주교인 존 위트기프트(John Whitgift)에게 헌사했다는 정도만 밝혀져 있다.

53 Rye, p. 33 note 참조.

54 Hentzner, pp. 24-27을 Camden, Vol. II, pp. 5-11, 211-216과 비교하라.

55 Camden, p. 5.

56 Hentzner, p. 26.

57 "at the conflux of the Charwell and the Isis"와 같은 구절을 비롯해 Oxford의 다양한 지명을 일컫는 부분 등. Misson, pp. 27-28, 202-203을 Camden, Vol. II, pp. 5-11, 211-216과 비교하라.

58 Schellinks, p. 98. 스헬린크스가 남긴 기록을 발굴한 Maurice Exwood와 H. L. Lehmann은 그가 참조한 책이 Gerard Langbaine, *The Foundation of the Universitie of Oxford* (London, 1651)라고 보았다. Schellinks, p. 98 note 102 참조.

59 Sorbière, p. 10.

60 Martin Zeiller, *Itinerarium Magnae Britanniae order Raissbeschreibung durch Engell: Scott: und Irrland* (Strasbourg, 1634).

61 Robson-Scott, pp. 82-83 참조.

나가며

1 와카바야시 미키오 지음, 정선태 옮김, 《지도의 상상력》 (산처럼, 2006), pp. 242-244.

2 John O. E. Clark ed., *100 Maps: The Science, Art and Politics of Cartography throughout History* (New York, 2005). pp. 186-189.

3 1555년 Highway Act를 시작으로 메리 1세와 엘리자베스 1세 시대에 여러 차례에 걸쳐 도로법이 만들어졌다. 이것은 관할 교구로 하여금 도로를 정비하고 개선하도록 하는 방안이었고, 1663년 최초로 만들어진 Turnpike Act는 이를 위해 각 지역 차원에서 통행세를 걷을 수 있도록 허용한 것이었다.

4 Celia Fiennes, *The Journeys of Celia Fiennes*, ed. Christopher Morris (London, 1947), p. I.

5 Daniel Defoe, *A Tour through the Whole Island of Great Britain*, ed. Pat Rogers (New York, 1986); 박지향, 〈대니얼 디포가 밟은 영국땅〉, 《영국적인, 너무나 영국적인》 (기파랑, 2006).

6 Defoe, p. 191.

7 이탈리아 건축가 안드레아 팔라디오(Andrea Palladio, 1508~1580)의 건축 스타

일을 일컫는 말이다. 팔라디오는 고대 로마의 유적에서 모티프를 따서 많은 궁전과 저택을 설계했다. 주로 베네치아를 중심으로 활동했으며, 18세기 영국의 신고전주의 건축에 많은 영향을 끼쳤다.

8 Esther Moir, *The Discovery of Britain: The English Tourists* (London, 1964), p. xiv.

참고문헌

〈**Manuscript**〉

British Library, MS Harley, 6250, fos. 4v-5v.

British Museum MS. Aug. I Vol. I, I.

Calendar of State Papers, Venetian, II, 1520-1526, No. 50.

Leland, John, Collectanea, vol. iii Bodleian Top. Gen. c. 3.

Northamptonshire Record Office, Finch Hatton MS 272.

〈**Printed**〉

J. H. 패리(John H. Parry) 지음, 김주식 · 김성준 옮김, 《약탈의 역사》, 신서원, 1998.

R. A. 스켈톤(R. A. Skelton) 지음, 안재학 옮김, 《탐험지도의 역사》, 새날, 1995.

곽차섭, 〈르네상스 휴머니즘의 해석에 대한 재검토〉, 《역사학보》 제108집, 1985.

곽차섭, 〈서평-김영한, 《르네상스 휴머니즘과 유토피아니즘》〉, 《서양사론》 제34호 1990.

권용우·안영진, 《지리학사》, 한울 아카데미, 2002.

기꾸치 도시오 지음, 윤정숙 옮김, 《역사지리학 방법론》, 이회, 1995.

김경한, 〈"기독교 휴머니즘"의 역사적 의미〉, 《밀턴 연구》 제13집 1호, 2003.

김경한, 〈휴머니즘의 위기와 인문학의 새 지평-후기구조주의 비평을 중심으로〉, 《비평과 이론》 5집, 2000.

김성준, 《유럽의 대항해시대》, 신서원, 2001.

니시카와 나가오 지음, 윤대석 옮김, 《국민이라는 괴물》, 소명출판, 2002.

박지향, 〈'처녀왕' 엘리자베스의 신화〉, 《영국 연구》 제11호, 2004.

박지향, 〈전설의 두 영웅: 아서 왕과 로빈 후드〉, 《역사와 문화》 제10호, 2005.

박지향, 《영국적인, 너무나 영국적인》, 기파랑, 2006.

박지향, 《일그러진 근대》, 푸른역사, 2003.

설혜심, 〈근세 유럽의 해외 팽창: 유럽이 만들어간 신대륙의 이미지〉, 《서양사론》 제60호, 1999.

설혜심·박형지, 《제국주의와 남성성: 19세기 영국의 젠더 형성》, 아카넷, 2004.

와카바야시 미키오 지음, 정선태 옮김,《지도의 상상력》, 산처럼, 2006.
임지현 엮음,《근대의 국경, 역사의 변경》, 휴머니스트, 2004.
제레미 블랙 지음, 김요한 옮김,《세계지도의 역사》, 지식의 숲, 2006.
진원숙,《시민적 휴머니즘과 인간·역사·과학》, 야스미디어, 2005.
차하순,《서양근세사: 르네상스의 사회와 사상》, 탐구당, 1975.
패트릭 기어리(Patrick J. Geary) 지음, 이종경 옮김,《민족의 신화, 그 위험한 유산》, 지식의 풍경, 2004.
페터 자거(Peter Sager) 지음, 박규호 옮김,《옥스퍼드 & 케임브리지》, 갑인공방, 2005.
허구생,〈튜더 왕권의 이미지: 엘리자베스 1세의 초상화를 중심으로〉,《영국 연구》제12호, 2004.

Adams, Robert, *Map Showing the Route of the Armada Fleet, Engraved by Augustine Ryther*, London, 1588.
Alsop, J. D., "William Fleetwood and Elizabethan Historical Scholarship," *Sixteenth Century Journal*, Vol. 25, No. 1, 1994.
Anderson, Benedict, *Imagined Communities: Reflections on the Origin and Spread of Nationalism*, New York: Verso, 1991.
Aristotle, *Poetics*.
Bacon, Francis, *Bacon's Essays* [1625], London: Macmillan, 1958.
———, *The historie of the raigne of King Henry the Seuenth*, London, 1622.
Bale, John, *Illustrium majoris Britanniae Scriptorum*, London, 1548.
———, *Scriptorum illustrium majoris Britannie*, Basle, 1557~1559.
Baron, Hans, *The Crisis of the Early Italian Renaissance*, Princeton: Princeton UP., 1966.
Bauwsma, William J., *The Interpretation of Renaissance Humanism*, Washington: Service Center for Teachers of History, 1959.
Beazley, C. R., *John and Sebastian Cabot: The Discovery of North America*, London: T. Fisher Unwin, 1898.
Beckingsale, B. W., *Burghley: Tudor Statesman*, London: Melbourne, 1967.
Bendall, Sarah, *Maps, Land and Society*, Cambridge: Cambridge UP., 1992.
Benese, Richard, *This Boke Sheweth the Maner of Measurynge of All maner of Lande*, London, 1537.
Biggs, Michael, "Putting the State on the Map: Cartography, Territory, and European State Formation," *Comparative Studies in Society and History*, Vol. 4, No. 2, 1999.
Biondo, Flavio, *Italia illustrata*, Venice, 1474.

———, *Italy Illuminated*, ed. and trans. Jeffrey A. White, Cambridge, Mass.: Harvard UP., 2005.

Blundeville, Thomas, *The true order and methode of wryting and reading hystories according to the precepts of Francisco Patricio and Accontio Tridentino, two Italian writers*, London, 1574.

Bonahue Jr., Edward T., "Citizen History: Stow's Survey of London," *Studies in English Literature, 1500~1900*, Vol. 38, No. 1, 1998.

Brennan, Gillian, *Patriotism, Power and Print*, London: James Clarke, 2003.

Bridbury, A. R., *Economic Growth: England in the Later Middle Ages*, London: Allen Unwin, 1962.

Brooke, Ralph, *A discouerie of certaine errours published in print in the much commended Britannia*, London, 1596.

———, *A Discoverie of Certaine Errours …… To which is added, the learned Mr. Camden's answer to this book*, ed. J. Antis, London, 1724.

Buisseret, David, ed., *Envisioning the City; Six Studies in Urban Cartography*, Chicago: Univ. of Chicago Press, 1998.

———, ed., *Monarchs, Ministers and Maps*, Chicago: Univ. of Chicago Press, 1992.

———, *The Mapmaker's Quest*, Oxford: Oxford UP, 2003.

Burke, Peter, *The Renaissance Sense of the Past*, London: Edward Arnold, 1969.

Burnet, Gilbert, *History of the Reformation*, Vol. I, 1679.

Camden, William, *Annales rerum Anglicarum et Hibernicarum regnante Elizabethae*, London, 1615.

———, *Annales the true and royall history of the famous empresse Elizabeth Queene of England France and Ireland*, London, 1625.

———, *Britannia*, London, 1586.

———, *Britannia, Translated and enlarged by the latest discoveries by Richard Gough* [1806] 4 Vols., New York: George Olms Verlag, 1974.

Caradoc, of Llancarvan, *The historie of Cambria, now called Wales, translated into English by H. Lhoyd Gentleman, corrected, augmented, and continued out of records and best approoued authors, by Dauid Powel Doctor in diuinitie*, London: 1584.

Carley, James P., "John Leland in Paris; The Evidence of his Poetry," *Studies in Philology*, Vol. 83, No. 1, 1986.

———, "Polydore Vergil and John Leland on King Arthur: The Battle of the Books," *Interpretations: A Journal of Idea, Analysis, and Criticism*, Vol. 15, No. 2, 1984.

Carlson, David R., *English Humanist Books: Writers and Patrons, Manuscript and Print, 1475~1525*, Toronto: Univ. of Toronto Press, 1993.

Case, John, *Sphaera Civitatis*, London, 1588.

Caspari, Fritz, *Humanism and the Social Order in Tudor England*, Chicago: Chicago UP., 1954.

Castiglione, Baldassare, *Il Cortegiano*, Venice, 1528.

Chandler, John, *John Leland's Itinerary: Travels in Tudor England*, Stroud: Alan Sutton, 1993.

Cicero, *De Inventione*.

Clark, John O. E., ed., *100 Maps: The Science, Art and Politics of Cartography throughout History*, New York: Sterling Publishing, 2005.

Cochrane, Eric, ed., *The Late Italian Renaissance*, London: Macmillan, 1970.

Colley, Linda, *Britons: Forging the Nation, 1708~1837*, New Haven: Yale UP., 1992.

Collins, Marie, ed., *Caxton: The Description of Britain*, London: Sidwick Jackson, 1988.

Colvin, H. M., "Castles and Government in Tudor England," *The English Historical Review*, Vol. 83, No. 327, 1968.

Colvin, Howard, ed., *The History of the King's Works*, Vol. 4, London: HMSO, 1973.

Cosgrove, Dennis and Stephen Daniels, eds., *The Iconography of Landscape: Essays on the Symbolic Representation, Design and Use of Past Environments*, Cambridge: Cambridge UP., 1988.

Cotton, Robert, *A Short View of the Long Raigne of Henry the Third*, London, 1627.

Cressy, David, "Educational Opportunity in Tudor and Stuart England," *History of Education Quarterly*, Vol. 16, No. 3, 1976.

D'Alton, Craig W., "The Trojan War of 1518: Melodrama, Politics, and the Rise of Humanism," *Sixteenth Century Journal*, Vol. 28, No. 3, 1997.

Darby, H. C., ed., *A New Historical Geography of England before 1600*, Cambridge: Cambridge UP., 1976.

Daunton, Martin and Rick Halpern, eds. *Empire and Others: British Encounters with Indigenous Peoples, 1600~1850*, Philadelphia: Univ. of Pennsylvania Press, 1999.

Defoe, Daniel, *A Tour through the Whole Island of Great Britain*, ed. Pat Rogers, New York: Penguin, 1986.

Delano-Smith, *Catherine and Roger Kain, English Maps: A History*, London: The British Library Press, 1999.

Digges, Leonard, *Tectonicon, or the art of measuring*, London, 1556.

Doran, Susan, *Elizabeth: The Exhibition of the National Maritime Museum*, London: National Maritime Museum, 2003.

Drayton, Michael, *Polyolbion*, London, 1612.

Edelen, George, "William Harrison 1535~1593," *Studies in the Renaissance*, Vol. 9, 1962.

Edwards, Jess, "How to Read an Early Modern Map: Between the Particular and the General, the Material and the Abstract, Words and Mathematics," *Early Modern Literary Studies*, Vol. 9, No. 1, 2003.

Elyot, Thomas, *The Book Named the Governor* [1531], ed. S. E. Lehmberg London, 1962.

Emili, Paolo, *De rebus gestis Francorum*, Paris, 1517.

Erickson, Peter and Clark Hulse, eds., *Early Modern Visual Culture*, Philadelphia: Univ. of Pennsylvania Press, 2000.

Euclid, *The Elements of Geometrie*, trans. Henry Billingsley, London, 1570.

Evans, Ifor M., and Heather Lawrence, *Christopher Saxton, Elizabethan Map-Maker*, Woolley: Wakefield Historical Publications, 1979.

Evelyn, John, *A Character of England. As it was lately presented in a letter, to a noble man of France*, London, 1659.

Fabyan, Robert, *The New Chronicles of England and France by Robert Fabyan*, ed. Sir Henry Ellis, London: F.C. & J. Rivington, 1811.

———, *The New Chronicles of England and France*, London, 1516.

Ferguson, Arthur B., *Clio Unbound: Perception of the Social and Cultural Past in Renaissance England*, Durham: Duke UP., 1979.

Ferguson, Wallace K., *The Renaissance in Historical Thought*, Cambridge, Mass.: Riverside Press, 1948.

Fiennes, Celia, *The Journeys of Celia Fiennes, ed. Christopher Morris*, London: Cresset, 1947.

Fitzherbert, John, *The Boke of Surueying and Improumentes*, London, 1523.

Fitzstephen, William, *Normal London*, New York: Italica Press, 1990.

Flanklin, Julian, *Jean Bodin and the Sixteenth Century Revolution in the Methodology of Law and History*, New York: Columbia UP., 1963.

Fletcher, David, *The Emergence of Estate Maps: Christ Church, Oxford, 1600 to 1840*, Oxford: Clarendon Press, 1995.

Fox, Alistair and John Guy, *Reassessing the Henrician Age: Humanism, Politics and Reform, 1500~1550*, Oxford: Blackwell, 1986.

Fox, Alistair, *Thomas More: History and Providence*, New Haven: Yale UP., 1983.

Frye, Susan, *Elizabeth I: The Competition for Representation*, Oxford: Oxford UP., 1993.

Fuller, Thomas, *History of the Worthies of England who for parts and learning have been eminent in the several counties*, London, 1662.

———, *The History of the Worthies of England* [1662], ed. Austin Nuttall, 3 Vols., New York: Ams Press, 1965.

Fussner, F. Smith, *The Historical Revolution: English Historical Writing and Thought, 1580~1640*, London: Routldege and Kegan Paul, 1962.

Gaguin, Robert, *Compendium super Francorum gestic*, Paris, 1497.

Gambi, Lucio, *The Gallery of Maps in the Vatican, trans. Paul Tucker*, New York: George Braziller, 1997.

Gildas, *Gildas Britannus monachus cui sapientis cognome[n]tu[m] est inditum, de calamitate excidio, & conquestu Britanniae*, Antwerp, 1525.

Gillies, John, *Shakespeare and the Geography of Difference*, Cambridge: Cambridge UP., 1994.

Giovio, Paolo, *Descriptio Britanniae, Scotiae Hyberniae, et Orchadum*, Venice, 1548.

Giraldus, Cambrensis, *Descriptio Cambriae* [1194].

———, *Itinerarium Cambriae* [1191].

Goodnough, David, *John Cabot and Son*, Mahwah, N. J.: Troll Associate, 1979.

Grabes, Herbert, ed., *Writing the Early Modern English Nation*, Amsterdam-Atlanta: Rodopi, 2001.

Grafton, Anthony, and Lisa Jardine, "'Studied for Action': How Gabriel Harvey Read his Livy," *Past and Present*, Vol. 129, 1990.

———, *Commerce with the Classics: Ancient Books and Renaissance Readers*, Ann Arbor: Univ. of Michigan Press, 1997.

Grant, A. J., ed., *Early Lives of Charlemagne*, London: King's Classic, 1907.

Green, Louis, *Chronicle into History*, Cambridge: Cambridge UP., 1972.

Green, V. H., *A History of Oxford University*, London: B. T. Batsford, 1974.

Greenfeld, Liah, *Nationalism: Five Roads to Modernity*, Cambridge, Mass.: Harvard UP., 1992.

Hall, A. ed., *Commentarii de Scriptoribus Britannicis*, 2 Vols., Oxford, 1809.

Hall, Edward, *The Union of the Noble and Illustre Famelies of Lancastre and York*, London, 1542.

Hall, Joseph, *Quo Vadis, A Just Censure of Travell as it is commonly undertaken by the*

Gentlemen of our Nation, London, 1617.
Harington, John, *Orlando furioso in English heroical verse*, London, 1591.
Harley, J. B., "The Map and the Development of the History of Cartography," *History of Cartography*, Vol. 1, Chicago: Univ. of Chicago P., 1987.
Harrison, William, *An Historical Description of the Iland of Britaine, in Raphael. Holished, The First and Second Volume of Chronicles*, London, 1587.
———, *Description of England*, London, 1577.
———, *The Description of England; The Classic Contemporary Account of Tudor Social Life*, ed. Georges Edelen New York: Dover Publications, [1994] 2003.
Hastings, Adrian, *The Construction of Nationhood: Ethnicity, Religion and Nationalism*, Cambridge: Cambridge UP., 1998.
Hathaway, Baxter, *The Age of Criticism: The Late Renaissance in Italy*, Ithaca: Cornell UP., 1962.
Hay, Denys, *Polydore Vergil*, Oxford: Clarendon Press, 1952.
Hearne, Thomas, *Joannis Lelandi Antiquarii de rebus Britannicis Collectanea*, 6 Vols., Oxford, 1715.
Helgerson, Richard, "Introduction," *Early Modern Literary Studies*, Vol. 4, No. 2/ Special Issue 3, September, 1998.
———, *Forms of Nationhood: The Writing of Elizabethan England*, Chicago: Univ. of Chicago Press, 1992.
Hentzner, Paul, *Travels in England*, trans. Richard Bentley London, 1797.
Herodotus, *The History*.
Hieronymus Turler, *De Peregrinatione*, Strasbourg, 1574.
Higham, N. J., *King Arthur: Myth-Making and History*, London: Routledge, 2002.
Hill, Christopher, *Intellectual Origins of the English Civil War*, Oxford: Oxford UP., 1965.
Holinshed, Raphael, *The Chronicles of England, Scotland, and Ireland*, Book II, London, 1587.
———, *The Chronicles*, London, 1577.
Horace, *Ars Poetica*.
Hoskins, W. G., *The Making of English Landscape*, New York: Penguin Books, 1970.
Howarth, David, *Images of Rule: Art and Politics in the English Renaissance, 1485~1649*, Berkeley: Univ. of California Press, 1997.
Howell, James, *Instructions for Forreine Travell*, London, 1642.

Huppert, George, *The Idea of Perfect History: Historical Erudition and Historical Philosophy in Renaissance France*, Urbana: Univ. of Illinois Press, 1970.

Ingledew, Francis, "The Book of Troy and the Genealogical Construction of History: The Case of Geoffrey of Monmouth's Historia regum Britanniae," *Speculum*, Vol. 69, No. 3, 1994.

Johnson, Paul, *Elizabeth I: A Study in Power and Intellect*, London: Weidenfeld and Nicolson, 1974.

Jones, Edwin, *The English Nation: The Great Myth*, Pheonix Mill: Sutton Publishing, 1998.

Jusserand, J. J., *English Essays from a French Pen*, London: T. F. Unwin, 1895.

Kaufman, Peter Iver, "Polydore Vergil and the Strange Disappearance of Christopher Urswick," *Sixteenth Century Journal*, Vol. 17, No. 1, 1986.

Kelley, Donald R., "History, English Law and the Renaissance," *Past and Present*, No. 65, 1974.

———, *Foundations of the Modern Historical Scholarship*, New York: Columbia UP., 1979.

Kelton, Arthur, *A chronycle with a genealogie declaryng that the Brittons and Welshemen are linealiye dyscended from Brute*, London, 1547.

Kelton, Arthur, *A commendacyon of welshmen*, London, 1546.

Kendrick, T. D., *British Antiquity*, New York: Barns & Noble, 1970.

Kenyon, John, *The History Men: The Historical Profession in England since the Renaissance*, London: Weidenfeld and Nicolson, [1983] 1993.

Ker, N. R., *Medieval Libraries of Great Britain*, Oxford: Clarendon Press, 1941.

King, John N., "Queen Elizabeth I: Representations of the Virgin Queen," *Renaissance Quarterly*, Vol. 43, No. 1, 1990.

Klein, Bernhard, *Maps and the Writing of Space in Early Modern England and Ireland*, London: Palgrave, 2001.

Kline, Naomi Reed, *Maps of Medieval Thought*, Woodbridge: Boydell Press, 2001.

Koebner, Richard, "The Imperial Crown of His Realm: Henry VIII, Constantine the Great, and Polydore Vergil," *Bulletin of the Institute of Historical Research*, Vol. 26, 1953.

Kohn, Hans, *The Idea of Nationalism: A Study in its Origins and Background*, New York: Macmillan, 1944.

Korshin, Paul, J. ed., *Studies in Change and Revolution*, Menston: Scolar Press, 1972.

Kristeller, Paul O., *Renaissance Thought: The Classic, Scholastic, and Humanist Strains*, New York: Harper and Row, 1961.

Kupperman, Karen Ordahl, *Indians and English: Facing Off in Early America*, Ithaca: Cornell UP., 2000.

Lambard, William, *Perambulation of Kent*, London, 1570.

Langbaine, Gerard, *The foundation of the Universitie of Cambridge*, London, 1651.

———, *The foundation of the Universitie of Oxford*, London, 1651.

Langford, Paul, *Englishness Identified: Manners and Character 1650~1850*, Oxford: Oxford UP., 2000.

Lanquet, Thomas, *An epitome of chronicles conteining the whole discourse of the histories as well of this realme of England*, London, 1549.

Larkin, Paul L. and James F. Hughes, eds., *Stuart Royal Proclamations*, Oxford: Clarendon, 1973.

Lawrence, Heather, "Permission to Survey," *The Map Collector*, Vol. 19, 1982.

Leader, Damian Riehl, "Professorships and Academic Reform at Cambridge, 1488~1520," *Sixteenth Century Journal*, Vol. 14, No. 2, 1983.

Lefebvre, Henri, *The Production of the Space* [1974], trans. Donald Nicholson-Smith, Oxford: Blackwell, 1991.

Leland, John, *A Learned and True Assertion of the Original Life, Actes, and Death of …… Arthure, King of Great Britittane*, trans. Richard Robinson, London, 1582.

———, *Antiphilarchia*, Cologne, 1538.

———, *Assertio inclytissimi Arthurii regis Britanniae*, London, 1544.

———, *Codrus sive laus et defensio Gallofridi Arthrii monumetensis contra Polydorum Vergilium*, London, c.1536.

———, *The Itinerary of John Leland in or about the Years 1535~1543*, 5 Vols., comp. Lucy Toulmin Smith, Carbondale: Southern Illinois UP., 1964.

———, *The laboryouse iourney [and] serche of Iohan Leylande, for Englandes antiquitees geuen of hym as a newe yeares gyfte to Kynge Henry the viij*, comp. John Bale, London, 1549.

Levine, Joseph M., *Humanism and History: Origins of Modern English historiography*, Ithaca: Cornell UP., 1987.

Levy, F. J., *Tudor Historical Thought*, San Marion: The Huntington Library, 1967.

Logan, F. Donald, "The First Royal Visitation of the English Universities, 1535," *The English Historical Review*, Vol. 106, No. 421, 1991.

Machiavelli, Niccolò, *L'arte della guerra*, Venice, 1521.

MacMillan, Ken, "Discourse on history, geography, and law: John Dee and the limits of the British empire, 1576~80," *Canadian Journal of History*, Vol. 36, 2001.

Mallet, Charles Edward, *A History of the University of Oxford*, 3 Vols., New York: Longmans, Green and Co. 1924.

Mellor, Roy E. H., *Nation, State and Territory: A Political Geography*, London: Routledge, 1989.

Mendyk, Stan, "Early British Chorography," *Sixteenth Century Journal*, Vol. 17, No. 4, 1986.

Mercator, Gerardus, *Atlas sive cosmographicae meditationes de fabrica mundi et fabricati figura*, Duisburg, 1595.

Metzger, Marcia Lee, "'Controversy and Correctness': English Chronicles and the Chroniclers, 1553~1568," *Sixteenth Century Journal*, Vol. 27, No. 2, 1996.

Misson, M., M. *Misson's Memoirs and Observations in his travels over England*, London, 1719.

Moir, Esther, *The Discovery of Britain: The English Tourists*, London, Routledge & Kegan paul, 1964.

Mommsen, T. E., "Petrarch's Conception of the 'Dark Ages'," *Speculum*, Vol. 18, 1942.

More, Thomas, *Utopia*, Louvain, 1516.

Moreland, Carl, and David Bannister, *Antique Maps*, London: Phaidon Press, [1989] 2004.

Morgan, Victor, "The Cartographic Image of 'the Country' in Early Modern England," *Transactions of the Royal Historical Society*, Vol. 5, No. 29, 1979.

Müller, Johann Georg, comp, *Bekenntnisse merkwürdiger Männer von sich selbst*, Vol. 6, Winterthur, 1810.

Mullinger, J. Bass, *A History of the University of Cambridge*, London: Longmans, Green, and Co, 1888.

Nauert, Charles G., "The Clash of Humanists and Scholastics: an Approach to Pre-Reformation Controversies," *Sixteenth Century Journal*, Vol. 4, No. 1, 1973.

Nelson, William, *John Skelton Laureate*, New York: Columbia UP., 1939.

Netzloff, Mark, *England's Internal Colonies*, New York: Palgrave, 2003.

Newman, Gerald, *The Rise of English Nationalism*, New York: St. Martins, 1997.

Nora, Pierre, ed., *Realms of Memory*, trans. Arthur Goldhammer, 3 Vols., New York: Columbia UP., 1996~1998.

Oberman, Heiko A. and Thomas A. Brady eds., Itinerarium Italicum: The Profile of the Italian Renaissance in the Mirror of Its European Transformations, Leiden: Brill, 1975.

Ogilby, John, *Britannia-A Geographical and Historical Description of the Principal Roads thereof*, London, 1675.

Owen, George, *The Description of Pembrokeshire* [1603], ed. Henry Owen, London: J. Clark, 1892.

Palmer, R. E., comp., *French Travellers in England 1600~1900*, London: Hutchinson, 1960.

Paradin, Guillaume, *Anglicae Descriptionis Compendium*, Paris, 1545.

Parry, G. J. R., "John Stow's Unpublished 'Historie of This Iland': Amity and Enmity amongst Sixteenth-Century Scholars," *English historical Review*, Vol. 102, No. 404, 1987.

Parry, G. J. R., "William Harrison and Holinshed's Chronicles," *The Historical Journal*, Vol. 27, No. 4, 1984.

Patten, William, *The expedicion into Scotla[n]de of the most woorthely fortunate prince Edward, Duke of Soomerset*, London, 1548.

Piesse, A. J., ed., *Sixteenth-century Identities*, Manchester: Manchester UP., 2000.

Piggott, Stuart, "William Camden and the Britannia," *Proceedings of the British Academy*, Vol. 37, 1951.

Powicke, Maurice, "William Camden," *Essays and Studies*, Vol. 1, 1948.

Preston, Joseph, "Was there an Historical Revolution?," *Journal of the History of Ideas*, Vol. 33, 1977.

Price, John, *Historiae Brytannicae defensio*, London, 1573.

Quinn, D. B., *The Elizabethans and the Irish*, Ithaca: Folger Shakespeare Library, 1966.

Rastell, John, *The Pastime of People, or the Chronicles of Divers Realms*, London: F. C. and J. Rivington, 1811.

———, *The pastyme of people or The cronycles of dyuers realmys and most specyally of the realme of Englond*, London, 1530.

Read, Conyers, *Mr Secretary Walsingham and the Policy of Queen Elizabeth*, 3 Vols., Oxford: Clarendon Press, 1925.

Robinson, Arthur H. and Barbara B. Petchenik, *The Nature of Maps: Essays toward Understanding Maps and Mapping*, Chicago: Univ. of Chicago Press, 1976.

Robson-Scott, W. D., *German Travellers in England, 1400~1800*, Oxford: Basil

Blackwell, 1953.
Rockett, William, "The Structural Plan of Camden's Britannia," *Sixteenth Century Journal*, Vol. 26, No. 4, 1995.
Rowse, A. L., *The England of Elizabeth*, New York: Macmillian, 1950.
———, *The English Spirit*, London: Melbourne, 1966.
———, *The Expansion of Elizabethan England*, New York: St. Martin's Press, 1955.
Ruddock, Alwyn, "Earliest Original Seaman's Rutter and Pilot's Chart," *The Journal of the Institute of Navigation*, Vol. 14, 1961.
Rye, William Brenchley, *England as Seen by Foreigners in the Days of Elizabeth and James the First*, London: John Russell Smith, 1865.
Sanford, Rhonda Lemke, *Maps and Memory in Early Modern England: A Sense of Place*, New York: Palgrave, 2002.
Saxton, Christopher, *Christopher Saxton's 16th Century Maps*, Shrewsbury: Chatworth Library, 1992.
Schaible, K. H., *Geschichte der Deutschen in England,* Strasbourg, 1885.
Schellinks, William, *The Journal of William Schellinks' Travels in England 1661~1663*, Trans. Maurice Exwood and H. L. Lehmann London: Royal Historical Society, 1993.
Schoeck, R. J., "Early Anglo-Saxon Studies and Legal Scholarship in the Renaissance," *Studies in The Renaissance*, Vol. 5, 1958.
Shakespeare, William, *The Complete Work of William Shakespeare*, London: Octopus Books, 1985.
Shaw, Joseph M., ed., *Readings in Christian Humanism, Minneapolis: Augsburg, 1982.*
Sherman, William H., *John Dee: the Politics of Reading and Writing in the English Renaissance*, Amherst: Univ. of Massachusetts Press, 1995.
Shirley, Rodney, *The Mapping of the World: Early Printed World Maps*, London: Holland Press, 1983.
Simon, Joan, "The Reformation and English Education," *Past and Present*, No. 11, 1957.
Singleton C. S., ed., *Art, Science, and History in the Renaissance*, Baltimore: Johns Hopkins UP., 1967.
Skelton, R. A. and J. Summerson, *A Description of Maps and Architectural Drawings in the Collection Made by William Cecil, First Baron Burghley, Now at Hatfield House*, Oxford: Roxburghe Club, 1971.
Skinner, Quentin, *The Foundations of Modern Political Thought: The Renaissance*, Vol. I,

Cambridge: Cambridge UP., 1978.
Smith, David L., Richard Strier, and David Bevington, eds., *The Theatrical City*, Cambridge: Cambridge UP., 1995.
Smith, John, *A Description of New England*, London, 1616.
———, *A True Relation of Such Occurrences and Accidents of Note as Happened in Virginia*, London, 1608.
———, *Advertisements for the Unexperienced Planters of New England, or Anywhere*, London, 1631.
———, *New England's Trials*, London, 1620.
———, *The General History of Virginia, New England, and the Summer Isles*, London, 1624.
———, *The Proceedings of the English Colony in Virginia*, London, 1612.
———, *The True Travels, Adventures and Observations of Captain John Smith*, London, 1630.
Sorbière, Samuel, *A Voyage to England, containing many things relation to the state of learning, religion, and other curiosities of that kingdom*, London, 1709.
Speed, John, *The Counties of Britain: A Tudor Atlas by John Speed*, New York: Thames and Hudson, 1988.
Spingarn, Joel E., *A History of Literary Criticism in the Renaissance,* New York: Columbia University Press, [2nd ed.], 1908.
Sprat, Thomas, *A History of the Royal Society of London*, London, 1667.
———, *Observations on Mons. de Sorbiere's Voyage into England*, London, 1665.
Starkey, David, *Reign of Henry VIII: Personalities and Politics*, London: G. Philip, 1985.
Stenton, F. M., "The Road System of Medieval England," *The Economic History Review*, Vol. 7, No. 1, 1936.
Stephen, Nicholas and Robin E. Glasscock, eds., *Irish Geographical Studies in Honour of E. Estyn Evans*, Belfast: Queen's UP., 1970.
Stevenson, Laura Caroline, *Praise and Paradox: Merchants and Craftsmen in Elizabethan Popular Literature*, Cambridge: Cambridge UP., 1984.
Stone, Lawrence, "The Educational Revolution in England, 1560~1640," *Past and Present*, No. 28, 1964.
Stow, John, *A Summary of English Chronicles*, London, 1565.
———, *A Survey of London* [1603], ed. Henry Morley, Phoenix Mill: Alan Sutton, 1994.

———, *Survey of London*, London, 1598.

———, *The Annals or General Chronicle of England*, London, 1580.

Strabo, *Geography*.

Strong, Roy, *The Cult of Elizabeth: Elizabethan Portraiture and Pageantry*, London: Pimlico, 1999.

Sulivan, Garrett, *The Drama of Landscape: Land, Property, and Social Relations on the Early Modern Stage*, Stanford: Stanford UP., 1998.

Tilley, Arthur, "Greek Studies in Early Sixteenth Century England," *The English Historical Review*, Vol. 53, No. 211, 1938.

Travor-Ropher, Hugh, *Renaissance Essays*, London: Fontana, 1985.

Trimble, William Raleigh, "Early Tudor Historiography, 1485~1548," *Journal of the History of Ideas*, Vol. 11, No. 1, 1950.

Trinkaus, C., *The Scope of Renaissance Humanism*, Ann Arbor: Univ. of Michigan Press, 1983.

Twyne, John, *De rebus Albionicis, Britannicis atque Anglicis Commentariorum libri duo*, London, 1590.

Tyacke, Sarah and John Huddy, *Christopher Saxton and Tudor Map-making*, London: The British Library Press, 1980.

Tyacke, Sarah, ed., *English Map-Making*, London: British Library Press, 1983.

———, *London Map-Sellers, 1660~1720*, Tring, Hertfordshire: Map Collector Publications Limited, 1978.

Ullman, B. L., "Leonardo Bruni and Humanistic Historiography," *Medievalia et Humanistica*, Vol. 4, 1946.

Vann, Richard T., "The Free Anglo-Saxons: An Historical Myth," *Journal of the History of Ideas*, Vol. 19, No. 2, 1958.

Vergil, Polydore, *Anglica Historia*, Basle, 1534.

———, *Polydore Vergil's English History*, ed. Henry Ellis, Vol. I, The Period prior to the Norman Conquest, London: Camden Society, 1846.

———, *The Anglica Historia of Polydore Vergil, A. D. 1485~1537*, ed. and Trans. Denys Hay, London: Offices of the Royal Historical Society, 1950.

Vives, Juan Luis, *On Education* [De tradendis desciplinis], trans. Foster Watson, Cambridge: Cambridge UP., 1913.

Walker, Julia M., *The Elizabeth Icon, 1603~2003*, London: New York, 2004.

Wall, Cynthia, "Grammars of Space: the Language of London from Stow's 'Survey' to

Defoe's 'Tour,'" *Philological Quarterly*, Vol. 76, No. 4, 1997.

Walters, H. B., *The English Antiquaries*, London: E. Walters, 1934.

Ward, A. W., and A. R. Waller, eds., *The Cambridge History of English Literature*, Vol. III, Cambridge: Cambridge UP., 1949.

Weinberg, Bernard, *A History of Literary Criticism in the Italian Renaissance*, 2 Vols., Chicago: Univ. of Chicago Press, 1961.

Weiss, Roberto, "Cornelio Vitelli in France and England," *Journal of the Warburg and Courtauld Institutes*, Vol. 2, 1939.

Whithorn, Peter, *The Arte of Warre*, London, 1573.

Wilcox, D. J., *The Development of Florentine Humanist Historiography in the Fifteenth Century*, Cambridge, Mass: Harvard UP., 1969.

Wilford, John Noble, *The Mapmakers*, London: Pimlico, 2002.

Williams, Neville, *Henry VII and his Court*, London: Chancellor Press, 1971.

Wood, Michael, *In Search of England*, Berkeley: Univ. of Berkeley Press, 2001.

Woolf, D. R., "Erudition and the Idea of History in Renaissance England," *Renaissance Quarterly*, Vol. 40, No. 1, 1987.

———, *Reading History in Early Modern England*, Cambridge: Cambridge UP., 2000.

———, "The 'Common Voice': History, Folklore and Oral Tradition in Early Modern England," *Past and Present*, No. 120, 1988.

Wright, Louis B., *Middle-Class Culture in Elizabethan England*, Chapel Hill: Univ. of North Carolina Press, 1935.

Zeiller, Martin, *Itinerarium Magnae Britanniae order Raissbeschreibung durch Engell: Scott: und Irrland*, Strasbourg, 1634.

이미지 출처 및 소장처

032 위키미디어 커먼즈
034 위키미디어 커먼즈
046 위키미디어 커먼즈
078 위키미디어 커먼즈
148 위키미디어 커먼즈
151 위키미디어 커먼즈
152 위키미디어 커먼즈
154 위키미디어 커먼즈
155 위키미디어 커먼즈
157 프랑스 리옹도서관아카이브
158 위키미디어 커먼즈
160 B B Williams Antique Maps Prints
161 위키미디어 커먼즈
163 미국의회도서관
164 위키미디어 커먼즈
168 위키미디어 커먼즈
169 위키미디어 커먼즈
175 위키미디어 커먼즈
176 Alamy
179 위키미디어 커먼즈
182 Alamy
184 위키미디어 커먼즈
189 Dominic Winter Auctioneers
194 위키미디어 커먼즈
197 위키미디어 커먼즈
200 위키미디어 커먼즈
202 위키미디어 커먼즈
205 flickr.com, Norman B. Leventhal Map Center / 위키미디어 커먼즈

207 Alamy / 위키미디어 커먼즈
210 위키미디어 커먼즈
211 위키미디어 커먼즈
214 위키미디어 커먼즈
217 에식스기록보관소
219 인터넷 아카이브(archive.org)
230 Shutterstock / Alamy
234 위키미디어 커먼즈
236 위키미디어 커먼즈
238 Folger Shakespeare Library Digital Image Collection / 위키미디어 커먼즈
239 위키미디어 커먼즈
246 위키미디어 커먼즈
249 스탠퍼드대학도서관
255 Alamy
258 Barry Lawrence Ruderman / geographicus.com
259 Barry Lawrence Ruderman
262 picryl / uniquemaps.co.uk
263 alamy
355 미국의회도서관
356 sanderusmaps.com / 위키미디어 커먼즈

찾아보기

ㄱ·ㄴ

ㄷ

ㅈ · ㅊ

지도 만드는 사람

국토·역사·정체성을 만든 근대국가의 기획자들

1판 1쇄 발행일 2023년 9월 11일

지은이 설혜심

발행인 김학원
발행처 (주)휴머니스트출판그룹
출판등록 제313-2007-000007호(2007년 1월 5일)
주소 (03991) 서울시 마포구 동교로23길 76(연남동)
전화 02-335-4422 **팩스** 02-334-3427
저자·독자 서비스 humanist@humanistbooks.com
홈페이지 www.humanistbooks.com
유튜브 youtube.com/user/humanistma **포스트** post.naver.com/hmcv
페이스북 facebook.com/hmcv2001 **인스타그램** @humanist_insta

편집주간 황서현 **편집** 최인영 신영숙 **디자인** 박인규
조판 홍영사 **용지** 화인페이퍼 **인쇄** 삼조인쇄 **제본** 해피문화사

ⓒ 설혜심, 2023

ISBN 979-11-7087-038-8 03920

• 이 책은 저작권법에 따라 보호받는 저작물이므로 무단 전재와 무단 복제를 금합니다.
• 이 책의 전부 또는 일부를 이용하려면 반드시 저자와 (주)휴머니스트출판그룹의 동의를 받아야 합니다.